Zu RONDO 7/8 gehören:

• Schülerbuch	Bestell-Nr. 7702-80
• Arbeitsheft 7	Bestell-Nr. 7702-81
• Arbeitsheft 8	Bestell-Nr. 7702-82
• Handbuch	Bestell-Nr. 7702-83
• Kopiervorlagen	Bestell-Nr. 7702-84
• Transparentfolien	Bestell-Nr. 7702-85
• Lieder und Musikstücke, 5 CDs (CD A, B, C, D, E)	Bestell-Nr. 7702-86
• Instrumental-Arrangements, 2 CDs (CD 1, 2) Die beiden CDs beinhalten alle Play-backs der Lieder, Playalongs und Samples.	Bestell-Nr. 7702-87

A 1 bedeutet: Hörbeispiel Nr. 1 auf CD A

Wichtige Begriffe in den Informations- und Aufgabentexten sind **fett** gedruckt.

Schwierige Wörter oder neue musikalische Fachbegriffe sind mit einem W (W wie Musikwissen) gekennzeichnet und werden im Lexikon in Kapitel 27 näher erklärt.

Bei Aufgaben mit diesem Zeichen soll die Internetseite www.mildenberger-verlag.de/7702-80 aufgerufen werden. Dort finden sich Links zur Lösung der Aufgabe.

Kein Verbrauchsmaterial

Dieses Buch ist zur Wiederverwendung gedacht.
Bitte nicht hineinschreiben.

Aus Gründen der Übersichtlichkeit wurde in diesem Buch nur die männliche Personenbezeichnung verwendet. Selbstverständlich gilt diese auch für weibliche Personen.

Bestell-Nr. 7702-80 · ISBN 978-3-619-77280-3

www.mildenberger-verlag.de
E-Mail: info@mildenberger-verlag.de

Auflage 4 3 2 1
Jahr 2021 2020 2019 2018

Redaktion: Dr. Mirja Piltz
Grafik: Mildenberger Verlag GmbH
Illustrationen: Benjamin König, 85617 Lorenzenberg
Achim Schulte, 44263 Dortmund
Jutta Wetzel, 53721 Siegburg
Notensatz: Susanne Höppner, 23992 Neukloster
Druck: aprinta Druck GmbH, 86650 Wemding
Gedruckt auf umweltfreundlichem Papier.

Bezugsmöglichkeiten
Alle Titel des Mildenberger Verlags erhalten Sie unter: www.mildenberger-verlag.de oder im Buchhandel. Jede Buchhandlung kann alle Titel direkt über den Mildenberger Verlag beziehen.
Ausnahmen kann es bei Titeln mit Lösungen geben: Hinweise hierzu finden Sie in unserem aktuellen Gesamtprogramm.

RONDO 7/8

Herausgeber

Christian Crämer
Wolfgang Junge

Autoren

Dr. Thomas Busch
Michael Christoph
Christian Crämer
Antje Gospodar
Annemarie Hoff
Wolfgang Junge
Sabine Schaal
Tobias Schmider
Jossif Schmidt
Matthias Schurwanz

Notensatz

Susanne Höppner

Illustrationen

Benjamin König
Achim Schulte
Jutta Wetzel

Mildenberger

Inhalt

Singing All Together

A 1

Mit diesem Kanon könnt ihr den Musikunterricht im neuen Schuljahr gemeinsam beginnen. Entscheidet selbst, wie ihr mitmachen wollt: Ihr könnt den Kanon oder die Solostimme singen. Oder ihr begleitet den Kanon mit Schlagzeug, Bass, Gitarre, Klavier oder Keyboard. Der 4. Takt des Kanons ist zweistimmig notiert, da es für einige von euch bestimmt einfacher ist, das oktavierte a' zu singen. Die Synkopen[W] geben dem Song einen besonderen Reiz.

Kanon

Solostimme

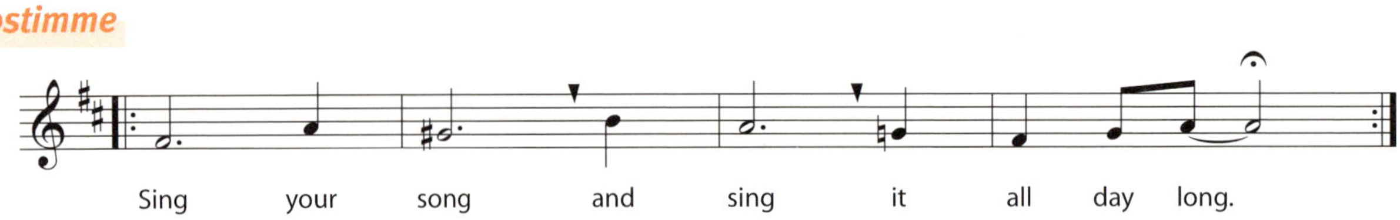

Text und Melodie: Thord Gummesson

1. Klatscht zunächst nur den Melodierhythmus. Nutzt dazu das Hörbeispiel (A 1).
2. Übt den Song dann abschnittsweise ein: Singt die ersten vier Takte und entscheidet euch für den geeigneten Schlusston. Singt dann die nächsten vier Takte usw.
3. Achtet beim Singen auf den Übergang von Takt 9 zu Takt 10. Haltet den Ton gis' aus und überprüft eure Intonation[W].
4. Singt den Song anschließend als zweistimmigen Kanon.
5. Wählt drei Schüler, die die Solostimme zum Kanon singen.

Die hier abgebildete Schlagzeugnotation beinhaltet die drei Klangebenen von Bass Drum, Snare Drum und geschlossener Hi-Hat:

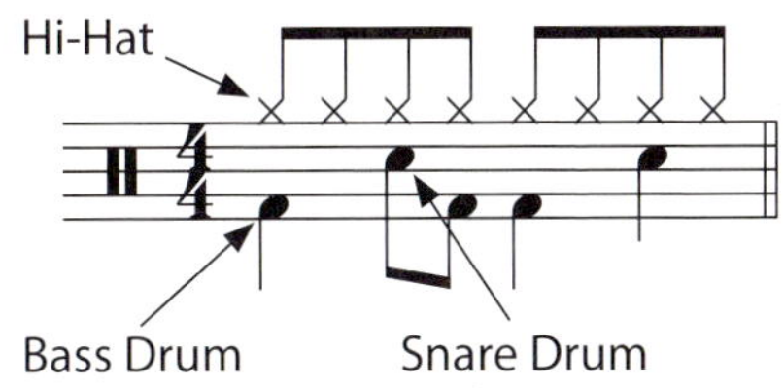

Begleitung

Die Gitarrenstimme ist mit rechteckigen Notenköpfen notiert, um zu verdeutlichen, dass der aufgezeichnete Rhythmus über alle in der Grifftabelle bezeichneten Saiten geschlagen wird. In der Grifftabelle bezeichnen die senkrechten Linien die Saiten, die waagerechten Linien die Bünde der Gitarre. Das x bedeutet, dass diese Saite nicht angeschlagen wird, der kleine Kreis, dass diese Saite nicht abgegriffen werden muss, also leer klingt.

Die Linien bei der Bass-Tabulatur sind Abbildungen der Basssaiten eines viersaitigen Basses. Die oberste Linie entspricht der 1. Saite oder der dünnsten G-Saite. Die zweite Linie stellt die D-Saite dar, die dritte Linie die A-Saite und die 4. Linie die E-Saite. Die Zahlen auf diesen Linien bezeichnen die Bünde, die gegriffen werden müssen, um den richtigen Ton zu treffen. Die 0 bedeutet, dass die Saite leer erklingt, sie muss nicht abgegriffen werden.

Bausteine für einen Ablaufplan

Lied einstimmig · Lied im Kanon · Solostimme · Bass · Gitarre · Klavier/Keyboard · Schlagzeug

6 Hört euch die Begleitstimmen an und verfolgt sie im Notenbild.

7 Übt jede Stimme zunächst einzeln ein.

8 Spielt anschließend alle Stimmen gemeinsam in einem langsamen Tempo.

9 Überlegt euch in Gruppen einen Ablauf für den Song und schreibt diesen in einen Ablaufplan. Ihr könnt die Bausteine auch mehrmals verwenden oder zwei Bausteine gleichzeitig wählen.

Stampfkanon

Mit dem „Stampfkanon" werden die Notenwerte Achtel und Viertel in Form eines Rhythmus-Kanons wiederholt und geübt. Die Sprechtexte helfen bei der Orientierung und erleichtern die Koordination von Körperbewegung und Rhythmus. Das Aufstehen am Ende des dritten Takts hat eine Signalwirkung für die Wiederholung des Stücks.

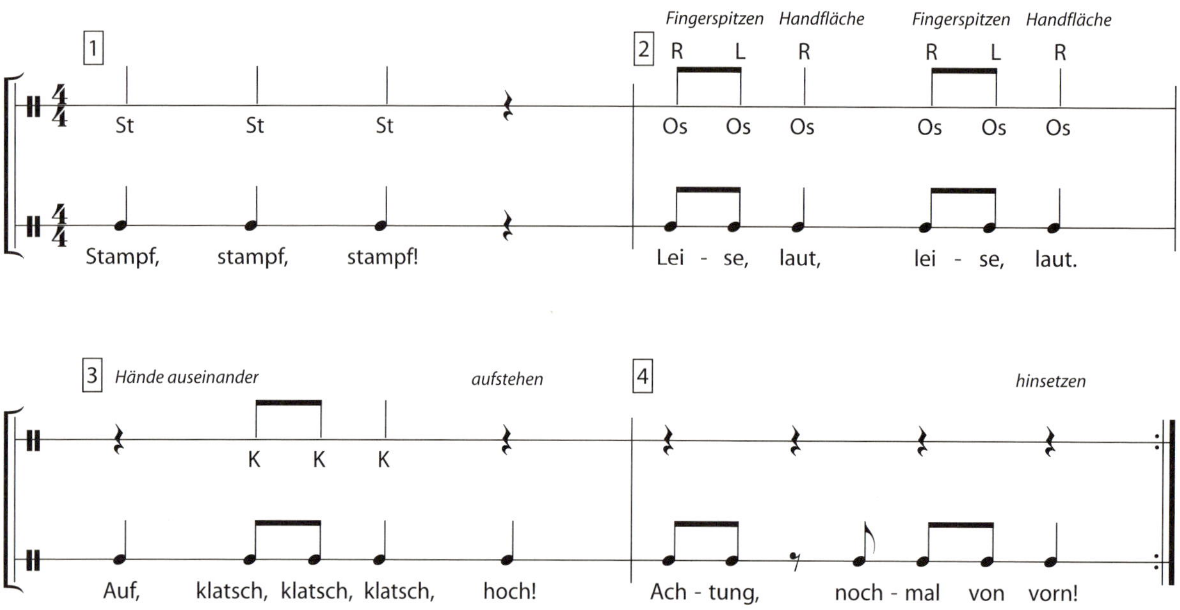

Text und Rhythmus: Ullrich Moritz

St = mit dem Fuß aufstampfen
Os = mit den Fingerspitzen auf die Oberschenkel tippen oder mit den Händen darauf patschen
K = klatschen

1. Sprecht zunächst den Text im notierten Rhythmus.
2. Fügt dann die Bodypercussion hinzu, ohne jedoch aufzustehen und sich wieder hinzusetzen.
3. Ergänzt anschließend das Aufstehen und das Hinsetzen.
4. Setzt euch in vier Gruppen zusammen und sprecht und spielt den Kanon vierstimmig.

Serien-Rhythmical

A 2, 3

Das Rhythmical besteht aus zwei Teilen: dem Strophenteil und dem begleitenden Bordun[W]. Neben Achtelnoten und Viertelnoten gibt es hier auch Achteltriolen[W] und punktierte Viertel.

Ein Rhythmical aus Fernsehserien und Shows

Fernsehserien bestehen aus vielen einzelnen, inhaltlich nicht abgeschlossenen Folgen und werden in Staffeln zusammengefasst. Da vor allem viele private Fernsehsender miteinander konkurrieren, ist es wichtig, ihr Fernsehpublikum durch spezielle Serienformate an sich zu binden. Auch bei beliebten Shows gibt es meist mehrere Staffeln.

Strophe

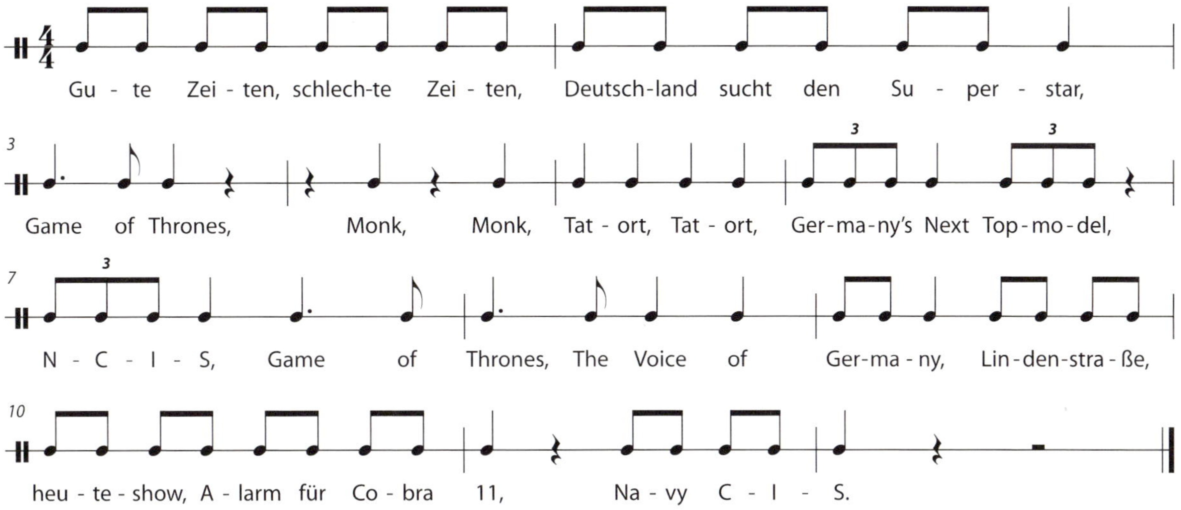

Bordun

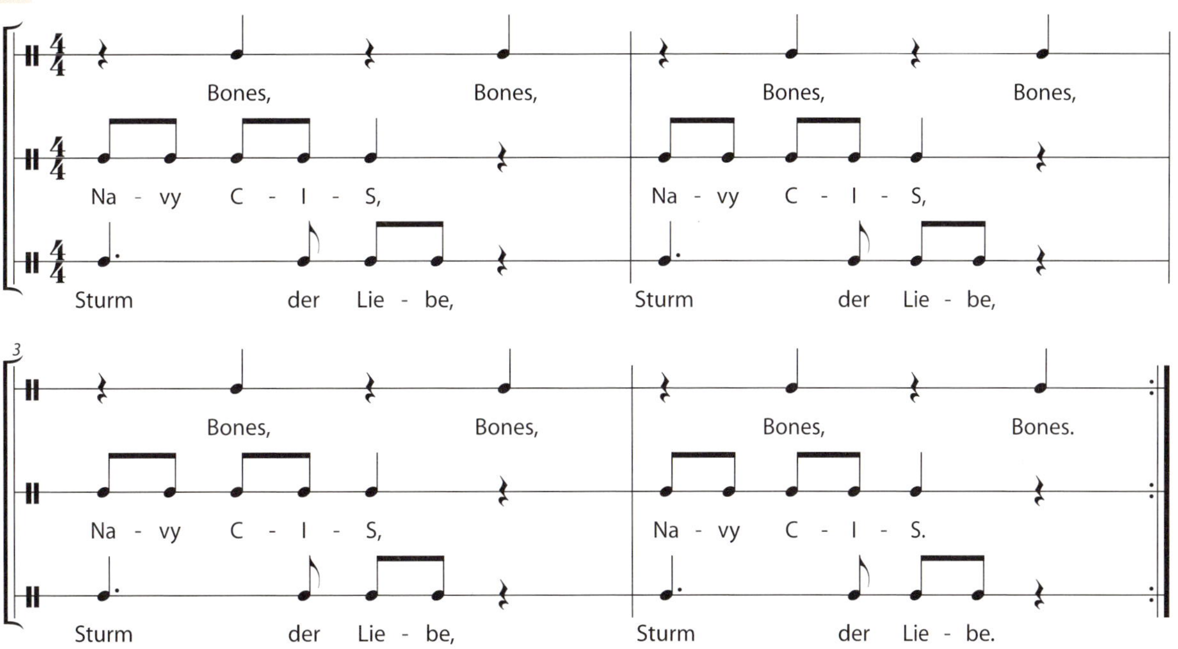

Text und Rhythmus: Christian Crämer

1. Übt die drei Bordun-Stimmen zunächst einzeln. Sprecht den Bordun dann dreistimmig zu einem Beat[W] (A 2).
2. Sprecht anschließend den Strophenteil zu einem Grundschlag, den ein Schüler auf einem Perkussionsinstrument spielt.
3. Kombiniert den Strophenteil mit dem Bordun (A 3).
4. Gestaltet den Text und auch einzelne Wörter in Gruppen mit den dynamischen Elementen laut, leise, crescendo und decrescendo. Verwendet dazu die Symbole f, p, < und > und schreibt eure Ergebnisse auf.
5. Tragt die Ergebnisse vor und sprecht über eure Höreindrücke.

Autumn Swing

A 4

Beim Spielen von „Autumn Swing" begegnet man einigen typischen Elementen des Jazz: die **Akkordfolge** (Quintenzirkel (→ S. 229) rückwärts D, G, C, F und H, E, A), der **Swing** (→ Kap. 21), die Synkope[W] auf die Zählzeit 4+ mit Bindung zur Zählzeit 1 des folgenden Takts und die Septimenakkorde[W]. Der Titel „Autumn Swing" soll bewusst auf einen Klassiker der Jazzmusik hinweisen: „Autumn Leaves".

Thema

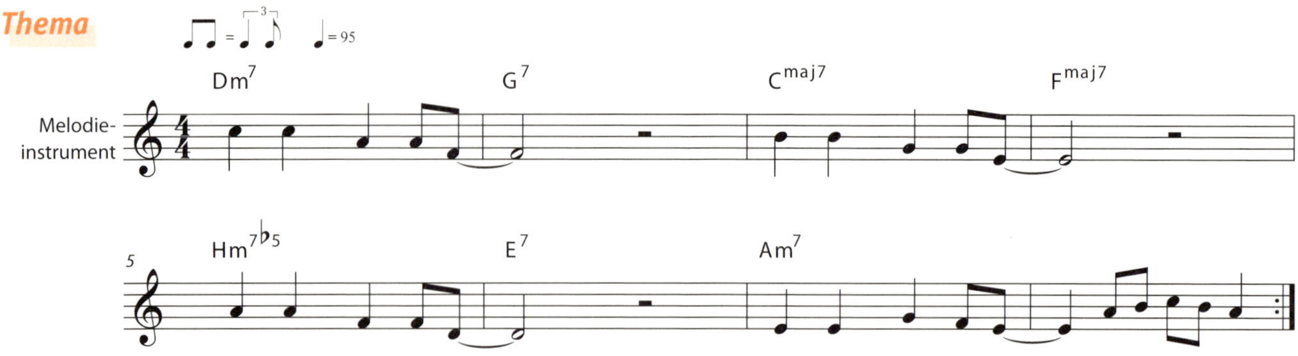

Begleitung

Eckart Vogel

1 Sprecht und singt das Thema (→ Kap. 14) auf Silben. Klatscht den Melodierhythmus dazu und festigt dadurch den Swing. Übt das Thema mit Melodieinstrumenten ein.

2 Übt die Begleitung ein. Verteilt, wenn nötig, die Drumsetstimme auf drei Schüler oder nehmt für Bass Drum und Snare Drum eine Cajón und für die Hi-Hat ein Becken. Setzt einen E-Bass oder Bassklangstäbe ein.

3 Spielt die Begleitung abwechselnd mit und ohne Thema. Achtet dabei auf die Einhaltung der Taktanzahl (je 16 Takte). Spielt auch zur CD (A 4).

4 Improvisiert mit Instrumenten zur selbst gespielten Begleitung und zur CD (A 4). Spielt einfach los oder bereitet eure Improvisationssolos mithilfe der Schritte, Beispiele und Tipps auf S. 9 vor.

A 5, 6

Im Jazz wird viel und ausgiebig improvisiert: Zu einer Begleitung spielen alle Soloinstrumente zuerst ein vorgegebenes **Thema** (→ Kap. 14), dann spielen einzelne Musiker ein **Solo**. Das Solo wird häufig improvisiert.

So kann man mit Instrumenten zur Begleitung von „Autumn Swing" improvisieren:

Schritt 1

Einen Swing-Rhythmus für die Melodie finden.

Beispiel 1

Beispiel 2

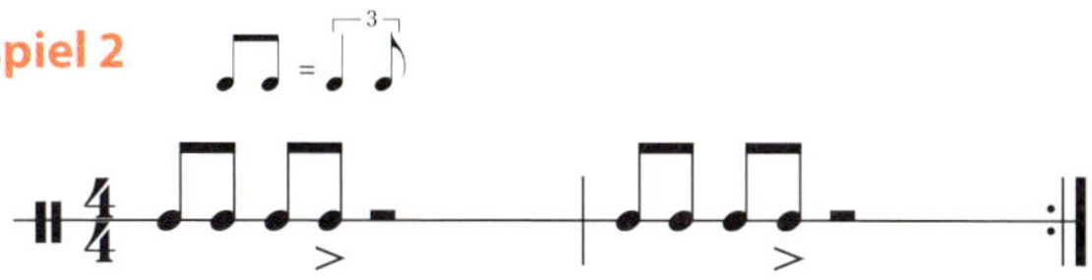

Schritt 2

Den Swing-Rhythmus auf einem Ton spielen.

II E I D I D I C I C I H I A I A :II

Schritt 3

Motive erfinden und als Sequenz[W] spielen.

Tipps

Setze Tonwiederholungen, Tonschritte und Tonsprünge ein.

Verwende zuerst Halbe Noten und Viertelnoten.

Singe deine Melodien, bevor du sie spielst.

Beginne mit den Tönen aus Schritt 2.

Verwende auch Töne aus dem Thema.

Beispiel

Ablauf (Vorschlag)

Tutti	Tutti	Solo 1	Solo 2	Tutti	Tutti	Solo 3	Solo 4
Begleitung	Begleitung	Begleitung	Begleitung	Begleitung	Begleitung	Begleitung	Begleitung

5 Gestaltet eure Solos. Setzt dabei gezielt Lautstärkeunterschiede ein und probiert verschiedene Spielweisen auf eurem Instrument aus.

6 Einigt euch auf eine Besetzung und schreibt einen Ablauf auf.

7 Nehmt eure Version von „Autumn Swing" auf, hört euch die Aufnahme an und sprecht darüber, was ihr noch verbessern könntet.

8 Hört einen Auszug aus „Autumn Leaves" (A 5) von Paula Cole und „All The Things You Are" (A 6) von Jerome Kern und sprecht über eure Höreindrücke. Vergleicht die Musik mit „Autumn Swing". Was ist gleich, ähnlich, anders?

9 Informiert euch in Kapitel 21 über Jazz (Stile, Fachbegriffe, Musiker, Instrumente).

Wie wir hören

Schallwellen

Das Ohr ist das Sinnesorgan, mit dem wir Schall[W] wahrnehmen. Schall entsteht durch Schwingungen von Schallquellen. Instrumente, Lautsprecher oder auch der menschliche Körper stellen solche Schallquellen dar. Die Moleküle (kleinste Einheit einer chemischen Verbindung) der Schallquellen stoßen andere Moleküle an und versetzen diese in Bewegung. Auf diese Weise setzen sich die Schwingungen in Schallwellen fort. Damit ändert sich der Luftdruck. Der Schall kann dabei unterschiedliche Wellenformen annehmen, die man auf einem Oszilloskop (elektronisches Messgerät) beobachten kann:

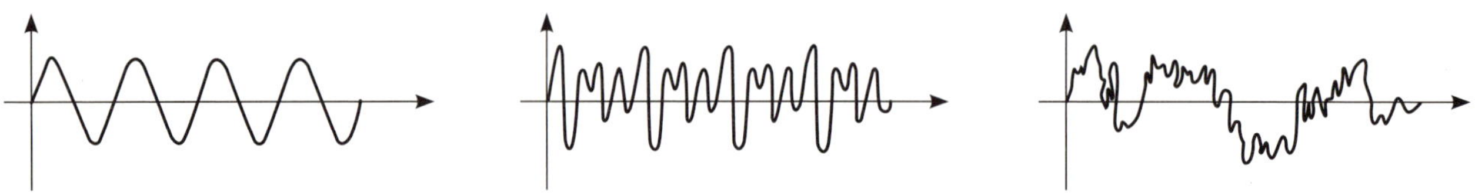

Der Hörvorgang

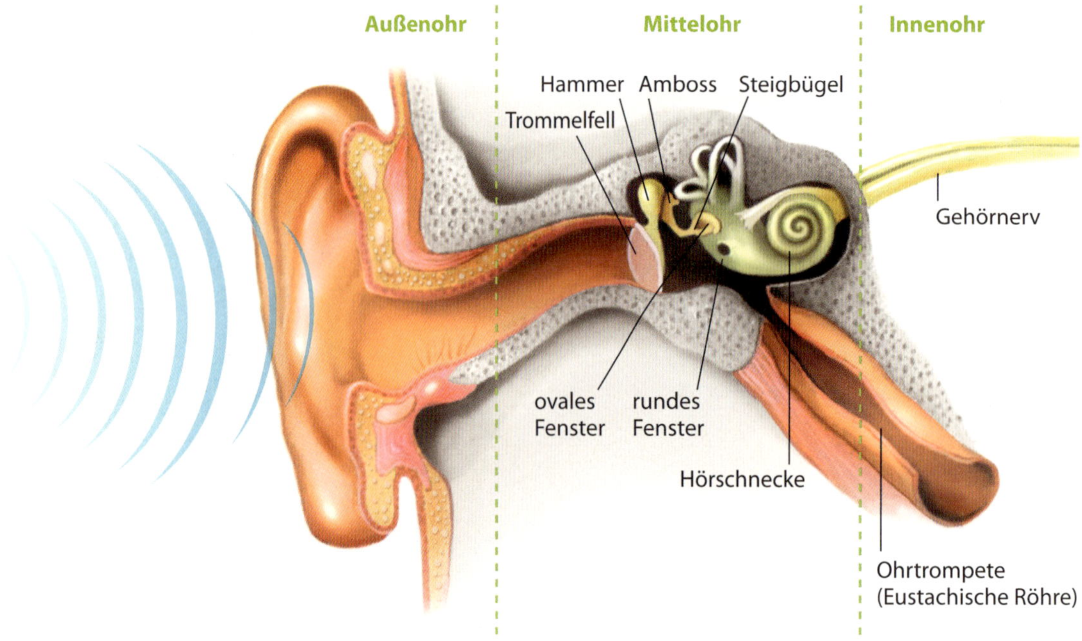

Das Ohr ist das sensibelste Sinnesorgan. Es ermöglicht uns, die verschiedensten Geräusche, Klänge und Töne wahrzunehmen. Es besteht aus Außenohr, Mittelohr und Innenohr.

Das Außenohr führt den Schall zum Trommelfell. Von dort wird er im Mittelohr über die drei Gehörknöchelchen (Hammer, Amboss und Steigbügel) verstärkt und zum runden Fenster weitergeleitet. Am runden Fenster tritt der Schall in die Hörschnecke ein. Sie ist mit Flüssigkeit gefüllt. In ihr wandeln 10.000 winzige Härchen den Schall in elektrische Signale um und leiten sie über den Gehörnerv an das Gehirn weiter. Das Gehirn erkennt dann diese Signale z. B. als Klang oder Sprachgeräusch und lässt uns hören. Das Ohr selbst hört also gar nicht, sondern unser Gehirn.

1. Beschreibt, wodurch sich die Wellenformen von Ton, Klang und Geräusch unterscheiden.
2. Nehmt verschiedene Schallquellen auf und untersucht die jeweiligen Wellenformen mithilfe von Audacity (→ S. 56–59).
3. Nutzt die interaktive App „Earaction", um mehr über die einzelnen Bestandteile des Ohrs zu erfahren.
4. Nutzt eine App zur Schallpegelmessung und messt die Lautstärke von verschiedenen Schallquellen in eurer Umgebung. Vergleicht die Messungen miteinander.

Schütze dein Gehör!

Ursachen von Gehörschädigungen

Neben Krankheiten, Unfällen oder dem normalen Altern können auch bestimmte Schalleinwirkungen unser Gehör schädigen. Ein Zuviel an Lautstärke oder Dauer der Beschallung kann unsere Hörfähigkeit dauerhaft beeinträchtigen. Die Sinneshärchen in der Hörschnecke können bei großer Belastung umknicken oder sogar abbrechen – und das Gehör erholt sich davon nicht mehr. In anderen Fällen reagiert das Ohr mit Ohrgeräuschen, die auch für immer bleiben können. Ein Beispiel dafür ist der Tinnitus, bei dem man ein eingebildetes, nur im Kopf vorhandenes Pfeifen oder Summen hört.

Auf die Lautstärke kommt es an

Lautstärke misst man in Dezibel (dB). Eine Zunahme von 10 dB bedeutet eine Verdoppelung der Lautstärke. Geräusche bis 50 dB werden in der Regel als normal wahrgenommen. Auf dem Schulhof ist es oft bis zu 80 dB laut. Gefährlich wird es für das Gehör bei einer längerfristigen Belastung über 90 dB. An Arbeitsplätzen – und auch in der Schule – darf es daher nicht dauerhaft mehr als 90 dB laut sein.

Bei mehr als 130 dB kann eine unmittelbare und unwiederbringliche Hörschädigung entstehen. Nicht nur die Trillerpfeife am Ohr, sondern auch Feuerwerk, das in direkter Nähe explodiert, und andere Knallgeräusche oder Schreie stellen hier die größte Gefahr dar.

Düsenjet, Trillerpfeife direkt am Ohr	130 dB
Presslufthammer, Donner	120 dB
Kettensäge, Autohupe	110 dB
Gewitter, Lastwagen	90 dB
Moped, Schulhof (Pause), Staubsauger	80 dB
Straßenverkehr, Fahrradklingel	70 dB
Lautes Gespräch, MP3-Player (Pegelgrenze)	60 dB
Leise Musik	50 dB
Leises Gespräch	40 dB
Flüstern, leichter Wind	30 dB
Laubrascheln	20 dB
Atmen	10 dB

Lautstärken verschiedener Schallquellen

Aufliegende Kopfhörer oder Ohrstöpsel?

Egal ob Musik über den Laptop, das Smartphone oder den MP3-Player gehört wird: Kopfhörer geben den Schall[W] in unmittelbarer Nähe zum Ohr ab. Und viele Geräte können bis zu 110 dB laut gestellt werden. Kopfhörer, die nur auf den Ohren aufliegen, sind daher besser für die Gesundheit des Gehörs als Ohrstöpsel, die bis in das Ohr hineinreichen. Aufliegende Kopfhörer schirmen auch Außengeräusche besser ab: Man stellt die Musik daher leiser ein.

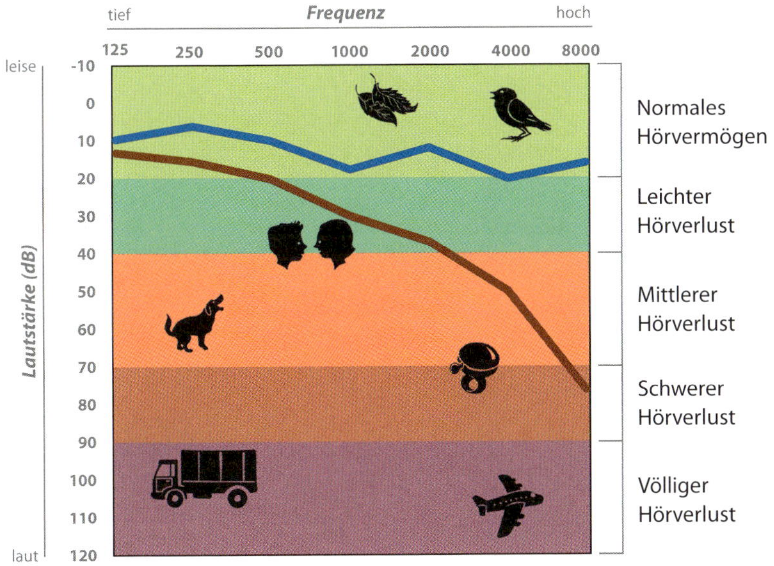

Audiogramm zweier Menschen

Das Audiogramm

Mit einem Audiogramm misst man die Hörfähigkeit eines Menschen auf verschiedenen Frequenzen (Tonhöhen) und bei verschiedenen Lautstärken.

Die Bilder im Audiogramm zeigen, in welchen Tonhöhen und Lautstärken bestimmte Schallquellen zu finden sind.

Die blaue und die braune Linie zeigen, ob ein Mensch seine volle Hörfähigkeit besitzt oder an einem Hörverlust leidet.

1 Notiert weitere Schallereignisse, die lauter sind als 90 dB und damit das Gehör schädigen können.

2 Analysiert das Audiogramm: Was ist zu sehen? Was bedeuten die verschiedenen Schweregrade des Hörverlusts? Welcher der beiden Menschen (blaue oder braune Linie) hat ein gesundes Gehör? Was hört der andere nicht mehr?

3 Reflektiert, was für Auswirkungen ein teilweiser oder völliger Hörverlust auf euer Leben hätte.

4 Sammelt Vorsichtsmaßnahmen, um einen Hörverlust zu vermeiden.

Hinhören üben

Im Hörzentrum

Impulse aus dem Innenohr gelangen über die Nervenbahnen in die Hörrinde, das ist unser Hörzentrum im Gehirn. Sie sprechen dort verschiedene Gruppen von Nervenzellen auf verschiedenen Frequenzen (Tonhöhen) an. Das Gehirn kann auf diese Weise z. B. Sprache von Musik unterscheiden. Dann treten viele weitere Gehirnbereiche hinzu, in denen unsere Erfahrungen, Bilder und gedanklichen Verknüpfungen gespeichert sind. So können wir z. B. den Klang eines Cellos mit dem Bild eines Cellos in Verbindung bringen.

Es gibt auch viele verschiedene Arten zu hören: Das Hören als bewusstes Wahrnehmen von Geräuschen bei Gefahr, das Hörgedächtnis, die Unterscheidung eines Schalls[W] von Nebengeräuschen oder das Richtungs- und Entfernungshören.

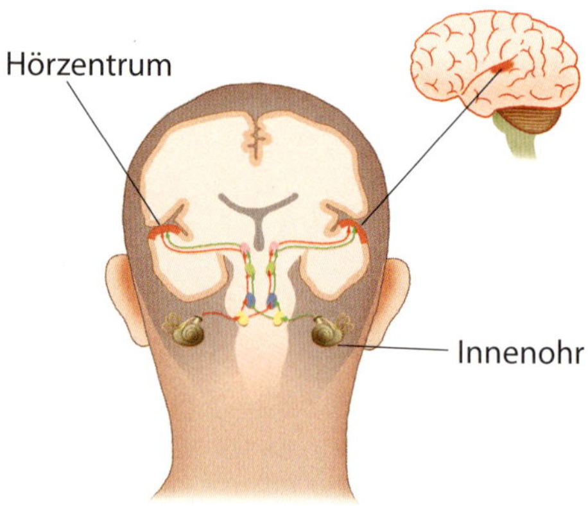

Ohr und Hörzentrum

Übungen mit geschlossenen Augen

Wege nachvollziehen

Schließt eure Augen. Einer von euch läuft Wege durch den Raum. Man hört seine Schritte. Verfolgt seinen Weg mit dem Finger. Dann wiederholt dasselbe noch einmal. Merkt euch den Weg, den er gegangen ist. Zeichnet den Weg auf Papier auf und vergleicht eure Ergebnisse.

Wege mit mehreren Schallquellen nachvollziehen

Vier von euch denken sich jeweils ein bestimmtes Geräusch aus. Sie bewegen sich durch die Klasse und lassen ihr Geräusch dabei mehrmals hören. Sucht euch einen Geräuschemacher aus und verfolgt seinen Weg mit dem Finger. Lasst euch dabei nicht von den anderen ablenken. Zeichnet auf, welchen Weg der Schüler genommen hat und an welchen Stellen er sein Geräusch gemacht hat. Versucht die Übung auch mit zwei Schülern gleichzeitig und vergleicht eure Ergebnisse.

Eine Minute Geräusche

Nehmt euch eine Minute Zeit. Schreibt alle Geräusche, die ihr hört, auf. Dann analysiert die Geräusche: Wie viele kamen aus eurem Raum, wie viele von außerhalb? Wie weit entfernt war das entfernteste Geräusch? Wie viele Geräusche stammten von Menschen, von Gegenständen, aus der Natur, aus der Technik? Welche Geräusche waren besonders angenehm oder unangenehm?

Entfernungen schätzen

Geht in einen Gang eurer Schule oder an die frische Luft. Schließt die Augen. Zwei von euch lassen zwei verschiedene Gegenstände in einem bestimmten Abstand zueinander erklingen. Schätzt den Abstand, schreibt eure Schätzung auf und überprüft sie. Wiederholt die Übung mit verschiedenen Abständen zwischen wenigen Zentimetern und vielen Metern.

Übungen: nach Raymond Murray Schafer

1. Führt die Übungen durch.
2. Vergleicht eure Ergebnisse untereinander. Diskutiert, warum die Ergebnisse so unterschiedlich sein können.
3. Erfindet eigene Übungen zum Richtungshören, Entfernungshören oder zum Hörgedächtnis.

Hör-Landkarten

Schallereignisse kann man auf verschiedene Weise beobachten und in Hör-Landkarten oder Hör-Diagrammen aufzeichnen.

Übungen

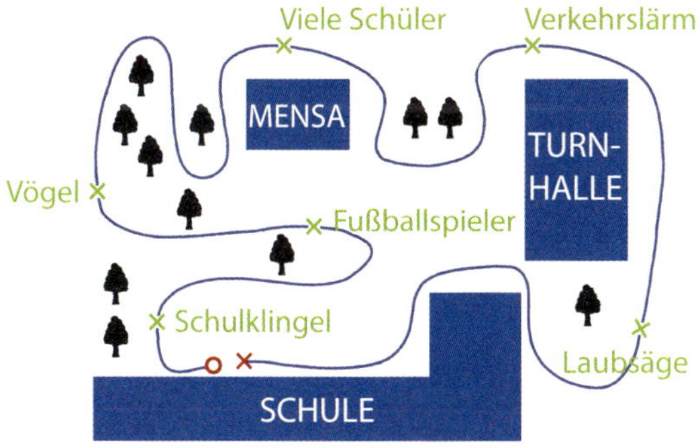

Hör-Landkarte 1

Wege über den Schulhof

Zeichnet eine Karte von eurem Schulgelände. Legt einen Weg über das Gelände fest, den ihr gehen wollt. Lauft dann diesen Weg und verzeichnet in eurer Karte, welche Schallereignisse euch unterwegs begegnet sind. Analysiert am Ende, welche Arten von Schallereignissen an welchem Platz des Schulgeländes besonders hervorstechen. Wiederholt eure Beobachtung in einer großen Pause. Nutzt auch Aufnahmegeräte zur Aufzeichnung der wichtigsten Schallereignisse und berichtet den anderen davon. Aus solchen Aufzeichnungen können auch Klangcollagen entstehen (→ S. 25).

Schallereignisse miteinander vergleichen

Schallereignisse kann man auch zu verschiedenen Zeiten untersuchen und miteinander vergleichen: Legt einen Ort fest (z. B. euer Schulgelände), an dessen Rändern ihr Klangereignisse verschiedener Arten messt und aufzeichnet. Nehmt euch pro Seite des Geländes mindestens 10 Minuten Zeit. Zeichnet die wichtigsten Klangereignisse mit einem Aufnahmegerät auf. Wiederholt die Messung zu einer anderen Tageszeit an denselben Stellen. Vergleicht eure Ergebnisse miteinander.

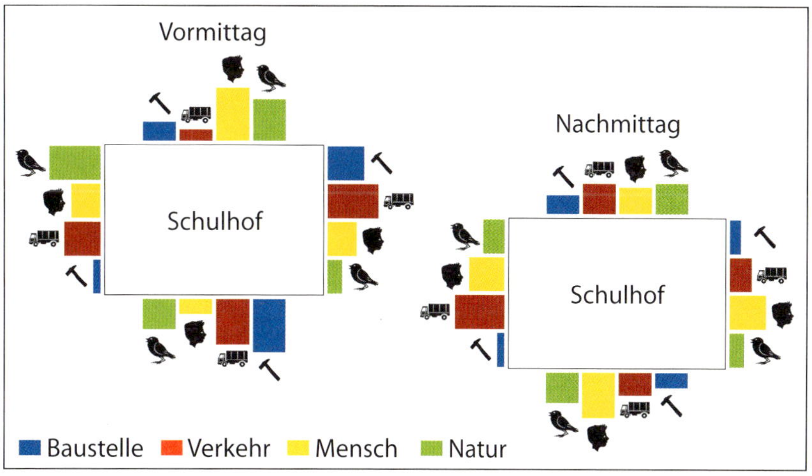

Hör-Landkarte 2

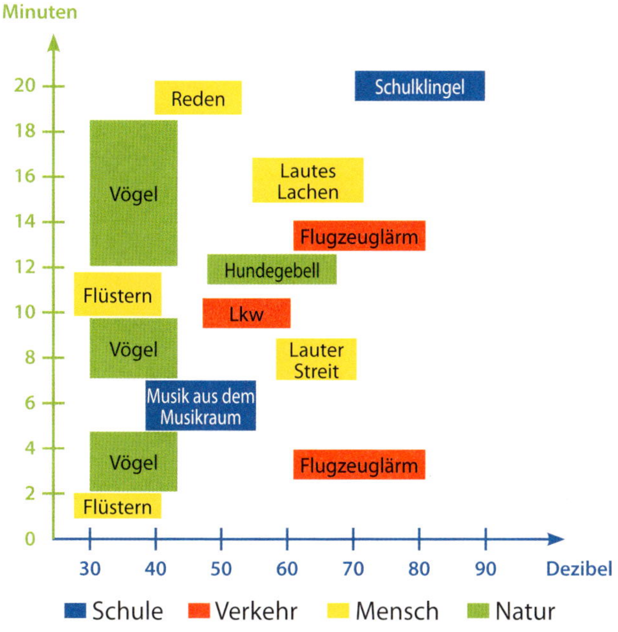

Hördiagramm

Schall[W] verzeichnen

Sucht euch einen bestimmten Platz auf dem Schulgelände und zeichnet in einem Koordinatensystem mithilfe eines Schallpegelmessers (vgl. S. 10) auf, welches Geräusch wann auftritt, wie lange es anhält und wie laut es ist. Ordnet es einer von vier Kategorien zu, z. B. Schule, Verkehr, Mensch und Natur. Nehmt wichtige Klangereignisse mit einem Aufnahmegerät auf. Präsentiert eure Ergebnisse und vergleicht sie mit denen von anderen Plätzen auf dem Schulgelände.

1 Interpretiert die Abbildungen der beiden Hör-Landkarten. Erklärt, auf welche Weise die jeweiligen Klänge dargestellt werden.

2 Führt die Übungen durch.

Stimme und Atmung

Der Stimmapparat

Mehr als siebzig Muskeln sind daran beteiligt, wenn die menschliche Stimme Töne erzeugt. Unser Stimmapparat besteht aus Lunge, Kehlkopf und den Resonanzräumen, in denen die Töne schwingen. Die Resonanzräume sind: Rachen- und Brustraum sowie Stirn-, Nasen- und Mundhöhle.

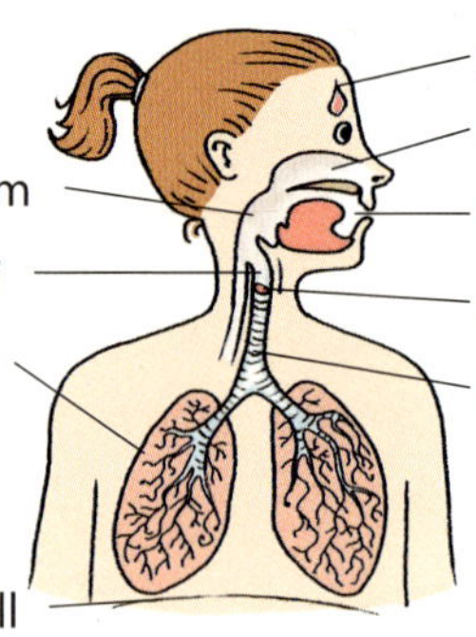

Die Erzeugung von Tönen

Wesentlich für die Erzeugung von Tönen ist der Kehlkopf. In ihm befinden sich die Stimmlippen. Sie sind bei normalem Atmen entspannt und geöffnet. Wenn wir einen Ton erzeugen wollen, spannen wir die Stimmlippen an, sodass sich die Stimmritze schließt. Lassen wir nun Luft aus den Lungen ausströmen, drückt diese die angespannten Stimmlippen auseinander, bis sie zu schwingen anfangen. Je stärker die Stimmlippen gespannt sind, desto höher der Ton.

Die Tonhöhe hängt aber auch von der Beschaffenheit der Stimmlippen ab: Längere Stimmlippen klingen tiefer, kürzere höher. Babys haben Stimmlippen mit nur 6 mm Länge. Am längsten sind die Stimmlippen von Basssängern mit bis zu 25 mm.

Stellung bei ruhigem Atem | **Stellung bei Tonerzeugung**

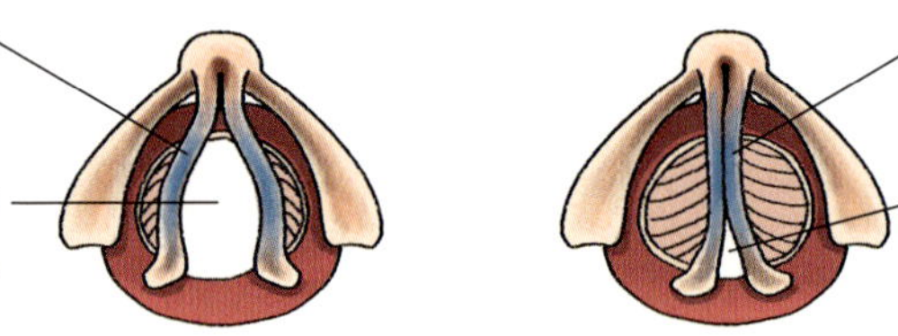

Klangfarben[W] einer Stimme

Die spezielle Klangfarbe einer Stimme entsteht durch die Beschaffenheit der Resonanzräume. Aber auch Lippenform, Kiefer, Zunge und Zähne bestimmen den Klang einer Stimme mit.

Stimmbruch

Der Stimmbruch – Mutationen im Klassenzimmer

Im Alter von 11 bis 15 Jahren machen Kinder und Jugendliche einen Stimmwechsel durch. Er wird auch „Stimm-Mutation" oder „Stimmbruch" genannt. Allerdings bricht dabei die Stimme nicht wirklich. In der Pubertät wird bei Jungen wie bei Mädchen vermehrt das Hormon Testosteron ausgeschüttet. Es verursacht eine Verlängerung von Hals und Stimmbändern – bei Jungen um 1 cm, bei Mädchen um 3 mm. Die Stimme der Jungen sinkt im Schnitt um eine Oktave, die der Mädchen nur um eine große Terz (→ S. 230) nach unten. Daher fällt der Stimmwechsel bei Jungen stärker auf als bei Mädchen.

Bei manchen Kindern wachsen die beiden Stimmbänder unterschiedlich schnell. Wenn dann ein längeres und ein kürzeres Stimmband versuchen, einen Ton zu erzeugen, kiekst und gickst es manchmal, und die Stimme scheint sich zu überschlagen.

Das Singen im Stimmwechsel ist jedoch nicht schädlich. Wenn es sich gut und leicht anfühlt, kann man auch in dieser Zeit singen. Vorsichtig sollte man aber dennoch sein: Wer versucht, Töne zu singen, die die Stimmbänder in dem Moment einfach nicht produzieren möchten, kann seine Stimme dauerhaft schädigen.

Nach einem halben bis ganzen Jahr ist das Wachstum der Stimmbänder meistens abgeschlossen.

1 Ertastet euren Kehlkopf beim Sprechen und Singen. Fühlt, was dabei passiert.

2 Singt einen Ton und legt eure Hände auf die verschiedenen Resonanzräume Brust, Stirn, Nase und Mund. Spürt, was dabei passiert.

3 Fasst in eigenen Worten zusammen, was während des Stimmwechsels geschieht und was erlaubt und was eher nicht zu empfehlen ist.

Atmung und Stütze

Eigentlich dient die Atmung beim Einatmen der Versorgung der Zellen mit frischem Sauerstoff und beim Ausatmen dem Ausstoßen von Kohlendioxid (Gas, das vom Körper bei der Atmung erzeugt wird). Doch für das Singen benötigen wir die Atemluft, um zusätzlich unsere Stimmbänder in Schwingung versetzen zu können.

Beim Singen braucht man als Atemtechnik die sogenannte Atemstütze. Dafür sind die Brustmuskulatur und das Zwerchfell wichtig. Das Zwerchfell ist eine Muskelplatte, welche die Brust- und die Bauchhöhle voneinander trennt. Beim Einatmen hebt sich der Brustkorb (Bruststütze), und das Zwerchfell zieht sich zusammen und senkt sich nach unten (Zwerchfellstütze). Beim Ausatmen senkt sich der Brustkorb, und das Zwerchfell entspannt sich wieder.

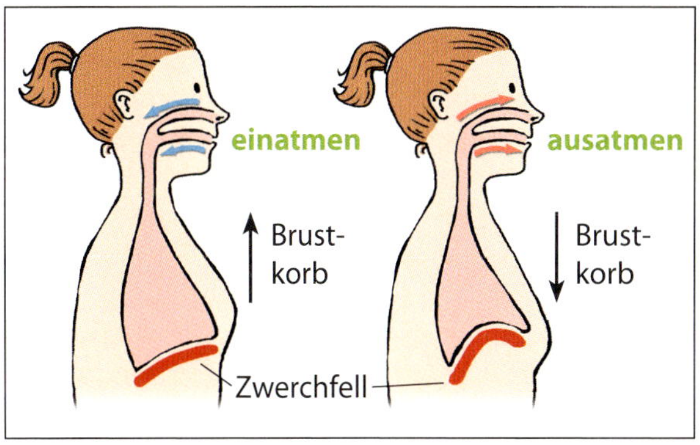

Die Atemstütze

Übungen

Schlafende Bäume

Steht im Kreis und stellt euch vor, ihr seid ein großer Wald. Jeder ist ein alter, knorriger Baum. Eure Füße sind die festen Wurzeln. Eure Zehen sind die Wurzelspitzen, die tief in die Erde reichen. Eure Beine und Bäuche sind der mächtige Stamm. Eure Arme sind die starken Äste. Eure Finger sind die kleinen Zweige. Stellt euch vor, der Baum schläft. Atmet ruhig. Lauscht und riecht den duftenden Wald. Lasst euren Atem entspannt strömen und spürt der Ruhe des schlafenden Baums nach.

nach Jürgen Terhag

Den Atem spüren

Den Atem spüren

Atmet tief und ruhig durch die Nase. Füllt den Brustraum mit angenehm viel Luft. Legt eine Hand auf den Bauch und stützt die andere in die Seite. Spürt, wie sich die Spannung beim Atmen dort verändert. Findet auch heraus, was beim Atmen in den unteren Rückenmuskeln vor sich geht.

Erschrecken

Lasst Luft plötzlich in euren Körper einströmen, als wenn ihr euch erschrecken würdet, z. B. auf die Silbe „ha". Haltet die Luft an, bis ihr bis drei gezählt habt. Dann lasst sie auf die Silbe „puuh" möglichst vollständig ausströmen.

Das Rad

Steht aufrecht, mit euren Füßen schulterbreit und mit lockeren Knien. Atmet auf ein leises „fff" ein und führt dabei eure ausgestreckten Arme in einem Bogen nach oben über euren Kopf. Die Handinnenflächen sind dabei nach oben gedreht. Wenn eure Hände über dem Kopf zusammengetroffen sind, haltet mit eurem Atem kurz inne. Dreht die Handflächen nach unten und lasst die aufgestaute Luft mit einer Silbe wie „psch", „psss" oder „pfff" langsam entweichen. Führt dabei die ausgestreckten Arme in einem Bogen wieder nach unten. Haltet kurz inne. Dann lasst die Restluft mit einem stärkeren „psch" entweichen. Dabei werden die Arme locker fallen gelassen. Wiederholt die Übung mit verschiedenen Geräuschen.

Das Rad

4 Erklärt in eigenen Worten das Prinzip der Atemstütze und demonstriert es mit eurem Körper.

5 Erspürt, was die Übung „Schlafende Bäume" in euch auslöst. Diskutiert, was sich im Körper verändert, wenn man diese Übung eine Weile lang macht.

Ein Warm-up für die Klasse

A 7–9

Wer gut singen möchte, muss eine gute Kontrolle über seinen Körper haben. Stellt euch für die folgenden Übungen in einen großen Kreis.

Übungen

Die Marionette

Beugt euch mit geraden Beinen nach vorne über, bis eure Hände die Zehenspitzen berühren können. Richtet euch dann ganz langsam Wirbel für Wirbel auf. Arme und Schultern hängen dabei locker herunter. Kurz bevor ihr oben angekommen seid, lasst ihr euch wieder nach unten fallen und beginnt von vorne. Wiederholt die Übung zwei- bis dreimal, bis ihr ganz gerade steht. Stellt euch vor, dass ein Marionettenspieler euren Kopf an einem Faden nach oben zieht und richtet euch noch etwas weiter auf.

Bleistifte an den Schultern

Rollt eure Schultern vorwärts im Kreis und dann nach einiger Zeit rückwärts im Kreis. Stellt euch dabei vor, ihr hättet Bleistifte an den Schultern, die große Kreise malen.

Äpfel greifen

Stellt euch vor, rechts weit über eurem Kopf wachsen Äpfel an einem Apfelbaum. Greift mit dem ausgestreckten linken Arm über euren Kopf hinweg einen Apfel und streckt dabei die linke Körperseite. Wiederholt die Übung dann mit der anderen Seite.

Atmung und Stimmbandränder

Stellt euch vor, ein großer duftender Kuchen steht in der Kreismitte. Schnuppert fünfmal kurz mit der Nase und genießt dann den Kuchenduft mit einem seligen „Mhhhh!" mit leicht aufeinandergelegten Lippen.

Gesangsübungen

Die erste Übung umfasst eine große Terz (→ S. 230). Singt die Übung immer wieder mit lockerem Kiefer und beginnt jedes Mal einen Halbton tiefer. Je tiefer ihr kommt, desto hellere Vokale solltet ihr verwenden.

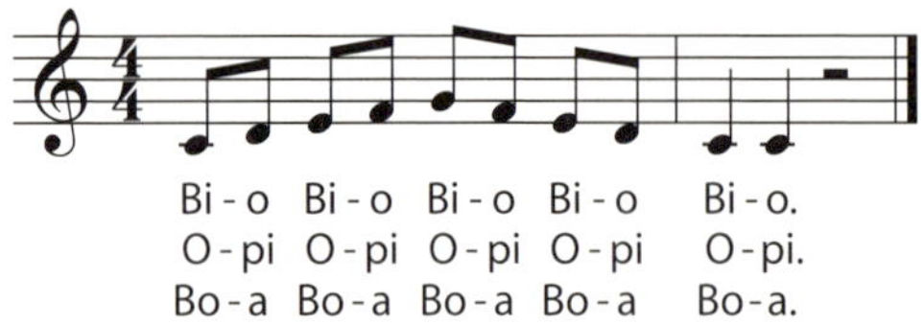

Die zweite Übung umfasst eine Quinte (→ S. 230). Singt die Übung immer wieder und beginnt jedes Mal einen Halbton höher. Überlegt euch, welche Silben jeweils gesungen werden sollen. Es darf sich entweder immer nur ein Buchstabe ändern (z. B. von „Bi-o" zu „Bi-a"), oder die Reihenfolge der Silben ändert sich (z. B. von „Bi-o" zu „O-bi").

Die dritte Übung umfasst eine Oktave. Geht kurz vor dem höchsten Ton leicht in die Knie oder macht eine Wurfbewegung mit dem Arm über euren Kopf hinweg, als würdet ihr einen Tennisball wegwerfen.

1 Führt die Übungen des Warm-ups durch.

2 Singt die drei Gesangsübungen mithilfe der CD (A 7–9).

A 10

Vier Arten zu singen

Singt diese Tonfolge auf verschiedene Arten:
a) normal, auf „uh"
b) wie ein quengelndes Baby, auf „eh"
c) als hättet ihr Bauchschmerzen, auf „äh"
d) wie im Fußballstadion, auf „oh"

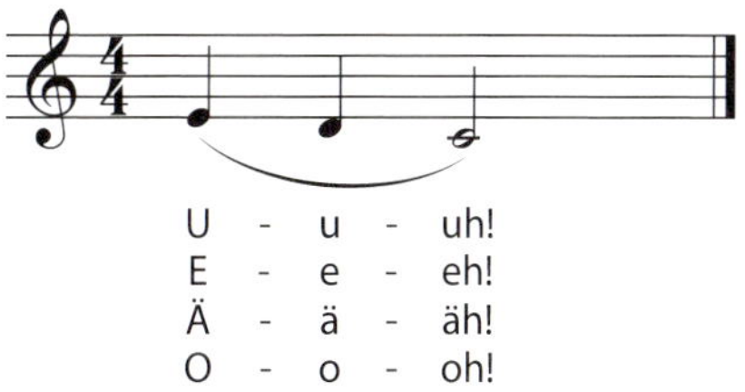

Konsonanten sprechen

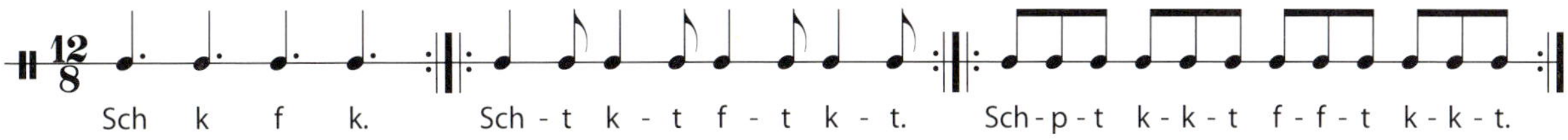

Wiederholt jeden Takt mehrmals, bevor ihr zum nächsten Takt weitergeht. Stoßt jeden Konsonanten gut mit dem Zwerchfell an. Sprecht die drei Takte abschließend mehrmals direkt hintereinander.

In den Groove kommen

Lauft folgenden Grundschritt im Kreis:
rechts seit – links ran – links seit – rechts ran.
Klatscht dazu verschiedene Rhythmen, z. B.:

Erfindet auch eigene Klatschrhythmen.

Let's go, make some music! – 4 Sprechrhythmen

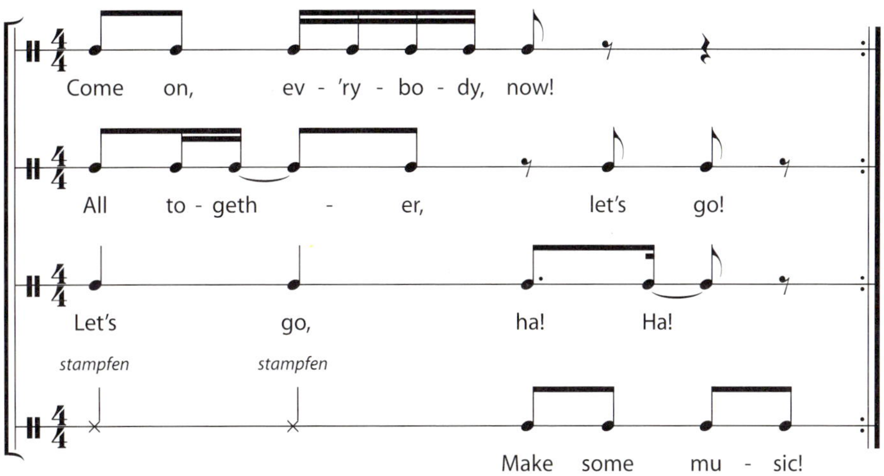

Rhythmus und Text: Thomas Busch

Stellt euch in einem Quadrat auf. Übt Sprechrhythmus 1 ein. Während eine Seite des Quadrats mit diesem Rhythmus weitermacht, üben die anderen Sprechrhythmus 2 ein. Dann folgen nacheinander die beiden anderen Seiten des Quadrats mit den Rhythmen 3 und 4.

Zusätzliche Möglichkeiten:
- Einer von euch dirigiert und gibt Zeichen, wann welche Seite anfängt bzw. aufhört.
- Lasst zwei Seiten auf ein Zeichen hin ihre Rhythmen tauschen.
- Versucht, die Rhythmen auf ein Zeichen hin im Uhrzeigersinn eine Seite weiterzugeben.

3 Führt das Warm-up weiter durch.

4 Erarbeitet euch dafür das Rhythmical „Let's go, make some music!" und nehmt die CD (A 10) zu Hilfe.

Leben im Mittelalter – Von Rittern und Burgfräulein

A 11

Wenn über das **Mittelalter** gesprochen wird, meint man damit die Zeitspanne **vom 6. bis zum 15. Jahrhundert**. 1492 entdeckte Columbus Amerika. Zu dieser Zeit endet die Epoche des Mittelalters.

Herzog Heinrich von Breslau nach einem Turnier, Pergamentblatt aus der Manessischen Liederhandschrift um 1300 n. Chr.

Wie das Ritterleben wirklich war

Die meisten Menschen verbinden mit dem Mittelalter das Leben von Rittern und Burgfräulein. Dabei steht der Ritter für Heldentum und Tapferkeit und das Burgfräulein für Schönheit und ein prachtvolles Leben auf einer großen Burg.

Gotischer Plattenpanzer aus dem 15. Jahrhundert

Tatsächlich fanden **vom 12. bis zum 15. Jahrhundert, der Blütezeit des Ritterstands**, zahlreiche Turniere statt, in denen Ritter ihre Tapferkeit und Geschicklichkeit unter Beweis stellen mussten. So ritten sie im Turnier mit Lanzen aufeinander zu, um sich gegenseitig vom Pferd zu stoßen. Oder sie sammelten mithilfe ihrer Lanze so schnell wie möglich kleine Ringe auf. Um sich vor Verletzungen zu schützen, trug der Ritter eine schwere Rüstung von bis zu 40 kg. Dieses Gewicht schränkte die Beweglichkeit stark ein, sodass der Ritter mit einem Seilzug auf sein Pferd gehoben werden musste. Bei hohen Temperaturen konnte der Ritter in der Rüstung an einem Hitzschlag sterben. Aber auch Verletzungen im Kampf mit einem anderen Ritter konnten zum Tod führen.

Der heute noch übliche Militärgruß (rechte Hand zur Stirn) stammt aus dem Mittelalter, als die Ritter mit der Hand das Visier hochklappten, um sich zu erkennen zu geben.
Waren Ritter im Turnier erfolgreich, wurde ihnen von der Dame des Hofes ein Siegerkranz überreicht. Das war eine große Ehre. Der Sieg wurde dann mit einem rauschenden Fest gefeiert.

Der niedere Stand der Spielmänner

Musikalisch begleiteten sogenannte **Spielmänner** (umherziehende Musiker) das Fest mit **Tanz- und Instrumentalmusik**. Meist spielte ein Spielmann gleichzeitig ein Blasinstrument, z. B. die Einhandflöte oder die Schalmei, und eine Handtrommel, um den Rhythmus zur Melodie zu trommeln.

Zwei Spielmänner, Zeichnung aus dem 13. Jahrhundert

Die Spielmänner waren zur Unterhaltung gern auf den Burgen gesehen. Ihre Musik allerdings galt als „höllisch" (→ S. 19). Wenn die Spielmänner nicht gerade zum Vergnügen des Adels auftraten, waren sie auf einer Burg nicht willkommen. Auf den Burgen führten die Ritter und Burgfräulein ein besseres Leben, da sie zum wohlhabenden Adel gehörten. Denn Rittern war es, im Gegensatz zu Spielmännern, möglich, durch erfolgreiche Kämpfe und Turniere an Ansehen zu gewinnen. Auftretende Spielmänner, Schauspieler, Musiker, Jongleure und Akteure waren jedoch von der Gnade derjenigen Herren abhängig, für die sie gerade arbeiteten. Als fahrendes Volk präsentierten sie ihre Kunst auf Marktplätzen und Burgen (→ S. 21).

Hoffen auf ein besseres Leben im Jenseits

Durch mangelnde Hygiene, schlechte Ernten, Kriege und Pestepidemien war der Tod für alle Menschen im Mittelalter gegenwärtig. Durch ein gottgefälliges, sündenfrei geführtes Leben erhofften sie sich, nach ihrem Tod im Jenseits belohnt zu werden und es dort besser zu haben. Die Angst, durch sündiges Leben in die Hölle zu kommen, war groß. Wohlhabende zahlten sogar viel Geld, um sich bei der Kirche mit sogenannten Ablassbriefen (Brief, mit dem eine Strafe erlassen wird) von ihren Sünden freizukaufen.

1 Beschreibt das Bild aus der Manessischen Liederhandschrift im Detail. Überlegt, weshalb die Menschen in unterschiedlichen Körpergrößen gezeichnet wurden.

2 Informiert euch im Internet über weitere typische Instrumente des Mittelalters.

3 Hört das Hörbeispiel (A 11) und erkennt darin folgende Instrumente des Mittelalters: Schalmei, Trommel, Flöte, Fidel und Dudelsack. In welcher Reihenfolge sind diese Instrumente zu hören?

Leben im Mittelalter – Zwischen Himmel und Hölle

Das Leben im Mittelalter spielte sich, nach Auffassung der **Kirche**, zwischen den beiden Extremen Himmel und Hölle ab. Hieronymus Bosch, ein Maler der Renaissance (→ S. 22), hat dies in einem Bild dargestellt.

Geistliche Vokalmusik galt als **himmlische, göttliche Musik.** Sie wurde v. a. in Klöstern gesungen und bestand meist aus dem einstimmigen Gesang der Mönche (→ S. 20). In diesem Gesang wurde Gott für seine Schöpfung gelobt und gepriesen.

Diese Vokalmusik folgte bestimmten Regeln und einer festen Ordnung, der Liturgie (festgelegter Ablauf des katholischen Gottesdienstes, vgl. S. 20).

Dagegen galt die **Tanz- und Instrumentalmusik der Spielmänner** mit ihren lauten und schnarrenden Klängen als **„Höllenmusik“**.

Ihre Texte hatten weltliche Themen zum Inhalt und waren oft derb und anstößig formuliert.

Man stellte sich vor, dass in der Hölle das Chaos regierte und die sieben Todsünden – Hochmut, Geiz, Wollust, Jähzorn, Völlerei, Neid und Faulheit – dort bestraft würden. Man glaubte, dass ein Todsünder nach seinem Tod in die Hölle kommen würde.

Hieronymus Bosch: The Last Judgment (Himmel und Hölle, um 1485)

1 Beschreibt das Gemälde „Himmel und Hölle“ im Detail und interpretiert die einzelnen Darstellungen mithilfe des Textes daneben.

2 Findet heraus, in welcher Weise hier Musik dargestellt wird.

3 Fasst eure Ergebnisse zusammen, z. B. auf einem Plakat oder anhand einer Computerpräsentation.

4 Recherchiert im Internet über ein weiteres Gemälde von Hieronymus Bosch: „Garten der Lüste“. Schaut euch insbesondere die Darstellung der Hölle genau an.

Der Gregorianische Choral

A 12–14

Das geistliche Leben

Klöster waren im Mittelalter Zentren für Kultur und Bildung. Ein lateinisches Motto lautete „Ora et labora" (dt.: Bete und arbeite). Acht Stunden arbeiten und acht Stunden beten täglich gehörten zum Tagesablauf. Ziel war es, ein frommes Leben in einer Gemeinschaft zu führen. Im Kloster sollte in Armut, Enthaltsamkeit und Gehorsam gelebt werden. Weil hier Versorgung und Bildung garantiert waren, wurden bereits Kinder ab 6 Jahren im Kloster aufgenommen.

Auf dem Stundenplan der Klosterschule standen Rechnen, Geometrie, Musik, Astronomie und Theologie. Hier wurde auch lesen und schreiben gelehrt, und **Latein** war die **Sprache des Gebets**. Da es die Technik des Druckens noch nicht gab, wurden im Skriptorium (Schreibstube eines Klosters) Dokumente handschriftlich angefertigt oder abgeschrieben.

Kloster Maria Laach (Eifel), zwischen 1093 und 1216 erbaut

Die geistliche Musik – Der Gregorianische Choral

Der katholische Gottesdienst folgt bis heute einer bestimmten Liturgie. Ein Teil dieser Liturgie ist der kirchliche Gesang: Die Psalmen der Bibel wurden und werden bis heute in Latein und singend vorgetragen. Dieser sogenannte **Gregorianische Choral** ist nach **Papst Gregor I.** (um 540–604 n. Chr.) benannt. Denn er ließ diese mündlich überlieferten Gesänge in einer speziell dafür entwickelten Notenschrift aufschreiben. Die aufgeschriebenen Gesänge hat er dann gesammelt und geordnet. Er gründete außerdem die **Schola cantorum** (Sängerschule für Mönche und Knaben), um den Choralgesang in den Klöstern zu üben und ihn dann zu verbreiten.

Der Gregorianische Choral ist also das gesungene Wort Gottes in lateinischer Sprache. Er besteht aus **reiner Vokalmusik** und wird **monofon** (einstimmig) von einem Männerchor vorgetragen.

Der **Kölner Dom** wurde um 1225 geplant und ist bis heute im Bau. Mit 157,38 m Höhe ist er das dritthöchste Kirchengebäude der Welt. Dieser Dom aus dem Mittelalter ist das Wahrzeichen Kölns und heute weltweit bekannt. Das kreuzförmige Dach ist ein Symbol des Christentums. Der Kölner Domchor singt bis heute Gregorianische Choräle.

Choralnotation um 1500

Es gibt zwei Vortragsweisen:

Syllabisch: Jede Silbe des Textes erhält einen eigenen Ton. Die Vertonung folgt also dem natürlichen Sprechrhythmus, und auf diese Weise ist jedes Wort gut verständlich.

Melismatisch: Eine einzelne Textsilbe wird über mehrere Töne gebunden, die als melodische Verzierung dienen. Hier steht also nicht die Sprache, sondern der Gefühlsausdruck (z. B. Jubel) im Vordergrund.

Mittelalterliche Notenschrift

Das Bild links zeigt eine Choralnotation mit **Quadratnotation**. Es ist ein Einzugspsalm, der zum Beginn der Weihnachtsmesse gesungen wird. Die schmückenden, bunten Verzierungen zeigen, dass es sich um eine wertvolle und aufwendige Notation handelt. Das Bild stellt Maria und den gerade geborenen Jesus Christus dar. Solche Bilder richteten sich an die Menschen, die Latein weder sprechen noch lesen konnten. Denn durch das Anschauen der Bilder wurde ihnen der Inhalt des Chorals deutlich.

1 Vergleicht die mittelalterliche Notationsweise der Choralnotation mit unserer heutigen Notenschrift. Beschreibt Gemeinsamkeiten und Unterschiede.

2 Hört die Hörbeispiele A 12 und A 13 und entscheidet jeweils, ob es sich um eine syllabische oder melismatische Vortragsweise handelt. Begründet eure Entscheidung.

3 Auch in der Popmusik wird manchmal auf den Gregorianischen Choral zurückgegriffen: Hört A 14 und beschreibt, wie hier mittelalterlicher Gesang mit moderner Popmusik verbunden wird.

Spielmannsmusik und Minnesang

A 15, 16

Das weltliche Leben

Im Mittelalter herrschte eine strenge **Ständeordnung mit drei Ständen**: Den ersten Stand bildete der Klerus (die Geistlichen). Diese sagten dem einfachen Volk, dass das Leben in Armut und Elend für den dritten Stand von Gott vorbestimmt sei. Die frommen Christen unter ihnen konnten die Lehre der Kirche nicht überprüfen, da sie nicht lesen konnten. Sie mussten deshalb den Aussagen des Klerus glauben. So hofften viele auf ein sorgenfreies Leben nach dem Tod. Der zweite Stand bestand aus reichen Adligen. Ihnen gehörte das Land, auf dem der dritte Stand arbeiten musste.

Die Abbildung zeigt Jesus Christus, der die drei Stände Klerus (links), Adel (rechts) und Bauern (unten) segnet. Auf Latein steht dort geschrieben: „Tu supplex ora, tu protege, tuque labora." Das heißt auf Deutsch: „Du bete demütig, du schütze, und du arbeite."

Ebenfalls zum dritten Stand gehörten die sogenannten **Vogelfreien**. Zu ihnen zählte das fahrende Volk ohne festen Wohnsitz, das unter anderem aus Spielmännern, Tagelöhnern und Prostituierten bestand. Fahrende Musiker und andere, die eine ehrlose Arbeit hatten, galten als vogelfrei und konnten von jedem straflos umgebracht werden.

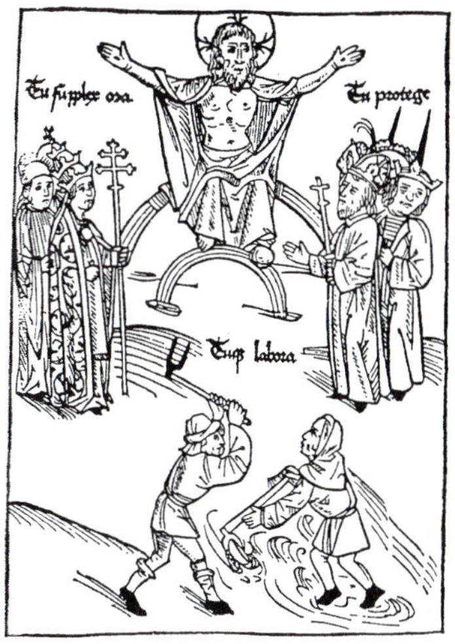

Jacob Meydenbach: Ständeordnung (1488)

Fahrender Minnesänger um 1300

Die weltliche Musik

In einer Singanleitung eines Gregorianischen Chorals aus dem 11. Jahrhundert heißt es übersetzt:

„(...) Komödiantenstimmen, Alpen- oder Gebirgsjodler, (d)onnerndes, zischendes Gewieher und Eselsgeschrei, Rindergebrüll und Schafsblöken, auch weibische Klänge, jede Verfälschung der Stimme, Geprunk und Neuerung lehnen wir ab und verbieten wir unseren Chören, weil sie mehr Narrheit und Dummheit als Frommsinn bekunden (...)."

Vermutlich ist dies eine Anspielung auf die großen Passionsspiele auf den städtischen Markplätzen, die als riesiges Spektakel galten: Spielmänner, Schauspieler und Gaukler stellten das Leiden Christi dar, allerdings zum Ärger des Klerus mit lärmendem Instrumentalspiel. Man schlug Ketten gegen Holzfässer, blies auf Dudelsäcken und Orgelpfeifen und spielte absichtlich falsche Töne. Dies galt beim Klerus als Gotteslästerung.

Über weltliche Themen wie Minne (Werben um die Liebe) oder Politik wurde ebenfalls gesungen. Den mittelalterlichen Gesang über die Liebe nennt man Minnesang. Der Minnesang wurde nicht in Latein verfasst, sondern in der jeweiligen Volkssprache.

Der Minnesänger Neidhart von Reuental (ca. 1190 – 1237) z. B. dichtet in mittelhochdeutscher Sprache.

Meie, dîn liehter schîn

Meie, dîn liehter schîn
und diu kleinen vogelîn
bringent vröuden vollen schrîn
daz si willekomen sîn
ich bin an den vröuden mîn
mit der werlde kranc,

alle tage ist mîn klage,
von der ich daz beste sage
unde ir holdez herze trage,
daz ich der niht wol behage
von den schulden ich verzage
daz mir nie gelanc,

also noch genuogen an ir
dienest ist gelungen
die nach guoter lîbe lone
hoveschlichen rungen,
nu han ich beidiu umbesunst
gedienet unde gesungen. (...)

Neidhart von Reuental

1 Hört das Hörbeispiel (A 15). Übersetzt den mittelhochdeutschen Text sinngemäß ins heutige Deutsch. Was versteht ihr? Vergleicht eure Ergebnisse anschließend mit der Lösung im Internet.

2 Hört das Musikstück (A 16) von Ougenweide. Welche Instrumente könnt ihr heraushören?

Renaissance – Das vierstimmige Chorlied

A 17

Die Wiedergeburt der antiken Künste

Die Epoche der **Renaissance** (dt.: Wiederaufleben oder Wiedergeburt) umfasst den Zeitraum **zwischen 1400 und 1600**.

Es war die Zeit, in der die Ideen der Antike wiederentdeckt wurden. Entscheidend waren die philosophischen Gedanken über den Menschen: Anders als im Mittelalter, als die Sicht auf die Welt **theozentrisch** (Gott steht im Zentrum der Welt) war, rückte in der Renaissance der Mensch in den Mittelpunkt. Der Mensch wurde mit seiner Vernunft, aber auch mit all seinen Leidenschaften, seiner Lust und seinem Schmerz gesehen. In der Kunst beschäftigte man sich verstärkt mit dem menschlichen Körper, wie die Abbildung rechts zeigt. Ein Mensch sollte mit all seinen Eigenschaften gezeigt werden. Und es galten die Ideen des **Humanismus**. Der Humanismus stellte die Würde des Menschen in den Mittelpunkt.

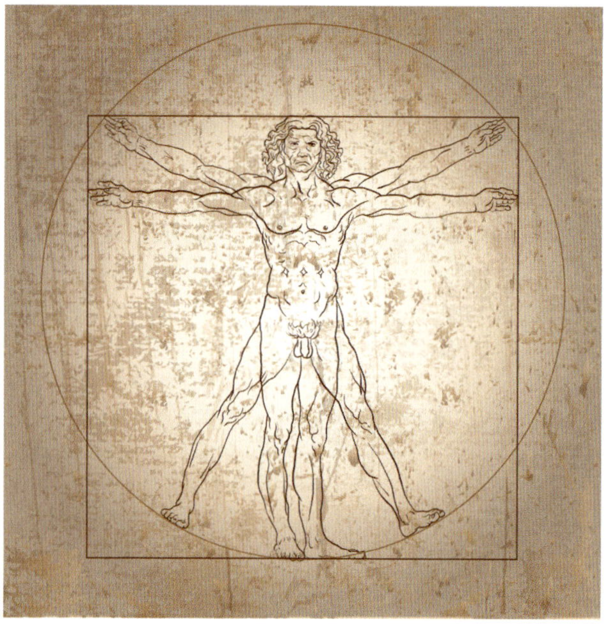

Vitruv, ein römischer Architekt der Antike, untersuchte die Proportionen des menschlichen Körpers. Dies regte Leonardo da Vinci zu seiner Zeichnung „Der vitruvianische Mensch" (1492) an.

Musik in der Renaissance

Musik diente nach wie vor der Kirche für das Lob Gottes. Aber man erkannte nun auch ihren Wert als Unterhaltungsmusik. Musik wurde also als Unterstützung eines geselligen Beisammenseins gesehen. Während die Komponisten der mittelalterlichen Kirchenmusik weitgehend anonym blieben, wurden die Komponisten der Renaissance berühmt und für ihre Werke gefeiert.

Kupfergravur Orlando di Lasso (17. Jhd.)

Der vierstimmige Gesang

Einer der berühmtesten Komponisten der Renaissance ist **Orlando di Lasso** (um 1532 – 1594). Di Lasso stammte ursprünglich aus Belgien und war dort als Kind ein begabter Chorknabe. Er komponierte sowohl geistliche als auch weltliche Musik, darunter vierstimmige Gesänge.

Ein Gregorianischer Choral (→ S. 20) wurde monofon komponiert.
Die **vierstimmigen Kompositionen** aber wurden nun polyfon[W] (mehrstimmig) gesungen.
Die einzelnen Stimmen entsprechen hierbei den vier Klangbereichen der menschlichen Stimme mit den heute gängigen Bezeichnungen von Sopranstimme, Altstimme, Tenor- und Bassstimme. Die bekannteste Form des vierstimmigen Gesangs war das **Madrigal**.

1573 komponierte Orlando di Lasso „sechs teutsche Lieder", darunter das Madrigal **Audite nova**.
Der lateinische Anfang entstammt eigentlich einem typisch geistlichen Gesang und bedeutet so viel wie: „Hört die Neuigkeit! Hört, was es Neues gibt!"
Doch statt der Botschaft Gottes folgt nun ein Text über eine fröhliche, ausgelassene Runde mit Wein und einer gebratenen Gans zum St. Martinstag. Der Text schildert also eine typische Situation, in der solche Musik gesungen und gespielt wurde.

1 Hört „Audite nova" (A 17) und nennt entscheidende Unterschiede zu einem Gregorianischen Choral des Mittelalters.

2 Entscheidet euch für eine der vier Stimmen und verfolgt sie beim Hören mit dem Finger mit. Stoppt anschließend die Musik und nennt die Taktzahl, bei der gestoppt wurde.

3 Viele Teile der Komposition sind **homofon** (der gleiche Textrhythmus aller Stimmen auf unterschiedlichen Tonhöhen) gestaltet. Überlegt, welchen Vorteil diese Satztechnik beim Hören des Madrigals hat.

Audite nova

Text und Melodie: Orlando di Lasso

Mein Musikgeschmack – dein Musikgeschmack

Dass Menschen unterschiedliche Geschmäcke in Bezug auf Musik haben, ist klar. Nur selten trifft man jemanden, mit dem man sich musikalisch völlig einig ist.

Oft muss man seinen Musikgeschmack gegenüber anderen verteidigen. Manche Musik kann man ganz schwer aushalten.

Wie geht man also mit dem eigenen Musikgeschmack und dem der anderen um?

Ein Bild auf unterschiedliche Weise vertonen

Nimmt man sich vor, ein abstraktes Bild wie dieses mit Instrumenten, Stimme oder Gegenständen gemeinsam zu vertonen, kann man nach verschiedenen Regeln vorgehen, z. B.

- bestimmten Farben bestimmte Klänge zuordnen,
- das Bild in einer bestimmten Richtung durchschreiten und dabei vertonen, z. B. von links unten nach rechts oben,
- nur die wichtigsten Formen und Inhalte auf dem Bild in Klänge umsetzen.

Auch bei der Auswahl der Instrumente oder Gegenstände und ihrer Klänge kann man unterschiedlicher Meinung sein.

Argumente sammeln

Um seinen Standpunkt zur Vertonung eines Bilds oder zu einem Musikstück klar und deutlich zu machen, braucht man gute Argumente. Diese Argumente könnte man z. B. so formulieren:

Mir gefällt diese Musik (nicht).

Ich mag an diesem Song, dass der Bass genau so klingt, wie es im Dubstep[w] sein muss …

Mein großes Vorbild XY mag diese Musik.

Ich mag daran den Groove / den Sound / die Basslinie / den Text / …

Ich finde den Remix[w] dieses Stücks wesentlich gelungener als das Original, weil …

Diese Musik mögen im Moment alle (oder keiner).

Vor fünf Jahren hätte ich diesen Song noch nicht gemocht, weil er …

Ich mag an dieser Musik, dass sie Verzweiflung ausdrückt / so spannend ist / einen cool macht / …

1 Entwickelt in Gruppen mit Instrumenten, Gegenständen oder euren Stimmen eine Komposition (ca. 30 Sekunden) zum oben abgebildeten Kunstwerk: Diskutiert zuerst, wie ihr das Bild vertonen wollt und womit. Setzt dann eure Ideen um. Führt eure Ergebnisse den jeweils anderen Gruppen vor.

2 Diskutiert in der Klasse, an welchen Stellen der Komposition eure Entscheidungen mit eurem Musikgeschmack zu tun haben.

3 Bringt eine Aufnahme eures Lieblingsmusikstücks mit. Bildet Paare und versucht, euer Gegenüber mit Argumenten davon zu überzeugen, dass euer Lieblingsstück das beste ist. Lasst euch dabei von den Argumentationsbeispielen anregen.

So klingt unsere Stadt – eine Klangcollage

A 18

Jeden Tag sind wir von verschiedenen Geräuschen, unterschiedlichen Lautstärken und diversen Höreindrücken umgeben. Auch jede Stadt hat ihren ganz eigenen Klang.

1 Hört die Klangcollage „Schulweg“ (A 18) und beschreibt so detailliert wie möglich, aus welchen Geräuschen dieser Schulweg besteht. Zeigt auf dem Bild, welchen Weg der Schüler gegangen ist.

2 Bildet Gruppen und notiert, welche Höreindrücke ihr mit eurem eigenen Schulweg verbindet.

3 Nehmt die Geräusche, die euch auf eurem Schulweg begegnen, auf. Erstellt mithilfe eines Audioschnittprogramms (→ S. 56ff.) eine Klangcollage dieses Schulwegs.

4 Präsentiert eure Klangcollagen der Klasse. Welche Straßen sind die Gruppen wohl für ihre Schulwege gegangen?

Hintergrundmusik

A 19

Ob im Kaufhaus, im Restaurant, in einem Storage (Lagerraum), im Wartezimmer eines Arztes oder in der Telefonwarteschleife eines Callcenters – überall werden wir mit Musik konfrontiert.

Diese sogenannte Hintergrundmusik wird in vielen Bereichen verwendet, die der Öffentlichkeit zugänglich sind.

Von den Hörern wird sie unterschiedlich stark wahrgenommen: Manche hören sie nur am Rande, für manche tritt sie aber auch stark in den Vordergrund; die einen empfinden sie als angenehm, die anderen als störend und aufdringlich.

A

B

C

Hintergrundmusik hat z. B. in Geschäften die Funktion, Umweltgeräusche zu überlagern, den Käufer oder Kunden in eine positive Gefühlslage zu versetzen oder bedrückende Stille zu vermeiden. Eine positive Grundstimmung erhöht die Verweildauer und steigert die Kauflaune. Untersuchungen belegen, dass ein längerer Aufenthalt in einem Kaufhaus zu größeren Umsätzen führt. Gerade in Zeiten zunehmender Online-Einkäufe ist es also wichtig, Shopping mithilfe einer Musikuntermalung zu einem Erlebnis werden zu lassen.

Die Musikauswahl wird hierbei den Zielgruppen angepasst. Soll ein jüngeres Publikum angesprochen werden, ist die Musik meist lauter und das Tempo höher. Gerade Geschäfte, die Mode für junge Leute anbieten, nutzen häufig GEMA-pflichtige Musik (→ S. 29) bekannter Bands, um für die Kunden eine Identifikation mit aktuellen Stars herzustellen.

E

Im Gegensatz dazu wird z. B. in teuren Restaurants eher ruhige Musik ausgewählt, die so leise eingestellt ist, dass man sich beim Essen noch gut unterhalten kann.

Für Hintergrundmusik wird häufig Instrumentalmusik ohne Gesang eingesetzt, da Gesang zu sehr ablenkt und zu viel Aufmerksamkeit beansprucht.

D

1 Betrachtet die fünf Fotos A bis E und beschreibt, was sie darstellen und wo sie wohl aufgenommen wurden.

2 Besprecht, in welchen Gefühlslagen sich die abgebildeten Personen befinden.

3 Hört euch die sechs Hörbeispiele (A 19) an und entscheidet, welche Musik zu welchem Foto passt. Mehrfachnennungen sind möglich. Sammelt Argumente für eure Entscheidungen.

Eine Hintergrundmusik erfinden

Auch im Schulalltag besteht die Möglichkeit, Hintergrundmusik einzusetzen. So kann man damit z. B. die Wartezeit vor einem Schülerkonzert überbrücken oder die Atmosphäre in einem Schüler-Café im Rahmen eines Schulfests angenehmer gestalten. Mit einer passenden Hintergrundmusik kann man die Zuschauer aber auch auf ein bevorstehendes Konzert oder Theaterstück einstimmen.

Wenn ihr Hintergrundmusik selbst erfinden wollt, solltet ihr für die Planung möglichst genau notieren, für welche Zielgruppe und für welchen Anlass ihr die Musik erstellen möchtet. Ihr könnt euch hierfür Musikstücke auf mitgebrachten CDs vorspielen und entscheiden, welche Vorschläge euren Vorstellungen am besten entsprechen.

Wichtige Merkmale, die ihr dabei beachten solltet, sind: Instrumentation, Tonumfang, Klangfarbe[W], Harmonik, Tonart, Tongeschlecht, Melodiegestaltung, Tempo, Rhythmus und Dynamik.

Welche Musik vermittelt welches Gefühl?

Da wir alle durch unsere Hörerfahrungen geprägt sind, verbinden wir bestimmte musikalische Elemente automatisch mit gewissen Stimmungen:

musikalisches Element	Stimmung					
	fröhlich	ernst	ruhig	aufgeregt	festlich	harmonisch
Tonhöhe	hoch	tief	mittel bis tief	mittel bis hoch	mittel	hoch
Tempo	schnell	langsam	langsam	schnell	mittelschnell	langsam
Rhythmus	fließend	gleichmäßig	fließend	unregelmäßig	gleichmäßig	fließend
Dynamik	mittellaut	mittellaut	leise	laut	laut	leise
Harmonie	konsonant	konsonant	konsonant	dissonant[W]	konsonant	konsonant

Beispiel für die Planung einer Hintergrundmusik

Anlass	Zielgruppe	Stimmung, Zielsetzung	Musik
Schüler-Café	Eltern, Geschwister, Freunde	Die Stille soll überbrückt werden, die Gäste sollen zum Verweilen animiert werden.	Musikart: klassische Musik, Walzer, ohne Gesang, fröhlich
			Instrumentation: hell klingende Instrumente, Streicher, Flöten, Piano
			Dynamik: nicht zu laut, Gespräche sollen möglich sein, gleichmäßige Lautstärke
			Tempo: nicht zu schnell, unter 100 bpm (→ S. 231)

4 Überlegt euch in Gruppen, für welche Veranstaltung ihr eine eigene Hintergrundmusik einsetzen wollt.

5 Erstellt eine Tabelle, in der alle wichtigen Faktoren für eure Hintergrundmusik aufgelistet sind.

6 Bringt verschiedene Musik von Zuhause mit und vergleicht diese mit euren Vorgaben.

7 Entscheidet euch für die am besten passenden Musikstücke und stellt sie für die Veranstaltung zusammen (→ S. 56ff.).

Musik im Internet

Musik-Streaming

Streaming ist ein Verfahren, bei dem die Übertragung und die Wiedergabe von Ton- und Videodateien übers Internet zeitgleich erfolgen.

Beim Musik-Streaming wird die Musik als Streaming-Audio auf ein Smartphone, Abspielgerät oder einen Computer übertragen.

Die Verbindung mit dem Internet ist dabei eine notwendige Voraussetzung. Daher muss man auf die Nutzungsbedingungen seines Telefonanbieters achten, wenn man unterwegs ist. Denn außerhalb der häuslichen Internetverbindung können für genutzte Datenmengen Gebühren anfallen.

Die Musik kann beim Streaming zwar gehört werden, steht aber nicht für die private Nutzung zur freien Verfügung. Es ist also nicht möglich, die Musik zu kopieren oder zu speichern.

Einige Dienste bieten jedoch Musik-Streaming-Apps an, mit denen eine begrenzte Offline-Nutzung (d. h. ohne gerade im Internet zu sein) in zwischengespeicherter Form möglich ist. Musikhören übers Internet hat den Vorteil, dass der Nutzer auf eine sehr große Anzahl von Musikstücken zugreifen kann.

Gibt es beim Anbieter eine kostenlose Version des Streaming-Dienstes, wird zwischen den Musiktiteln Werbung eingespielt und die Qualität ist weniger gut, als wenn man sich ein Abo holt. Um herauszufinden, ob der Streaming-Dienst wirklich interessant für einen ist, kann man oft auch erstmal ein Probe-Abo abschließen. Dazu muss man sich beim Anbieter registrieren und einen eigenen Account (Konto) einrichten. Wer sich nach Ablauf des Probe-Abos nicht rechtzeitig wieder abmeldet, muss weiter bezahlen und kann den Streaming-Dienst weiter nutzen.

Musik-Download

Im Gegensatz zum Streaming werden beim Musik-Download Musikstücke vom Internet heruntergeladen und gespeichert. Um sie auf verschiedenen eigenen Geräten gleichzeitig hören zu können, darf man die Musikstücke für den eigenen privaten Bedarf auch kopieren.

Ein kostenloses Vorab-Hören der Musik ist meist möglich. Die hierfür benötigte Software ist ebenfalls kostenlos und mit vielen nützlichen Funktionen versehen.

Lädt man die Musik dann aber tatsächlich auf den eigenen Rechner herunter, muss man dafür bezahlen. Sobald die Musik z. B. als MP3-Datei auf dem Abspielgerät gespeichert ist, kann man sie offline (d. h. ohne Internetverbindung) jederzeit hören.

Die downgeloadete Musik kann in digitalen, selbst eingerichteten Bibliotheken verwaltet werden. Vielfältige Suchfunktionen erleichtern das Auffinden bestimmter Stücke.

1. Bildet vier Gruppen und vergleicht die Nutzungsbedingungen unterschiedlicher Anbieter von Musik-Streaming- und Musik-Download-Diensten miteinander. Was ist gleich, ähnlich, anders?
2. Entwickelt eure eigenen Nutzungskriterien anhand der in Aufgabe 1 gewonnenen Erkenntnisse und tauscht euch darüber aus.

Rechte und Pflichten im Umgang mit Musik

GEMA

Damit die Komponisten und Textdichter von ihrer Musik leben können, ist es notwendig, dass ihre Werke geschützt sind und von den Nutzern bezahlt werden.

In Deutschland vertritt die GEMA die Rechte der Künstler. Die Abkürzung GEMA steht für **Ge**sellschaft für **m**usikalische **A**ufführungs- und mechanische Vervielfältigungsrechte.

Im Internet gibt es vielfältige Möglichkeiten, Musik zu hören und herunterzuladen. Aber nicht alles, was möglich ist, ist auch legal.

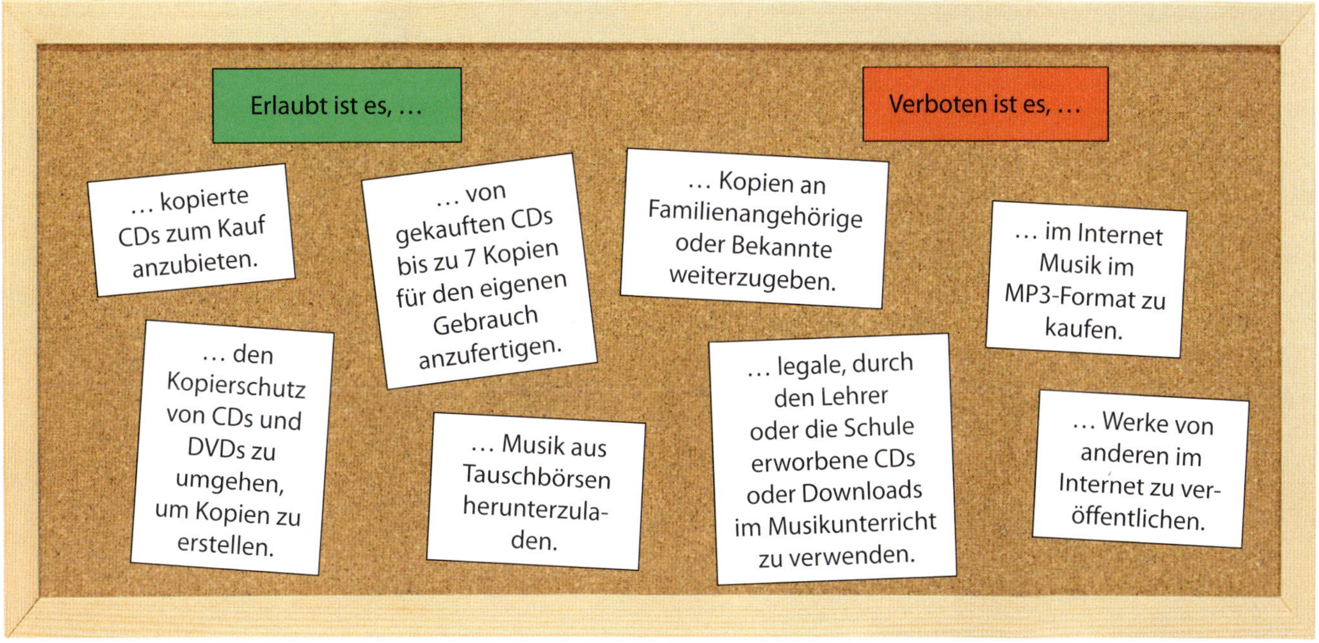

Abmahnung

Das Abmahnen von Internetnutzern ist für Rechtsanwälte ein Millionengeschäft geworden. Jedem Rechner, der mit dem Internet verbunden ist, wird eine IP-Adresse (**I**nternet-**P**rotokoll-Adresse, ähnlich einer Postanschrift) zugewiesen, um den Datenaustausch zu ermöglichen. Es gibt Firmen, die IP-Adressen auf richterlichen Beschluss ermitteln dürfen. Danach gibt der sogenannte Internetprovider (Internetanbieter) den Namen und die Adresse an eine Anwaltskanzlei weiter und die Abmahnung landet im Briefkasten des Internetnutzers.

Um Post von einer Anwaltskanzlei wegen illegaler Downloads zu vermeiden, sollte man z. B. den Erwerb von Musik und Filmen durch Tauschbörsen unterlassen.

Analoge Lücke

Die sogenannte „analoge Lücke" ist ein Kopier-Verfahren, das nicht strafbar ist, weil der Kopierschutz dabei nicht umgangen wird: Die Musik wird von einem geschützten Tonträger in Echtzeit auf ein Aufnahmegerät überspielt. Dabei werden die Signale mithilfe einer geeigneten Software, wie z. B. mit dem kostenfreien Programm „Audacity" (→ S. 56ff.), aufgenommen.

1 Lest die Wortkarten an der Pinnwand und ordnet sie den Kategorien „Erlaubt" oder „Verboten" zu.

2 Besprecht, wie man im Fall einer Abmahnung reagieren muss. Recherchiert dazu auch im Internet.

3 Nehmt Kontakt zu einer Verbraucherberatungsstelle in eurer Umgebung auf und informiert euch darüber, worauf ihr im Umgang mit Musik aus dem Internet achten solltet, um Abmahnungen zu vermeiden.

4 Findet heraus, in welchem Maße Eltern für ihre Kinder bei illegalen Downloads haften.

Podcasts

Was ist ein Podcast?

Podcasts bieten die Möglichkeit, Radio- und TV-Sendungen zeitversetzt auf dem Smartphone, Computer oder MP3-Player anzuhören. Das Wort „Podcast" ist ein aus englischen Wörtern zusammengesetztes Kunstwort. Welche Wörter jedoch zugrundeliegen, ist nicht ganz sicher: Die einen sagen, es sind die Wörter „iPod" (mobiles Abspielgerät der Firma Apple) und „broadcast" (Sendung). Die anderen meinen, „Podcast" ist aus „portable on demand" (mitnehmbar auf Nachfrage) und „narrowcasting" (Schmalfunk) zusammengesetzt. Wenn man sich für das Thema eines Podcasts interessiert und keine neue Folge verpassen möchte, kann man den Podcast abonnieren. So werden die jeweils neuen Episoden automatisch auf das eigene Gerät heruntergeladen. Das Abonnieren von Podcasts funktioniert mit sogenannten **RSS-Feeds**.

Podcasting, Blogs und das Internet – eine Revolution der Mediennutzung

Seit Anfang des 21. Jahrhunderts gewinnt das Internet in allen Lebensbereichen an Bedeutung. Dadurch wandelt sich auch das Bewusstsein der Menschen im Umgang mit Medien. Auf der einen Seite ermöglicht das Internet, Inhalte zu beliebigen Zeiten abzurufen („on demand"). Auf der anderen Seite kann jeder Nutzer über das Internet ein „Sender" werden, also eigene Medienkanäle (z. B. Blogs) eröffnen. So können selbst erstellte Inhalte öffentlich gemacht werden und sind weltweit erreichbar. Die technischen Kenntnisse, um Videos oder Audioaufnahmen selbst zu produzieren, sind heutzutage leicht zu erlernen. Auch Fernseh- und Radiosender erweitern ihr Angebot mit Podcasts.

Tonaufnahme am Computer

Podcasts – in der Schule?

Mithilfe von Audioaufnahmen und Videos können Unterrichtsergebnisse abwechslungsreich präsentiert werden. Denn solche Aufnahmen können ohne großen technischen Aufwand selbst erstellt werden (→ S. 56ff.).

Werden die Aufnahmen über ein RSS-Feed automatisiert und im Internet veröffentlicht, werden daraus richtige Podcasts. Aber nicht alle Beiträge, die als Audio- oder Videoaufnahme in der Schule entstehen, sollten automatisch ins Internet geladen werden. Wie immer bei Veröffentlichungen im Internet muss vorher geprüft werden, ob der Beitrag tatsächlich öffentlich gemacht werden soll. Auch für die Nutzung von Musik, die nicht selbst komponiert wurde, gibt es strenge Regeln (→ S. 29).

4 Möglichkeiten für ein Schul-Podcast

1

Im Englischunterricht der 7a sollen selbst geschriebene Texte zum Thema „Lieblingsessen" als Podcast veröffentlicht werden.

2

Die Geschichts-AG möchte die Bedeutung von Gedenktagen untersuchen und erstellt eine Sammlung von Audiobeiträgen, die regelmäßig erweitert wird.

3

Die neugegründete Schulradio-AG möchte mit einem monatlichen Podcast über Aktuelles aus dem Schulleben informieren.

4

In der 8. Klasse wird ein Musiklexikon erstellt, in dem wichtige Begriffe zum Nachhören und Wiederholen erklärt werden.

1 Beschreibt die Unterschiede zwischen der Mediennutzung des Internets und der älteren, traditionellen Massenmedien. Diskutiert die Vor- und Nachteile der Revolution der Mediennutzung.

2 Reflektiert und diskutiert die Einsatzmöglichkeiten von Podcasts in der Schule. Bei welcher der vier oben genannten Möglichkeiten ist eine Veröffentlichung im Internet sinnvoll? Wo sollte eine Veröffentlichung besser nicht erfolgen?

Podcast: Von der Idee zur Sendung

1. Konzept entwickeln: Thema und Inhalt festlegen
2. Ablaufplan: Einzelbeiträge gliedern; überlegen, ob zusätzliche Quellen wie Musik oder Geräusche benötigt werden; Sprechrollen planen und verteilen
3. Aufnahme des Audio-Materials (→ S. 56ff.): Aufnahme mit einer geeigneten Software schneiden und bearbeiten
4. Fertige Sendung als MP3-Datei speichern
5. MP3-Datei als Download auf einer Internetseite verfügbar machen: Datei auf einen Server hochladen
6. Mehrere Folgen eines Podcasts in denselben RSS-Feed einbinden und jede neue Folge den Abonnenten zugänglich machen

Veröffentlichung eines Podcasts im Internet

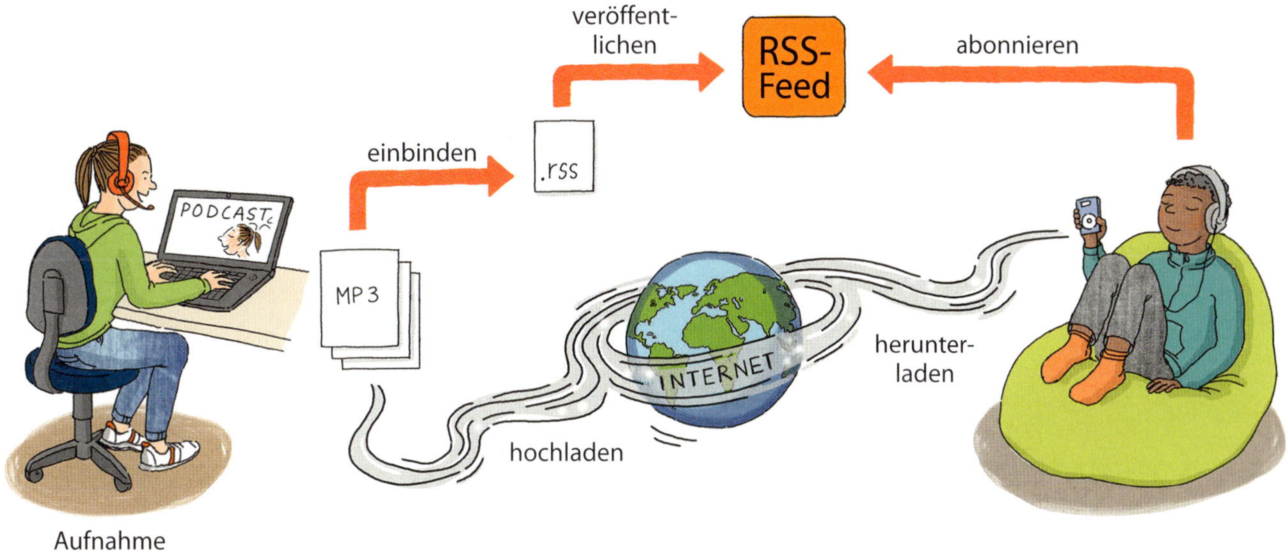

Was ist ein RSS-Feed?

Ein RSS-Feed ist eine Textdatei. Sie funktioniert wie ein kleines **Ablagefach** für einen bestimmten Podcast: Jede neue Folge des Podcasts wird auf der Internetseite in dieses Fach gelegt (in den RSS-Feed eingebunden). Wer als Hörer keine neuen Folgen des Podcasts verpassen möchte, muss dann nicht jedes Mal die Internetseite aufrufen. Denn die neuen Folgen werden über den RSS-Feed automatisch heruntergeladen.

Veröffentlichung eines Podcasts mithilfe eines RSS-Feeds

Ist eine Veröffentlichung eines regelmäßig erscheinenden Podcasts geplant, müssen folgende Schritte beachtet werden:

1. Vorab alle rechtlichen Fragen klären, vor allem wenn Musik verwendet werden soll
2. RSS-Feed erstellen und auf einer Internetseite verfügbar machen
3. MP3-Dateien auf eine Internetseite hochladen
4. Einzelne Folgen in den RSS-Feed einbinden

Wie wird es weitergehen?

Podcasts werden auch in Zukunft in den verschiedensten Bereichen des Internets eine Rolle spielen: Unternehmen können über Podcasts Werbung für ihre Produkte machen. In der Schule kann der Unterrichtsstoff jederzeit verfügbar gemacht werden. Informationen und Übungen, z. B. zu Sprachen oder Musikinstrumenten, sind weltweit und jederzeit abrufbar.

Da immer größere Datenmengen übermittelt werden, brauchen Podcasts nicht mehr nur heruntergeladen werden. Die Podcast-Beiträge können auch gestreamt werden (→ S. 28). Wird ein Podcast abonniert, kann man sich über neu erschienene Beiträge benachrichtigen lassen. Das automatische Downloaden über einen RSS-Feed wird dann nicht mehr benötigt.

3 Überlegt euch ein Thema, entwickelt ein Konzept und erstellt dann eine eigene Podcast-Folge.

4 Klärt, ob an eurer Schule die technischen Voraussetzungen für die Veröffentlichung eines Podcasts vorhanden sind.

Videoclips

Das Musikvideo – ein Vermarktungsmittel der Musikindustrie

Ein Musikvideo (auch Videoclip genannt) setzt einen Song filmisch um. Die Idee, bewegte Bilder zu einem Musikstück zu produzieren, reicht bis in die Anfänge der Filmgeschichte um 1900 zurück. Den entscheidenden Impuls für die Entwicklung von Videoclips setzte die Gruppe Queen 1975 mit ihrem preisgekrönten Video zu dem Song „Bohemian Rhapsody". Danach kümmerten sich Plattenfirmen verstärkt um Musikvideos, um die dazugehörigen Songs bekannt zu machen. 1981 ging mit MTV (Music Television) in den USA der erste Musik-Fernsehkanal auf Sendung, der vor allem Videoclips ausstrahlte. Das Musikvideo wurde für die Plattenfirmen zu einem wichtigen Vermarktungsmittel, denn damit konnte neben der Musik auch ein bestimmtes Image des Künstlers gezeigt werden. Trotzdem entstehen Musikvideos grundsätzlich erst nach Fertigstellung der Musik und müssen sich dadurch den Eigenschaften der Musik unterordnen.

Das Musikvideo als Kunstform

Als Regisseur eines Musikvideos muss man zwei Dinge beachten: 1. Das Musikvideo soll den Künstler präsentieren und sein Image entsprechend in Szene setzen. 2. Der Song und die Botschaft, die Musik und Text vermitteln, sollen filmisch umgesetzt werden. Somit bestehen Musikvideos oft aus verschiedenen Darstellungsebenen: **Performance-Ebenen** (der Künstler oder Interpret in musikalischer oder tänzerischer Aktion) und **Konzept-Ebenen** (erzählende Elemente) wechseln sich ab. Die Ebenen sind durch schnelle Schnittfolgen miteinander verschachtelt.
Auch die Farbgebung und andere visuelle Effekte sind wichtige Elemente der Gestaltung. Die Produktion eines Musikvideos bietet viel Raum für kreative Ideen und hat sich zu einer eigenständigen Kunstform entwickelt. Für einige Videoclips wurde auch mit Computeranimationen gearbeitet.

Performance-Ebene:
Künstler oder Interpret in Aktion auf der Bühne oder in einer gestellten Situation

Konzept-Ebene:
Erzählen einer Handlung mit oder ohne Künstler / Interpret

Musikvideos im Internet

Musikvideos zeigen meistens Songs von bekannten Künstlern, wie z. B. Mark Forster, …

Heutzutage lassen sich Videoclips am besten über Videoplattformen und Streamingdienste (→ S. 28) im Internet verbreiten. Dadurch hat sich die Möglichkeit zur weltweiten Vermarktung von Videoclips noch einmal deutlich verbessert. Unter den Streamingvideos mit den weltweit meisten Aufrufen befinden sich fast nur Musikvideos – mit Klickzahlen im Milliardenbereich! Außerdem gibt es heute auch die Möglichkeit, selbstständig Videos im Internet zu verbreiten. Neben professionellen Darstellungen eines Künstlers haben auch Video-Veröffentlichungen von Amateuren (jemand, der etwas nur als Hobby macht) zugenommen. Diese verstoßen allerdings oft gegen das Urheberrecht, wenn die Musik urheberrechtlich geschützt ist (→ S. 29).

… Musikvideos kann man aber auch selber machen.

1 Tauscht euch über eure eigenen Erfahrungen mit Musikvideos aus.

2 Begründet, warum Musikvideos eine große Bedeutung für die Popmusik haben.

3 Schaut euch den Videoclip „Sowieso" von Mark Forster an. Überlegt, an welchen Stellen im Video mehr die Performance-Ebene und an welchen Stellen mehr die Konzept-Ebene im Vordergrund steht. Wo ist eine Zuordnung klar, wo fällt sie schwer?

Videoclips analysieren

Oft werden Musikvideos nur nebenbei angeguckt. Bei genauem Hinsehen lassen sich aber viele interessante Zusammenhänge zwischen Bild und Musik feststellen. Oft erscheint dadurch auch der Song selbst in einem neuen Licht. Für eine Videoclip-Analyse sollte man die Musik- und die Bildebene getrennt voneinander untersuchen.

Ablauf zur Untersuchung von Videoclips

Erster Eindruck (einmaliges Hören und Sehen des gesamten Videoclips)

- Wie wirkt das Video?
- Welche Stimmung wird vermittelt?
- Welche Bilder, Kameraeinstellungen oder Effekte fallen sofort auf?

Äußere Merkmale

- Titel
- Interpret / Künstler
- Entstehungsjahr

Analyse der Musikebene (mehrmaliges Hören der Musik ohne Bild)

a) Musik: Text und Botschaft des Songs

- Worum geht es in dem Song / wovon handelt der Text?
- Welche Stimmung vermittelt der Song?
- Wie lässt sich die Musik beschreiben?

b) Musik: musikalische Mittel

- Wie ist der Song aufgebaut (z. B. Intro, Strophe, Refrain)?
- In welchem Tempo wird der Song gespielt?
- Gibt es eine gleichbleibende Dynamik oder deutliche Lautstärkeunterschiede?
- Welche Instrumente treten in den Vordergrund?
- Um welche Musikrichtung handelt es sich (z. B. Punk, Hip-Hop, Rock, Soul)?

Analyse der Bildebene (mehrmaliges Sehen der Bilder ohne Musik)

c) Bild: Darstellungsebenen

- Welche unterschiedlichen Darstellungsebenen gibt es?
- Was passiert in den verschiedenen Darstellungsebenen (z. B. Personen, Ort, Zeit, Handlung, Musik, Tanz, Kleidung)?
- Wie sind die verschiedenen Ebenen miteinander verbunden (z. B. gleiche Personen, schnelle Schnittfolgen)?

d) Bild: Gestaltungsmittel

- Welche Kameratechnik wird genutzt (z. B. bewegte Kamera, besondere Perspektiven, Zooms)?
- Wie ist die Farbgebung (z. B. bei Kleidung oder Kulisse)?
- Wie schnell ist die Schnittfolge? Ändert sich der Schnittrhythmus während des Songs?
- Werden besondere Effekte eingesetzt (z. B. Zeitraffer, Zeitlupe)?

Verhältnis zwischen Musik- und Bildebene

- Lässt sich die Aussage des Songs im Videoclip wiederfinden, oder gewinnt der Song durch den Videoclip eine zusätzliche Bedeutung?
- In welcher Beziehung steht das Tempo des Songs zum Tempo der Schnittfolgen?
- In welchem Maße spiegelt der Aufbau des Musikvideos den Aufbau des Songs wider?
- Welche filmischen Mittel unterstreichen die Wirkung der Musik?
- Stimmen Gefühl und Atmosphäre von Musik und Videoclip überein?

4 Untersucht einen Videoclip eurer Wahl mit den oben gezeigten Analyseschritten. Bearbeitet die Abschnitte a) bis d) in Gruppen. Arbeitet dann gemeinsam das Verhältnis zwischen Musik- und Bildebene heraus. Holt euch dazu auch Anregungen auf Seite 223.

5 Entwickelt ein eigenes Musikvideo. Nutzt dafür die Analyseschritte, um euch einen guten Plan zu überlegen.

Eko Freshs „Alta“: Deutsch und Türkisch zugleich

A 20

Eko Fresh rappt

Eko Fresh

Der Rapper Eko Fresh wurde als Ekrem Bora in Köln geboren. Seine Eltern haben türkische und kurdische Wurzeln. In seinen Songs macht Eko Fresh häufig seine eigene Identität zum Thema. Auf seinem achten Soloalbum „Deutscher Traum“ (2014) finden sich eine Reihe von Stücken, in denen er sich auf seine verschiedenen Wurzeln bezieht: sein Aufwachsen in Deutschland, seinen türkischen Vater und seine kurdische Mutter.

Eko Fresh rappt bei „Alta“ zu Beats[W] – Rhythmen, die von dem DJ und Musikproduzenten Phat Crispy (Christian Demay) produziert wurden. Phat Crispy hat den Großteil der Beats für das Album „Deutscher Traum“ zusammengestellt.

Eko Fresh feat. MC Hassan: Alta (Textauszug)

Strophe

(…) Liebe Bild, ich bin zwar ein Gymnasiast,
aber Gangster, Rüpel, Prollrapper klingt „asi“, passt!
Denn auch wenn ich mich als ein Vorbild zeige,
wenn ich Worte schreibe, habt ihr Vorurteile.
Mann, ihr wolltet in mir den Türken seh'n,
also schön aufdrehen wie ein Hörgerät!
Denn für euch bin ich nur der Alibikanake
mit der schwarzen Lederjacke,
und die Haare sind so kacke.
Früher gab ich mir mal Mühe aus Versehen.
Doch warum überhaupt benehmen,
wenn sie's überhaupt nicht seh'n!
Ihr wollt einen Osman? Ihr kriegt einen Osman.
Ich bin der Boss, Mann! Ab geht die Post lan!
Denkst du, dass das Türkenpack
gar nichts in der Birne hat?
Dann hast du irgendwas
hinter deiner Stirn verpasst.
Wenn ihr denkt, ich bin asozial,
hab ich gar keine Wahl, also sag's noch einmal:

Refrain

Alta, Alta, ihr wolltet ja den Türk in mir.
Alta, Alta, tja Pech, jetzt ist er wirklich hier!
Alta, Alta, ihr wolltet ihn, jetzt habt ihr ihn.
Alta, Alta (…)

Rhythmus zu „Alta“

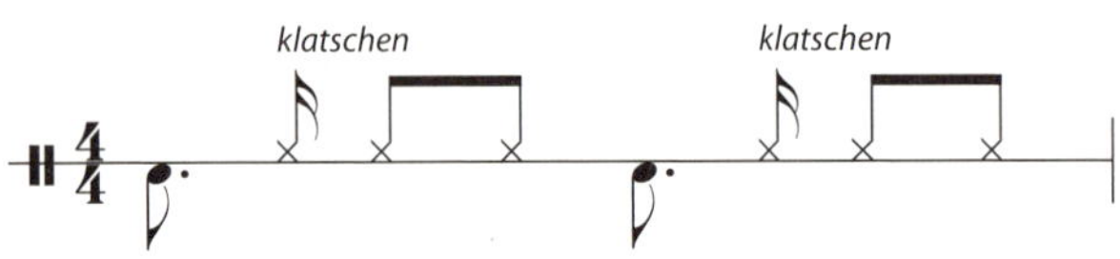

Refrain

Text: Ekrem Bora und Bülent Ceylan *Melodie: Christian Demay und Stefan Hinterlang*

1. Hört den Song „Alta“ von Eko Fresh (A 20). Beschreibt, wie die Musik klingt und woran sie euch erinnert.
2. Hört den Song erneut (A 20) und lest dabei den Textauszug mit. Diskutiert, was Eko Fresh mit seinem Text meinen könnte. Kennt ihr ähnliche Erfahrungen wie die von Eko Fresh?
3. Übt den Rhythmus zu „Alta“ und die Melodie des Refrains auf Instrumenten ein und spielt beides zur CD (A 20).

A 21, 20

Ein Volkstanz wird zum Beat[W]

Phat Crispy erzählt über die Entstehung des Songs „Alta“: „Der Beat zu ‚Alta‘ ist quasi unsere Neu-Interpretation von dem orientalischen Hochzeitssong ‚Lorke Lorke‘. Wir haben allerdings die Melodie noch etwas anders eingespielt und den Beat passend auf Eko zugeschnitten. Da der Track ja auch eher in Richtung Comedy geht, haben wir versucht, das nochmal musikalisch zu untermalen.“

Phat Crispy in seinem Tonstudio

Der „Lorke Lorke“

Der „Lorke Lorke“ ist ein Volkstanz aus dem kurdisch-armenischen Raum und in aller Welt bei türkischen, kurdischen oder armenischen Hochzeiten und anderen Familienfesten beliebt. Er wird seit vielen Jahren getanzt – zu traditioneller Volksmusik wie zu Pop-Musik, in der Reihe oder im Kreis, während man sich an den Händen hält. Hier eine Schrittfolge aus dem Tanz.

Aufstellung: Füße geschlossen

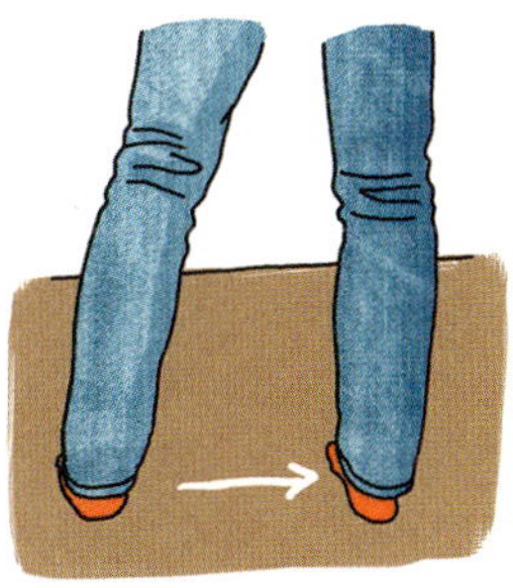

Zz 1
rechts seit

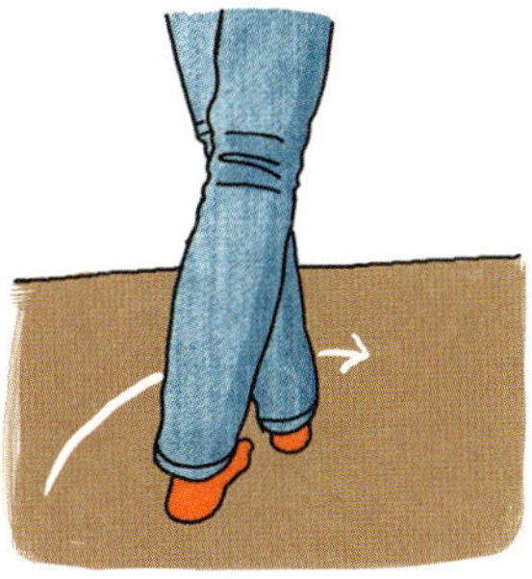

Zz 2
links kreuz über rechts

Zz 3
rechts seit

Zz 4
links Hacke

Zz 5
links vor

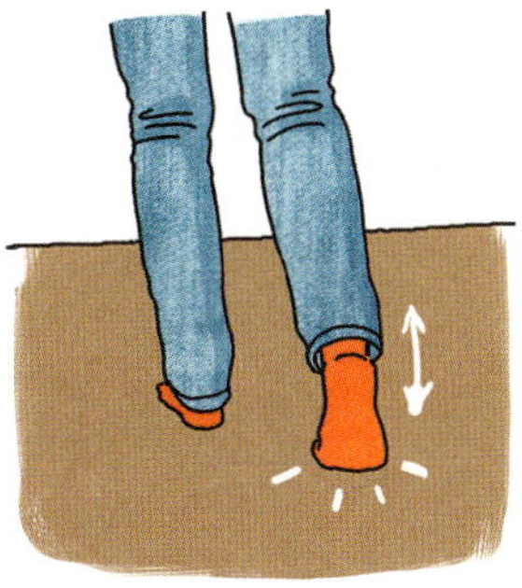

Zz 6
rechts Tipp

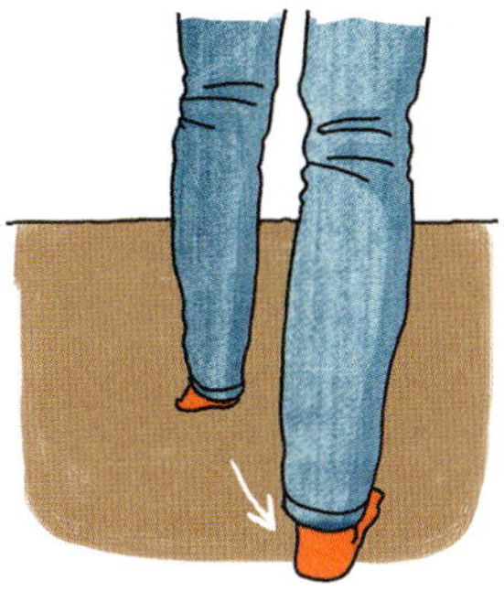

Zz 7
rechts rück

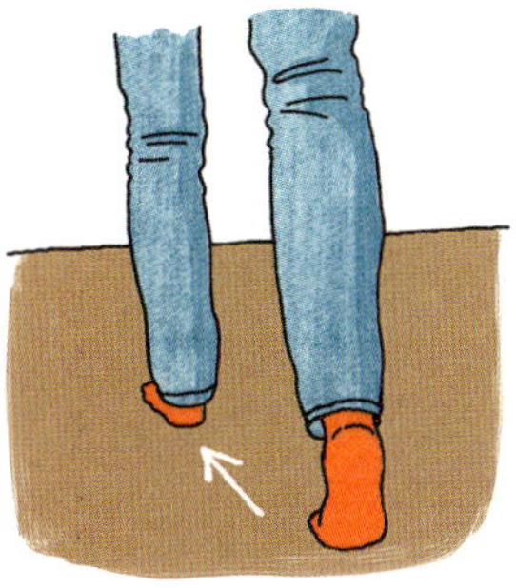

Zz 8
links vor

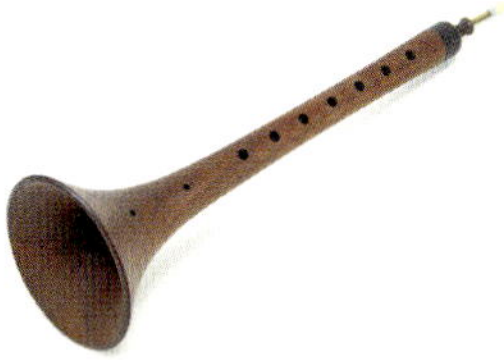

Die Zurna

Als wesentliches Melodieinstrument wird im „Lorke Lorke“ ebenso wie in Eko Freshs Song „Alta“ die Zurna eingesetzt. Sie ist ein vorderorientalisches Instrument aus einem einzigen Stück Holz (z. B. von Pflaumen- oder Aprikosenbäumen) und wird über ein Doppelrohrblatt angeblasen wie eine Oboe.

4 Übt die Schritte des „Lorke Lorke“ ein. Tanzt ihn zur CD (A 21). Probiert es auch mit A 20.

5 Recherchiert zum Tanz „Lorke Lorke“: Kennt ihr Menschen, die euch mehr darüber erzählen können? Hilft das Internet? Tragt eure Ergebnisse vor.

6 Beschreibt die Zurna. An welche Instrumente erinnert sie euch?

7 Überlegt und notiert, was ihr selbst in einem von euch komponierten Musikstück zusammenbringen würdet: etwas von euren Wurzeln und etwas von eurem liebsten Musikstil. Tauscht euch darüber aus.

Die britische Nationalhymne

A 22

Nationalhymnen werden vor allem bei **Staatsbesuchen** und internationalen **Sportereignissen** gespielt.

Der Grund, warum die britische Hymne geschrieben wurde, war jedoch ein anderer: 1745 versuchte die Adelsfamilie Stuart, den britischen König Georg II. vom Thron zu stürzen. Die Hymne rief die Londoner Bürger dazu auf, an der Seite ihres Königs zu stehen und ihn vor den Stuarts zu schützen.

König Georg II.

Die britische Hymne wurde damals zunächst im Rahmen von Konzerten und Theatervorstellungen gespielt und dann, nachdem das Kino erfunden wurde, auch bei Kinovorstellungen.

Ursprünglich hatte die Hymne sechs Strophen, aber heute werden nur noch die ersten drei gesungen. Wenn in Großbritannien gerade ein König herrscht, singt man „King“ und „he / him“; wenn es eine Königin ist, singt man „Queen“ und „she / her“.

God Save the Queen

Text und Melodie: Verfasser unbekannt

Übersetzung der Strophen 1 bis 3:

1. Gott schütze unsere gnädige Königin!
   Lang lebe unsere edle Königin!
   Gott schütze die Königin!
   Lass sie siegreich,
   glücklich und ruhmvoll sein,
   auf dass sie lang über uns herrsche!
   Gott schütze die Königin!

2. O Herr, erhebe dich, unser Gott,
   jage ihre Feinde auseinander,
   und bring sie zu Fall!
   Bringe ihre Politik durcheinander,
   durchkreuze ihre schurkischen Listen!
   Auf Dich setzen wir unsere Hoffnungen.
   Gott schütze uns alle!

3. Mit Deinen allerfeinsten Geschenken
   freue Dich, sie zu überschütten!
   Möge sie lange herrschen,
   möge sie unsere Gesetze verteidigen
   und uns immer Grund geben,
   mit Herz und Stimme zu singen:
   Gott schütze die Königin!

1 Fasst den Inhalt der drei Strophen mit eigenen Worten zusammen.

2 Hört die Hymne (A 22) und findet heraus, mit welchen musikalischen Mitteln (Melodieverlauf, Instrumentation, Taktart, Dynamik, Tempo) die Aussage des Textes unterstützt wird.

Die französische Nationalhymne

A 23, 24

1792 führten die Franzosen Krieg gegen die Österreicher und die Preußen. Von diesem Krieg angetrieben, schrieb der junge Offizier Rouget de Lisle am 25. April 1792 ein Lied. Als kurze Zeit später eine Truppe Freiwilliger in der Hauptstadt Paris ankamen, sangen sie dieses **Kriegslied** so laut und eindrücklich, dass es bald jeder in Paris kannte. Da diese Truppe aus der südfranzösischen Stadt Marseille kam, wurde das Lied „Marseillaise“ genannt. In der Folge wurde die „Marseillaise“ auch von anderen Soldaten und Offizieren gesungen und wurde auf diese Weise in ganz Frankreich bekannt. Drei Jahre später, 1795, wurde es dann zur französischen Nationalhymne.

La Marseillaise

Text und Melodie: Claude Joseph Rouget de Lisle

Relief am Triumphbogen in Paris

Übersetzung des Textes:

Auf, Kinder des Vaterlands,
der Tag des Ruhms ist gekommen!
Gegen uns wird die blutige Fahne
der Tyrannei erhoben.
Hört ihr auf den Feldern
diese wilden Soldaten brüllen?

Sie kommen bis in eure Arme,
um eure Söhne und Frauen zu töten.
An die Waffen, Bürger!
Stellt eure Bataillone auf!
Lasst uns marschieren!
Auf dass fremdes Blut unsere Gräben
durchtränkt!

1 Hört die französische Nationalhymne (A 23) und vergleicht ihre Melodie mit dem Anfang des Songs „All You Need Is Love“ (A 24) von den Beatles. Welcher Teil der Hymne wurde übernommen?

2 Vergleicht die Texte von französischer und britischer Hymne miteinander. Worin unterscheiden sie sich?

Die Nationalhymne der USA

A 25, 26

Die Nationalhymne der USA war wie die französische (→ S. 37) ursprünglich ein **Kriegslied**: 1814 gab es Krieg zwischen den Amerikanern und den Briten. Im September 1814 versuchten die Briten, die Festung McHenry zu erobern. Am Ende dieses Kampfes flatterte über der Festung jedoch immer noch die amerikanische Flagge. So wusste der Dichter Francis Scott Key, dass die Eroberung misslungen war. Aus Freude über diesen Sieg schrieb er das Gedicht „The Defense of Fort McHenry". Einige Zeit später wurde dem Gedicht die Melodie eines alten Trinklieds unterlegt. 1931 wurde das Lied unter dem Titel „The Star-Spangled Banner" (dt.: Die sternenübersäte Fahne) zur Nationalhymne erklärt.

The Star-Spangled Banner

Text: Francis Scott Key *Melodie: John Stafford Smith*

Übersetzung des Textes:

Oh sagt, könnt ihr im Morgenlicht sehen, was wir so stolz beim letzten Schimmern der Abenddämmerung bejubelten?
Dessen breite Streifen und helle Sterne beim gefährlichen Kampf über den Erdwällen, die wir bewachten, so tapfer wehten?
Und das grelle Licht der Raketen, die Bomben, die in der Luft explodieren, bewiesen die Nacht hindurch, dass unsere Fahne noch dort war.
O sagt, weht die sternenübersäte Fahne noch immer über dem Land der Freien und der Heimat der Tapferen?

Jimi Hendrix spielt „The Star-Spangled Banner"

Jimi Hendrix, Woodstock 1969

Am 18. August 1969 spielte der Gitarrist Jimi Hendrix auf dem Woodstock-Festival seine eigene, legendäre Version der Nationalhymne. Durch bestimmte Gitarreneffekte verfremdete er die Melodie und stellte so einen Bezug zum Vietnamkrieg (1955 – 1975) her, gegen den er auf diese Weise protestierte.

1 Hört die beiden Versionen der Nationalhymne der USA (A 25, 26) und vergleicht sie miteinander.

2 Wie drückt Jimi Hendrix musikalisch die Schrecken des Krieges aus? Analysiert und diskutiert seine Interpretation.

Die japanische Nationalhymne

A 27

Die älteste Nationalhymne der Welt

Geht man vom Liedtext dieser Hymne aus, so kann man sie als **älteste Hymne** der Welt bezeichnen. Denn der Text stammt von einem japanischen Kurzgedicht aus dem Jahre 905. Anfänglich sang man dieses Lied in Japan zum Jahreswechsel und später als allgemeines Glückwunschlied. Es verbreitete sich weiter in Erzählungen, Tanzliedern, Balladen und Puppenspielen.

Die Melodie dazu wurde aber erst viel später, nämlich 1880, von zwei Japanern komponiert.

Da westliche Musik Ende des 19. Jahrhunderts in Japan unbekannt war, wurde der deutsche Komponist Franz Eckert vom japanischen Marine-Ministerium gebeten, das Lied für eine westliche Instrumentation spielbar zu machen. Daraufhin **harmonisierte** und **instrumentierte** er es für eine westliche Militärkapelle. Diese Liedversion erklang erstmals zum Geburtstag des japanischen Kaisers am 3. November 1880.

1893 beschloss das japanische Bildungsministerium, das Lied an Nationalfeiertagen in den Grundschulen zu singen. 1914 wurde das Lied dann zur Nationalhymne erklärt.

Kimi Ga Yo

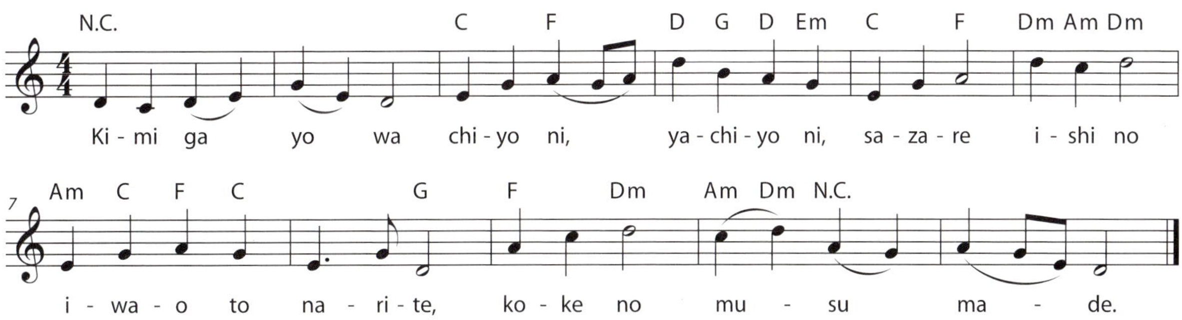

Text: Verfasser unbekannt *Melodie: Oku Yoshiisa, Hayashi Hiromori, Franz Eckert*

Übersetzung des Textes:

Eure Herrschaft währe
tausend Generationen,
achttausend Generationen,
bis ein Steinchen
zum Felsen wird,
auf dem Moos sprießt.

1 Hört die Melodie der japanischen Nationalhymne (A 27).

2 Spielt die Melodie auf einem Klavier oder Keyboard.

3 Wie heißt der Anfangston der Hymne und welcher ist ihr höchster Ton? Spielt eine Tonleiter vom Anfangston ausgehend bis zum höchsten Ton der Hymne. Benutzt dafür nur die weißen Tasten. Vergleicht diese Tonleiter mit der Melodie der Hymne. Findet heraus (→ S. 228), wie diese Tonleiter bezeichnet wird.

4 Worin unterscheidet sich die Textaussage dieser Hymne von denen der anderen Hymnen (→ S. 36–38)?

Die deutsche Nationalhymne

A 28, 29

„(…) es werden Gesinnungen und Ansichten ausgedrückt, die bei den Lesern der Lieder, besonders von jugendlichem Alter, Mißvergnügen über die bestehende Ordnung der Dinge, Verachtung und Haß gegen Landesherren und Obrigkeit hervorrufen, und einen Geist zu erwecken geeignet sind, der zunächst für die Jugend, aber auch im Allgemeinen nur verderblich wirken kann."

Mit diesen Worten wurde 1841 die Entlassung von August Heinrich Hoffmann von Fallersleben aus seinem Dienst an der Universität in Breslau begründet.

Was war geschehen?

Von Fallersleben hatte eine Anzahl von Liedern veröffentlicht. Darunter war auch das Lied, dessen **dritte Strophe** man heute als die deutsche Nationalhymne kennt und das er damals „Lied der Deutschen" genannt hatte. In seinen Liedern forderte er ein vereinigtes und freiheitliches Deutschland. Damit wendete er sich gegen die Interessen verschiedener Landesherren, die um ihre Macht fürchteten (→ S. 132). So verlor er seine Stellung.

Trotz aller Vorwürfe wurde das Lied noch in demselben Jahr zu einer Melodie von Joseph Haydn veröffentlicht.

Die Beliebtheit des Liedes war groß und in der wechselhaften Geschichte des Landes nahmen es Menschen mit sehr unterschiedlichen politischen Meinungen für sich in Anspruch. Während der Zeit des **Nationalsozialismus** hatte vor allem die erste Strophe mit der umstrittenen Textzeile „Deutschland, Deutschland über alles" großes Gewicht. Deswegen überlegte man nach dem 2. Weltkrieg, das gesamte Lied verbieten zu lassen.

Nach langen Diskussionen fiel im Mai 1952 durch den damaligen Bundespräsidenten Theodor Heuss die Entscheidung, nur die dritte Strophe des Lieds als Nationalhymne zu lassen. In dieser Form gilt die Hymne bis heute.

Die Reichstagskuppel in Berlin

Lied der Deutschen

Text: August Heinrich Hoffmann von Fallersleben *Melodie: Joseph Haydn*

1 Hört den Ausschnitt aus dem Streichquartett op. 76/3 (A 28) von Joseph Haydn. Beschreibt die Kompositionsweise Haydns und sprecht über die Wirkung, die die Musik auf euch hat.

2 Hört die Version der deutschen Nationalhymne (A 29), wie sie heutzutage bei offiziellen Anlässen gespielt wird. Beschreibt die Unterschiede zu der Fassung von Haydn.

3 Lest den Text über die Entstehung der Nationalhymne und stellt einen Bezug zum Liedtext her.

4 Diskutiert darüber, welche Bedeutung die im Lied genannten Werte für das Zusammenleben von Menschen haben.

Fangesänge

Die Anfänge der Fangesänge

Ein Fußballspiel ohne Fangesänge, das ist heutzutage kaum vorstellbar. Musik ist einer der wesentlichen Faktoren für die Stimmung im Publikum. Fangesänge fördern **Gemeinschaft**, schaffen **klare Fronten** und lassen Gefühle der **Verbundenheit** und **Zugehörigkeit** mit dem Verein entstehen.

Die Anfänge der Stadiongesänge liegen in den 60er-Jahren des 20. Jahrhunderts und hatten mit Sichtproblemen der Zuschauer zu tun: Weil viele Zuschauer stehen mussten, konnten sie häufig den Spielverlauf nicht so gut verfolgen. Die Informationen wurden dann durch lautes Rufen weitergegeben.

Fußballfans singen im Stadion.

You'll Never Walk Alone

Heute gibt es ein großes Liederrepertoire, das von Verein zu Verein variiert und aus neu getexteten **Popsongs**, **Gospels**, **Schlagern** und **Volksliedern** besteht. Diese Bearbeitungen werden dann in Endlosschleifen gesungen.

Neben diesen umgetexteten Fangesängen gibt es aber auch Songs und Melodien, die in der Originalversion gesungen werden. Zu den berühmtesten Songs gehört der Titel „You'll Never Walk Alone" von Gerry & The Pacemakers. Bekannt wurde dieser Song durch den Liverpooler Fanblock im Anfield-Stadion. Vor jedem Spiel in Liverpool wird dieser Song von den Fans angestimmt und ist damit zur Hymne des Vereins FC Liverpool geworden.

Rhythmisches Klatschen der Fußballfans

Der Rhythmus macht's

Musikwissenschaftliche Untersuchungen haben ergeben, dass Fans bis zu fünfzig Lieder beherrschen und bis zu 200 musikalische Aktionen pro Spiel starten.

Für die musikalische Umsetzung sind Rhythmusinstrumente von besonderer Bedeutung. Die gespielten Rhythmen beschränken sich auf wenige, häufig von der Samba geprägte Patterns. Manchmal sind auch Blechblasinstrumente oder kleine Kapellen zu hören.

Originaltitel

- Yellow Submarine (Beatles)
- Go West (Pet Shop Boys / Village People)
- When The Saints Go Marchin' In (traditionell)

Umgetextete Fangesänge

- Die Nummer 1 der Welt sind wir
- Zieht den Bayern die Lederhosen aus
- Steh auf, wenn du ein Schalker bist

1 Ordnet den umgetexteten Fangesängen die dazugehörigen Originaltitel zu.

2 Informiert euch im Internet über weitere Popsongs, die im Fußballstadion von den Fans in der Originalversion gesungen werden, und stellt diese Songs zusammen.

3 Bildet Gruppen, in denen ihr euch über die Hymnen verschiedener Fußballvereine der Bundesliga austauscht, und tragt dann eure Ergebnisse zusammen.

Ungerade Taktarten aus dem Balkan

A 30

Der Balkan ist ein Gebiet in Südosteuropa. Die Musik aus dem Balkan zeichnet sich u. a. durch **ungerade Taktarten** aus.

Ungerade Taktarten

Musik ist gestaltete Zeit. Die Taktart gibt an, wie diese Zeit rhythmisch unterteilt wird. Die westliche Welt unterteilt die Musik meistens in vier oder drei **Grundschläge** pro Takt, die sich wie ein immer wiederkehrendes Muster wiederholen. In den Ländern des Balkans hingegen wird die Musik in sieben, neun oder elf Grundschläge pro Takt unterteilt. Diese Grundschläge nennt man auch **Puls**, weil sie sich wie ein Puls durchgängig wiederholen.

Man kann das mit einer Zugfahrt vergleichen, z. B. von Heidelberg nach Sofia. Obwohl die Strecke zwischen den Städten immer die gleiche bleibt, können Züge die Fahrt unterschiedlich gestalten: Sie können z. B. unterschiedlich schnell fahren und die Waggons mit Großraumabteilen und Tischen oder mit kleinen Viererabteilen ausstatten.

Angenommen, ein Lied wäre eine Zugfahrt, dann wären die Zugabteile die Takte und die Sitzplätze die Noten des Lieds. Die Anzahl der Sitzplätze in einem Abteil bestimmen die Taktart. Züge aus Westeuropa hätten dann jeweils drei oder vier Sitzplätze, während die Abteile der Züge aus dem Balkan sieben, neun oder elf Sitzplätze hätten. Um den Puls eines Balkanlieds zu bilden, werden diese „Sitzplätze" im Takt in „Zweier"- oder „Dreiersitze" gruppiert.

1 Hört das Lied „Pesen za gaidarcheto" (A 30) und klopft den Grundschlag mit zwei Fingern mit. Orientiert euch dabei an der Trommel.

2 Hört das Lied erneut (A 30) und vollzieht dabei die Abbildung des untersten Zugs nach. Sprecht über den Grundschlag des 7/8-Takts.

3 Lauft frei im Raum zum Rhythmus des Lieds (A 30). Macht auf jeden betonten Grundschlag einen Schritt.

4 Wie wirken die Musik und der 7/8-Takt auf euch?

A 30

Pesen za gaidarcheto, ein Lied aus Bulgarien

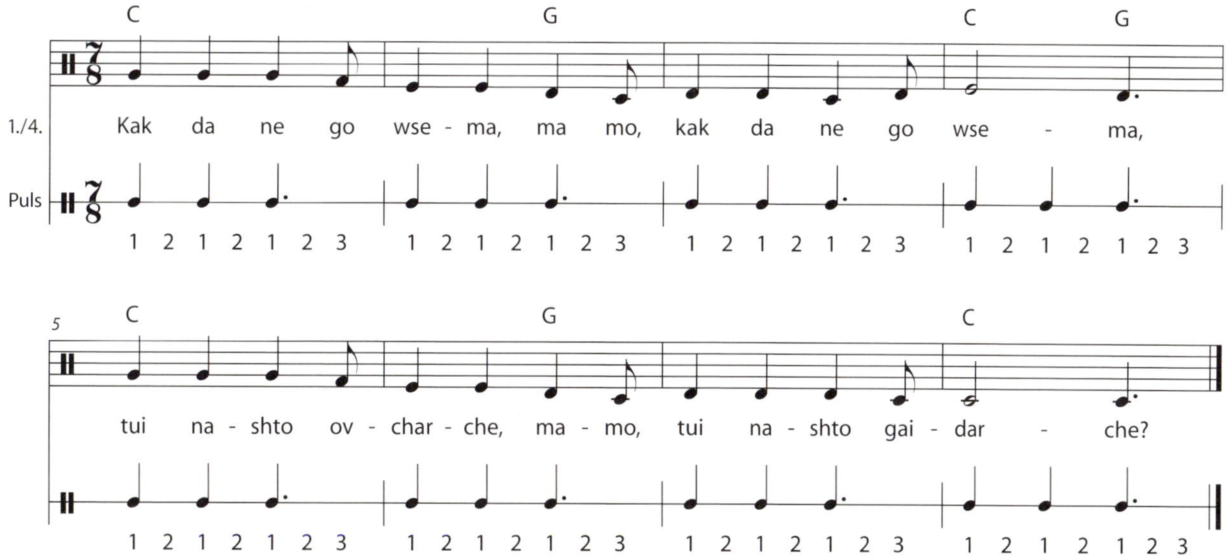

Text und Melodie: Theodosii Spassov

2. Sutrin ka to sta ne mamo,
   sutrin kato stane,
   tersi si mila mamo
   sharena si gaida

3. Kato rekla gaidata mu gul gul gul …
   Kato rekla gaidata mu dili dili dili …

Übersetzung des Textes:

1./4. Mama, wie kann ich mich denn nicht
   für unseren jungen Schäfer entscheiden,
   unseren Gaidaspieler?

2. Mama, morgens, wenn er aufsteht,
   sucht er seine bunte Gaida.

3. Wenn seine Gaida tönt, gul gul gul …
   Wenn seine Gaida tönt, dili dili dili …

Die **Gaida** ist ein Dudelsack. Sie besteht aus einem Luftsack mit einem Mundstück und zwei Pfeifen, der Bordun[W]- und der Spielpfeife. Der Ton wird durch zwei Rohrblätter erzeugt.

5 Sprecht den Liedtext im richtigen Rhythmus.

6 Singt das Lied zur CD (A 30).

7 Hört euch an, wie eine Gaida klingt.

8 Informiert euch im Internet oder in einem Musiklexikon über weitere traditionelle bulgarische Instrumente.

Mome Kalino – ein mazedonisches Volkslied

A 31, 30

Zum Liedinhalt

Ein Mann versucht, eine Frau davon abzuhalten, ihm zu folgen. Sie ist jedoch so verliebt in ihn, dass sie alles auf sich nehmen würde, um immer bei ihm zu bleiben.

2. Nazad nazad mome Kalino
nemoj da odish podir men,
che u naze ima reka dliboka
ne ke možesch da ja
prepliwasch.

Ke se prestoram na riba mrena
i pak pri tebe ke doidam.
Reka ke preplivam
pak pri tebe ke doidam
wechno twoja ke bidam.

Text und Melodie: volkstümlich

Übersetzung des Textes:

1. Er: Zurück, zurück, Mädchen Kalino,
du kannst mir nicht nachlaufen,
weil es bei uns einen hohen Wald gibt,
den du nicht durchqueren kannst.

Sie: Ich werde mich in einen Vogel
verwandeln und wieder zu dir kommen.
Über den Wald werde ich fliegen
und wieder zu dir finden.
Ich werde ewig dein sein.

2. Er: Zurück, zurück, Mädchen Kalino,
du kannst mir nicht nachlaufen,
weil es bei uns einen tiefen Fluss gibt,
den du nicht überqueren kannst.

Sie: Ich werde mich in einen Fisch
verwandeln und wieder zu dir kommen.
Ich werde durch den Fluss schwimmen
und wieder zu dir finden.
Ich werde ewig dein sein.

Aussprache:

z = s wie Salami
ž = franz. j wie Journée

1 Hört „Mome Kalino" (A 31) und klopft den Grundschlag mit zwei Fingern mit. Orientiert euch v. a. an der Trommel.

2 Wie viele betonte Grundschläge gibt es in jedem Takt? Welche Grundschläge sind kurz und welche lang? Lauft durch den Raum und macht auf jeden betonten Grundschlag einen Schritt.

3 Wie werden die sieben Noten in einem Takt gruppiert? Notiert die Grundschläge.

4 Vergleicht „Mome Kalino" (A 31) mit „Pesen za gaidarcheto" (A 30, S. 43). Was haben die beiden Lieder rhythmisch gemeinsam und wie unterscheiden sie sich voneinander? Hört die Lieder erneut und teilt euch in zwei Gruppen auf: Die eine Gruppe klatscht und die andere Gruppe läuft zum Grundschlag. Wechselt danach die Gruppen.

A 31

Instrumentalbegleitung

5 Sprecht den Text im Liedrhythmus.

6 Singt die Melodie (1. Stimme) des Lieds anschließend zur CD (A 31).

7 Spielt die Melodie auf einem Instrument eurer Wahl.

8 Singt oder spielt die 2. Stimme zur 1. Stimme.

9 Spielt die Instrumentalbegleitung zu den beiden Melodiestimmen auf Instrumenten eurer Wahl.

Musik aus Afrika

A 32, 33

Funga alafia

Text und Melodie: aus Westafrika

„Funga alafia" ist ein Willkommenslied. „Funga" bedeutet „Stärke" und „alafia" ist ein Begrüßungswort wie „hallo". Mit dem zweimal gesungenen „ashé" wird die Lebensenergie besungen, die gemäß der Religion des westafrikanischen Volkes der Yoruba nicht nur Menschen und Tieren, sondern sogar Liedern innewohnt.

Signal

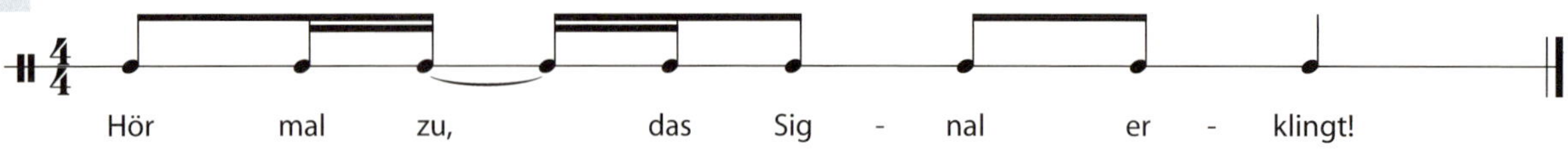

Rhythmus-Arrangement

O = Open Tone: Schlag an den Fellrand B = Bass Tone: Schlag in die Fellmitte

Text und Rhythmus: Michael Christoph

Ablauf (Vorschlag)

Signal	Einsetzen der Rhythmusstimmen von oben nach unten, je 4 Takte	Signal	2 x Funga alafia	2 x Signal	2 x Funga alafia	Signal

1 Übt die Textzeile „Funga alafia" mithilfe der CD (A 32) ein. Singt sie gemeinsam als Call-and-Response-Version (→ S. 159).

2 Erarbeitet euch dann das Signal und die verschiedenen Rhythmusstimmen zu „Funga alafia". Nutzt dazu auch die CD (A 33).

Traditionelle schwarzafrikanische Musik

Wenn von Musik aus **Schwarzafrika** die Rede ist, dann ist damit der Teil des afrikanischen Kontinents **südlich der Sahara** gemeint. Denn dieser Teil hat eine mehrheitlich schwarze Bevölkerung. Obwohl diese Region mit ihren ca. 900 Millionen Einwohnern eine große kulturelle Vielfalt aufweist, gibt es Merkmale afrikanischer Musik, die für den gesamten schwarzafrikanischen Raum gelten.

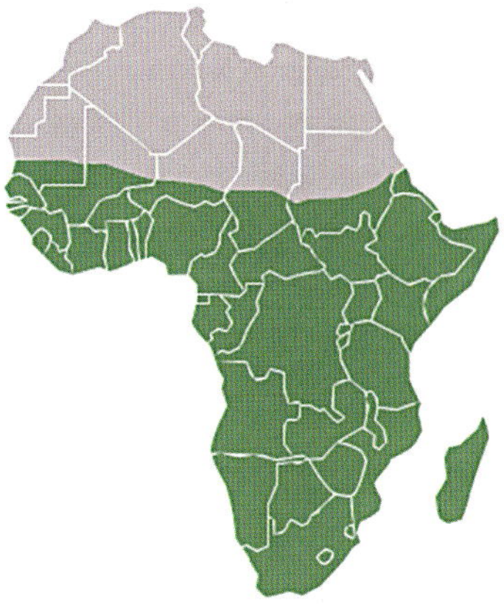

Schwarzafrika

Traditionelle afrikanische Feier

Viele afrikanische Sprachen kennen kein besonderes Wort für „hören", denn mit dem Hören von Musik allein kann das ganzheitliche Erlebnis nicht beschrieben werden, das afrikanische Musik ausmacht. Auf **Suaheli**, einer weit verbreiteten Sprache in Ostafrika, bedeutet das Wort „sikia" sowohl „hören" als auch „fühlen" und „verstehen".

Das Wort „ngoma" steht sowohl für „Lied" als auch für „Tanz" und „Trommel". Traditionelle afrikanische Musik ist immer untrennbar mit Tanz oder Bewegung verbunden. Sie ist fester Bestandteil von Arbeit, Feiern und Zeremonien.

Typische afrikanische Instrumente

Die **Djembe** ist eine mit Ziegenfell bespannte Trommel. Je nachdem, ob sie am Fellrand oder in der Fellmitte geschlagen wird, entstehen unterschiedliche Klänge.

Auf der **Kenken**-Glocke können mit einem Schlägel zwei unterschiedliche Tonhöhen geschlagen werden. Mit der Kenken werden unverwechselbare rhythmische Muster gespielt, die einzelnen Volksgruppen oder Regionen zugeordnet werden können. Die Kenken ist eng mit der lateinamerikanischen Agogo verwandt, die bei der Samba eine wichtige Rolle spielt.

Die **Dundun** ist eine tiefere, beidseitig mit Rinderfell bespannte Trommel, die mit einem Schlägel geschlagen wird. Dundun-Spieler spielen oft gleichzeitig noch eine an der Trommel befestigte Glocke. Das erfordert viel rhythmisches Geschick.

3 Erklärt, warum es in manchen afrikanischen Sprachen kein einzelnes Wort für „hören" gibt.

4 Schaut euch das Video „There Is No Movement Without Rhythm" an und sprecht über typische Merkmale afrikanischer Musik, die dort gezeigt werden.

5 Gestaltet das Lied „Funga alafia" im Sinne afrikanischer Musik als eine Einheit aus Gesang, Rhythmus und Tanz. Erfindet dazu eigene Bewegungsfolgen.

Gamelanmusik aus Indonesien

A 34

Indonesien ist der größte Inselstaat der Welt. Gamelanmusik ist dort auf den Inseln **Java** und **Bali** verbreitet. Es gibt eine große Anzahl sehr unterschiedlicher Gamelan-Orchester (indonesische Musikensembles). Ihre Instrumente sind hauptsächlich **Idiofone** (→ S. 78, 79).

Für unser Ohr unterscheidet sich diese Musik grundsätzlich von der europäischen Musikkultur. Die vier Hauptmerkmale dieser Musik sind:

- das Instrumentarium
- eine mehrtönige Kernmelodie
- rhythmische Schichtungen mit unterschiedlichen Trommeln
- Verzierungen und Variationen der Kernmelodie

Die Instrumente

Slentem = Metallofone

Kempul = Gongs in unterschiedlichen Größen geordnet nach groß, mittelgroß, klein

Kendang = Doppelfelltrommel

Kenong = einzelner Buckelgong

Gambang = Xylofon

Die Funktionen der Instrumente

In einem Gamelan-Orchester haben diese Instrumente unterschiedliche Funktionen: Gongs gliedern ein Musikstück in seine Formteile. Sie dienen als **Signalgeber** für die anderen Musiker. Die Doppelfelltrommel zeigt Veränderungen des Tempos an, sie hat die Funktion der **Orchesterleitung**. Metallofone spielen die **Kernmelodie**, Xylofone umspielen sie.

Die Tonalität der Kernmelodien

Es gibt eine große Vielfalt von unterschiedlichen Tonskalen, die meist aus fünf Tönen bestehen, sodass man von einer **Pentatonik** sprechen kann. Die Darstellung der Musik mit unseren westlichen Tonskalen ist jedoch nicht vollständig umsetzbar. Die hier abgebildete Kernmelodie wird als **selisir** bezeichnet. Die zugrundeliegende Skala besteht aus den fünf Tönen h, c, d, fis und g (fis ist bei dieser Kernmelodie nicht dabei).

Um eine Form des Vibratos[W] zu erzeugen, werden die Instrumente paarweise gespielt und minimal verstimmt, was zu Schwebungen[W] führt. Was für unser Ohr verstimmt klingt, ist in Indonesien ein wichtiges musikalisches Ausdrucksmittel.

Beispiel einer Kernmelodie

1. Wo liegt Indonesien? Informiert euch über die Musik auf Bali und Java und schaut euch den Videoclip an.
2. Hört die Kernmelodie (A 34) und sprecht über eure Höreindrücke. Beschreibt den Klang dieser drei Stimmen. Schaut euch dazu auch das Video im Internet an.
3. Spielt die dreistimmige Kernmelodie auf Metallofonen unterschiedlicher Stimmlagen in einer Schleife.
4. Vergleicht eure Höreindrücke, indem ihr nach dem eigenen Spiel noch einmal das Original anhört. Beschreibt die Unterschiede und erläutert, warum es so schwierig ist, Gamelanmusik mit unserer Tonskala darzustellen.

A 35

Vom Reisstampfen zum Gamelan-Rhythmus

Der Arbeitsrhythmus beim Reisstampfen und die Rhythmik der Gamelanmusik sind sich ähnlich. Daher wird diese Musik „Reistrog-Musik" genannt. Die Rhythmen, in denen der Reis gestampft wird, heißen auf Bali **Gending**.

Um einen gleichmäßigen Arbeitsrhythmus von 4 Personen bei erhöhtem Tempo zu erzielen, dürfen diese sich beim Stampfen nicht behindern. Dafür ist eine fünfte Arbeiterin nötig, die ebenfalls einen Stößel hat, diesen aber nur auf den Trogrand schlägt. Sie hat die Aufgabe, mit ihren Schlägen unregelmäßige rhythmische Muster zu erzeugen. Aus den 8 Schlägen 1 – 2 – 3 – 4 – 1 – 2 – 3 – 4 wird dann 1 – 2 – 3 – 1 – 2 – 3 – 1 – 2. Durch diese rhythmische Schichtung entstehen Betonungen, die eine bessere Orientierung ermöglichen und zu einem gleichmäßigen Arbeitsrhythmus führen. So können sich die stampfenden Frauen ihren eigenen Stampfrhythmus besser merken. Das wiederum steigert das Arbeitstempo. Die beiden rhythmischen Modelle werden als **Tingkatan** (4 + 4) und als **Oncangan** (3 + 3 + 2) bezeichnet, vgl. Rhythmus A. Bei Rhythmus B werden die beiden Modelle vertauscht: Acht Arbeiterinnen spielen den Oncangan, jeweils um einen Schlag versetzt, und die neunte Arbeiterin gibt den Schlagpuls als Tingkatan an.

Rhythmus A

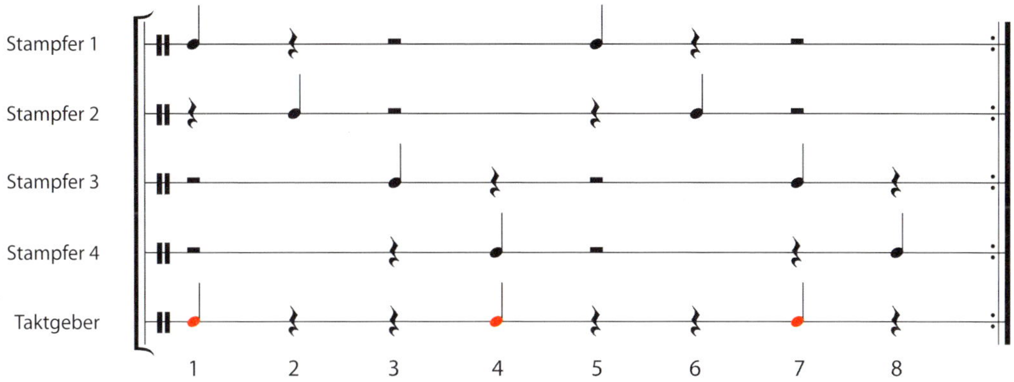

Rhythmus B

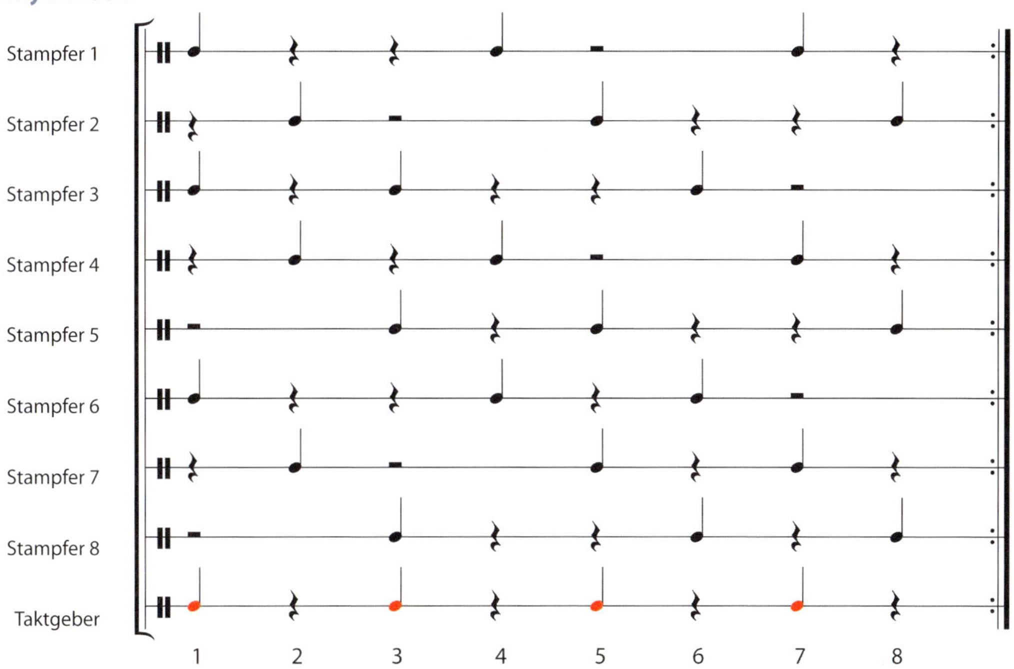

5 Hört euch den Rhythmus der Arbeiterinnen an (A 35).

6 Spielt Rhythmus A. Benutzt dazu unterschiedliche Klänge der Bodypercussion (klatschen, patschen, stampfen, auf die Schenkel schlagen, auf die Brust klopfen) oder unterschiedlich klingende Trommeln.

7 Spielt Rhythmus B, indem ihr mit Bambusstangen unterschiedlicher Länge und Dicke auf den Boden stampft. Ihr könnt dazu auch Besenstiele oder andere Rhythmusinstrumente verwenden. Beachtet dabei, dass die Stampfgeräusche unterschiedlich klingen.

Capoeira – ein Kampftanz aus Brasilien

A 36

Afrikanische Sklaven, die während der brasilianischen Kolonialzeit nach Brasilien verschleppt wurden, brachten eigene Kampf- und Verteidigungstechniken mit. Die Legende erzählt, dass den Sklaven das Ausüben dieser Techniken jedoch verboten wurde. Daraufhin umgingen sie das Verbot, indem sie die Techniken als Tanz ausübten. So entstand der Kampftanz Capoeira, dessen Existenz seit dem 18. Jahrhundert nachgewiesen ist.

Im November 2014 nahm die UNESCO die Capoeira in die Liste der immateriellen Weltkulturgüter auf.

Der Kampftanz

Die Capoeira besteht aus einem akrobatisch wirkenden Bewegungsrepertoire, aus Musik und aus der **Roda** (portugiesisch für: Kreis, Runde). Die Zuschauer bilden mit den Musikern zusammen die Roda, in dessen Mitte zwei Tänzer, die **Capoeiristas**, die Capoeira tanzen. Die Musik, die von einem Berimbau-Spieler geleitet wird, beginnt zuerst. Die Tänzer führen ihren Kampftanz dann im Rhythmus der Musik aus.

Die **Ginga** ist die Grundbewegung der Capoeira und bildet die Basis für alle weiteren Bewegungen. Es gibt gezielte Angriffsbewegungen, Ausweich- und Fluchtbewegungen und Ausschmückungen. Ziel ist es, den Gegner mit List und Täuschungen zu Fall zu bringen, aber nicht zu verletzen. Wenn die Musik endet, dann endet auch der Tanz.

Eine Capoeira-Schule beim Training in São Paulo, Brasilien

Der Berimbau

Die Musik der Capoeira

Die Musik ist ein wichtiger Bestandteil der Capoeira. Es wird gesungen und auf Instrumenten gespielt.

Das Hauptinstrument ist der **Berimbau**. Er besteht aus einem langen, gebogenen Holzstock mit einem aufgespannten Draht. Als Klangkörper dient ein hohler Kürbis. Der Musiker schlägt mit einem Holzstab auf den Draht. In der Schlägel-Hand hält er gleichzeitig eine **Caixixi** (sprich: Kaschischi), ein mit Samen gefülltes Körbchen, das beim Spielen mitrasselt. Die Tonhöhe verändert der Musiker mit einem Stein, den er auf den Draht drückt.

Außer dem Berimbau werden noch der **Pandeiro** (eine Art Tamburin), die **Atabaque** (große, tiefe Standtrommel) und der **Reco-reco** (Ratsche) eingesetzt. Diese Instrumente werden in unterschiedlichen Größen gespielt, sodass verschiedene Tonhöhen und Klangfarben[W] erzeugt werden können.

Bei der Capoeira bestimmt der Rhythmus der Musik die Art des Spiels. In der Regel werden 6 unterschiedliche Rhythmen eingesetzt. Einer davon ist der **Angola**-Rhythmus.

Der Angola-Rhythmus

1 Lest die Texte und benennt ihre zentralen Aussagen.

2 Überlegt, warum den afrikanischen Sklaven untersagt wurde, ihre Kampf- und Verteidigungstechniken in Brasilien weiter auszuüben, und sie die Techniken dann als Tanz ausführten.

3 Erläutert die Rolle der Musik für die Tänzer und für die Roda.

4 Sucht Rhythmusinstrumente mit unterschiedlichen Tonhöhen aus und spielt den Angola-Rhythmus zu „O Juramento Da Capoeira" (A 36).

Die Ginga

In den 1980er-Jahren verbreitete sich die Capoeira weltweit. Heutzutage gibt es in fast jeder größeren Stadt Capoeira-Schulen, in denen Kinder, Jugendliche und Erwachsene diesen Kampftanz erlernen können. Begonnen wird in der Regel mit der Ginga, ein wiegender Schritt, der fließend zur Musik ausgeführt wird.

Bewegungsfolge der Ginga

Ausgangsposition: Beide Füße stehen schulterbreit parallel nebeneinander.

A

Mit rechtem unbelasteten Fuß großen Ausfallschritt nach hinten; gleichzeitig rechten Arm vors Gesicht, auf Höhe des Kinns, dabei die Augen nicht verdecken

B

Mit rechtem belasteten Fuß einen großen Schritt nach rechts zur Seite; der Arm bleibt vor dem Gesicht

C

Mit linkem unbelasteten Fuß großen Ausfallschritt nach hinten; gleichzeitig linken Arm vors Gesicht, auf Höhe des Kinns, dabei die Augen nicht verdecken

D

Mit linkem belasteten Fuß einen großen Schritt nach links zur Seite; der Arm bleibt vor dem Gesicht

5 Übt den Ginga-Schritt ein.

6 Bildet eine Roda. Führt Ginga-Bewegungen zu „Talking Dentro" (A 37) in der Kreismitte aus. Spielt mit Rhythmusinstrumenten zur Musik.

The Fairy Dance

Reels gehören zu den traditionellen Tänzen Irlands. Die Bezeichnung Reel stammt aus dem Gälischen, eine Sprache, die heute noch in Irland gesprochen wird und auf den Ortsschildern neben dem Englischen anzutreffen ist. In einem Schriftstück wird der Reel erstmals 1590 erwähnt: Die der Hexerei angeklagte Agnes Thomson gab darin zu, zusammen mit zweihundert Hexen einen Reel getanzt zu haben.

„The Fairy Dance" ist ein typischer Reel. Der Melodierhythmus wird wie ein 2/2-Takt empfunden und alla breve[W] gespielt. Das Tempo ist sehr schnell und bewegt sich zwischen 100 und 120 bpm (→ S. 231).

aus Irland

A 38, 39

Typische Instrumente Irlands sind die Tin Whistle und die Harfe, die auch als Nationalemblem auf den Rückseiten der Euromünzen abgebildet ist.

Bei der **Tin Whistle** handelt es sich um eine Flöte aus Messingrohr mit nur sechs Löchern und einem Mundstück aus Kunststoff. Im Gegensatz zur Blockflöte gibt es kein Daumenloch. Oktavierte Lagen müssen daher durch ein Überblasen erzeugt werden. Der Tonumfang beträgt zwei Oktaven.

In Europa taucht die **Harfe** im 8. Jahrhundert bei den irischen Kelten auf. Die Stimmung ist diatonisch (→ S. 228), mit Halbtonklappen lassen sich unterschiedliche Tonarten erzeugen. Der Tonumfang ist sehr klein, da die irische Harfe mit nur 34 Saiten bestückt ist.

Besonders bekannt geworden ist die irische Musik durch die Bühnenshow „Riverdance", die aus traditionellem irischen Tanz und keltischer Musik besteht. Das besondere Merkmal an diesem Tanz sind die schnellen Beinbewegungen bei gleichzeitiger starrer Haltung des übrigen Körpers.

1. Spielt „The Fairy Dance" auf eurem Schulinstrumentarium: Entscheidet dafür zuerst, wer von euch die Melodiestimme, die Begleitstimme, die Bassstimme und die Akkorde spielen kann. Übt dann das Stück zunächst in langsamem Tempo.
2. Hört euch die Harfen-Version des „Fairy Dance" von Nansi Richards (A 38) an. Schreibt den Ablauf der Formteile auf und vergleicht ihn mit dem hier abgebildeten Arrangement.
3. Lest die Texte und recherchiert zusätzlich im Internet zu der Bühnenshow „Riverdance".
4. Hört die Reels aus „Riverdance" (A 39) und trefft Aussagen über Formteilabfolge, Tempo und Instrumentation.

Eine Werbemusik produzieren

Musik in der Werbung

Werbung ist heutzutage allgegenwärtig, sei es im Internet, TV oder Radio, in Zeitungen oder auf Plakaten. Dabei ist die Art und Weise, wie Text und Aussehen einer Werbung gestaltet sind, auf eine bestimmte Zielgruppe und deren Lebensart hin ausgerichtet. Im Internet, TV und Radio kommt zusätzlich eine musikalische Ebene hinzu, die das angesprochene Lebensgefühl untermalen, beschreiben oder einfach nur Emotionen wecken soll. Die Musik hat meist einen hohen Wiedererkennungswert, sodass man in vielen Fällen eine Marke mit einer bestimmten Melodie verbindet und umgekehrt.

Was macht eine Zielgruppe aus?

Eine Zielgruppe besteht aus Menschen, die sich für gleiche oder ähnliche Dinge interessieren.

Zielgruppe können z. B. Jugendliche, reiche Frauen oder sportliche Männer sein. Dementsprechend kann Werbung je nach Zielgruppe poppig, verspielt, actionreich usw. sein.

Die Formen der Werbemusik

Jingle

- kurze Vertonung des Slogans
- am Anfang oder Ende des Werbespots
- einfache Melodie
- eingängiger, leicht wiedererkennbarer Rhythmus
- Klanglogos sind ähnlich, nur ohne Gesang und mit engerer Verknüpfung von Klang und Produkt

Werbelied

- gesungene Werbung
- Text und Melodie beschreiben Lebensgefühl
- weckt Emotionen, die mit dem Produkt verknüpft werden
- Name des Produkts wird in den Text mit aufgenommen, meistens im Refrain

Backgroundmusik

- Musik aus allen Genres
- existiert meist bereits
- Musik ist Zielgruppe und Produktimage angepasst
- instrumental oder mit Gesang
- Musik unterlegt Werbetext
- Aussage des Textes bei bereits existierenden Songs passt zum Produkt

Zu untersuchende Kriterien

Jingle

- Melodieverlauf
- Rhythmus
- Rhythmus in Bezug zum Text
- Notenwerte
- Zielgruppe

Werbelied

- hervorgerufene Emotionen
- Botschaft des Lieds
- Charakter des Lieds
- Platzierung des Slogans / Produktnamens im Lied
- Zielgruppe

Backgroundmusik

- hervorgerufene Emotionen
- Charakter der Musik
- Musikstil
- Text zur Beschreibung des Produkts
- Zielgruppe

Text und Melodie: Werner Gebhardt, Dirkal Hollit

1 Lest euch die Beschreibungen der verschiedenen Formen der Werbemusik durch und überlegt, zu welchen Produkten oder Marken sie passen könnten.

2 Entscheidet euch für eine der drei Formen und findet dazu Werbemusiken im Internet.

3 Bildet Gruppen, untersucht die Werbemusiken auf die oben genannten Kriterien und präsentiert dann eure Ergebnisse in der Klasse.

4 Schaut euch die HARIBO-Noten an. Warum ist dieser Jingle auch nach vielen Jahren immer noch so erfolgreich?

Eine Werbemusik gestalten

Für die Gestaltung eines 15- bis 20-sekündigen Werbespots im Radio sind vier Dinge wichtig, die in der folgenden Reihenfolge zu beachten sind:

1 **Produkt finden** z. B. Getränk → *2* **Zielgruppe festlegen** → *3* **Text schreiben** AIDA-Formel beachten → *4* **Musik gestalten**

Die **AIDA**-Formel ist eine Methode der Werbewirksamkeit. Sie beschreibt in 4 Schritten, wie die Werbung vorgeht, damit der Kunde das beworbene Produkt kauft. AIDA steht für:

Attention	**I**nterest	**D**esire	**A**ction
Aufmerksamkeit erregen	Interesse wecken	Besitzwunsch auslösen	Kauf bewirken

Einen Jingle komponieren

1. Einen Namen für das Produkt finden
2. Die Besonderheit des Produkts festlegen
3. Einen Slogan schreiben, der die Werbebotschaft gut vermittelt (dafür einen bereits existierenden Slogan benutzen und Schritt für Schritt die Wörter austauschen)
4. Einen zum Slogan passenden Rhythmus finden
5. Für den Rhythmus den Text zugrunde legen; einfache Rhythmusbausteine verwenden, z. B.:

6. Eine zu Rhythmus und Slogan passende Melodie finden
7. Die Melodie so einfach wie möglich klingen lassen; mit zwei Tönen anfangen
8. Nach und nach weitere, aber nicht zu viele Töne hinzufügen; dabei an den „Ohrwurmcharakter" der Melodie denken
9. Bei Schwierigkeiten, eine Melodie zu finden, eine bereits vorhandene Melodie nehmen und sie durch Austauschen der Noten verändern

Ein Werbelied schreiben

1. Einen Namen für das Produkt finden
2. Zielgruppe und Image des Produkts bestimmen
3. Ein bereits existierendes Lied finden, das das Image gut vermittelt
4. Den Liedtext gegen einen neuen, zum Produkt passenden Text austauschen (Hilfen für Reime unter www.woxikon.de und www.reimmaschine.de)

Tipps, wie man ein eigenes Lied komponiert, findet man in Kapitel 15.

Eine Backgroundmusik gestalten

1. Einen Namen für das Produkt finden
2. Zielgruppe und Image des Produkts bestimmen
3. Eine Musik finden oder gestalten, die das Image gut vermittelt (alle Stilrichtungen, sowohl Vokal- als auch Instrumentalmusik)
4. Einen Werbetext schreiben, den man über die Musik sprechen kann

Informationen darüber, wie Backgroundmusik funktioniert und wie man sie selbst gestalten kann, findet man auf den Seiten 26, 27.

5 Gestaltet in eurer Gruppe einen Werbespot mit Werbetext und Musik. Beachtet dafür die oben dargestellten Arbeitsschritte. Kombiniert auch die Formen der Werbemusik. Informiert euch in Kapitel 27 über Tonleitern, Akkorde usw. Lasst euch im Internet von vielseitigen Klängen für euren Werbespot anregen.

6 Nehmt euren fertigen Werbespot mit Audacity (→ S. 56ff.) auf.

Tonaufnahme und Bearbeitung am Computer

Audacity kennenlernen

Das im Internet kostenlos erhältliche Audioprogramm „Audacity“ ermöglicht es, Tonspuren aufzunehmen und zu bearbeiten. Es bietet vielfältige Anwendungsmöglichkeiten. Viele Funktionen entsprechen sogar professionellen Tonverarbeitungsprogrammen.

1. Die wichtigsten Elemente im Bedienfeld auf einen Blick

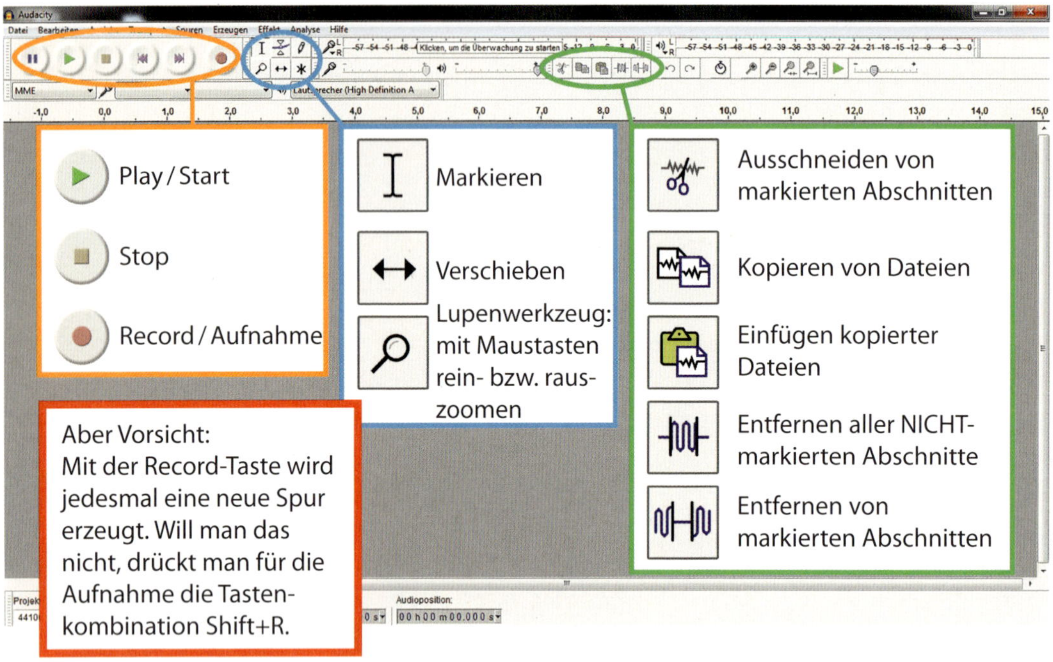

2. Importieren von Audiodateien

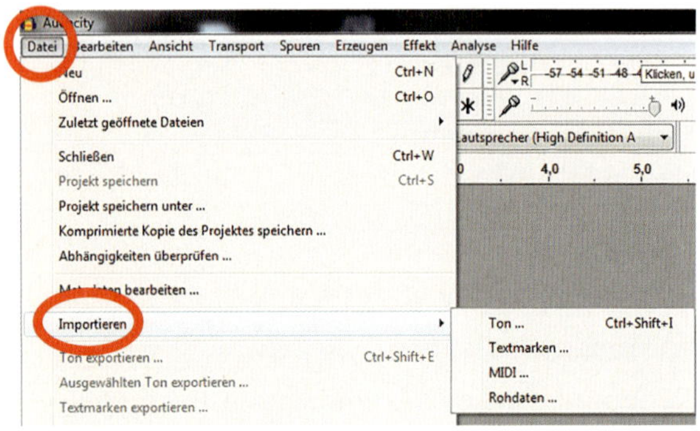

3. Ausgang wählen

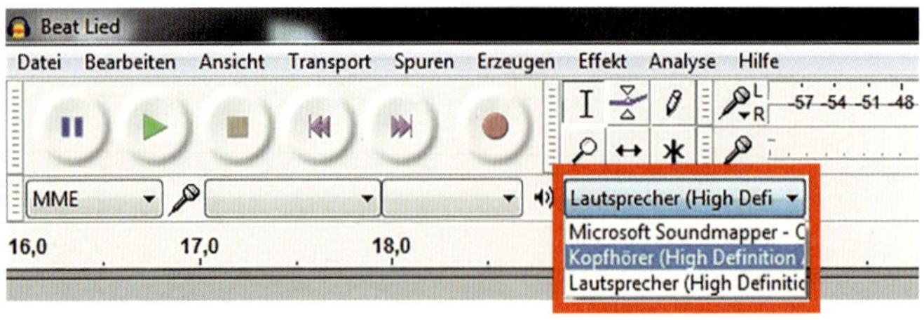

4. Klangregelungsmöglichkeiten für die Tonspur

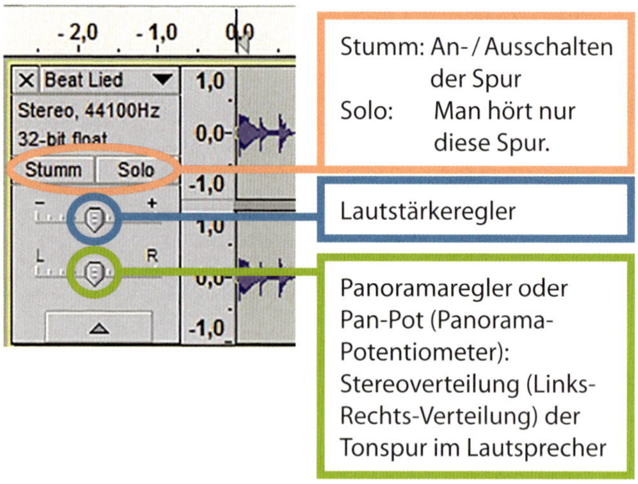

1. Öffnet das Programm „Audacity“ (www.audacity.de) mit einem Doppelklick.
2. Importiert Musik, Klänge oder Geräusche, die ihr für einen Werbespot benutzen wollt (→ S. 55), in ein Audacity-Projekt. Falls ihr die Tonspuren mit dem Handy aufgenommen habt, benutzt dazu die USB-Schnittstelle.
3. Wählt einen passenden Ausgang. Beachtet, dass zum Anhören der Sounds bzw. der importierten Aufnahmen Lautsprecher oder Kopfhörer erforderlich sind. Benutzt für eine Aufnahme Kopfhörer, da sonst Geräusche aus dem Lautsprecher mit aufgenommen werden.

Eine Tonaufnahme vorbereiten und durchführen

Anschluss an die Soundkarte des Computers

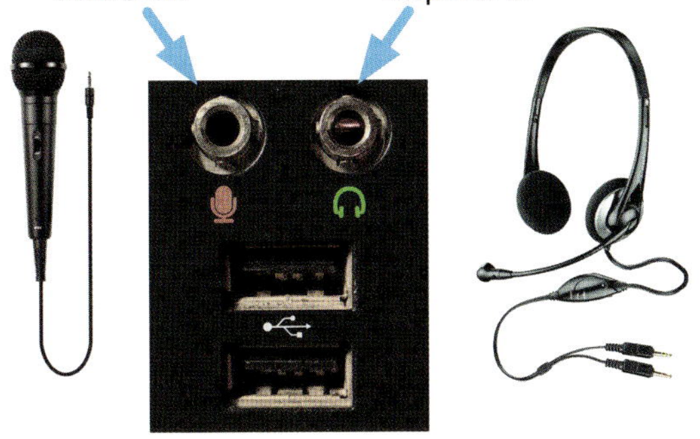

Man kann auch ein Handy oder ein Diktiergerät für Aufnahmen benutzen und die Aufnahmen dann über die USB-Schnittstelle importieren.

Click-Track

Für Mehrspuraufnahmen mit Instrumenten und Stimme ist es gut, einen Click-Track (Metronom-Track) zu erzeugen. So singt und spielt man immer im gleichen Tempo.

Eine neue Spur erzeugen

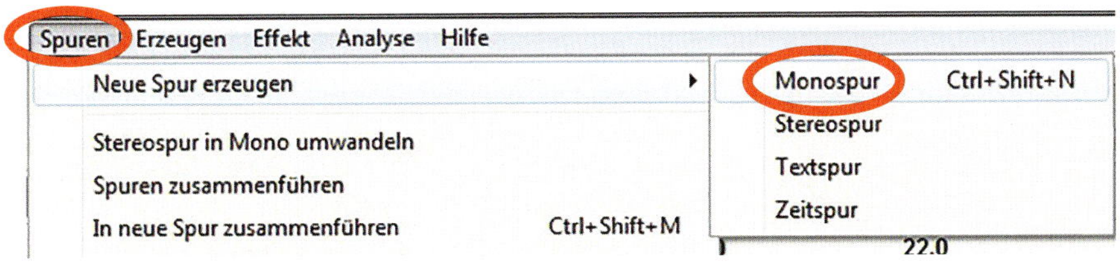

Für Sprach- oder Gesangsaufnahmen braucht man eine Monospur.

Aufnahmeeinstellungen vornehmen

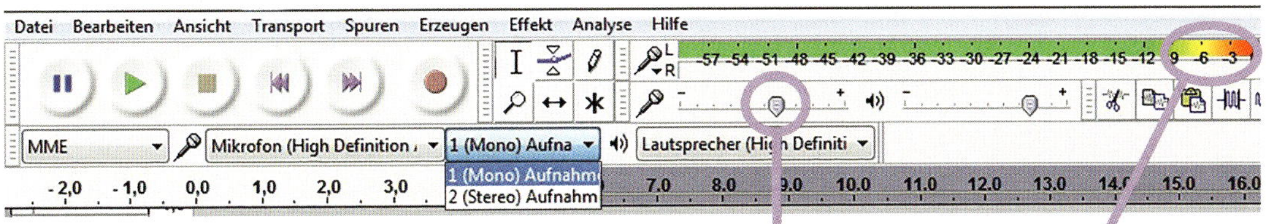

Sollte das Eingangssignal zu laut sein (rot), muss der Pegel niedriger gestellt werden.

Projekt speichern

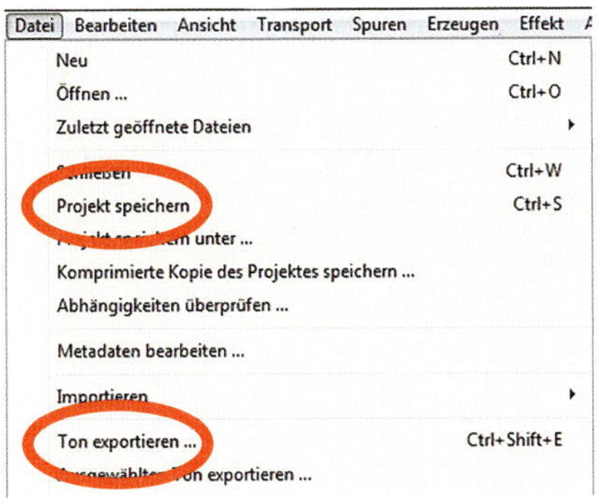

Achtung:
„Projekt speichern" bedeutet nur, dass das Projekt mit allen Spuren, Effekten und sonstigen Bearbeitungen als Audacity-Projekt (*.aup) gespeichert wird. Dabei entsteht also noch keine Audio-Datei, die in anderen Programmen geöffnet werden kann. Denn dazu muss man „Exportieren" verwenden (→ S. 59).

4 Bereitet eure Tonaufnahme wie oben beschrieben vor.

5 Startet eure Aufnahme mit „Shift+R".

6 Speichert euer Projekt mit „Strg+S" entweder schon vor der Aufnahme oder wenn die Aufnahme beendet ist.

Tonaufnahme und Bearbeitung am Computer

Eine Tonaufnahme abmischen und bearbeiten

Der Mischer

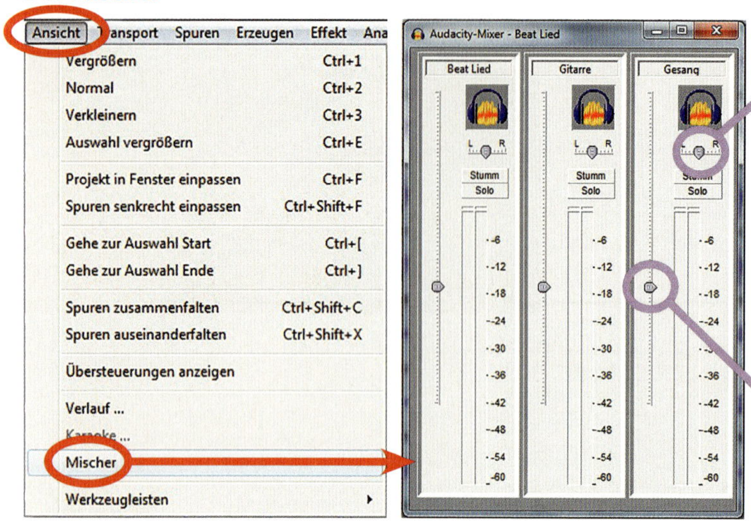

Panoramaregler

Lautstärkeregler

Für das Abmischen der Lautstärkenverhältnisse ist diese Ansicht besser. So gibt es mehr Spielraum bei der Lautstärke. Allerdings verschwindet dieses Fenster, sobald ein Effekt gewählt wird. Man sollte sich also schon vorher alle Effekte in die Spuren gezogen haben.

Die Effekte

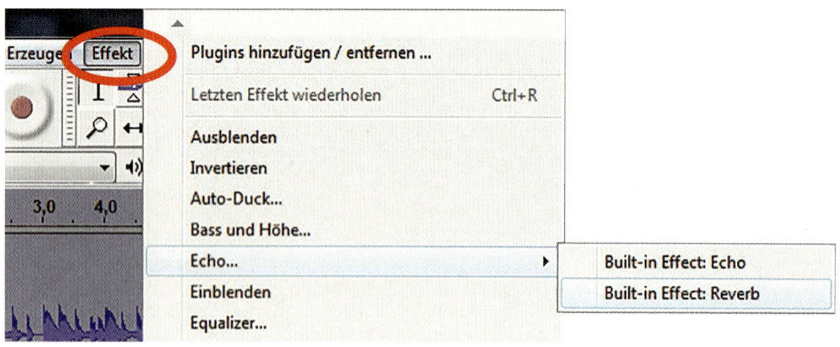

Um eine Musik interessanter klingen zu lassen, gibt es diverse Effekte, die man über die Aufnahme legen kann. Im Folgenden werden ein paar Effekte vorgestellt, die man zum Mischen benutzen kann. Um einen Effekt zu verwenden, muss eine Spur markiert und der gewünschte Effekt auswählt werden.

Beispiele für Effekte

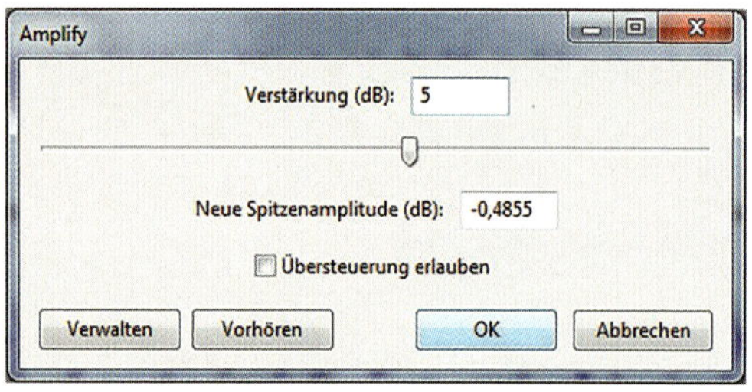

Zu leise aufgenommene Signale werden nachträglich verstärkt.

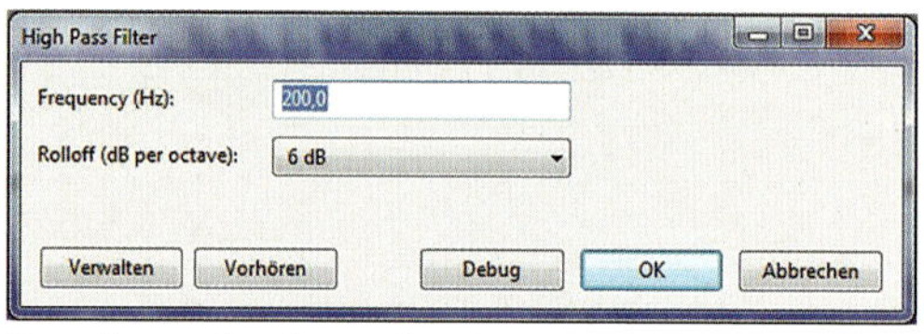

Der dumpfe Klang der Stimme oder des Instruments wird weggenommen.

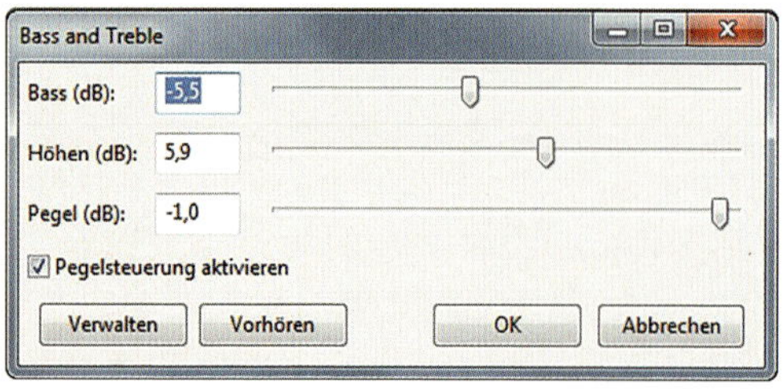

Durch Verschieben der Bass- und Höhenregler kann man den Klang einer Audiodatei verändern, sodass sie dumpfer oder heller klingt.

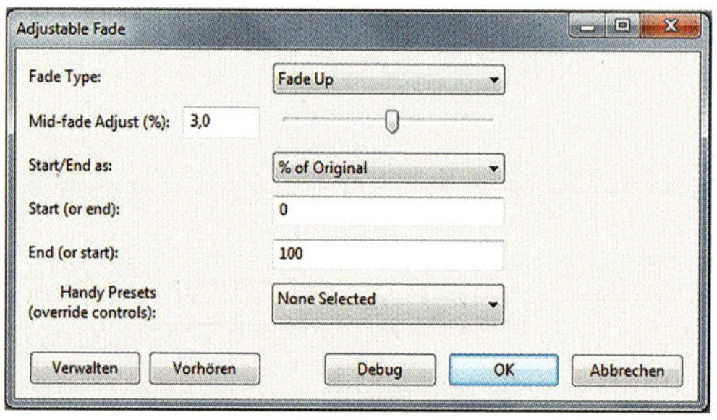

Man lässt die Musik am Anfang leise beginnen (Fade-in) oder am Ende immer leiser werden (Fade-out).

7 Mischt eure Aufnahme so, dass sie für euch gut klingt.

8 Bearbeitet eure Aufnahme mit Effekten. Benutzt dafür die Beispiele oder probiert eigene Effekte und Einstellungen aus.

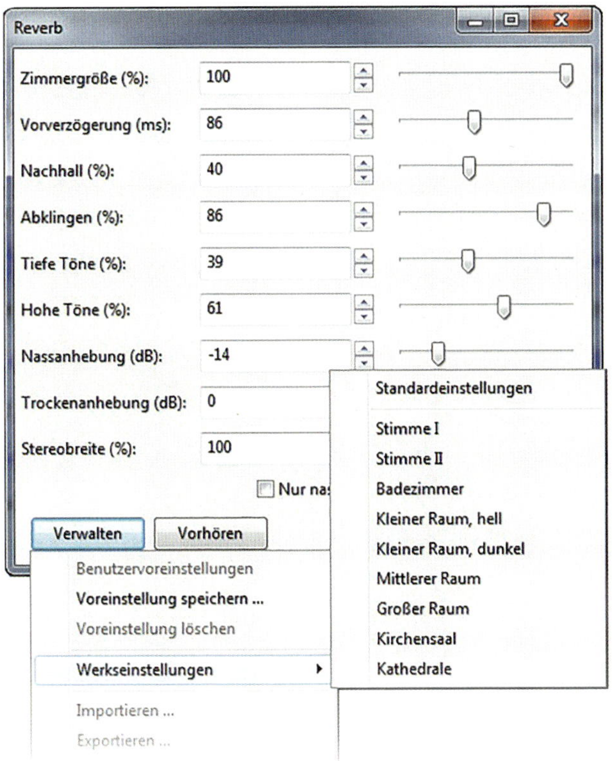

Mit einem **Reverb** (Hall) klingt die Stimme bzw. das Instrument nicht mehr so trocken, sondern eher wie in einer Halle. Den Effekt „Reverb" findet man, wenn man auf „Effekte" und dann auf „Echo" geht.

Mithilfe der Werkseinstellungen kann man einer Stimme einen künstlichen Raumklang geben. Dann kann sie z. B. so klingen, als ob der Sprecher im Badezimmer oder in einer großen Kirche steht.

Das **Normalisieren** von MP3- und wav-Dateien hilft dabei, die maximale Lautstärke zu erreichen, ohne dass das Signal verzerrt wird. Am besten geschieht das, nachdem die fertige Mischung bereits exportiert und als Audiodatei nochmals importiert wurde. So kann man die Lautstärke des fertigen Stücks erhöhen.

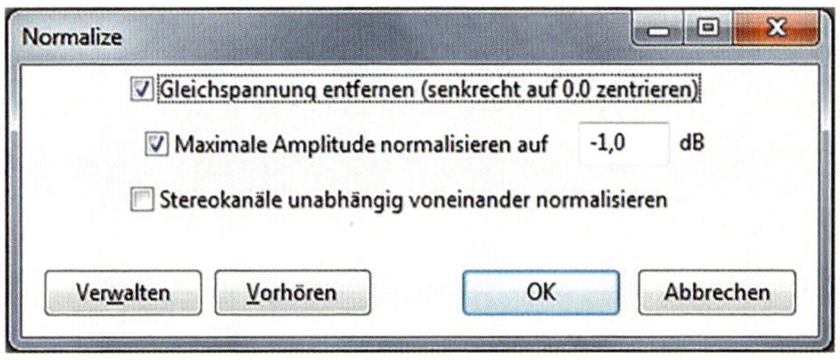

Eine fertige Mischung exportieren

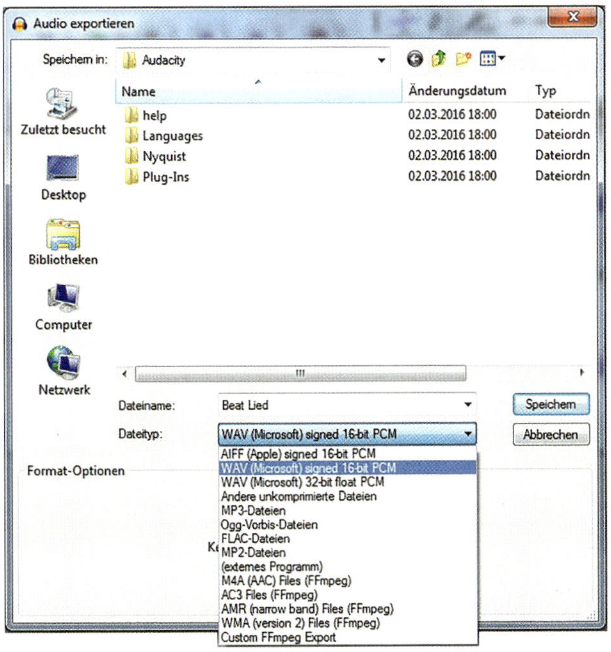

Beim Exportieren (über „Datei" → „Exportieren") kann es durchaus passieren, dass beim Schulcomputer der LAME MP3-Kodierer fehlt. Das ist aber kein Problem. Denn man kann die Audiodatei auch als wav-Format exportieren. Allerdings wird die Datei dann sehr groß, weil hier keine Datenreduzierung vorgenommen wird.

9 Speichert euer Projekt.

10 Exportiert euer Projekt, um es in anderen Programmen öffnen zu können.

Filmmusik – wie alles begann

Wettrennen zwischen Deutschland und Frankreich

Wer hat eigentlich das Kino erfunden? Diese Frage zu beantworten, ist nicht einfach. Im Jahre 1895 entstand um die bewegten Bilder ein regelrechtes Wettrennen zwischen den Brüdern Max und Emil Skladanowsky in Berlin und den Brüdern Auguste und Louis Lumière in Paris.

Die Brüder Emil und Max Skladanowsky

Im November 1895 präsentierten Emil und Max Skladanowsky Kurzfilme auf ihrem „Bioskop", einer Handkurbelkamera. Diese Technik war jedoch noch nicht ausgereift, denn es konnten nur maximal 24 Bilder in Folge gezeigt werden.

Einen Monat später begann mit den Brüdern Lumière die eigentliche Filmgeschichte: Im Pariser „Grand Café" stellten sie ihren Kinematografen (wörtlich: Bewegungsschreiber) vor.

Mit diesem Gerät gelang es ihnen, Bewegungen so zu fotografieren, dass kleine Filmsequenzen von etwa einer Minute entstanden.

Der Kinematograf der Brüder Lumière

Musik zum Film – der Mann am Klavier

Die ersten Filme der Filmgeschichte wurden „Stummfilme" genannt. Der Wortbestandteil „stumm" bezieht sich dabei aber nur auf die Filme selbst, denn diese besaßen in jener Zeit noch keine Tonspur. Eine Folge daraus war, dass ein Pianist zum Film auf dem Klavier spielte. Durch die Musik konnte der Mangel der fehlenden Sprache überspielt werden. Und auch störende Nebengeräusche der Filmvorführung wurden dadurch übertönt. Ganz nebenbei diente die Musik auch der Beruhigung und Unterhaltung des Publikums im dunklen, stickigen Vorführraum.

Anfangs machte sich der „Mann am Klavier" keine Gedanken darüber, was er zu spielen hatte. Gespielt wurde das, was der Pianist konnte und was das Publikum mochte. So spielte er kleine Musikstücke spontan zum Film. Hin und wieder wurde er von einem Geräuschemacher unterstützt. Dieser machte das Dargestellte durch Geräusche, wie z. B. Hufgetrappel oder Schritte im Kies, zusätzlich hörbar.

Die Kompilation

Ein Pianist spielt zu einer Filmvorführung.

Mit der Zeit machten sich die Musiker jedoch mehr Gedanken, welche Musik zu welchem Filmausschnitt passen könnte. So wählte der Pianist z. B. zu einer spannenden Szene Musik aus, die diese Stimmung untermalte. Um die passende Musik auszuwählen und zurechtzulegen, sah sich der Pianist den Film zunächst mehrmals an. Um dann während der Filmvorführung besser auf den Film reagieren zu können, spielte er seine Noten mit Blick auf die Leinwand gerichtet.

Die so auf den Film abgestimmte Begleitmusik setzte sich aus verschiedenen Musikstücken zusammen. Eine solche Musikzusammenstellung nennt man **Kompilation**.

Anfangs entschieden die Musiker in den Kinos eigenständig, welche Stücke sie zum Film spielen wollten. Aber ab 1911 bestimmten die Filmproduzenten auf kleinen Listen (den sogenannten Cue Sheets), an welchen Stellen welche Musik gespielt werden sollte. Diese Listen erleichterten die Arbeit der Kinopianisten sehr.

Bald darauf entstanden ganze Nachschlagewerke, die Musikstücke für verschiedene Arten von Filmszenen enthielten. Das berühmteste Werk war „Filmstimmungen für Kinopianisten" von Ernö Rapeé aus dem Jahre 1924.

1. Lest den Text und sammelt weitere Informationen (Internet, Bücherei, Lexika …) über die Geschichte der Filmmusik. Präsentiert eure Ergebnisse auf einem Plakat.
2. Bildet Gruppen, sucht Bilderfolgen im Internet (z. B. die Sonne geht auf) und gestaltet zu jeder Bilderfolge eine passende Filmmusik. Experimentiert mit unterschiedlichen Instrumenten und deren Klängen. Überlegt, wie ihr eure Musik zusätzlich mit Geräuschen unterstützen könnt. Verwendet auch Alltagsgegenstände.
3. Nehmt eure Begleitmusik auf und stellt sie euch mit dem Bild zusammen gegenseitig vor. Bewertet eure Ergebnisse und überlegt, was ihr noch verbessern könntet.

Zusammenwirken von Musik und Bild

A 40–43

In der Stummfilm-Zeit setzte die musikalische Begleitung eines Films bei den Musikern viel Erfahrung und ein großes Maß an musikalischem Können voraus. Heutzutage erleichtern digitale Medien (CDs, Smartphone, Computer) und passende, bereits bestehende Musikstücke die Gestaltung von Filmmusik.

4 Schritte für die Gestaltung einer Filmmusik

1 Sichtung des Bildmaterials → 2 Anfertigung eines Filmprotokolls → 3 Besprechen der Musikauswahl → 4 Zusammenschnitt der Musik

1. Sichtung des Bildmaterials

A

B

C

D

2. Anfertigung eines Filmprotokolls

Filmzeit	Bildinhalt	Musikauswahl (Klänge / Geräusche)
0:00 – …	Spaziergang durch einen Wald	…
…	Entdecken eines Flusses	…
…	…	…

3. Besprechen der Musikauswahl – Funktionen von Filmmusik

Die wesentliche Arbeit des Filmmusikers besteht darin, passende Musikstücke und Geräusche zu einem Filmausschnitt oder Bild zu finden. Für die Musikauswahl ist es von großer Bedeutung, sich zuerst zu überlegen, wie die Musik in den Ausschnitt oder das Bild mit einbezogen werden soll. Musik und Bild stehen stets in einer engen Beziehung zueinander. Daher ist es wichtig, abzuklären, was durch den Einsatz der Musik im Film erreicht werden soll.

- Die Musik hat eine **paraphrasierende Funktion**: Sie ist exakt auf den Stimmungsgehalt der Bilder abgestimmt und unterstützt oder verstärkt die Aussage des Bildes.
  Beispiel: In einer Liebesszene erklingen hohe Streicher mit einer wunderschönen Melodie.
- Die Musik hat eine **polarisierende Funktion**: Sie bringt einen neutralen oder wenig aussagekräftigen Bildinhalt in eine eindeutige Ausdrucksrichtung und verschafft so Klarheit.
  Beispiel: Eine Person schwimmt im offenen Meer. Die Musik zeigt an, ob etwas Gutes oder Böses geschehen wird.
- Die Musik hat eine **kontrapunktierende Funktion**: Hier wirkt die Aussage der Musik in absolutem Gegensatz zu der Aussage des Bilds.
  Beispiel: Ein Kampf wird mit fröhlich wirkender Opernmusik untermalt.

4. Zusammenschnitt der Musik

Zum Schluss wird die Musik passend zum Film zusammengeschnitten. Je nach Bedarf werden noch Geräusche (das sogenannte Sound-Design) hinzugefügt.

1 Bildet Gruppen und beschreibt Stimmung und Wirkung der Bilder A bis D. Erstellt ein passendes Filmprotokoll.

2 Hört die Hörbeispiele (A 40–43) und diskutiert darüber, welches Beispiel zu welchem Bild passt. Begründet eure Entscheidung anhand von musikalischen Parametern (Dynamik, Rhythmus, Melodie, Instrumente usw.). Bezieht auch die Funktionen von Filmmusik in eure Argumentation mit ein.

3 Produziert (→ S. 56ff.) eine zu den Bildern passende Musik aus den vorgegebenen Hörbeispielen. Bezieht auch Geräusche und eure Stimme in die Produktion mit ein.

4 Präsentiert eure Ergebnisse, vergleicht sie miteinander und überlegt, was ihr noch verbessern könntet.

5 Sucht weitere Hörbeispiele im Internet und experimentiert damit passend zu den Bildern A bis D.

Kompositionstechniken in der Filmmusik

A 44, 45

In den 1930er- und 1940er-Jahren entwickelte sich die Filmmusik durch den Einsatz von Orchestern weiter. Kompositionstechniken wie das Underscoring, die Mood-Technik und die Leitmotivtechnik gewannen immer mehr an Bedeutung.

Das Underscoring

Die Handlung wird durch Nachahmung von Geräuschen möglichst exakt und synchron[W] musikalisch umgesetzt. So werden Bewegungsabläufe hervorgehoben und unterstrichen. Dabei werden viele Klischees verwendet, und es wird ein Instrumentarium benutzt, das konkrete Assoziationen beim Hörer hervorruft.

Die Mood-Technik

Über eine Szene hinweg werden mithilfe der Musik bestimmte Emotionen, Stimmungen oder Atmosphären erzeugt. Dabei hat die Musik stets einen ausdrucksstarken Stimmungsgehalt. Die Wahl der Instrumente spielt hier eine große Rolle. Deutlich wird dies z. B. in angsteinflößenden Szenen, in denen überwiegend dunkel klingende Instrumente eingesetzt werden.

Szene 1

Szene 2

zweifelnd · verspielt · prüfend · verzweifelt · sicher · erschrocken · unsicher · glücklich · gefährlich · hoffnungslos · ängstlich · misstrauisch · ? · zufrieden · schüchtern

1. Lest die Texte zu den Kompositionstechniken auf dieser und der folgenden Seite und erläutert deren Inhalt.
2. Beschreibt die Szenenbilder 1 und 2. Verwendet dafür die vorgegebenen und auch eigene Adjektive.
3. Bildet Gruppen und diskutiert darüber, wie eine Musik zu den beiden Szenen klingen könnte. Bezieht auch die Funktionen von Filmmusik (→ S. 61) in eure Überlegungen mit ein. Haltet eure Ergebnisse schriftlich fest.
4. Hört die Filmmusik (A 44, 45) des Filmmusikkomponisten Florian Tessloff (→ S. 64) und ordnet sie den Bildern der beiden Szenen zu. Welche Kompositionstechnik wurde jeweils angewendet? Begründet eure Meinung. Verwendet auch eure Aufzeichnungen aus Aufgabe 3.

A 46–48

Die Leitmotivtechnik

Der Komponist ordnet den Hauptfiguren des Films, wichtigen Orten oder Ereignissen eine bestimmte Erkennungsmelodie oder einen bestimmten Rhythmus zu. Diese sogenannten Leitmotive tauchen immer wieder im Film auf, sodass ein Wiedererkennungseffekt beim Zuschauer eintritt. Durch die Verwendung von Leitmotiven können auch Vorahnungen vermittelt oder Rückverweise auf eine frühere Filmhandlung gegeben werden, ohne dass sie direkt im Film sichtbar sind.

Leitmotive

1

Max Steiner

2

Howard Leslie Shore

3

John Williams

A

B

C

5 Bildet Gruppen und untersucht die musikalischen Eigenschaften (Taktart, Intervalle, Synkopen, Melodie, Rhythmus) der Leitmotive 1 bis 3. Stellt anschließend Klangerwartungen auf.

6 Beschreibt die Bilder A bis C mit passenden Adjektiven und diskutiert, wie sie musikalisch umgesetzt werden könnten. Macht euch Notizen.

7 Ordnet die Leitmotive 1 bis 3 den Bildern A bis C zu und begründet eure Zuordnung. Verwendet dabei auch eure Notizen aus Aufgabe 6.

8 Hört die Leitmotive (A 46–48) und überprüft eure vorherige Zuordnung von Noten und Bildern. Lasst auch eure Notizen aus Aufgabe 6 mit einfließen, und bezieht die Texte zur Leitmotivtechnik und den Funktionen von Filmmusik (→ S. 61) mit ein.

Der Filmmusikkomponist Florian Tessloff

A 49–52

Für Florian Tessloff war alles wie in einem Film: Nach seiner Ausbildung in den USA arbeitete er schon eine Weile in Deutschland, als an einem ganz normalen Tag das Telefon klingelte. Am anderen Ende der Leitung war Hollywood! Vier Tage später saß Tessloff im Flugzeug und arbeitete als Assistent des Filmmusikkomponisten Richard Gibbs in Kalifornien.

Florian Tessloff

Wie alles begann

Geboren wurde Florian Tessloff am 11. Januar 1978 in Hamburg. Weil sein älterer Bruder keinen Klavierunterricht mehr haben wollte, sprang Tessloff kurzerhand für ihn ein und fing so mit 5 Jahren an, Klavier zu spielen. Seine Begeisterung für Jazz entwickelte er bereits, als er in einer Schulband spielte.

Im Alter von 12 Jahren fing Tessloff mit seinem zweiten Instrument, dem Tenorsaxofon, an. In dieser Zeit sah er zum ersten Mal den Film „Blues Brothers". Von da an war sein Interesse für Film und Musik geweckt. Weitere Erfahrungen mit unterschiedlichen musikalischen Genres, z. B. Klassik und Jazz, sammelte er dann durch intensiven Klavierunterricht am Hamburger Konservatorium[W].

Ausbildung in den USA

Mit 18 Jahren besuchte Tessloff die „Summer School" am berühmten „Berklee College of Music" in Boston. Diese Schule ist besonders bekannt für ihre Ausbildung in Jazz, Rock und zeitgenössischer Musik. Dort lernte Tessloff auch das Fach „Filmscoring" (Filmmusikkomposition) kennen. Wenig später beschloss er, Filmmusikkomponist zu werden, und begann sein Studium am „Berklee College of Music" mit den Hauptfächern Jazzklavier und Komposition. Danach zog Tessloff nach Los Angeles, wo er für berühmte Filmmusikkomponisten wie Mark Isham und Richard Gibbs als Assistent arbeitete.

Zurück in Deutschland

Nach ein paar Jahren in den USA entschied sich Tessloff, zurück nach Deutschland zu gehen. Zusammen mit verschiedenen Regisseuren arbeitete er an Musik zu unterschiedlichen Filmgenres. 2008 komponierte er zusammen mit Peter Hinderthür die Filmmusik zu dem mit einem Oscar nominierten Film „Der Baader Meinhof Komplex". Bisher komponierte Florian Tessloff zu über 50 Filmen und Fernsehproduktionen die Musik, darunter auch zum „Tatort". Heute lebt und arbeitet er in Hamburg.

Arbeitsweise

Bevor Florian Tessloff mit dem Komponieren einer Filmmusik beginnt, liest er zuerst das Drehbuch. So verschafft er sich einen guten Überblick über die Handlung des Films. Anschließend schaut er sich einen Rohschnitt (erste Fassung) des Films an und überlegt, welche Szenen Musik benötigen könnten. Danach gibt es erste Gespräche mit dem Regisseur. Zeitgleich findet das **Spotting** statt: Der Prozess des Spottings ist für Tessloff sehr wichtig, denn zusammen mit dem Regieteam wird entschieden, wann und wo im Film Musik vorkommen soll.

Im weiteren Verlauf komponiert Tessloff Themen und Motive am Klavier und notiert seine Ideen. Am Computer finden die Detailarbeit und die Erstellung erster Demos (Demonstrationsaufnahmen) statt. Die Demos schickt er wieder dem Regieteam, um ein Feedback für seine bisherige Arbeit zu erhalten. Sobald er die Rückmeldung hat, komponiert er weiter. Dabei stimmt er seine Kompositionen in regelmäßigen Abständen mit den Wünschen der Regie ab.

Wenn alle Filmszenen die passende Musik erhalten haben, wird diese Musik, die bisher nur über den Computer hörbar war, in der Regel von einem Orchester oder von Solisten in einem Tonstudio aufgenommen.

1. Lest die Texte über den Werdegang von Florian Tessloff und notiert die wichtigsten Stationen seines Lebens.
2. Lest den Text über Tessloffs Arbeitsweise und notiert die einzelnen Schritte, die er beim Komponieren durchläuft.
3. Hört vier Ausschnitte aus verschiedenen Filmmusikkompositionen von Tessloff (A 49–52) und überlegt, zu welchen Filmarten sie passen könnten. Begründet eure Entscheidung.

Eine Filmmusik mit einem Leitmotiv komponieren

A 53–57

Komposition eines Leitmotivs

Grundlage für die Komposition eines Leitmotivs (→ S. 63) ist immer eine Melodie von 2 bis maximal 32 Takten, die rhythmisch und harmonisch bearbeitet wird: Das Leitmotiv kann z. B. verändert werden, indem nur ein kleiner Teil des Motivs erklingt. Erscheint das Leitmotiv als Sequenz[W], kann diese Sequenzierung dazu führen, die Spannung im Film zu steigern. Ein Leitmotiv kann auch langsamer gespielt oder rhythmisch variiert werden. Das auf diese Weise veränderte Motiv bekommt dann einen völlig anderen Charakter.

Jule und Alex

1 Hört das Leitmotiv (A 53) zum Film „James Bond – 007 jagt Dr. No" und sprecht über Besonderheiten und Auffälligkeiten. Hört anschließend die Hörbeispiele aus dem Film „James Bond – Skyfall" (A 54–57) und sprecht über die Entwicklung des Leitmotivs (A 53) und seine Veränderung. Bezieht in euer Gespräch den Text über die Komposition eines Leitmotivs mit ein.

2 Beschreibt die einzelnen Bilder der Szene „Jule und Alex". Sprecht über ein Leitmotiv für Alex. Wie soll das Motiv klingen? Wie könnte es sich entwickeln? Macht euch Notizen.

3 Komponiert ein Leitmotiv für Alex (→ S. 63).

4 Komponiert mit Instrumenten, der Stimme oder Alltagsgegenständen eine Filmmusik zu „Jule und Alex". Lasst euch von der Arbeitsweise von Florian Tessloff (→ S. 64) anregen. Verwendet auch unterschiedliche Kompositionstechniken (Mood-Technik, Underscoring → S. 62).

5 Fügt euer Leitmotiv und seine Entwicklung in eure Filmmusik mit ein.

Johann Sebastian Bach

A 58

Elias Gottlob Haußmann: Johann Sebastian Bach (1746/1748)

Der berühmteste Komponist des Barock

Der bekannteste und wichtigste Vertreter der musikalischen Epoche des **Barock (ca. 1600 – 1750)** ist Johann Sebastian Bach. Bach wurde 1685 in Eisenach (Thüringen) geboren und starb 1750 in Leipzig. Mit seinem Tod endet also auch die Barockepoche.

Das Gemälde links zeigt Bach im Alter von 61 Jahren. Es ist heute ca. 2 Millionen Euro wert. Und es ist das einzig erhaltene Porträt des Komponisten, von dem man weiß, dass Bach es selbst in Auftrag gegeben und dass er persönlich Modell gesessen hat. Deshalb ist es für Bachforscher und Bach-Bewunderer weltweit ein echter Schatz. Das Bild entspricht einem heutigen Bewerbungsfoto: Es zeigt Bach förmlich und in Amtskleidung. Außerdem ist eine Komposition von ihm zu sehen, die man sogar entziffern kann. Denn Bach hält das Notenblatt so in der Hand, dass ein Bildbetrachter die Noten gut lesen und sogleich musizieren kann. Das Bild zeigt also nicht nur den Komponisten, sondern auch sein musikalisches Können.

„Canon triplex à 6 Voc: per J. S. Bach" (dt.: Dreifacher Kanon für 6 Stimmen, von J. S. Bach) steht als Überschrift auf dem Notenblatt. Für sechs Stimmen soll der Kanon also geschrieben sein, aber es sind nur drei Stimmen notiert. Wie geht das? Es handelt sich um einen **Rätselkanon**. Kehrt man nämlich die drei Stimmen um, erhält man drei weitere Stimmen. Alle sechs Stimmen gemeinsam bilden dann ein polyfones[W] Stück.

Bachs Siegel: Spiegelung und Zahlensymbolik

Das Spiel mit Zahlen ist ein typisches Merkmal der damaligen Zeit: Bach war ein Meister der Spiegelung und Umkehrung. Betrachtet man sein Siegel (Mitte), lassen sich die einzelnen Initialen J S B, die links vom Siegel noch einmal zu sehen sind, ineinander verschnörkelt und gespiegelt erkennen. Die Summe der Verzierungen (Verdickungen und Schnörkel) an den einzelnen Buchstaben J, S und B ergibt die Zahl 14. Ordnet man den einzelnen Buchstaben des Namens Bach die Zahlen des Alphabets zu (A = 1, B = 2 usw.), ergibt sich folgende Rechnung: 2 + 1 + 3 + 8 = 14. Und so ist es auch kein Zufall, dass der Kanon auf dem Gemälde einer von 14 Kanons ist, die Bach zu einem bestimmten musikalischen Thema komponierte.

Bachs Siegel mit seinen Initialen

Spiegelung als Kompositionsprinzip

Wer das Rätsel in Bachs „Canon triplex" lösen möchte, muss wissen, dass die vorgegebenen Melodien sich gegenseitig spiegeln. Als Spiegelachse dient eine gedachte Linie zwischen den Stimmen. Das bedeutet, dass die Stimmen die gleichen Tonabstände spielen, aber in entgegengesetzten Richtungen. Im folgenden Notenbild spielt die beginnende Stimme 2 eine Melodie abwärts, und die zeitlich versetzt einsetzende Spiegelung (Stimme 1) spielt dieselbe Melodie aufwärts.

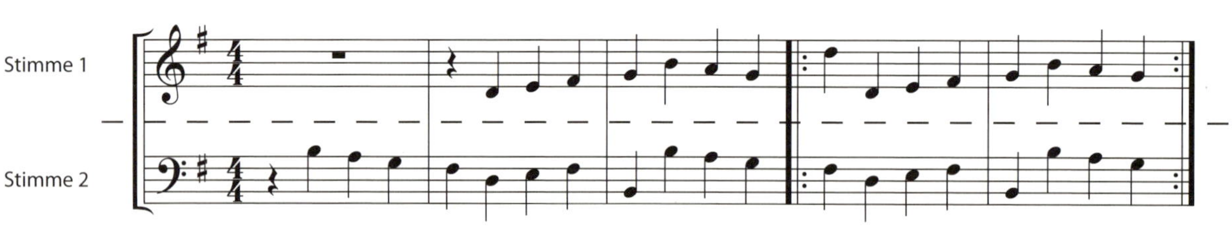

1 Recherchiert im Internet über weitere Informationen zum Bach-Gemälde und zur Zahlensymbolik. Achtet dabei vor allem auf weitere Symbolik, die sich im Gemälde versteckt.

2 Hört das Hörbeispiel des Canon triplex (A 58) und nennt die beiden Instrumente, die die zwei abgebildeten Stimmen spielen.

3 Spielt paarweise die Noten des „Canon triplex" auf Stabspielen oder Tasteninstrumenten. Achtet dabei auf die Wiederholungszeichen.

Bach als Familienvater und Berufsmusiker seiner Zeit

A 59

Familienvater

Bach war Vater von insgesamt **20 Kindern**. Damals war es durchaus üblich, viele Kinder zu haben. Mit seiner ersten Frau, **Maria Barbara Bach**, bekam er 7 Kinder. Maria Barbara und Johann Sebastian hatten dieselben Urgroßeltern. Dass man innerhalb der entfernten Verwandtschaft heiratete, war ebenso üblich. Nach Maria Barbaras Tod heiratete Bach ein zweites Mal: **Anna Magdalena Bach** war Sängerin. Bach lernte sie bei der Arbeit kennen, denn beide waren am Hof des Fürsten Leopold von Anhalt-Köthen angestellt. Mit ihr bekam Bach 13 Kinder. Doch nur die Hälfte aller Kinder erreichte das Erwachsenenalter. Die anderen Geschwister starben noch vor dem 4. Lebensjahr. Auch dies war zu Lebzeiten Bachs leider nichts Ungewöhnliches, denn es fehlte medizinisches Fachwissen, und es gab noch keine Impfungen, die vor typischen Kinderkrankheiten schützen konnten.

Thomas Gainsborough: Johann Christian Bach (1776)

Die vier Bachsöhne **Wilhelm Friedemann Bach** (1710 – 1784), **Carl Philipp Emanuel Bach** (1714 – 1788), **Johann Christoph Friedrich Bach** (1732 – 1795) und **Johann Christian Bach** (1735 – 1782) waren ebenfalls Komponisten und begabte Musiker. Sie waren zu ihren Lebzeiten teilweise sogar berühmter als ihr Vater. 1764 wurde der damals 8-jährige Mozart (→ S. 74) von seinem Vater Leopold zu Johann Christian Bach geschickt, um von ihm wichtige Techniken des Komponierens zu lernen.

Komponist und Musiker

Bachs Familie war seit Generationen eine Musikerfamilie. Daher lernte Bach früh das Orgel- und Violinspiel. Dennoch war er ein **Autodidakt** (jemand, der sich selbst unterrichtet). Er schrieb die Musikwerke anderer Komponisten ab und lernte dadurch deren Technik.

Bach ist vor allem für seine **geistliche Musik** berühmt. Er hat z. B. christliche **Kantaten**[W] geschrieben, weil er lange Zeit **Kantor** (Kirchenmusiker) war. Ab 1723 arbeitete er in Leipzig und war dort u. a. für die Musik und das Unterrichten des bis heute bekannten **Thomanerchors** (ein Knabenchor) zuständig. Ebenso hat er zahlreiche Werke für Tasteninstrumente, Streicher oder ganze Orchester komponiert.

Als Kapellmeister am Fürstenhof in Köthen (Sachsen-Anhalt) schrieb er auch Werke mit weltlichem Inhalt. Bach schuf über 1080 Musikwerke, die heute nummeriert und im **Bach-Werk-Verzeichnis (BWV)** aufgelistet sind. So ist z. B. der „Canon triplex à 6 Voc: per J. S. Bach" (→ S. 66) unter der Nummer BWV 1076 zu finden.

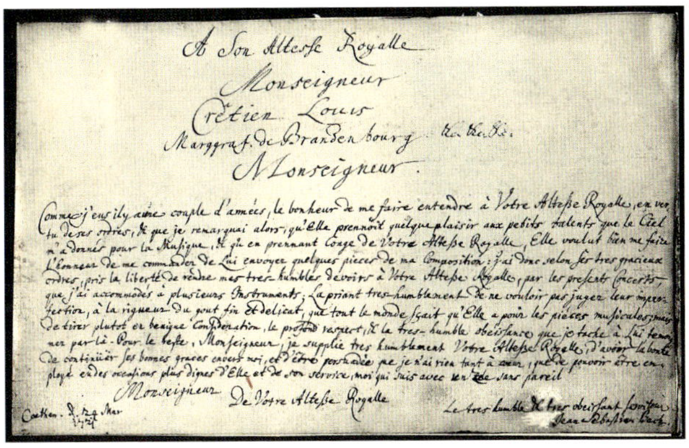

A Son Altesse Royalle
Monseigneur
Crétien Louis
Marggraf de Brandenbourg
Monseigneur.

Bachs Widmung der Brandenburgischen Konzerte (1721)

Übersetzung der Widmung (Ausschnitt)

„(…) Im Übrigen, mein Gnädigster Herr, bitte ich Eure Königliche Hoheit untertänigst, die Güte haben zu wollen, mir weiterhin wohl beigetan zu sein und überzeugt zu sein, dass mir nichts so sehr am Herzen liegt, als Verwendung finden zu können bei Gelegenheiten, die deroselben Person und Diensten würdiger sind, mir, der ich bin mit Eifer ohnegleichen (…) untertänigster und gehorsamster Diener Johann Sebastian Bach"

Berufsmusiker

Bach musste für seine ganze Familie Geld verdienen. So gab er z. B. Orgelunterricht, auch wenn ihm das wenig Spaß bereitete. In der Barockzeit war es üblich, als Musiker entweder im Dienst der Kirche zu stehen oder einem weltlichen Herrn zu dienen. Bach durfte nicht selbst über seine Musik entscheiden, sondern musste sich nach den Aufträgen richten, die er erhielt. Dafür war er angestellt und bekam ein Gehalt. Es gab keinen Kündigungsschutz und man konnte jederzeit entlassen werden.

So durfte Bach nur mit der Zustimmung des Fürsten in Köthen, für den er arbeitete, seine **Brandenburgischen Konzerte** einem anderen Fürsten, nämlich dem Markgraf von Brandenburg, widmen. Die Widmung verfasste Bach auf Französisch, weil dies die höfische Sprache war. Ein Ausschnitt der Übersetzung dieser Widmung zeigt, wie unterwürfig Bach als **Dienstleister** formulieren musste.

1 Vergleicht das Gemälde Johann Christian Bachs mit dem seines Vaters (→ S. 66). Welche Gemeinsamkeiten und Unterschiede lassen sich feststellen?

2 Erklärt mit eigenen Worten, was Bach in seiner Widmung ausdrückt.

3 Hört einen Ausschnitt der Brandenburgischen Konzerte (A 59). Welche Instrumente hört ihr besonders deutlich?

Das Oratorium

In dem Begriff Oratorium versteckt sich das lateinische Wort **„orare"** (dt.: beten; vgl. S. 20). In einem Oratorium wird ein Text mit geistlichem Inhalt von **Solisten** und **Chor** gesungen und von einem **Orchester** begleitet. Es wird eine Handlung aus der Bibel erzählt. Bis heute werden Oratorien meist in großen Kirchen gesungen, denn dafür wurden sie ursprünglich komponiert. Möchte man sich ein Oratorium in voller Länge anhören, sollte man ca. drei Stunden einplanen.

Rezitativ und Arie

Die Solisten eines Oratoriums zeigen beim Singen von Rezitativen und Arien ihr Können.

Ein **Rezitativ** hat **viel Text**. Die Handlung wird fortschreitend und ohne Wiederholungen erzählt. Es hört sich ein bisschen so an, als würde der Solist das Geschehen vorlesen, denn Melodie und Rhythmus eines Rezitativs sind dem **natürlichen Sprechen** ähnlich. Ein Rezitativ ist also im Grunde ein gesungener Vortrag. Begleitet wird der Gesang mit wenigen Instrumenten und dem **Basso Continuo** (ital. für: fortlaufende Bassstimme).

Eine **Arie** dagegen beinhaltet **wenig Handlung mit vielen Wiederholungen**. Hier soll ein bestimmtes **Gefühl** (Affekt) vermittelt werden. Die Melodie einer Arie zeigt viele Verzierungen, und der Solist muss eine gute Atem- und Gesangstechnik haben, um diese kunstvolle Melodie singen zu können. Meist wird der Gesang vom ganzen Orchester begleitet.

Das Weihnachtsoratorium (BWV 248) von Johann Sebastian Bach

Bachs Weihnachtsoratorium erzählt von der Geburt Jesu Christi. 1734 ließ der Leipziger Thomanerchor das Oratorium zum ersten Mal erklingen. Heutzutage finden Aufführungen dieses Oratoriums traditionell zwischen Weihnachten und Neujahr statt und werden nach wie vor gern besucht.

Weihnachtsoratorium, Ausschnitt 1

A 60, 61

Weihnachtsoratorium, Ausschnitt 2

1 Hört zwei Stücke aus dem Weihnachtsoratorium (A 60, 61) und verfolgt sie anhand der beiden Notenausschnitte.

2 Welches Notenbild zeigt ein Rezitativ und welches eine Arie? Begründet eure Entscheidung.

Georg Friedrich Händel

A 62, 63

Balthasar Denner:
Georg Friedrich Händel (ca. 1726)

Händel war Komponist und ein Zeitgenosse Bachs. Er wurde **1685** in Halle (Saale) geboren. Im Gegensatz zu Bach war Händel jedoch schon zu Lebzeiten international berühmt. Bach verehrte Händel und bat mehrmals um ein Treffen, aber dazu kam es nie. Händel bildete sich als Musiker weiter, indem er nach Italien reiste und dort bedeutende Musiker der damaligen Zeit traf. Bach hingegen konnte sich solche Bildungsreisen nicht leisten. Zu Händels Hauptwerken gehören Oratorien, Opern und Orchesterstücke. Er starb **1759** in London.

Deutscher oder Brite?

Mit einem weltberühmten Komponisten wie Händel möchten sich bis heute gerne beide Länder schmücken. Obwohl Händel in Deutschland geboren wurde, hatte er ab 1727 seinen festen Wohnsitz in England. Er war zwar als Kapellmeister am Fürstenhof von Hannover angestellt, alle seine Besuche in Großbritannien wurden aber genehmigt. Das lag daran, dass sein damaliger Arbeitgeber, Kurfürst Georg Ludwig von Hannover, eine enge Verbindung zu Großbritannien hatte: Er wurde nämlich 1714 als Georg I. zum König von Großbritannien gekrönt. Damit war Händels Arbeitgeber Deutscher und Brite zugleich. 1727, nach Georgs Tod, wurde sein Sohn, **Georg II.**, König von Großbritannien. Händel bekam den Auftrag, für die Ernennungs-Zeremonie sogenannte **Coronation Anthems** (dt.: Krönungshymnen) zu komponieren. Die Hymne **„Zadok the Priest"** ist darunter die berühmteste. Noch heute wird sie zu besonderen Anlässen des britischen Königshauses gespielt.

Zadok the Priest

Zadok the Priest
and Nathan the Prophet
anointed Solomon King.
And all the people rejoiced
and said:
„God save the King!
Long live the King!
May the King live for ever,
Amen, Alleluia!"

Übersetzung des Textes:

Zadok, der Priester,
und Nathan, der Prophet,
salbten König Solomon.
Und alles Volk jubelte
und rief:
„Gott schütze den König!
Lang lebe der König!
Möge der König auf immer leben,
Amen, Alleluia!"

Gottfried Boy: Georg II. (ca. 1747)

Was hat Fußball mit Händel zu tun?

Fußball-Weltmeisterschaft 2006:
Finale in Berlin

Wie damals Händel bekam 1992 ein englischer Komponist namens **Tony Britten** auch einen Auftrag: Er sollte eine Hymne für die UEFA Champions League schreiben. Er nahm Händels Werk als Vorlage und arrangierte die bekannte **Champions-League-Hymne**, die bis heute durch alle Fußballstadien der Welt schallt.

Text der Champions-League-Hymne

Ce sont les meilleures équipes. Es sind die allerbesten Mannschaften.
The main event.
Die Meister. Die Besten. Les grandes équipes. The champions.
Une grande réunion. Eine große sportliche Veranstaltung. The main event.
Die Meister. Die Besten. Les grandes équipes. The champions.
Ils sont les meilleurs. Sie sind die Besten. These are the champions.
Die Meister. Die Besten. Les grandes équipes. The champions.

1 Hört die Hymnen von Georg Friedrich Händel (A 62) und Tony Britten (A 63) zweimal. Notiert zuerst Gemeinsamkeiten und nach dem zweiten Hören Unterschiede der beiden Musikstücke.

2 Lest die Texte der Hymnen und vergleicht sie miteinander. Diskutiert darüber, inwiefern die Textinhalte den jeweiligen Anlass, für den die Hymnen komponiert wurden, widerspiegeln.

3 „Wenn ich diese Musik höre, bekomme ich Gänsehaut!" – Erklärt, wie die Hymne solch eine Wirkung haben kann.

Zadok The Priest

A 62

Wie Bachs Werke (→ S. 67) wurden auch Händels Kompositionen nummeriert und sortiert: Man findet sie im **Händel-Werke-Verzeichnis (HWV)**. „Zadok the Priest" hat die Nummer HWV 258 und wurde von Händel in drei Chorusse unterteilt. Hier zu sehen ist der Beginn des 3. Chorus: Der Text „God save the King! …" erklingt bei der Krönungs-Zeremonie während der Salbung (Übertragung der politischen Macht) des Königs. Die gesamte **Partitur** ist abgebildet.

Chor- und Orchesterstärke bei „Zadok the Priest"

Händel notierte für jede einzelne Singstimme die genaue Anzahl an Sängern. Heutzutage wird die Sopranstimme von Frauen gesungen. Früher jedoch sangen Knaben die hohen Stimmen. Händel verlangte einen Chor von mindestens 47 Stimmen. Da der königliche Chor nicht so viele Sänger hatte, mussten zusätzlich Sänger aus anderen Chören für den Krönungsgottesdienst eingesetzt werden. Ebenso reichten die 40 Hof-Instrumentalisten nicht aus, und es wurden noch 57 weitere Spieler verpflichtet. So waren fast 100 Instrumentalisten am Krönungsgottesdienst beteiligt.

Westminster Abbey

Die Londoner Kirche Westminster Abbey ist traditionell der Krönungsort des britischen Königshauses. Laut damaligen Zeitungsberichten waren neben den Musikern mehr als 3000 Gäste bei der Krönung von Georg II. anwesend.

1 Hört den 3. Chorus von „Zadok the Priest" (A 62) und erklärt mithilfe des Notenbilds, wie Händel es durch seine geschickte Komposition schafft, dass man den Text gut versteht.

2 Tauscht euch darüber aus, ob ihr schon einmal selbst bei einem Konzert oder einer anderen Aufführung wart, wo so viele Musiker beteiligt waren wie bei „Zadok the Priest".

Wiener Klassik – Haydn, Mozart und Beethoven

A 64, 65

Anton Raphael Mengs: Der Parnass (ca. 1750)

„Klassik" in der Bildenden Kunst

So, wie man sich heute für vergangene Epochen interessiert, hat man das früher auch getan: Die Kunst und die Ideen der Antike und der italienischen Renaissance waren Vorbilder in der Zeit der **Klassik**. Das Gemälde links z. B. zeigt den griechischen Gott Apollon, ein beliebtes Motiv aus der Antike. Apollon ist der Gott der Musik, der Dichtkunst und des Gesangs. Er steht auf dem Berg Parnass und wird von den Musen (Göttinnen der Künste) umringt. Außerdem nahm sich der Maler Anton Raphael Mengs hier ein Gemälde des Renaissancemalers Raffael zum Vorbild.

„Klassik" in der Musik

Wenn man heute von „klassischer" Musik spricht, meint man meistens die Musik, die das Gegenteil von Unterhaltungs- oder Popmusik ist. Im ursprünglichen Sinne ist mit „Klassik" aber Musik gemeint, die ab ca. 1730 entstanden ist.

Wien als Zentrum der Musik

Die **Wiener Klassik (ca. 1770 – 1830)** ist eine spezielle Epoche der Musikgeschichte. Untrennbar mit ihr verbunden sind die drei Musiker **Haydn, Mozart und Beethoven** (→ S. 73 – 75). Alle drei verbrachten einen Teil ihres Lebens in Wien und schufen hier viele ihrer heute noch berühmten Werke. Das lag auch daran, dass der Wiener Hof damals ein kulturelles Zentrum in Europa war und die Musik durch den Adel gefördert wurde.

Politischer Zeitgeist – Ideen der Französischen Revolution

Es gab ein Ereignis dieser Zeit, das so prägend war, dass ganz Europa nach Frankreich guckte: die **Französische Revolution 1789**.

Die Ziele der Revolutionäre lauteten Liberté (Freiheit), Égalité (Gleichheit) und Fraternité (Brüderlichkeit). Diese Ideen sind heute fester Bestandteil der Menschenrechte. Damals in Frankreich sollten sie in vielen blutigen Schlachten durchgesetzt werden. Das damals bestehende Gesellschaftssystem wurde in Frage gestellt. Der herrschende Adel sollte entmachtet werden. Dies war ein langer Prozess.

Die Ideen der Französischen Revolution hatten auf die ganze europäische Gesellschaft Einfluss. Auch auf die Leben der Musiker hatte dies Auswirkungen. Sie arbeiteten nun verstärkt für verschiedene Arbeitgeber: Zwar komponierten sie nach wie vor im Dienst der Kirche und des Adels und waren finanziell davon abhängig. Aber ein erfolgreicher Musiker wurde auch zunehmend von der Gesellschaft geschätzt und erhielt Anerkennung.

Die großen Drei: Haydn, Mozart und Beethoven

Alle drei „Wiener Klassiker" haben eine Vielzahl an musikalischen Gattungen weiterentwickelt. Besonders hervorzuheben sind die Gattungen **Sinfonie** (→ S. 154), **Sonate** (→ S. 112) und **Streichquartett**. Die Drei waren sich durchaus bekannt und sind sich teilweise sogar persönlich begegnet. Haydn und Mozart z. B. musizierten ab und zu zusammen. Mozart widmete seinem Freund Haydn sechs seiner Streichquartette. Er schrieb: „Von Haydn habe ich gelernt, wie man Quartette schreiben muss."

Josef Danhauser: Liszt am Flügel (1840)

Die großen Drei beeinflussten sich aber nicht nur gegenseitig, sondern wurden auch **Vorbilder** für spätere Musiker. Sogar in der Bildenden Kunst findet man Beispiele dafür: So spielt der Komponist Franz Liszt, ein bedeutender Vertreter der Epoche der Romantik (→ S. 132ff.), auf dem Flügel und schaut dabei verehrend auf die Büste Beethovens. Um Liszt herum ist ein Kreis aus Künstlern versammelt, darunter auch Niccolò Paganini (→ S. 144). Auch ein anderer Komponist der Romantik, Johannes Brahms, verehrte Beethoven sehr und sammelte dessen Kompositionen wie ein begeisterter Beethoven-Forscher.

Noch heute sind viele Melodien Haydns, Mozarts und Beethovens so bekannt, dass man sie sofort erkennen und mitsummen kann. Dazu muss man nicht mal ein Hörer „klassischer" Musik sein.

1. Hört zwei Hörbeispiele (A 64, 65) und ordnet die bekannten Melodien ihren Komponisten zu.
2. Tauscht euch darüber aus, woher euch diese Melodien bekannt sind.
3. Lest die Texte über die Wiener Klassik und fasst die wichtigsten Merkmale dieser Zeit auf einem Plakat zusammen.

Joseph Haydn

Ein begabter Sängerknabe

Thomas Hardy: Joseph Haydn (1791)

Haydn wurde 1732 in Rohrau, Österreich, geboren. Haydns Eltern waren keine professionellen Musiker und konnten keine Noten lesen. Allerdings sangen sie gerne, und so wurde auch früh Haydns Begabung als Sänger entdeckt. Um ihrem Sohn mehr Bildung zu bieten, schickten ihn die Eltern zu Verwandten nach Hainburg. Dort wurde er von einem Schulrektor unterrichtet. Damals war Haydn 6 Jahre alt. Neben dem Singen lernte er hier auch das Violin- und Klavierspiel. Der Unterricht beim Schulrektor fand unter harten Bedingungen statt. Haydn äußerte sich dazu später: „Ich verdanke es diesem Mann noch im Grabe, dass er mich so vielerlei angehalten hat, wenn ich gleich dabei mehr Prügel als zu essen bekam."

Als Haydn 7 Jahre alt war, hörte ihn Georg von Reutter, ein Hofkapellmeister, singen. Dieser reiste hin und wieder durch das Land und suchte begabte Sänger für seine berühmten **Wiener Sängerknaben**, die im Stephansdom in Wien musikalisch ausgebildet wurden. So wurde Haydn einer von ihnen und erhielt in Wien Gesangs-, Violin- und Klavierunterricht.

Stimmbruch als Entlassungsgrund

1749 wurde Haydn aus der Domschule entlassen. Grund dafür war sein Stimmbruch (→ S. 14), denn so konnte er die hohen Sopranstimmen nicht mehr singen und wurde für den Chor unbrauchbar. Ab jetzt musste sich Haydn als freischaffender Musiker sein Geld verdienen. So gab er z. B. Klavierunterricht und durfte dafür kostenfrei wohnen und essen. Als Violinist und Sänger trat er bei kaiserlichen Bällen und Karnevalsfeiern auf. Haydn wollte Komponist werden, aber zum Komponieren blieb nur wenig Zeit. Dennoch gelang es ihm allmählich, von seinen eigenen Kompositionen zu leben. Diese Zeit beschrieb er allerdings als sehr hart und anstrengend.

Endlich eine feste Anstellung bei Familie Esterházy

Der Haydnsaal (großer Konzertsaal) im Schloss Esterházy

Von 1761 an war Haydn ca. 30 Jahre lang bei der **Fürstenfamilie Esterházy** als Kapellmeister (musikalischer Leiter eines Chors und Orchesters) angestellt. Sein Arbeitsvertrag glich einem sogenannten Knebelvertrag. Denn er musste sich nach dem Geschmack des Fürsten richten. Dennoch war Haydn zufrieden. Er arbeitete sehr viel. Sein Wochenprogramm lautete: Opern aufführen, leiten und Neues komponieren, vormittags mit der hofeigenen Kapelle proben, nachmittags Konzerte geben und abends Quartette im Musiksalon spielen. Auf diese Weise sind allein 104 Sinfonien entstanden. Nach Esterházys Tod verdiente Haydn viel Geld mit Konzerttourneen durch Europa. Außerdem wurden seine Werke vielfach gedruckt und verkauft. Er starb 1809 als wohlhabender Mann in Wien. Seine Werke sind im **Hoboken-Verzeichnis** (Abkürzung: **Hob.**) zu finden.

Ein Vertrag mit strengen Regeln

Haydns Arbeitsvertrag bei Fürst Esterházy hatte folgende Bedingungen:

- Haydn sollte Tag und Nacht am Hof sein. Er musste sofort nach einem Befehl bereitstehen, also immer einsatzbereit sein.
- Er musste sich bescheiden, ruhig, ehrlich und immer höflich zeigen und seine Musiker ebenfalls dazu erziehen.
- Haydn musste immer in sauberer Uniform erscheinen, dazu gehörten weiße Strümpfe, weiße Wäsche, ein gepudertes Gesicht, ein strenger Zopf oder eine Perücke.
- Sein Verhalten und sein Aussehen mussten immer ein Vorbild für die anderen Musiker sein.
- Auf Befehl Esterházys musste Haydn sofort die Musik komponieren, die sich der Fürst wünschte, und noch am selben Tag aufführen. Er musste außerdem täglich nachfragen, ob eine neue Musik gewünscht wurde.
- Neue Kompositionen durfte Haydn niemandem zeigen oder vorspielen. Sie gehörten selbstverständlich dem Hof.
- Haydn durfte keine Freundschaften mit seinen Musikern pflegen, weil er sonst an Ansehen und Strenge verlieren konnte.

1 Lest die Texte über Haydns Werdegang und fasst die wichtigsten Erlebnisse und Stationen seines Lebens mit eigenen Worten zusammen.

2 Diskutiert darüber, welche Vor- und Nachteile Haydn durch seine Anstellung bei Fürst Esterházy hatte.

3 Erläutert, warum man seinen Vertrag als „Knebelvertrag" bezeichnen kann.

Wolfgang Amadeus Mozart

A 66–68

Pietro Antonio Lorenzoni: Der junge Mozart (1763)

Wunderkind Mozart

Die Definition eines Wunderkinds lautet: „Kind, dessen **außergewöhnliche geistige, künstlerische Fähigkeiten** ein Wunder darstellen". Wolfgang Amadeus Mozart, der 1756 in Salzburg geboren wurde, und seine Schwester „Nannerl" spielten schon als Kinder virtuos auf dem Klavier. Dabei ließ Vater Leopold seine Kinder Kunststücke vorführen, z. B. spielen mit verbundenen Augen oder verdeckten Händen. Ziel des Vaters war es, dass vor allem Wolfgang Karriere machen sollte. „Nannerl" hingegen wurde später Ehefrau, Mutter und Klavierlehrerin. Denn Frauen waren zu dieser Zeit nicht für eine Komponisten-Karriere vorgesehen. Und wenn, dann mussten sie unter einem Pseudonym (falscher Name) veröffentlichen. Eine Schule besuchten die Kinder nicht, Leopold unterrichtete sie auf den Konzertreisen selbst. Ehrgeizig führte er seine Kinder in den europäischen Fürstenhäusern vor. Mozart erhielt manchmal kostbare Geschenke als Anerkennung. Aber die langen Kutschfahrten waren für die Kinder anstrengend, und Freundschaften mit Gleichaltrigen ließen sich so auch nicht finden.

Der Rebell

Barbara Krafft: Wolfgang Amadeus Mozart (1819)

Mozart gilt als musikalisches Ausnahmetalent, aber auch als „Rebell" der Musikgeschichte. Im Gegensatz zu Haydn hatte er eine große Abneigung gegen die Knebelverträge der Fürsten und widersetzte sich oftmals den Anweisungen. So galt er trotz seines Talents als „schwierig" und erhielt mehrmals keine Anstellung. Als Mozart für den Erzbischof in Salzburg tätig war und dieser ihm das Arbeiten in Wien verbot, provozierte Mozart den Erzbischof so lange, bis er schließlich aus dem Dienst entlassen wurde. Bei seiner Entlassung erhielt er sogar einen Fußtritt ins Gesäß! Das war eine große Demütigung für den jungen Musiker.

Außerdem konnte Mozart schlecht mit Geld umgehen. Er war zwar nicht arm, führte aber einen teuren Lebensstil. Da er gern edle Kleidung trug, gab er viel Geld dafür aus. Zudem war Mozart sehr eitel. Aufgrund einer Pockenerkrankung hatte er Pockennarben im Gesicht. Auf Gemälden sieht man diese aber nicht. Denn Mozart bat die Maler, ihn ohne Narben zu zeichnen. Mozart starb schon 1791 mit nur 35 Jahren in Wien.

Mozart als Kritiker der Gesellschaft?

Mozarts Werke sind heutzutage im **Köchelverzeichnis** (KV) aufgelistet. Unter „KV 492" findet man seine Oper **„La Nozze de Figaro"** (dt: Die Hochzeit des Figaro), die 1786 in Wien Premiere feierte. Mozart komponierte die Musik und Lorenzo da Ponte schrieb das **Libretto** (Text einer Oper und Anweisungen zur Umsetzung). In der Oper kritisiert die Hauptfigur Figaro den Adel und dessen unverschämte Forderungen. Kaiser Josef II. verbot zunächst die Aufführung der Oper. Nur durch das Versprechen da Pontes, den Inhalt zu verändern, durfte die Oper dann doch in Wien erklingen. Das Wiener Publikum zeigte sich zwar relativ begeistert, aber an die heutige Beliebtheit der Oper reichte das damalige Interesse nicht heran. Ob Mozart mit seiner Oper provozieren wollte, ist unklar. Aber zumindest muss er gewusst haben, dass er nicht den Geschmack des gesamten Wiener Publikums treffen würde. Mozart zeigte damit ein neues Selbstbewusstsein als Künstler.

Auszug aus der Oper: Ein Graf und seine unverschämten Forderungen

Figaro und Susanna, beide am Hof des Grafen Almaviva angestellt, wollen heiraten. Doch der Graf, der selbst verheiratet ist, begehrt Susanna und fordert, mit ihr die erste Nacht zu verbringen. Susanna würde so ihre Unschuld und Tugend verlieren. Aber da Susanna diesem Befehl nicht widersprechen darf, wendet Figaro einen Trick an, um dem Grafen diese Forderung unmöglich zu machen: Er nimmt einen weißen Schleier in die Hand und lässt das Bauernvolk ein Loblied singen:

„Muntere Jugend,
Streue ihm Blumen!
Jauchzt all' mit Tanz und Sang
Vor unserm Herrn!
Er schützt die Unschuld,
Ehret die Tugend;
Dankt ihm, dem besten,
Gnädigen Herrn!"

Der Graf ist von diesem Loblied wenig begeistert. Noch dazu, weil Figaro ihn nun auffordert, Susanna den weißen Schleier auf den Kopf zu setzen, als Zeichen ihrer Reinheit und Unschuld. Dem Grafen bleibt nur übrig, auf seine Forderung, die erste Nacht mit Susanna zu verbringen, zu verzichten.

1 Hört zwei vorgelesene Briefe von Mozart an seinen Vater Leopold (A 66 und 67). Gebt mit eigenen Worten die Inhalte der Briefe wieder und beschreibt anhand der Formulierungen den Charakter Mozarts.

2 Erklärt mit eigenen Worten, worin Figaros Trick besteht. Warum kann der Graf seine Forderung nicht mehr durchsetzen?

3 Hört das Loblied auf den Grafen (A 68). Woran erkennt man in der Musik, dass es sich um ein Loblied handelt?

Ludwig van Beethoven

B 1

Klaviervirtuose und Sohn eines gewalttätigen Vaters

Der 13-jährige Beethoven (ca. 1783)

Beethoven wurde 1770 in Bonn geboren und ist somit der jüngste der drei „Wiener Klassiker". Er begann seine Karriere wie Mozart als sogenanntes Wunderkind: Mit 7 Jahren trat er erstmals öffentlich als **Klaviervirtuose** auf.

Beethoven stammte aus einer musikalischen Familie. Beethovens Vater, Johann van Beethoven, war Tenorsänger und Musiklehrer. Ehrgeizig und streng bildete er Ludwig aus. Johann war ein tyrannischer Vater, der seinen Sohn regelmäßig schlug. Außerdem war er Alkoholiker. 1789 wurde er aufgrund seiner Sucht sogar aus seinem Dienst entlassen. So bestimmte Ludwig fortan über das Geld des Vaters und war für seine beiden jüngeren Brüder verantwortlich.

Als Bonner in Wien

1792 reiste Beethoven nach Wien. Dort wollte er Mozarts Kompositionsschüler werden, was jedoch scheiterte. Stattdessen erteilte **Haydn** dem jungen Beethoven **Kompositionsunterricht**. Allerdings zeigte sich Beethoven von Haydn wenig begeistert und empfand seinen Lehrer als altmodisch. Haydn wiederum fand Beethovens Werke zu schwierig. Beethoven war der erste Komponist, der seine Werke selbst nummerierte. Er gab ihnen **Opuszahlen** (Abkürzung: **op.**).

Eigentlich sollte Beethovens Reise nach Wien nur ein Studienaufenthalt sein. Denn er war als Organist und Bratschist an der Bonner Hofkapelle angestellt. 1794 allerdings besetzten französische Truppen Bonn, und die Menschen des Bonner Hofs musste fliehen. Somit konnte Beethoven nicht nach Bonn zurück und bekam kein Geld mehr vom Hof.

Finanzielle Hilfe durch adelige Musikliebhaber

Beethoven hatte Glück: Er hatte in Wien einen großen Bewunderer, **Fürst Lichnowsky**, der sein **Mäzen** wurde. Ab 1800 konnte Beethoven bei Lichnowsky kostenfrei wohnen und erhielt jährlich 600 Gulden (ca. 50 €) zur freien Verfügung. 1806 endeten diese Zahlungen. Beethoven lernte jedoch neue Mäzene kennen, die ihn mit Geld unterstützten. Sie stellten die Bedingung, dass Beethoven in Wien bleiben müsse, was er tat. Als einem der Mäzene 1813 die Pleite drohte, musste Beethoven sein Geld gerichtlich einklagen. Obwohl er also durch Konzerte und verkaufte Kompositionen Geld verdiente, war er zusätzlich auf die Gunst von adeligen Musikliebhabern angewiesen.

Schicksalsschlag: Gehörleiden

Beethoven verlor zunehmend sein Gehör. Ab 1812 musste er bereits eine große Hörröhre benutzen. Und von 1818 an fanden Unterhaltungen fast nur noch schriftlich mit Gesprächsheften statt, die er bei sich trug. Schon im Jahre 1802 schrieb der verzweifelte Beethoven einen Brief an seine Brüder, den er jedoch nie abschickte. Der Brief wurde erst nach seinem Tod 1827 gefunden. Es ist das sogenannte **Heiligenstädter Testament**. In diesem Brief beschrieb Beethoven seine Gefühle. Er fühlte sich einsam, weil er durch seine **Taubheit** von der Umwelt abgeschottet war. Er hatte Angst, als Komponist zu versagen und sich lächerlich zu machen, weil er seine eigene Musik nicht mehr hören konnte. Er war so verzweifelt, dass er sogar über Selbstmord nachdachte. Deshalb war dieser Brief auch gleichzeitig ein Testament, mit dem er seinen Nachlass regeln wollte.

Das Klavierstück „Für Elise" – Beethoven komponiert einen Ohrwurm

B

A

C

„Für Elise" ist eines der bekanntesten Werke Beethovens. Er selbst gab dem Stück diesen Titel. Bis heute wird gerätselt, wer diese Elise eigentlich war. Die musikalische Form dieser Komposition ist ein **Rondo**. Die darin vorkommenden Teile A, B und C sind in einer bestimmten Reihenfolge angeordnet, die für die Rondoform typisch ist.

1 Lest die Texte über Beethovens Leben und fasst sie mit eigenen Worten zusammen.

2 Bastelt euch einen Gehörschutz. Versucht dann, euch mit einem Partner zu unterhalten. Tauscht euch in der Klasse über eure Erfahrungen aus.

3 Hört „Für Elise" (B 1) und notiert dabei, in welcher Abfolge die Teile A, B, und C vorkommen, um eine typische Rondoform zu erhalten.

Systematisierung der Musikinstrumente

Musikinstrumente gibt es schon seit Menschengedenken. In jeder Kultur und auf jedem Kontinent wird seit jeher musiziert. Aber Musikinstrumente können sehr unterschiedlich sein. Sie sehen verschiedenartig aus, sind aus vielfältigsten Materialien hergestellt und spielen sich auch ganz unterschiedlich.

Erich Moritz von Hornbostel

Vor gut 100 Jahren haben sich deswegen die beiden Musikethnologen[W] **Erich Moritz von Hornbostel** (1877 – 1935) und **Curt Sachs** (1881 – 1959) Gedanken darüber gemacht, wie man alle Musikinstrumente der Welt logisch in einem System ordnen könnte. Im Jahre 1914 veröffentlichten die beiden in einer Fachzeitschrift schließlich einen Aufsatz mit dem Titel „Systematik der Musikinstrumente. Ein Versuch". In diesem Aufsatz stellten sie ihr Ergebnis vor: ein System zur Klassifizierung von Musikinstrumenten, das die Instrumente nach der Art der Tonerzeugung ordnet.

Curt Sachs

Dieses System ist so praktisch, dass es bis heute noch immer verwendet wird.

Die Grundlage dieses Systems ist nämlich eine ganz simple Tatsache. So unterschiedlich sie auch sein mögen, eines haben alle Musikinstrumente der Welt gemeinsam: Man kann mit ihnen Schall[W] – und damit Klänge[W] oder Töne[W] – erzeugen. Hornbostel und Sachs fragten sich also nur, was bei jedem Instrument genau den Ton erzeugt.

Nach dieser sogenannten **Hornbostel-Sachs-Systematik** gibt es vier grundlegend verschiedene Arten der Tonerzeugung und damit auch vier verschiedene Gruppen von Instrumenten:

Selbstklinger (Idiofone)

Hier erzeugt das schwingende Instrument selbst den Ton, wie z. B. beim Gong.

Fellklinger (Membranofone)

Hier erzeugt ein schwingendes Fell den Ton, wie z. B. bei einer Trommel.

Saitenklinger (Chordofone)

Hier erzeugt eine schwingende Saite den Ton, wie z. B. bei einer Gitarre.

Luftklinger (Aerofone)

Hier schwingt die Luft im Instrument und erzeugt dadurch den Ton, wie z. B. bei einer Flöte.

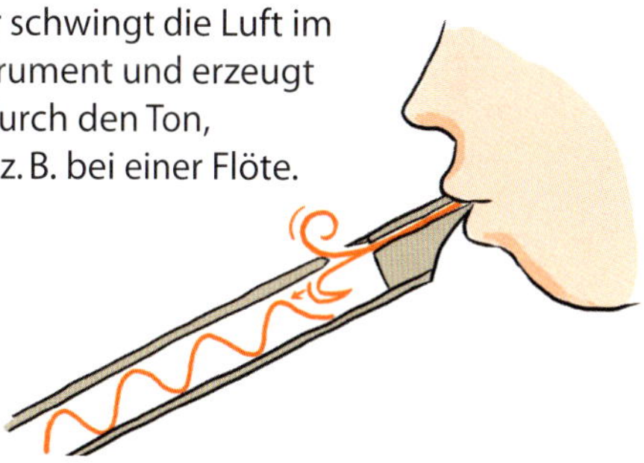

Mit dem Aufkommen elektronisch erzeugter Musik fügte Curt Sachs im Jahre 1940 noch eine fünfte Kategorie hinzu:

Elektronische Instrumente (Elektrofone)

Hier wird der Ton elektronisch erzeugt und meist über Kopfhörer oder Lautsprecher wiedergegeben, wie z. B. bei einem Keyboard.

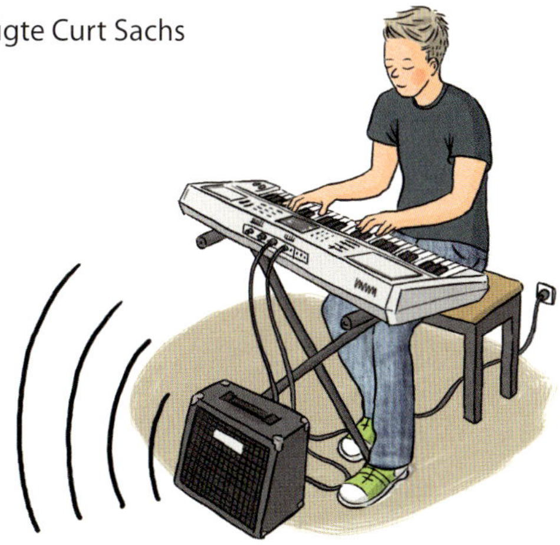

1 Was für Instrumente kennt ihr? Sammelt die Namen aller Instrumente, die euch einfallen, an der Tafel. Sucht auch im Musikraum oder hier im Buch nach Instrumenten oder hört und seht euch auch Instrumente im Internet an.

2 Wie könnte man die von euch gesammelten Instrumente nach der Art der Tonerzeugung einteilen? Lest euch dazu die Texte auf diesen beiden Seiten durch und ordnet eure Instrumentennamen den fünf Instrumentengruppen von Hornbostel und Sachs zu.

3 Lassen sich die von euch genannten Instrumente noch anders als nach der Hornbostel-Sachs-Systematik ordnen? Findet weitere Kategorien für die Klassifizierung von Instrumenten, die auch logisch sind, aber nicht die Art der Tonerzeugung als Kriterium haben.

Selbstklinger

Zu den Selbstklingern zählen verschiedene Rhythmusinstrumente. Auch mehrtönige Rhythmusinstrumente, wie z. B. Stabspielinstrumente, gehören dazu. In der Fachsprache werden Selbstklinger **Idiofone** genannt. Die Einteilung dieser Instrumente erfolgt nach der Art des schwingenden Körpers (→ S. 76). Es gibt u. a. Schüttelidiofone, Aufschlagidiofone und mehrtönige Aufschlagidiofone, Gegenschlagidiofone, Zupfidiofone und Schrapidiofone.

Einteilung der Selbstklinger

Schüttelidiofone

Sie bestehen aus mehreren beweglichen Teilen, die geschüttelt werden. Beispiele: Rassel, Schellenkranz, Schüttelrohr (Shaker)

Aufschlagidiofone und mehrtönige Aufschlagidiofone

Diese Instrumente erklingen, wenn sie mit der Hand, Stöcken oder Schlägeln angeschlagen werden. Beispiele: Gong, Tempelblock, Xylofon

Gegenschlagidiofone

Sie ertönen, wenn zwei klingende Teile gegeneinander geschlagen werden. Beispiele: Klanghölzer (Claves), Zimbeln

Zupfidiofone

Diese Instrumente erklingen, wenn eine oder mehrere einseitig befestigte Lamellen angezupft werden. Beispiele: Maultrommel, Mbira

Schrapidiofone

Bei diesen Instrumenten wird ein Stock, Schraper, Besen oder Fingerhut an einem gezahnten oder gerillten klingenden Gegenstand hin und her geführt. Beispiele: Guiro, Waschbrett

Weitere Selbstklinger

A

B

C

D

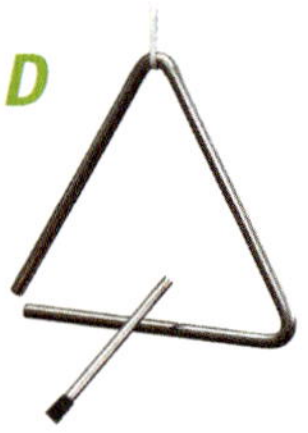

G

F

E

H

Kastagnetten | Klangfrosch | Schellenband

Flexaton | Spieldose | Triangel | Quijada | Schlitztrommel

1. Lest den Text und informiert euch in einem Musiklexikon oder im Internet über die Instrumente, die ihr nicht kennt.
2. Sucht einige der im Text genannten Instrumente im Musikraum, zu Hause oder in eurem Umfeld. Probiert sie aus und vollzieht die Informationen im Text nach.
3. Ordnet die Kärtchen mit den Instrumentennamen den abgebildeten Instrumenten zu.
4. Ordnet die abgebildeten Instrumente den Selbstklingergruppen zu. Vergleicht eure Ergebnisse untereinander und diskutiert eure Zuordnungskriterien und Entscheidungen.

B 2–4

Die Claves

Die ursprünglich aus Afrika stammenden Claves (sprich: Klawes) spielen in Mittelamerika, vor allem in Kuba, eine sehr wichtige Rolle. Der typische Rhythmus, der in vielen kubanischen Musikstücken zu hören ist und tragend von den Claves übernommen wird, wird in Anlehnung an den Namen des Instruments „Clave" (Klawe) genannt. Der Rhythmus erstreckt sich über zwei Takte und wird nach der Anzahl der Noten in den jeweiligen Takten bezeichnet (z. B. 2 / 3-Clave oder 3 / 2-Clave).

Damit die Claves ihren hohen, durchdringenden Klang erreichen können, müssen Handhaltung und Spielweise genau beachtet werden. Viele Musiker bitten ihr Publikum, gut auf die Clave zu hören und sich beim Tanzen, Singen und Musizieren nach ihr zu richten. Auch der kubanische Sänger Francisco Céspedes singt davon in seinem Lied „Oye bien la clave" (dt.: Hör genau auf die Clave).

2 / 3-Clave

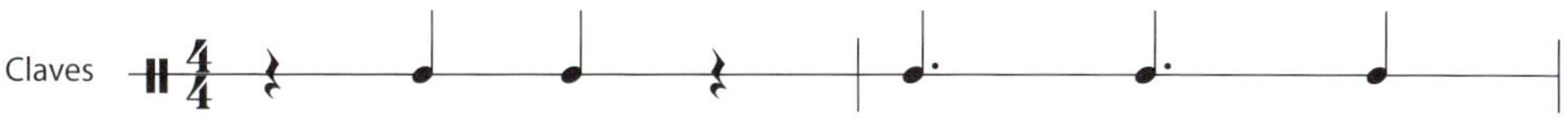

Das Vibrafon

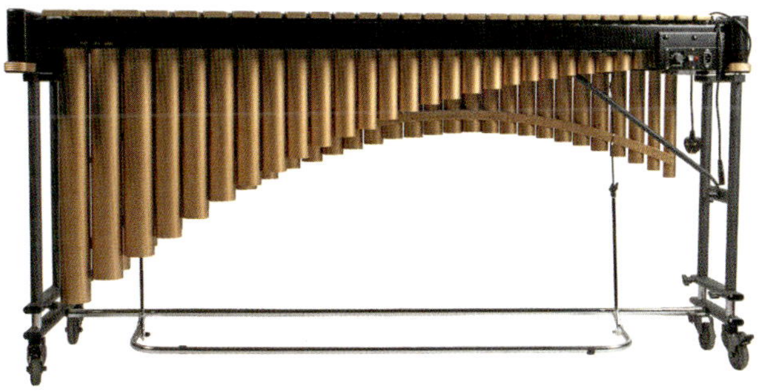

Der Vorgänger des Vibrafons ist das **Marimbafon**. Die Klangplatten des Marimbafons sind aus Holz, und darunter sind gestimmte **Resonanzröhren** angebracht.

Bis in die 1930er-Jahre gab es vor allem in den USA parallel zu diesem hölzernen Marimbafon ein **Metallmarimbafon**, dessen Klangplatten aus Metall waren. Der Ton war langanhaltend, aber relativ starr. Um das zu ändern, wurde ein **Elektromotor** eingebaut.

Dieser Motor treibt eine Rotationswelle an, die die Scheiben am oberen Ende der Resonanzröhren zum Drehen bringt. Dadurch werden die Resonanzröhren abwechselnd geöffnet und geschlossen. Auf diese Weise entstand der für das Vibrafon charakteristische Klang, und so wurde das Vibrafon geboren.

Das Schließen und Öffnen der Resonanzröhren kann in unterschiedlichen Geschwindigkeiten erfolgen und führt zu periodischen Lautstärkeunterschieden. Daher handelt es sich nicht um ein Vibrato[W], sondern um ein Tremolo[W].

Blick in die Resonanzröhren mit den Scheiben und der Rotationswelle

Die Vibrafon-Schlägel haben am oberen Ende einen Gummikopf, der mit Garn umwickelt ist. Häufig wird das Vibrafon **mit vier oder mehr Schlägeln** gespielt. Vibrafone verfügen über ein **Pedal**, mit dem die Klangplatten abgedämpft werden, damit diese nach dem Anspielen nicht mehr nachklingen.

Das Vibrafon ist vor allem im Jazz, aber auch in zeitgenössischer Musik zu hören. Es kann im Orchester oder als Soloinstrument gespielt werden.

Ein Vibrafonist als Straßenmusikant

5 Lest die Texte und gebt sie mit eigenen Worten wieder.

6 Spielt den Clave-Rhythmus zu „Oye bien la clave" (B 2) von Francisco Céspedes.

7 Hört „Vibra-Elufa" (B 3) von Karlheinz Stockhausen und „Lunch with Pancho Villa" (B 4) von David Friedman. Beschreibt den jeweiligen Klang des Vibrafons.

8 Diskutiert über den Schwierigkeitsgrad des Vibrafonspiels im Allgemeinen.

Vom Phonographen zur Schallplatte

Schon immer träumten die Menschen davon, Sprache und Musik aufzeichnen zu können. Mit der Erfindung des Phonographen (griech. für: Tonschreiber) von Thomas Alva Edison begann 1877 eine rasante Entwicklung von Aufnahme- und Wiedergabegeräten:

Tiefenschrift

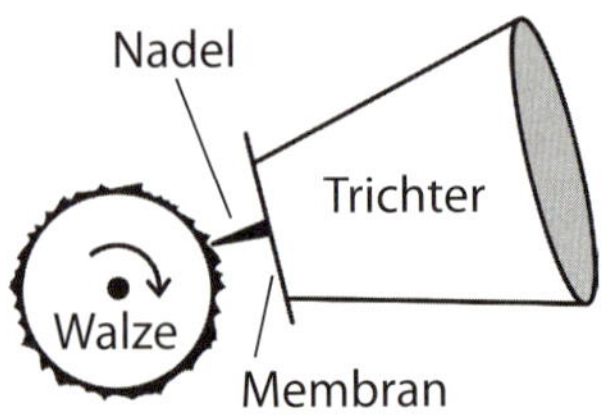

Der **Phonograph** ist ein Gerät, das Schallschwingungen sowohl aufzeichnet als auch wiedergibt. Der Schall[W] wird hierbei von einem Trichter auf eine Membran[W] übertragen. An der Membran ist eine Nadel befestigt, die die Schallschwingungen in eine mit Stanniolpapier bespannte Walze eingraviert. Diese Walze wird mit einer Kurbel angetrieben. Die Nadel bewegt sich spiralförmig von links nach rechts auf- und abwärts, sodass die Rillen nebeneinander angeordnet werden. Diese Art der Aufzeichnung nennt man Tiefenschrift.

Phonograph

Um die Aufzeichnungen hörbar zu machen, überträgt eine stumpfere Nadel den Ton. Mithilfe eines größeren Trichters wird dann der Ton zusätzlich verstärkt. Später verbesserte Edison die Qualität der Tonaufzeichnungen durch die Verwendung von Wachswalzen.

Seitenschrift

Ein Grammofon spielt eine Platte ab.

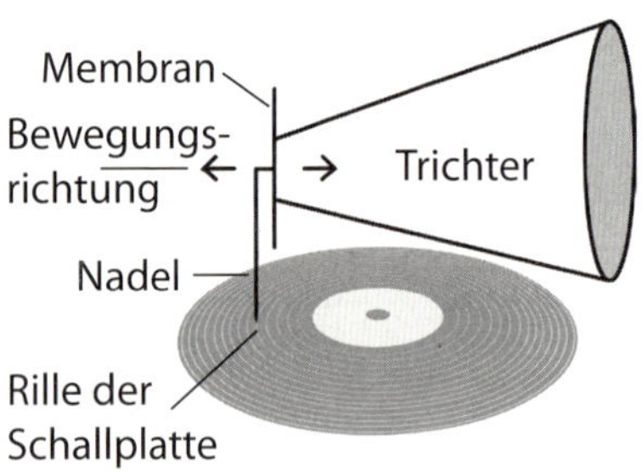

Abgelöst wurde der Phonograph durch das **Grammofon** (griech. für: geschriebener Laut). Dieses reine Abspielgerät wurde 1887 von Emil Berliner erfunden. Da die Nadel durch die Rille einer liegenden Schallplatte geführt wird, entfällt die Spindelkonstruktion des Phonographen. Die Nadel bewegt sich beim Grammofon nicht auf- und abwärts, sondern hin und her. Man spricht daher auch von der Seitenschrift.

Als Trägermaterial verwendete Berliner eine wachsbeschichtete Zinkplatte, die dann nach weiteren chemischen Behandlungen als Vorlage für das Pressen von **Schellackplatten** verwendet wurde. Schellack ist ein Naturharz, das aus dem Sekret der Lackschildlaus gewonnen wird. Damit begann 1892 die Massenproduktion von Schallplatten, die wesentlich kostengünstiger produziert werden konnten als Wachswalzen.

Flankenschrift

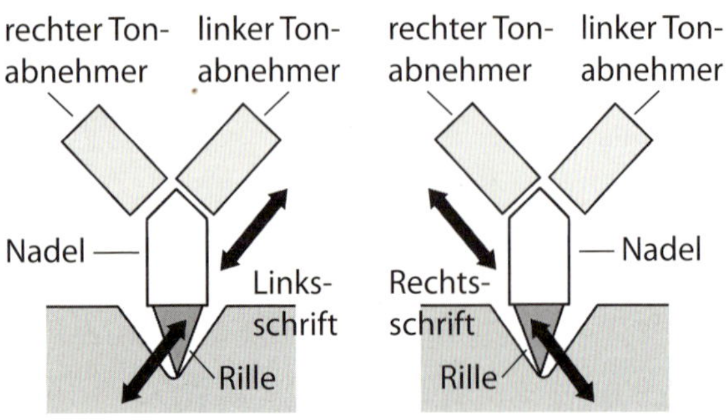

1948 wurde die erste **Vinylschallplatte** in den Handel gebracht. Das teure Naturprodukt Schellack wurde durch den Kunststoff Polyvinylchlorid, auch PVC genannt, kostengünstiger ersetzt. Die Vinylplatten ermöglichten die Herstellung schmalerer Rillen als die der Schellackplatten. Die kleineren Abtastnadeln führten zu einer erheblich besseren Tonqualität und einer längeren Spieldauer.

Eine weitere technische Neuerung gab es 1958 durch die Erfindung der **Stereoschallplatte**. Bei dieser Platte werden Tiefenschrift und Seitenschrift miteinander kombiniert. Die Rillen haben eine V-Form und das Signal wird von den Flanken abgelesen. Man spricht daher auch von der Flankenschrift. Der große Vorteil dieses Verfahrens lag darin, dass auch Monoschallplatten abgespielt werden konnten.

1 Stellt aus DIN-A4-Blättern unterschiedlich große Trichter her und befestigt Stecknadeln an den spitzen Trichter-Enden. Haltet die Nadel mit dem Papiertrichter an eine sich drehende Schallplatte. Was könnt ihr bei diesem Experiment hören? Vergleicht die Ergebnisse.

2 Hört euch Originalaufnahmen eines Ungarischen Tanzes von Brahms an und vergleicht die Ergebnisse der unterschiedlichen Aufnahmeverfahren miteinander.

3 Recherchiert weitere Videos oder Texte, die die Tiefen-, Seiten- und Flankenschrift erklären.

Vom Tonbandgerät zur Musikkassette

Seit den 1950er-Jahren ermöglichte es das **Tonbandgerät**, Musik für private Zwecke nicht nur abzuspielen, sondern auch aufzunehmen. Schätzungen zufolge gab es in den 1960er-Jahren in den Haushalten der BRD fünf bis sechs Millionen private Tonbandgeräte.

Aufgezeichnet wird der Ton auf einem dünnen Kunststoffband, das mit magnetisierbarem Eisenoxid beschichtet ist. Bei diesem elektromagnetischen Verfahren wird das Tonträgermaterial an drei Tonköpfen vorbeigeführt.

Über eine **Umlenkrolle** (UR) läuft das Band zuerst an einem **Löschkopf** (LK) vorbei, der eventuelle alte Aufnahmen löscht und das Band entmagnetisiert. Die Aufzeichnung erfolgt am **Aufnahmekopf** (AK) durch Magnetisierung des Bandes. Der **Wiedergabekopf** (WK) dient zur Hörbarmachung des aufgezeichneten Tonsignals. Es gibt auch Tonbandgeräte mit einem Kombikopf, mit dem sowohl aufnehmen als auch wiedergeben möglich ist.

Tonbandgerät

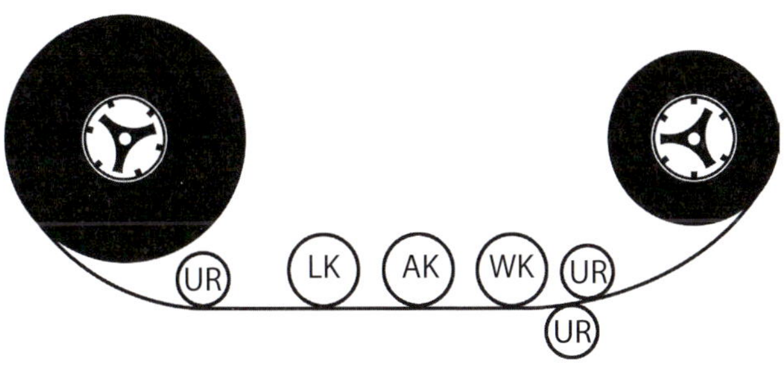

Tonköpfe eines Tonbandgeräts

Musikkassette

In den 1970er-Jahren wurde das Tonbandgerät durch den **Kassettenrekorder** abgelöst. Der große Vorteil gegenüber dem Tonbandgerät besteht darin, dass die Tonbandspulen kompakt in einer Kassette untergebracht sind. Dadurch entfallen das Einfädeln des Bands und das Wechseln der Tonbandspulen. Mit dem Kassettenrekorder kann man sowohl Sprache und Musik aufnehmen als auch diese Aufnahmen oder fertig bespielte und gekaufte Kassetten wiedergeben.

Es gibt drei Typen von Kassettengeräten: den Radiorekorder, das Kassettendeck und den Walkman.

Beim **Radiorekorder** können Musiksendungen direkt auf die Kassette aufgenommen werden, da ein Radiogerät integriert ist.

Das **Kassettendeck** ist ein hochwertiges Einzelgerät als Teil einer Stereoanlage.

Der **Walkman**, die kleinste Form des Kassettenrekorders, kann – wie ein MP3-Player – nur mit einem Kopfhörer genutzt werden. Aufgrund seiner geringen Größe ist er leicht transportierbar.

Radiorekorder

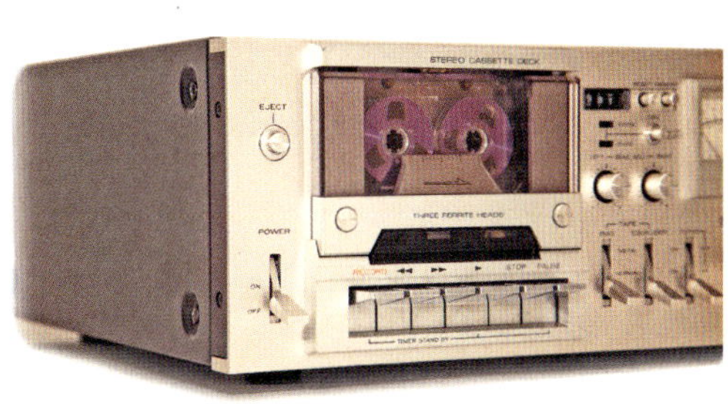

Kassettendeck

Walkman

1 Sucht Informationen im Internet über die Verwendung von Tonbandgeräten für den Einsatz in einem Tonstudio. Welches Bandmaterial verwendeten die Beatles für ihre Musikproduktionen?

2 Informiert euch über die drei unterschiedlichen, hier abgebildeten Kassettengeräte. Bildet Gruppen und sammelt Vor- und Nachteile dieser Geräte.

Von der Musikkassette zur Compact Disc

Vor- und Nachteile der Musikkassette

Die großen Vorteile der Musikkassette sind Handlichkeit, geringe Größe und relativ preiswerte Abspielgeräte. Dadurch waren die Kassetten in den 1960er- bis 1980er-Jahren besonders für Jugendliche leicht zugänglich.

Nachteile gibt es aber in der Handhabung der Kassette. Denn es ist schwierig, die exakte Position eines Musikstücks darauf zu finden. Man muss so lange spulen, bis der Anfang des gewünschten Musikstücks gefunden ist. Auch die Zählwerke der Kassettenrekorder helfen hier nicht, da sie von Gerät zu Gerät unterschiedlich sind. Ein anderer Nachteil ist der gelegentlich auftretende „Bandsalat". Er entsteht meistens durch häufige Benutzung besonders preiswerter Kassetten, die das Tonband nicht mehr korrekt aufspulen. Das Band verfängt sich dann im Gerät und muss mithilfe eines Bleistifts oder Fingers wieder korrekt aufgespult werden.

Aufwickeln des Tonbands mithilfe eines Bleistifts

„Bandsalat"

Digitale Speicherung von Musik auf CD

Eine große Veränderung bei der Speicherung von Musik brachte die **C**ompact **D**isc (CD). Sie wurde 1981 auf der Internationalen Funkausstellung in Berlin erstmals vorgestellt.

Die CD ist eine 1,2 mm dicke Kunststoffscheibe mit einem Durchmesser von 12 cm. Auf die Scheibe ist eine sehr dünne Aluminiumschicht aufgedampft, die mit einer dünnen Lackschicht geschützt wird.

Auf der Aluminiumschicht sind die gespeicherten Musik-Informationen in Form von **Pits** enthalten. Pits sind winzige Vertiefungen, die digitalisierte Tonsignale liefern. Bei der **Digitalisierung** von Musik werden akustische Tonsignale in sehr schneller Folge abgetastet und gemessen und durch einen Analog-Digital-Wandler in eine digitale Zahlenfolge umgewandelt. Die Anzahl dieser Messungen und Umwandlungen bezeichnet man als **Sample-Rate**. Bei einer CD erfolgen Messung und Umwandlung 44 100-mal pro Sekunde.

Die Abtastung geschieht kontaktlos mittels eines Lasers, der die Unterseite der CD anstrahlt. Die Signalspur wird im Gegensatz zur Schallplatte (→ S. 80) von innen nach außen abgetastet und hat eine Gesamtlänge von sechs Kilometern. Diese abgetasteten digitalen Informationen werden anschließend wieder in akustische Tonsignale umgewandelt und damit hörbar gemacht.

Die CD hat gegenüber der Musikkassette folgende Vorteile: Es gibt kein Grundrauschen wie bei der Kassette, die CD weist vielmehr eine hohe Klangqualität auf, und man kann einzelne Musikstücke direkt anwählen.

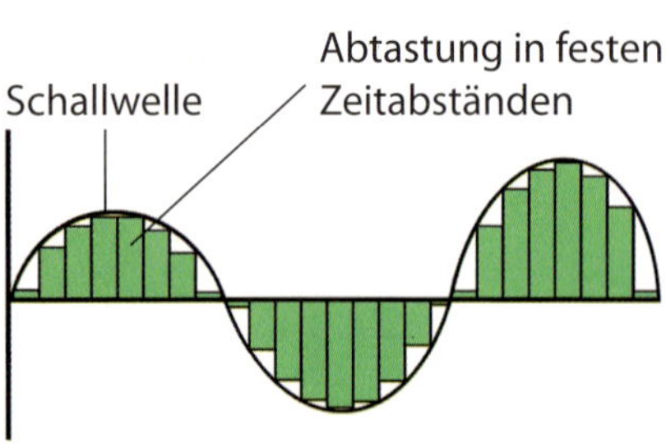

Der Vorgang des Sampelns

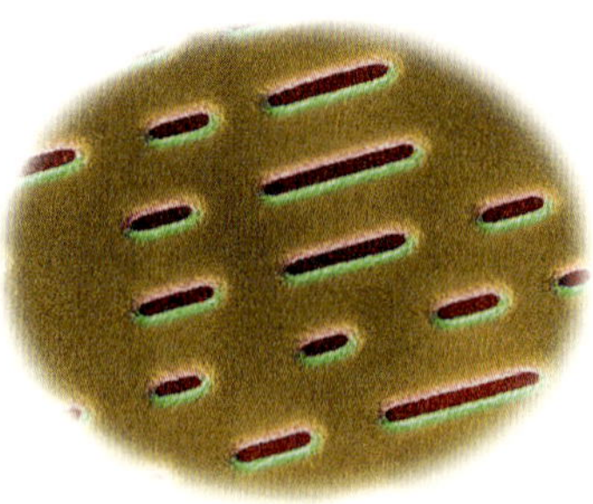

Pits auf einer CD, stark vergrößert

Der Abtastvorgang auf der Unterseite der CD

1 Informiert euch im Internet über den industriellen Herstellungsvorgang einer CD.

2 Reflektiert alle Informationen über Abspiel- und Aufnahmegeräte vom Phonographen bis zur CD (→ S. 80, 81) und findet eine abschließende Begründung für diese Entwicklung.

3 Vergrößert mit dem Programm Audacity (→ S. 56) eine beliebige Tonspur so stark, dass die einzelnen Sample-Rates zu erkennen sind.

Vom Discman zum MP3-Player

Der Discman

Wie es für das Abspielen von Musikkassetten einen Walkman gibt, bot der Handel auch für die CD ab 1984 ein tragbares Gerät an: den Discman. Damit der Hörgenuss beim Abspielen der CD nicht durch Erschütterungen beeinträchtigt wird, wurde ein spezielles Verfahren, das **Puffern**, entwickelt. Das Puffern wird mithilfe eines Zwischenspeichers ermöglicht, der bei Erschütterungen des Discman die im Voraus gespeicherte Musik abspielt.

Eine CD wird in einen Discman eingelegt.

Die Erfindung des MP3-Formats

Auf eine CD passen 80 Minuten Musik. Mit der Einführung des MP3-Formats ließ sich die Spieldauer jedoch noch steigern.
Das MP3-Format wurde ab 1982 in Deutschland, am Frauenhofer-Institut in Erlangen, entwickelt. Bei diesem Verfahren werden nur diejenigen Musikdaten gespeichert, die für das menschliche Ohr auch wahrnehmbar sind. Die Qualität der Musik wird dabei nur ein bisschen verringert, die **Datenmenge** dagegen wird erheblich **reduziert**. So wurde es mit einem MP3-Player möglich, eine gesamte CD-Sammlung auf sehr kleinen Geräten zu speichern. Musik im MP3-Format braucht nur 10 Prozent des Speicherplatzes einer CD.

Auch die Übertragung von Musik aus dem Internet wurde dadurch möglich. Dies führte aber auch zu einem eifrigen Tauschhandel von Musik im Netz. Dabei wurden leider oft Urheberrechte verletzt (→ S. 29), sodass die Richtlinien der Musiktauschbörsen geändert werden mussten.

Mit dem iPod Musik hören, kaufen und organisieren

Die Einführung des iPod

Mit der Zeit wurden immer kleinere und leistungsfähigere Festplatten entwickelt. 2001 stellte die Firma **Apple Inc.** den ersten iPod vor. Dieser hat eine Festplatte mit 5 GB (Gigabyte) Speicherkapazität. Mit der kostenlosen Bereitstellung der Software iTunes gelang Apple der wirtschaftliche Durchbruch. Denn mit diesem Programm kann man nicht nur eine gesamte CD-Sammlung in das MP3-Format umformen, sondern auch Musik abspielen, eigene Musikzusammenstellungen auf eine CD brennen, eigene Musik in Wiedergabelisten organisieren und neue Musiktitel kaufen.

Die Speicherkapazität wird größer

Mit jeder neuen Generation dieser technischen Geräte wächst die Speicherkapazität. Mit dem iPod touch z. B. können zusätzlich zur **Musik** auch **Fotos** und **Filme** gespeichert und abgespielt werden. Wenn ein neues Gerät auf den Markt kommt, übernachten begeisterte Käufer oft mit Schlafsäcken vor den Geschäften, um als erste Kunden ein Gerät kaufen zu können.

Musik hören mit dem Smartphone

Das Smartphone

In den letzten Jahren hat das Smartphone den MP3-Player verdrängt. Aufgrund **immer größerer Speicherkarten** und vieler Apps, die aus dem Internet kostenlos heruntergeladen werden können, hören heute immer mehr Menschen ihre Musik hauptsächlich über ihr Smartphone. Die Klangqualität dieser Musik, die über Kopfhörer oder kleine eingebaute Lautsprecher gehört wird, ist aber häufig nicht optimal.

1 Vergleicht die Musik-Apps eurer Smartphones miteinander und diskutiert in Gruppen die Qualitätsmerkmale eurer Apps.

2 Informiert euch bei euren Eltern und in eurem Umfeld über die unterschiedlichen Musikabspielgeräte und deren Einsatz im privaten Bereich. Welche Geräte werden zu welcher Gelegenheit genutzt?

Hinter den Kulissen

B 5

Das Musical „Les Misérables"

Zur Geschichte des Musicals

Das moderne Musical entstand in New York rund um das Jahr 1920. Bis heute ist der **Broadway** (die Musical-Straße von New York) gemeinsam mit dem Londoner Stadtteil „West End" das Zentrum der Musicalwelt. Doch auch in Deutschland fasste das Musical Fuß: In großen Städten wie Hamburg, Köln, Stuttgart oder Oberhausen betreiben Musical-Unternehmen seit einigen Jahren große Theaterhäuser. In vielen Stadttheatern werden regelmäßig Musicals gespielt, und freie Gruppen erarbeiten eigene Produktionen, auch an Schulen.

Das Besondere am Musical ist die Kombination aus Tanz, Gesang und Schauspiel – begleitet von einer Band oder einem Orchester. Für die Entstehung eines Musicals bedarf es vieler Fachleute aus verschiedenen Bereichen: Regisseur, musikalischer Leiter, Choreograf, Bühnenbildner, Kostümbildner, Maskenbildner, Produzent und Abendspielleiter.

Ein Interview mit dem Musical-Autor Tom van Hasselt

1. Warum bist du Musical-Autor geworden?

„Ich liebe Musik und Geschichten. Während meiner Schulzeit habe ich in Musicals mitgespielt und kam auf die Idee, selber eines zu schreiben. Ich finde es toll, wenn besondere Momente in der Handlung durch Musik verstärkt werden. Mein Lieblingsstück ist „Mamma Macchiato", ein Stück über meine Generation und meinen Heimatkiez Berlin-Prenzlauer Berg. Ich habe darin meine eigenen Erfahrungen mit Humor durch Übertreibungen verarbeitet."

Tom van Hasselt

2. Was musst du alles machen – von der ersten Idee bis zur Aufführung eines Stücks?

„Wenn die Idee steht, kümmere ich mich um Aufführungsort und -termin. Die meisten meiner Stücke sind wenig aufwendig, mit nur wenigen Darstellern. Das ermöglicht es mir, die Planungen überschaubar zu halten. Wenn das Stück fertig ist, wird geprobt und Werbung gemacht und dann geht es los."

3. Du arbeitest mit einer kleinen Musicalgruppe, der „Stammzellformation". Warum habt ihr diese Gruppe gegründet?

„Wir machen alles selber: Wir sind von der Komposition der ersten Note bis zur Tournee unabhängig und können daher machen, was und wie wir es wollen. Wir verarbeiten Themen satirisch, das heißt frech und manchmal provokativ. Das trauen sich große Produktionsfirmen oft nicht."

4. Du hast den Deutschen Musical Theater Preis 2015 für deine Songtexte bekommen. Ist es leicht, mit seinen eigenen Stücken berühmt zu werden – oder harte Arbeit?

„Leicht ist es sicher nicht, und es braucht viel Geduld. Oft feile ich an einzelnen Songtextzeilen tage- und nächtelang, bis ich sicher bin, die beste Variante gefunden zu haben. Dazu kommt beim Musical, dass alles zusammenpassen muss: Musik, Dialoge, Handlung. Wenn es Unsauberkeiten gibt, merkt man das sofort."

5. Was wünschst du dir für die Entwicklung des Musicals in Deutschland?

„Ich würde mir mehr Vielfalt hierzulande wünschen, nicht nur Importe von erfolgreichen Stücken aus den USA. Musicals können Geschichten erzählen, die etwas mit uns hier und heute zu tun haben. Sie können experimentell, verspielt und verrückt sein, genau wie Filme, Serien und Theaterstücke."

1 Recherchiert im Internet über die unterschiedlichen Berufe in einer Musicalproduktion.

2 Satire ist eine kritisch-spöttische Kunstform, in der oft mit Übertreibungen gearbeitet wird. Hört einen Song aus dem Musical „Mamma Macchiato" (B 5) und diskutiert: Was daran macht es eurer Meinung zu einem Satire-Stück?

3 Entwickelt eine Idee für ein eigenes Musical über den Ort, an dem ihr lebt: Was macht euren Ort besonders und worum könnte es gehen?

Ein Interview mit dem Musicaldarsteller Marco Billep

Marco Billep ist Musicaldarsteller und leitet die Musicalausbildung an einer Berliner Musikschule.

Marco Billep im Musical „Hammerfrauen" (2016)

1. Was muss man können, um Musicaldarsteller zu werden?

„Wenn man Musicaldarsteller werden möchte, sollte man generell sehr gerne tanzen, singen und Theater spielen. Wer eine solche Ausbildung anstrebt, muss dafür eine Talentprüfung ablegen, welche auch als „Audition" bekannt ist. Diese beinhaltet meist ein mehrtägiges Vortanzen, Vorsingen und Vorspielen vor den Ausbildern dieser Studiengänge. Im Laufe von mehreren Runden werden dann über die Tage die geeigneten Bewerber herausgesucht."

2. Wie bekommt man eine Rolle in einem Musical?

„Wenn ich erfahre, dass in einem Theater wieder ein neues Stück gespielt wird, bewerbe ich mich beim Theater oder bei der Produktion auf eine Rolle, die ich gerne spielen möchte. Falls ich dafür dann eingeladen werde, bereite ich mich auf diese Audition vor. Am Tag der Audition mache ich mich und meinen Körper warm. Das Vortanzen findet meist in einem großen Tanzsaal statt, wo alle Bewerber in wenigen Minuten eine Choreografie beigebracht bekommen. Das Vorsingen und Vorsprechen findet meist hinterher im Laufe desselben Tages statt, falls man nach der Tanz-Audition bleiben darf. Wenn man bis in das Finale für eine Rolle gekommen ist, bekommt man innerhalb von mehreren Wochen die Nachricht, ob man ein Angebot für eine Rolle bekommt oder nicht."

Marco Billep in „Spamalot" (2009)

3. Was war deine Lieblingsrolle und wo hast du sie gespielt?

„Meine schönste Rolle, die ich bisher spielen durfte, war die Rolle des Patsy in der deutschsprachigen Uraufführung von „Spamalot" im Musical Dome in Köln. Dort durfte ich ein Jahr lang achtmal die Woche vor 2000 Besuchern „Always Look On The Bright Side Of Life" von Monthy Python singen und bin dafür auch in verschiedensten Fernsehsendungen aufgetreten.

Für mich ist Musicaldarsteller immer ein Traumberuf gewesen und wird es auch immer bleiben. Ich bin stolz auf jeden einzelnen Auftritt, den ich jemals in meinem Leben machen durfte. Trotzdem war mir vorher niemals bewusst, wie viel Arbeit, Kraft und private Persönlichkeit ich in diesen Beruf stecken würde. Es ist ein Beruf, der einfach sehr leidenschaftlich ist! Und das ist manchmal harte Arbeit."

4. Was passiert alles von der ersten Probe bis zur Aufführung eines Stücks?

„Am ersten Probentag lernen sich alle Darsteller kennen und lesen gemeinsam mit dem Regisseur, dem musikalischen Leiter, dem Choreografen, dem Kostümbildner und dem Bühnenbildner das Stück durch („Sitzprobe"). Von nun an werden täglich mit allen Darstellern alle Szenen, Lieder und Choreografien erarbeitet und geprobt. Erst relativ spät treffen die Darsteller zum ersten Mal auf die Musiker. Die erste Probe dient der Orientierung der Musiker, und die Darsteller können sich noch mit dem neuen Klang vertraut machen („Orchester-Sitz-Proben"). Danach können die Darsteller bereits ihre Wege und Schritte auf der Bühne mitmachen, während sie dazu singen („Orchesterproben"). Dann gibt es die Hauptprobe, bei der oftmals zum ersten Mal auch im Kostüm gespielt wird. Als Nächstes kommt die Generalprobe, in der das Stück wie eine normale Vorstellung gespielt wird. Manchmal gibt es dann sogenannte „Voraufführungen", bei denen echte Zuschauer bereits zuschauen kommen. Zuletzt gibt es die erste offizielle Aufführung, auch bekannt als „Premiere". Danach verabschieden sich meistens die „Kreativen", also Regisseur, Choreograf, Bühnenbildner und Maskenbildner. Zurück bleibt für die restlichen Vorstellungen der Spielsaison eine Abendspielleitung, die sich darum kümmert, dass das Stück in gleichbleibender Qualität bis zur letzten Aufführung durchgespielt wird, der „Dernière"."

4 Erstellt einen Zeitstrahl mit den wesentlichen Abläufen von der ersten Probe bis zur letzten Aufführung eines Musicals.

5 Hört Marco Billeps Aufnahme von „Always Look On The Bright Side Of Life" aus dem Musical "Spamalot" (B 6). Findet heraus, worum es in dem Song geht.

West Side Story

B 7–9

Konflikte zwischen Jugendlichen

Der „Tanz in der Sporthalle“

Die „West Side Story“ (1957) von Leonard Bernstein gehört zu den bekanntesten und am meisten gespielten Musicals aller Zeiten. Das Stück beschreibt den Konflikt zwischen zwei Jugendgangs in New York – den dort alteingesessenen „Jets“ und den „Sharks“, einer Gruppe von Zuwanderern aus Puerto Rico. Auf den Straßen der Westseite des New Yorker Stadtteils Manhattan geraten sie Tag für Tag aneinander und bekämpfen sich auch mit Gewalt.

Die Szene „Tanz in der Sporthalle“

In einer Sporthalle haben sich „Jets“ und „Sharks“ zum Tanzen zusammengefunden. Auf der einen Seite des Raums tanzen die „Jets“ einen Blues, auf der anderen Seite die „Sharks“. Der Sozialarbeiter Gladhand kommt und möchte beide Gruppen zu einem gemeinsamen Tanz bewegen, bei dem sich die verfeindeten Gangs kennenlernen können („Promenade“). Die Gruppen lachen ihn erst aus, aber dann probieren sie doch, nach seinen Regeln zu tanzen.

Die Promenade

nach Leonard Bernstein

Der Mambo

Doch bald schon brechen die beiden Gruppen wieder in einen wilden Mambo aus. Aus dem Miteinander wird wieder ein Gegeneinander: Sie zeigen in einer Art Wettkampf, wer den besseren Mambo tanzen kann.

Rhythmus des Mambo

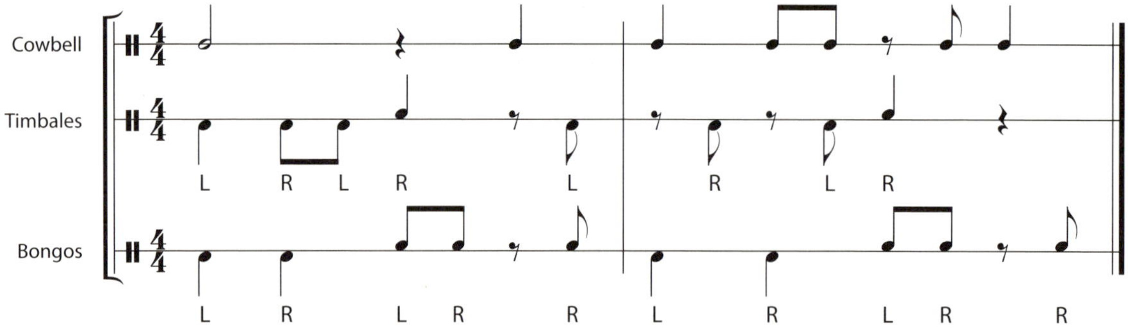

1 Überlegt: Warum könnten „Jets“ und „Sharks“ miteinander Probleme haben? Kennt ihr auch Konflikte zwischen Gruppen verschiedener Herkunft?

2 Teilt die Klasse in „Jets“ und „Sharks“ ein. Überlegt euch eine Choreografie für eure Gruppe zu den Stücken „Blues“ (B 7) und „Mambo“ (B 8). Überlegt euch dann in Gruppen einen gemeinsamen Tanz für die „Promenade“ (B 9). Tanzt dann die Choreografien zur CD.

3 Übt die „Promenade“ und den Rhythmus des „Mambo“ auf Instrumenten ein. Spielt die Musik zu euren Choreografien und zur CD (B 9, B 8).

B 10

... und doch eine Liebesgeschichte

Der Mambo ist zu Ende, und es erklingt der „Cha-Cha". Vorne auf der Bühne trifft Tony von den „Jets" zum ersten Mal auf Maria von den „Sharks": Ihre Blicke verlieren sich ineinander und sie verlieben sich. Die Schöpfer der „West Side Story" dachten dabei an die Figuren Romeo und Julia von William Shakespeare, die auch verfeindeten Familien entstammten.

Der Cha-Cha

nach Leonard Bernstein

Maria und Tony

Textauszug aus dem „Tanz in der Sporthalle"

„TONY: Du hältst mich nicht für einen anderen?
MARIA: Ich weiß, dass du's nicht bist.
TONY: Du denkst nicht, dass wir uns schon mal gesehen haben?
MARIA: Ich weiß, dass es nicht so ist.
TONY: Ich dachte, ich wusste, dass etwas Besonderes geschehen würde, geschehen müsste. Aber das ist –
MARIA: *(unterbricht ihn)* Meine Hände sind kalt.
(Er nimmt sie in seine.) Deine auch.
(Er führt ihre Hände an sein Gesicht.) So warm.
(Sie führt seine Hände an ihr Gesicht.)
TONY: Deine auch.
MARIA: Aber natürlich. Sie sind auch so.
TONY: Es ist schwer zu glauben – du spielst doch nicht mit mir?
MARIA: Ich habe noch nicht gelernt, mit so etwas zu spielen, und ich glaube, jetzt werde ich's auch nicht mehr."

Text: Frank Thannhäuser und Nico Rabenald

4 Überlegt, welche Schwierigkeiten eine Liebesbeziehung zwischen Menschen verfeindeter Gruppen mit sich bringt. Kennt ihr auch solche Erfahrungen?

5 Übt den „Cha-Cha" auf Instrumenten eurer Wahl ein. Bestimmt zwei Schüler als Tony und Maria. Lasst sie den Text aus dem „Tanz in der Sporthalle" zu eurer Musik sprechen und spielen.

6 Hört Tonys Liebesballade „Maria" (B 10). Welche musikalischen Elemente erkennt ihr wieder? Interpretiert den Text.

7 Vergleicht die Besetzung der Instrumente in der Ballade „Maria" (B 10) mit der Besetzung in dem Musical „RENT" (→ S. 92 – 95): Welche Instrumente könnt ihr jeweils hören? Welche Wirkung hat die jeweilige Besetzung?

Der kleine Horrorladen

Aus dem Prolog[W] des Musicals „Der kleine Horrorladen“

„Am 21. Tag des Monats September in einem der frühen Jahre eines noch nicht weit zurückliegenden Jahrzehnts sah sich die Menschheit unversehens einer tödlichen Bedrohung ihrer Existenz ausgesetzt. Der unheilvolle Widersacher, von dem die Gefahr ausging, tauchte – wie es solche Widersacher häufig tun – an einem scheinbar höchst unschuldigen, ganz unwahrscheinlichen Ort auf …“

Michael Kunze

„Little Shop of Horrors“ – der Titelsong

Text: Michael Kunze *Melodie: Alan Menken*

Offbeat[W]

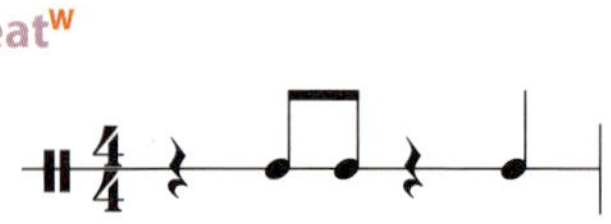

1 Singt den Titelsong aus dem Musical „Der kleine Horrorladen“. Klatscht dazu den Offbeat-Rhythmus.

2 Schreibt die Akkorde im Violinschlüssel auf und begleitet damit den Song auf Instrumenten eurer Wahl.

B 11, 12

Spielort des Musicals „Der kleine Horrorladen" ist die Skid Row – eine heruntergekommene und verarmte Straße in New York im Jahre 1960, in der Mr. Mushnik seinen Blumenladen betreibt. In diesem Laden arbeiten der junge Seymour Krelborn und seine Kollegin Audrey. Doch die Geschäfte laufen schlecht. Kein Wunder: Denn viele Bewohner der Skid Row sind arbeits- und wohnungslos und können sich keine Blumen leisten. Auch Seymour und Audrey träumen davon, die Skid Row zu verlassen.

Seymour und Audrey

Downtown

Text: Michael Kunze *Melodie: Alan Menken*

Seymour und Audrey II

Audrey II

Doch eines Tages findet Seymour eine eigenartige Pflanze und bringt sie in Mr. Mushniks Blumenladen. Und nun kann sich der kleine Laden kaum noch vor dem Ansturm der Kunden retten: Alle wollen das eigentümliche Gewächs sehen und geben ihren letzten Cent für Blumen aus Mushniks Laden. In heimlicher Bewunderung für seine Kollegin tauft der etwas verklemmte Seymour seine Pflanze auf den Namen „Audrey II". Doch Audrey II macht ihm Sorgen: Sie will nicht wachsen … Bis sich Seymour eines Tages aus Versehen in den Finger schneidet. Die Pflanze reckt sich seinem Finger entgegen, und es wird klar: Ihr eigentliches Begehren ist menschliches Blut.

3 Hört den Song „Downtown" (B 11) und beschreibt, worum es in dem Song geht.

4 Übt, den Song zweistimmig zu singen.

5 Vergleicht die Aufnahme des Songs „Downtown" von 1992 (B 11) mit der Aufnahme des Theaters Vorpommern aus dem Jahr 2006 (B 12). Listet auf, was sich an der Musik verändert hat. Diskutiert, welche der beiden Aufnahmen besser zur „Skid Row" passt, und notiert eure Argumente.

Der kleine Horrorladen

Im Grünen irgendwo

Nicht nur Seymour bewundert insgeheim seine Kollegin Audrey. Auch Audrey hat an ihrem schüchternen Kollegen Interesse. Obwohl sie mit Orin Scrivello, einem gewalttätigen Zahnarzt, zusammen ist. Sie träumt von einer Zukunft mit Seymour in einem gemeinsamen Häuschen im Grünen.

Text: Michael Kunze *Melodie: Alan Menken*

Eines Tages beobachet Seymour, wie Orin Audrey misshandelt. Diese Gelegenheit nutzt Audrey II: Sie wird zur sprechenden Pflanze und fordert Seymour auf, ihr Orin zum Abendessen zu servieren. Seymour fasst einen grausamen Entschluss …

6 Diskutiert, welche Vorstellungen von einem gemeinsamen Leben Audrey im Song „Im Grünen irgendwo" hat. Welchen Eindruck machen diese Vorstellungen auf euch im Vergleich zu eurem Leben?

7 Dreht mit Smartphones ein Musikvideo zum Song „Im Grünen irgendwo": Besetzt die Rollen von Audrey und Seymour und verwendet zur Aufnahme des Gesangs Requisiten[W] aus dem Text des Songs (z. B. Gartenzwerge oder Dosenwürste). Holt euch für die Gestaltung des Videoclips auch Anregungen von Seite 33.

B 13 – 16

Gib's mir

Text: Michael Kunze Melodie: Alan Menken

Die Form dieses Ausschnitts aus dem Song „Gib's mir" nennt man Blues-Schema (→ Kap. 20). Es umfasst 12 Takte in einer bestimmten Abfolge von Akkorden.

Klavierbegleitung

Seymour hat sich von Audrey II dazu verleiten lassen, dem brutalen Zahnarzt Orin Scrivello einen Besuch abzustatten. Denn er hat den Entschluss gefasst, Orin seiner Pflanze zum Fraß vorzuwerfen. Als Patient getarnt, möchte er Orin mit einer Pistole erschießen. Doch es kommt anders: Orin lässt seine Patienten immer wieder mal eine Portion Lachgas einatmen. Als Seymour bei ihm ist, zieht Orin selbst die Lachgas-Maske auf. Doch er bekommt sie nicht mehr ab und stirbt. Zeit für Seymour, Orin mit zu seiner Pflanze zu nehmen …

Wie es ausgeht

Audrey II ist in ihrem Hunger nicht zu bändigen. Eines Abends ruft sie bei Audrey an und bittet sie, hinüber in den Laden zu kommen. Audrey kommt, erschrickt und wird vor den Augen des eintreffenden Seymour von der Pflanze gefressen. Und auch Seymour ergeht es nicht besser. Denn Audrey II strebt die Weltherrschaft an …

Audrey II verschlingt Audrey.

8 Singt den Ausschnitt aus dem Audrey II-Song „Gib's mir" (CD B 13) und spielt die Begleitung dazu.

9 Analysiert die Funktionen der Akkorde (Tonika^W, Subdominante^W, Dominante^W) in der Klavierbegleitung des Songs „Gib's mir". Welche fremden Töne sind im C-Akkord noch enthalten? Überlegt, warum.

10 Hört den Song „Jetzt" (B 14) aus der Zahnarztpraxis von Orin Scrivello. Was sind die musikalischen Besonderheiten des Stücks?

11 Hört einen Ausschnitt aus dem Song „Essenszeit" (B 15) und fasst mit eigenen Worten zusammen, was mit Audrey passiert.

12 Erfindet einen eigenen Schluss für das Musical „Der kleine Horrorladen": Was passiert mit Seymour, Audrey und der Pflanze Audrey II in eurer Version des Endes? Hört dann zum Vergleich den Schluss des Musicals (B 16).

RENT

B 17

Die Geschichte des Musicals „RENT“

Filmplakat von „RENT“

Das im Jahr 1996 uraufgeführte Rock-Musical „RENT“ (dt.: Miete) war eine große Überraschung: Der Autor und Komponist Jonathan Larson wollte eine für Musicals ungewöhnlich realistische und politische Show über den Alltag von Künstlern in New York auf die Bühne bringen. Mit einer solchen Idee musste er zunächst weit weg von den großen Bühnen des **Broadways** („Off-Broadway“) anfangen, weil sich für dieses riskante Projekt keine Geldgeber finden wollten. Heraus kam aber eines der erfolgreichsten Musicals, das über zwölf Jahre ohne Pause am Broadway lief und dort mehr als 5000 Aufführungen erlebte. Im Jahr 2005 wurde es außerdem erfolgreich verfilmt.

Die Handlung

„RENT“ erzählt die Geschichte von dem Filmemacher Mark und dem Musiker Roger, die ihre Miete nicht mehr zahlen können. Ausgerechnet ihr früherer Mitbewohner Benny treibt als ihr Vermieter das Geld von ihnen ein. Mit ihren Freunden protestieren die beiden Künstler gegen die hohen Mieten und für die Freiheit der Kunst in der großen Stadt. Außerdem lernt Roger, der noch um seine frühere Freundin April trauert, seine Nachbarin Mimi kennen. Es entwickelt sich eine schwierige Liebesgeschichte mit Roger und Mimi. Denn die beiden entdecken, dass sie HIV-positiv sind. Und Mimi war früher einmal mit Vermieter Benny zusammen …

La Vie Bohème

Text und Melodie: Jonathan Larson

Das Wort „Bohème“ kommt aus dem Französischen und beschreibt ein Leben in einer Gruppe unabhängiger Künstler. „La Vie Bohème“ (dt.: das Leben der Bohème) ist nicht nur der Titel eines Musikstücks aus „RENT“. Es ist auch der Titel eines Buchs des Franzosen Henri Murger aus dem 19. Jahrhundert. Dieses Buch stellte die Grundlage für die Oper „La Bohème“ (1896) von Giacomo Puccini dar. Sie spielt in Künstlerkreisen des Paris im 19. Jahrhundert. In „RENT“ dagegen beschreiben die Hauptdarsteller in diesem Song ihre Vorstellungen von einem guten Leben als Künstler im New York der Gegenwart.

Die Künstler singen „La Vie Bohème“.

DER FILMEMACHER MARK:

„Auf Tage der Befruchtung, Schule schwänzen, Haken schlagen,
etwas wagen, den Drang zu Gestalt,
(…) aufs Laufen im Gegenwind ganz wie ein Kind, früh bis spät.
Auf den Verzicht auf Pensionen, auf alle Dimensionen,
auf Sucht nach Sensationen, (…)-Konventionen,
Rückgrat zeigen, ganz zu schweigen
vom Hass auf die lieben Mum und Dad.
(…) Aufs Radfahren „high noon“ durchs Nadelstreifenheer.
(…) Auf uns, nicht auf sie, auf dass uns nie einer zähmt.
La Vie Bohème.“

Heinz Rudolf Kunze

1 Hört den Song „La Vie Bohème“ (B 17) und diskutiert, welche Haltung Mark als Sprecher der Künstler vertritt.

2 Übt den dreistimmigen Chor und die Bassstimme zu „La Vie Bohème“ ein.

3 Tragt Dinge zusammen, auf die man als Künstler heutzutage ein Lob singen sollte (z. B. „auf gute Musik“, „auf tolle Ideen“, „auf die richtigen Freunde“). Präsentiert eure Ideen als gesprochenen Text zu Chor- und Bassstimmen.

B 18

Was ist wichtig für ein gutes Jahr?

Im Song „Seasons of Love" versammeln sich die Künstler zum Abschluss eines langen Jahres am Silvestertag, um ihr Zusammenleben zu feiern. Im Song fragen sie danach, was für ein gutes Jahr eigentlich wirklich wichtig ist: Sonnenuntergänge, Mitternächte, Lachen oder guter Kaffee? Eigentlich fordern sie aber eines: „Measure the life in love" – das Leben an der Liebe zu messen.

Der Song wurde in viele Sprachen übersetzt und unter anderem von dem Soul- und Popsänger Stevie Wonder gesungen.

Seasons Of Love

Five hundred twenty-five thousand six hundred minutes,
five hundred twenty-five thousand moments so dear.
Five hundred twenty-five thousand six hundred minutes.
How do you measure, measure a year?
In daylights, in sunsets, in midnights, in cups of coffee?
In inches, in miles, in laughter, in strife?
In five hundred twenty-five thousand six hundred minutes,
how do you measure a year in a life?
How about love? How about love?
How about love? Measure in love!
Seasons in love, love! Seasons in love, love!

Jonathan Larson

Die Künstler feiern Silvester.

Seasons Of Love – Mitspielsatz

4 Singt den Song „Seasons of Love" (B 18) und übt den Mitspielsatz in drei verschiedenen Stimmen auf Tasteninstrumenten oder auf Instrumenten eurer Wahl ein.

5 Benennt die Töne im Bassschlüssel. Analysiert dann die Dreiklänge und ihre Umkehrungen im Refrain. An welchen beiden Stellen ergeben sich keine Dur- oder Moll-Dreiklänge?

RENT

B 19, 20

Die Liebesgeschichte(n)

Kerzenszene

Im Musical „RENT" gibt es mehrere Liebesgeschichten. Denn dem Komponisten Jonathan Larson war es wichtig zu zeigen, dass es Liebe zwischen allen Geschlechtern geben kann. Und so gibt es in „RENT" homosexuelle und heterosexuelle Paare. Im Zentrum steht aber die Beziehung von Roger und Mimi, die Nachbarn sind.

Die Kerzenszene

Eines Abends steht Mimi vor Rogers Tür und bittet ihn, ihre Kerze wieder anzuzünden, weil ihre Heizung ausgefallen ist. Diese Kerzenszene hat Larson aus der Oper „La Bohème" von Puccini entlehnt (vgl. S. 209). Ein Vergleich:

Oper „La Bohème" (1896)	Musical „RENT" (1996)
Mimi klopft an Rodolfos Tür und bittet ihn, ihre Kerze wieder anzuzünden. Sie hustet und sieht krank aus – sie hat Tuberkulose. Aber sie sagt Rodolfo, der Husten käme vom Treppensteigen. Da erleidet sie einen Schwächeanfall und verliert ihren Schlüssel. Rodolfo zündet ihre Kerze wieder an, findet ihren Schlüssel und versteckt ihn in seiner Tasche, damit sie länger bleibt. Denn er ist an Mimi interessiert, und er versucht sie für sich zu gewinnen. Doch Mimi bleibt zurückhaltend.	Mimi klopft an Rogers Tür und bittet ihn, ihre Kerze wieder anzuzünden. Sie zittert, weil sie auf Entzug von harten Drogen ist. Aber sie sagt Roger, ihre Heizung sei ausgefallen. Sie verliert ein Päckchen mit weißem Pulver. Roger findet es, hält es für Heroin und versteckt es, um Mimi zu schützen. Roger scheint an Mimi nicht interessiert. Aber Mimi flirtet mit ihm, bis er ihr seine Aufmerksamkeit schenkt.

Roger und Mimi

Wie die Liebe von Roger und Mimi sich entwickelt ...

Beim nächsten Besuch versucht Mimi, Roger zu verführen. Doch der lehnt ab. Denn er ist noch zu sehr geschockt vom Drogentod seiner Ex-Freundin. Außerdem ist er HIV-positiv und hat Angst, Mimi anzustecken. Mimi geht, aber bald schon entschuldigt sich Roger bei ihr und lädt sie zu einer Protest-Performance der Künstler ein. Beide erfahren voneinander, dass sie HIV-positiv sind. Sie lassen sich aufeinander ein, und es kommt zu einem ersten Kuss. Mimi überzeugt den Vermieter Benny, ihren Ex-Freund, Mark und Roger die Miete zu erlassen. Roger wird eifersüchtig. Er befürchtet, dass Mimi ihn mit Benny betrügt. Es kommt zum Streit. Mimi besorgt sich wieder Drogen und wird rückfällig. Roger will verzweifelt New York für immer verlassen und verabschiedet sich von Mimi. Erst kurz vor Weihnachten kommt er zurück, auf der Suche nach ihr. Da wird Mimi von Freunden aufgefunden – schwach und dem Tode nahe.

Die Todesszene

Auch diese Szene hat Jonathan Larson der Oper „La Bohème" nachempfunden:

Oper „La Bohème" (1896)	Musical „RENT" (1996)
Musetta bringt Mimi zu Rodolfo und seinen Freunden. Mimi ist schwer an Tuberkulose erkrankt und droht zu sterben. Die Freunde wollen ihr Medikamente und einen Arzt besorgen. Rodolfo und Mimi versichern sich ihrer Liebe, doch Mimi stirbt. Rodolfo bricht zusammen. Die Oper endet mit seinem Aufschrei „Mimi!".	Mimi wird zu Roger hereingetragen. Mit letzter Kraft gesteht sie ihm ihre Liebe. Roger hat für Mimi einen Song geschrieben („Your Eyes"), mit dem auch er ihr sagt, dass er sie liebt. Auch er ruft verzweifelt: „Mimi!" Mimi überlebt. Mit ihren Freunden beschließen sie, jeden Tag zu genießen, den sie zusammen sein können.

6 Prägt euch die Handlung der Liebesgeschichte zwischen Roger und Mimi gut ein und erzählt sie mit eigenen Worten nach.

7 Vergleicht Kerzenszene und Todesszene der Oper „La Bohème" mit den Szenen im Musical „RENT". Was ist gleich, ähnlich, anders?

8 Hört Rogers Song für Mimi in der Todesszene (B 19) und vergleicht sie mit der Arie „Will ich allein des Abends" aus „La Bohème" (B 20). Was fällt auf?

B 21

Wohnraum in New York

Als Jonathan Larson in den 1990er-Jahren das Musical „RENT" schrieb, schossen die Immobilienpreise im New Yorker Stadtteil Manhattan schon seit Jahren in die Höhe. Familien zahlten bis zur Hälfte ihres Einkommens für die Miete. Ein hoher Zuzug von Menschen nach New York und nur wenige Neubauten hatten den Wohnraum knapp werden lassen. Gleichzeitig stiegen die Aktienkurse an der New Yorker Börse deutlich: Banker machten große Gewinne, und die Stadt New York stellte mehr Angestellte ein. Dies wirkte sich besonders auf die Mieten im Viertel „East Village" von Manhattan aus, wo viele Künstler wohnten: Sie gerieten in die Gefahr, von besser verdienenden Bewohnern verdrängt zu werden. In dieser Situation befinden sich auch die Künstler im Musical „RENT".

Die Künstler

Eine Szene spielen – Der Protest (Over The Moon)

Maureen, eine der Hauptfiguren in „RENT", organisiert mit den anderen Künstlern einen Protest gegen die steigenden Mieten und ihren Vermieter Benny. Es ist eine Performance mit Musik, Theater und Bildender Kunst. Maureen sagt dazu ein altes englisches Kindergedicht („Hey Diddle Diddle") auf.

Mark Cohen (20 – 30 Jahre) Mark ist ein junger Filmemacher und Rogers bester Freund. Und er ist der Ex-Freund von Maureen. Er hat seine Eigenheiten: Seine Kunst bedeutet ihm alles – Geld nichts. Er beobachtet die Kunst mehr, als sie zu verändern. Aber er setzt seine Filme, Geschichten und Artikel dafür ein, für seine Ziele zu kämpfen.	**Roger Davis (25 – 35 Jahre)** Roger war mal ein erfolgreicher Gitarrist. Seine verstorbene Freundin April hat ihn mit HIV angesteckt. Sein bester Freund ist Mark. Er verliebt sich in seine Nachbarin Mimi, kann ihr seine Liebe aber nicht gestehen. Roger ist oft ein wenig depressiv und negativ, aber er kann auch sehr leidenschaftlich werden.
Mimi Marquez (18 – 25 Jahre) Mimi arbeitet als Tänzerin in einem Club und ist in eine Abhängigkeit von Drogen hineingeraten, durch die sie sich mit HIV angesteckt hat. Sie verliebt sich in ihren Nachbarn Roger, war früher aber mit Vermieter Benny zusammen. Sie ist sehr fröhlich und beliebt, hat aber auch eine dunkle Seite und wird am Ende todkrank.	**Benjamin Coffin III. („Benny", 20 – 40 Jahre)** Benny lebte mal mit Mark und Roger zusammen. Doch er heiratete die Besitzerin des Hauses und ist nun ihr Vermieter und erhöht ihre Miete. Er hatte mal eine kurze Affäre mit Mimi, bevor sie Roger kennenlernte. Am Ende lässt er sich vom Protest seiner Freunde überzeugen.
Maureen Johnson (20 – 40 Jahre) Maureen ist Schauspielerin und Marks frühere Freundin. Nun ist sie mit der Rechtsanwältin Joanne zusammen. Sie ist lustig, frech und kontaktfreudig und hat eine starke Meinung. Insbesondere engagiert sie sich gegen die Banker und Häusermakler, die die Mieten in die Höhe treiben.	**Joanne Jefferson (25 – 35 Jahre)** Joanne ist eine der besten Rechtsanwältinnen der Stadt und kämpft an Maureens Seite gegen Banker und Häusermakler. Sie möchte den Armen und Ausgegrenzten helfen. Manchmal ist sie eifersüchtig, wenn Maureen andere Leute kennenlernt.
Tom Collins (25 – 40 Jahre) Tom ist Computerspezialist und unterrichtet an der Universität. Doch auch er ist HIV-positiv. Seine Beziehung zu dem Künstler Angel bestärkt den Rest der Gruppe, in Liebe und ohne Angst durchzuhalten.	**Angel Schunard (20 – 30 Jahre)** Angel ist selbstlos und großzügig. Er verdient sein Geld mit Percussion-Musik auf der Straße und trägt gerne Frauenkostüme. Seine Beziehung zu Tom bestärkt die Gruppe zum Durchhalten.

9 Informiert euch anhand des oben stehenden Textes über die Mietpreise in New York zum Zeitpunkt der Entstehung des Musicals „RENT". Fasst zusammen: Was verursachte die Schwierigkeiten und was passierte mit vielen Künstlern? Überlegt, ob es heutzutage ähnliche Probleme gibt.

10 Teilt euch in Achtergruppen ein und verteilt die acht Hauptrollen des Stücks. Überlegt euch zusammen eine eigene Szene, in der ihr den künstlerischen Protest gegen den Vermieter nachspielt. Verlegt dazu die Handlung in eine deutsche Stadt der Gegenwart.

11 Hört „Die fliegende Kuh" aus „RENT" (B 21). Beschreibt, was man hören kann und worum es geht, und vergleicht die Aufnahme mit eurer Szene.

Die Gedanken sind frei

B 22

2. Ich denke, was ich will und was mich beglücket,
doch alles in der Still' und wie es sich schicket.
Mein Wunsch und Begehren kann keiner verwehren.
Es bleibet dabei: Die Gedanken sind frei.

3. Und sperrt man mich ein in finstere Kerker,
das alles sind rein vergebliche Werker.
Denn meine Gedanken zerreißen die Schranken
und Mauern entzwei: Die Gedanken sind frei.

Text: Hoffmann von Fallersleben *Melodie: traditionell*

Ein Lied der Freiheit

„Die Gedanken sind frei" ist eines der bekanntesten deutschen Volkslieder. Der ursprüngliche Text entstand Ende des 18. Jahrhunderts: Der Textdichter wollte sich damit der Unterdrückung durch die absolutistischen Herrscher (Alleinherrscher) widersetzen und verteilte den Text auf Flugblättern. Daher hatte er wohl gute Gründe, anonym zu bleiben. Die heute bekannteste Textversion wurde im Jahre 1842 von Hoffmann von Fallersleben veröffentlicht. Dieser hatte ein Jahr zuvor auch den Text der deutschen Nationalhymne geschrieben. In dieser Zeit des sogenannten deutschen Vormärz diente das Lied dazu, den Widerstand der Bürger gegen die Herrschenden zu formen. Bis heute ziehen Künstler immer wieder dieses Lied heran, um mit musikalischen Mitteln für Freiheit und die Rechte von Unterdrückten zu kämpfen.

Eine moderne Version des Textes

(…) Die Gedanken sind frei, solang sie nicht stören,
doch auf Verderb und Gedeih weißt du, wem sie gehören.
Monsanto und Banken und den Öllieferanten,
den Algorithmen von Google, besser gib dir die Kugel,
dann ist alles vorbei – die Gedanken waren frei. (…)

Konstantin Wecker

Konstantin Wecker bei einem Live-Konzert

1 Singt das Volkslied „Die Gedanken sind frei" und lest dazu den Infotext. Interpretiert dann den Liedtext.

2 Hört die Version des Liedermachers Konstantin Wecker (B 22). Vergleicht sie mit dem Original und reflektiert darüber, was der Liedermacher mit dem Inhalt des Textes gemacht hat. Diskutiert, ob und inwiefern Wecker mit dem Text recht oder unrecht hat.

3 Schreibt eine eigene Textstrophe nach dem Vorbild von Wecker: Wer könnte die Freiheit der Gedanken noch in Gefahr bringen – wo gibt es heute Unterdrückung? Präsentiert den anderen eure Strophe.

Wenn ich ein Vöglein wär

B 23, 24

Version 1

Text: Johann Gottfried Herder *Melodie: Erststimme Verfasser unbekannt, Zweitstimme Franz Abt*

Ein Lied – viele Versionen

Die Herkunft dieses Volkslieds aus dem 18. Jahrhundert ist unbekannt. Wahrscheinlich haben es mehrere Dichter aus der Schweiz geschrieben. In der Epoche der Romantik (→ Kap. 16) wurde der Liedtext vielfach neu vertont – so auch 1840 von Robert Schumann.

Und im Jahre 1923 dichtete der Schriftsteller Joachim Ringelnatz scherzhaft:

Wenn ich einen Flügel hätt'
und gar kein Vöglein wär',
verkaufte ich ihn Dir
und kaufte mir dafür ein Klavier.

Caspar David Friedrich: Frau am Fenster (1822)

Version 2

Text: Johann Gottfried Herder *Melodie: Robert Schumann*

1 Singt die beiden Versionen des Lieds. Beschreibt, worum es im Liedtext geht. Überlegt, was das Bild „Frau am Fenster" mit diesem Text gemeinsam haben könnte.

2 Vergleicht die Tonart und die Harmonien der volkstümlichen Version 1 mit der Version 2 von Schumann (B 23). Benennt die wesentlichen harmonischen Funktionen[W] in der volkstümlichen Version.

3 Untersucht die Noten: Welche weiteren Unterschiede gibt es zwischen den beiden Versionen in Bezug auf Notenwerte, Taktart und Rhythmus?

4 Hört eine weitere Version des Stücks von der Vokalband OnAir (B 24). Beschreibt Gemeinsamkeiten mit und Unterschiede zu den Versionen 1 und 2.

Sing, mei Sachse, sing!

B 25

„Um diesem tristen, eintönigen Alltag zu entgehen, besann ich mich einfach darauf, (...) etwas Kulturelles zu machen. Ich fand ein paar Abiturienten, und mit denen haben wir eine Kabarettgruppe gegründet". Mit diesen Worten beschrieb Jürgen Hart den Beginn seiner Karriere als Kabarettist in der ehemaligen DDR. Schon während seiner Schulzeit begann er mit ersten Kabarett-Versuchen und gründete dann 1966 das Studentenkabarett „academixer". Im Laufe seines Lebens verfasste er etwa 40 Kabarettprogramme, die von seinem eigenen Kabarett aufgeführt und auch von anderen Kabarett-Gruppen nachgespielt wurden.

Über seine Texte sagte er: „Zeiten der Repressionen sind immer gute Zeiten für Kabarett, weil sie Satiriker zwingen, mit List, mit Hintergründigkeit, mit Doppelsinn zu arbeiten." Auch sein bekanntestes Lied „Sing, mei Sachse, sing!" (1979), das sich 200.000 Mal, verkaufte, enthält versteckte Anspielungen auf das DDR-System.

Refrain

Strophe 1

Der Sachse liebt das Reisen sehr, nu nee, nich das in' Knochen,
drum fährt er gerne hin und her in sein' drei Urlaubswochen.
Bis nunder nach Bulgarchen tut er die Welt beschnarchen.
Und sin die Koffer noch so schwer und sin zu voll die Zieche,
und is es Essen nich weit her, das kennt er zur Genieche.
Der Sachse tut nich gnietchen*, der Sachse singt ein Liedchen:

Refrain

Strophe 2

Der Sachse liebt e satten Sound und tun, wo Geichen röhren,
ob Opernhaus, ob Underground, echal, das muss er hören.
Und schluchzt der Geichenbochen, da kriecht er feichte Oochen.
Der Sachse schmilzt ähm leicht dahin auf des Gesanges Fliecheln,
doch eh die Träne troppt vom Kinn, da weiß er se zu ziecheln.
Der Sachse tut nich wein', der Sachse stimmt mit ein:

Refrain

Strophe 3

Der Sachse is der Welt bekannt als braver Erdenbercher,
und fährt er ringsum durch das Land, da macht er keenen Ärcher.
Da braucht er seine Ruhe und ausgelatschte Schuhe!
Doch kommt der Sachse nach Berlin, dort könn se ihn nich leiden.
Da wolln se'n eene drüberziehn, da wolln se mit ihm streiten.
Und tut mer'n ooch verscheißern, sei Liedchen singt er eisern, ne wahr?

Refrain 2x

Sing, mei Sachse, sing! 3x

Text: Hans Jürgen Hart *Melodie: Arndt Bause*

* gnietchen: geizen

1 Lest den Infotext und klärt unbekannte Begriffe.

2 Hört das Lied (B 25) und singt den Refrain mit.

3 Lest den Liedtext. An welchen Stellen im Text werden Missstände in der DDR auf humorvolle Weise kritisiert?

4 Informiert euch über die damaligen Lebensumstände, vor allem bei Künstlern, und die politischen Verhältnisse in der DDR und stellt einen Zusammenhang zum Erfolg des Lieds her. Haltet eure Ergebnisse auf einem Plakat fest.

Nada te turbe – ein Lied aus Taizé

B 26

Taizé – friedliche Begegnungen und gemeinsames Musizieren

„Mache deine Wohnräume zu einem Ort, an dem andere immer willkommen sind, zu einem Haus des Friedens und gegenseitigen Verzeihens." (Frère Roger)

Roger Schütz wurde am 12.05.1915 als jüngstes von neun Kindern in der Schweiz geboren. Musik spielte in seinem Leben immer eine große Rolle: Seine Großmutter war Pianistin, seine Mutter Sängerin. Wie sein Vater studierte Schütz evangelische Theologie. Im 2. Weltkrieg setzte er sich für die Verfolgten ein, indem er in dem französischen Dorf Taizé ein Haus kaufte und dort jüdischen Flüchtlingen Versteck und Unterkunft gewährte. 1942 gründete er zusammen mit drei Freunden eine christliche Bruderschaft, die er bis zu seinem Tod im Jahre 2005 leitete. Seitdem nannte sich Schütz „Frère Roger" (Bruder Roger). Die vier Freunde engagierten sich für Kriegsgefangene und nahmen zahlreiche Kinder auf, die im Krieg ihre Eltern verloren hatten.

Kirche von Taizé

Heute ist Taizé eine Begegnungsstätte, in der sich jedes Jahr viele tausend Jugendliche aus aller Welt zusammenfinden: Unter einfachen Lebensbedingungen wollen sie eine Zeit in friedvollem und freundschaftlichem Miteinander verbringen – bei gemeinsamer Arbeit, im Gespräch, im Gebet, im Singen und Musizieren.

Die Lieder, die in den letzten Jahrzehnten in Taizé entstanden, sind in der Regel kurz und eingängig. Sie wurden in zahlreiche Sprachen übersetzt und bilden oftmals eine Brücke der Verständigung für diejenigen Menschen, die in Taizé zusammenkommen.

Nada te turbe

Text und Melodie: Jacques Berthier *Arrangement: Annemarie Hoff*

Übersetzung des Textes:

Nichts möge dich beunruhigen, nichts möge dich erschrecken, wer Gott hat, dem fehlt nichts. Gott allein genügt.

1. Lest den Text über Taizé und erklärt die Funktion der Lieder, die in Taizé entstanden.
2. Hört das Lied „Nada te turbe" (B 26) und betrachtet den Liedaufbau am Notenbild. Warum ist das Lied so eingängig?
3. Singt „Nada te turbe" einstimmig und mehrstimmig.

Ein Schlager und seine Bearbeitung

B 27

Die neue Lust auf Schlager

Der Schlager kam in der zweiten Hälfte des 19. Jahrhunderts auf. In den letzten Jahren hat das Interesse an dieser Musikrichtung wieder stark zugenommen. Erkennbar ist diese neue Lust auf Schlagermusik an den gestiegenen Verkaufs- und Downloadzahlen.

Merkmale des Schlagers

Im Allgemeinen handelt es sich beim Schlager um Unterhaltungsmusik, in der einfache, meist deutschsprachige Texte im Vordergrund stehen. Meist werden Schlager mit Instrumenten aus dem Bereich der Popmusik begleitet, gelegentlich werden sie auch mit Streichern untermalt. Insgesamt weisen Schlager eine einfache musikalische Struktur auf. Rhythmus und Melodie sind sehr eingängig. Ein häufig eingesetztes musikalisches Steigerungsmittel ist die **Rückung**. Darunter versteht man die Wiederholung eines Refrains oder Strophenteils um einen halben Ton höher als vorher.

Die Schlagertexte

Die Texte richten sich nach dem allgemeinen Glücksverlangen und Harmoniebedürfnis der Zuhörer. Der Schlager wendet sich an ein breites Publikum, dessen Wunschträume in den Texten angesprochen werden.

Der Begriff „Schlager“

Der Begriff „Schlager“ taucht erstmals 1867 in einer Wiener Zeitung auf. Darin wird der berühmte Walzer „An der schönen blauen Donau“ von Johann Strauß (Sohn) mit diesem Begriff beschrieben.

Die Erfindung der Grammofons (→ S. 80) führte zu einer schnellen Verbreitung der beliebten Melodien. In den 1960er-Jahren wurde der Schlager dann erstmal von der Pop- und Rockmusik verdrängt. Mit dem Moderator Dieter Thomas Heck und seiner **ZDF-Hitparade** kam der Schlager 1969 jedoch ins Fernsehen und wurde dadurch wieder populärer. Der Schlagersänger Roberto Blanco hatte in der ZDF-Hitparade mit dem Titel „Ein bisschen Spaß muss sein“ 1972 seinen ersten großen Erfolg.

Heutzutage füllen Schlagersänger ganze Stadien und Olympiahallen mit ihren Konzerten.

Roland Kaiser | Howard Carpendale | Andrea Berg

Maite Kelly | Roberto Blanco | Jürgen Drews | Helene Fischer

1 Ordnet die Fotos der Schlagerstars den passenden Namen zu. Kennt ihr ihre Biografien und ihre Musik?

2 Hört euch den Schlager „Ein bisschen Spaß muss sein“ (B 27) von Roberto Blanco an. Findet heraus, an welchen Stellen eine Rückung zu hören ist. Wie viele Rückungen könnt ihr erkennen?

B 28, 27

Die Bearbeitung des Schlagers „Ein bisschen Spaß muss sein“

Die beiden Produzenten **Marcus Finger** und **Jürgen Kadel** haben zusammen mit **Roberto Blanco** eine Coverversion des bekannten Schlagers „Ein bisschen Spaß muss sein“ herausgebracht. Finger und Kadel produzieren hauptsächlich elektronische Tanzmusik und arrangieren bekannte Schlager zu Dance-Versionen. Sie haben schon Remixe[W] zu den Titeln „Kalinka“, „Du hast den Farbfilm vergessen“, „Er gehört zu mir“ und „Mah Nà Mah Nà“ erstellt. Das Duo tourt seit etwa 14 Jahren durch Clubs in Deutschland, Österreich, der Schweiz, Spanien, der Türkei, Russland, Indien und Japan.

Ein bisschen Spaß muss sein (Coverversion)

Finger und Kadel

Refrain

Ein bisschen Spaß muss sein,
dann kommt das Glück von ganz allein.
Drum singen wir tagaus und tagein,
ein bisschen Spaß muss sein.

Rap-Teil

Tick, Tack, ich check die Clock, heute bin ich einfach gut drauf,
und zack! Feierabend, gleich geh' ich mal richtig groß aus.
Zu Haus, schmeiß mich in Schale und sehe derbe gut aus.
Und jetzt raus aus meinem Haus im Taxi Richtung Tanzpalast.
Fast dort angekommen, entdeck' ich eine Killer-Lady.
Sie steht an der Ampel, und im Radio rappt Slim Shady.
Ich muss einfach immer wieder zu der Chica seh'n.
Auf der Beautyskala ist sie echt 'ne unglaubliche 10.
Im Club angekommen – Holy Shit! – wen seh' ich da?
Bin mega weggeflashed, die 10-er Braut steht an der Bar.
Die Basstrommel pocht, der ganze Laden kocht.
Ein bisschen Spaß muss sein.

Refrain

Rap-Teil

Tick, tack, es wird schon hell, und die Zeit vergeht viel zu schnell.
Und zack! Für die Chica wird direkt der Drink kaltgestellt.
Sie blickt mich einfach an, dabei ist sie süß wie Zuckerguss.
Mein Herz schlägt wie 'ne Bassdrum.
Ein bisschen Spaß muss …
Und sie nimmt das Glas, schaut mich dabei sexy an.
Ich bin elektrisiert, heute Nacht, da geht noch was.
Die Basstrommel pocht, der ganze Laden kocht.
Ein bisschen Spaß muss sein.

Refrain 2x

Rudolf Günter Loose

Beat für einen Rap-Teil

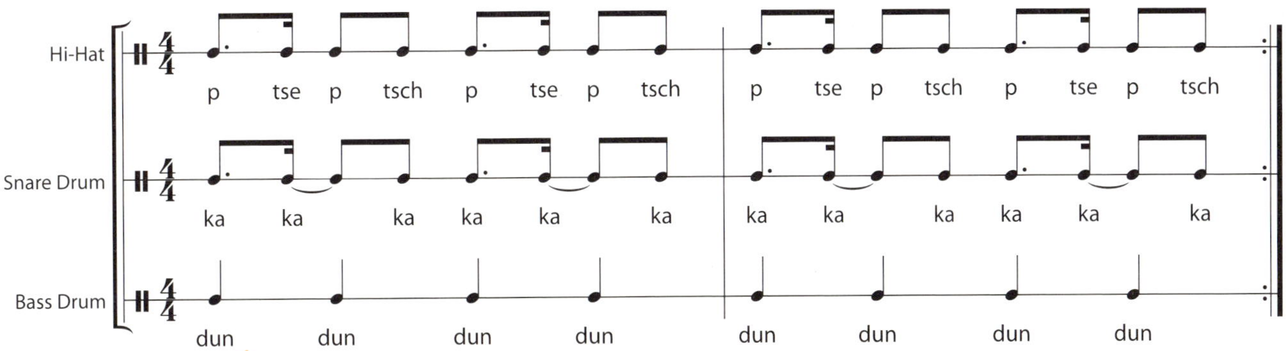

3 Verfolgt den Liedtext beim Hören der Coverversion von „Ein bisschen Spaß muss sein“ (B 28). Vergleicht die Versionen von Roberto Blanco und Finger und Kadel miteinander (B 27, 28). Welcher der beiden Refrainteile des Originaltitels wird in der Coverversion verwendet?

4 Mit welchen technischen Mitteln verfremden Finger und Kadel den Originalrefrain?

5 Sprecht den Beat für einen Rap-Teil und nehmt ihn auf (Smartphone, MP3-Player).

6 Erstellt eine eigene Coverversion eines von euch ausgewählten Schlagers mithilfe eines Computerprogramms (→ S. 56ff.). Bearbeitet den Refrain und erfindet einen eigenen Rap-Teil. Legt zuletzt den aufgenommenen Beat unter den Rap-Teil.

Drill, Ye Tarriers, Drill

B 29

2. The new foreman was Jean McCann,
   By God, he was a blame mean man.
   Last week, a premature blast went off,
   And a mile in the air went Big Jim Goff,
   And drill, ye tarriers, drill!

3. When the next pay day came round,
   Jim Goff a dollar short was found.
   When he asked, „What for?", came this reply,
   „You're docked for the time you was up in the sky."
   And drill, ye tarriers, drill!

Text: Thomas Casey *Melodie: Charles Connolly*

Übersetzung des Textes:

1. Früh am Morgen im Felsgestein
   müssen zwanzig Arbeiter bei der Arbeit sein.
   Sagt der Boss: „Schweigt still!",
   niemand wagt ein Wort,
   Und sie hämmern und bohren in einem fort.
   Und bohrt, ihr Arbeiter, bohrt!

2. Der neue Boss war Jean Mc Cann,
   bei Gott, er war ein schrecklicher Mann.
   Ging einmal zu früh die Ladung hoch,
   war Jim Goff es, der in die Luft mit flog.
   Und bohrt, ihre Arbeiter, bohrt!

3. Der nächste Zahltag kam schon bald,
   Jim Goff bekam weniger ausgezahlt.
   Als er fragte, sagte man ihm ins Gesicht:
   „Für die Zeit, die du da oben warst,
   zahlen wir nicht.
   Und bohrt, ihre Arbeiter, bohrt!"

Refrain

Bohrt, ihr Arbeiter, bohrt!
Für den Zucker in eurem Tee
arbeitet ihr jeden Tag,
unten, hinter den Bahngleisen.
Und bohrt, ihr Arbeiter, bohrt!
Und sprengt! Und feuert!

1 Singt das Lied (B 29) einstimmig und zweistimmig.

2 Lest den Text auf Seite 103 und stellt eine Verbindung zum Liedinhalt her.

Es ist gelungen, die Kräfte der Natur zum Wohle der Menschen zu verwandeln.

So stand es im Mai 1869 in einer New Yorker Zeitung. Jahrelang hatte ein Projekt die Menschen der USA in Atem gehalten: der Bau einer Eisenbahnlinie von Ost nach West, eine Verbindung zwischen Atlantik und Pazifik. Dieses Projekt war nun abgeschlossen.

Zwei große Eisenbahngesellschaften hatten aus gegensätzlichen Richtungen angefangen, die Schienen zu verlegen, und waren am 9. Mai 1869 bei Salt Lake City aufeinandergetroffen. Damit war der Weg frei für Handel, Verkehr und die Besiedlung großer Gebiete, die bis dahin als unzugänglich für den weißen Siedler gegolten hatten.

Die Union Pacific Railroad, die im Osten des Landes angefangen hatte, die Eisenbahntrasse zu bauen, beschäftigte vor allem irische Arbeiter. Die Arbeitsbedingungen waren hart: Man hatte sich immer wieder gegen Indianer durchzusetzen, die die Arbeiter angriffen, weil sie als Ureinwohner Amerikas ihr Land verteidigen wollten. Aber auch der felsige und oftmals gefrorene Boden bereitete Probleme. Mit großer Vorsicht musste gesprengt werden, mit großem Kraftaufwand musste der Drillbohrer eingesetzt werden. Dazu kamen noch die schlechte Organisation und die daraus resultierende Geldnot der Union Pacific Railroad. Das führte dazu, dass den Arbeitern oftmals der Lohn nicht ordnungsgemäß ausgezahlt werden konnte. Auf der anderen Seite waren die irischen Arbeiter ihren Vorgesetzten gegenüber oft frech, gaben Widerworte und wollten sich nicht unterordnen.

Abschluss der Arbeiten 1869: Beide Eisenbahngesellschaften treffen aufeinander.

Trotz dieser Schwierigkeiten wurde die Eisenbahnlinie fertiggestellt. Sie gilt bis heute als Symbol für Aufbruch und technischen Fortschritt im 19. Jahrhundert.

Einer der irischen Arbeiter, Thomas Casey, formulierte später seine Eindrücke von der Zeit der Erbauung der Eisenbahnlinie in dem Lied „Drill, Ye Tarriers, Drill", welches 1888 veröffentlicht wurde.

Begleitpatterns

3 Übt die beiden rhythmischen Begleitpatterns A und B ein und erzeugt zusätzlich mit unterschiedlichen Schlaginstrumenten eine Klangkulisse von Arbeitsgeräuschen.

4 Übt Pattern C auf Stabspiel- und Tasteninstrumenten oder auf der Gitarre ein und spielt es zum Lied.

5 Sammelt Informationen zum Bau der transkontinentalen Eisenbahn und zu den Songs, die in diesem Zusammenhang entstanden sind.

Bänkelsang – damals und heute

Geschichtlicher Hintergrund des Bänkelsangs

Hieronymus Hess: Bänkelsänger in Basel (um 1840)

Der Bänkelsang stammt aus dem Mittelalter und war damals das, was man heutzutage als Nachrichtensendung bezeichnet. Das Zentrum des Bänkelsangs lag in Ostdeutschland, bekannt war er aber in ganz Europa.

Ab dem 18. Jahrhundert wurden die Lieder und Texte in kleinen Heften gedruckt und ein Assistent des Bänkelsängers verkaufte sie während des Vortrags. Mit diesen Einnahmen verdienten die Bänkelsänger ihren Lebensunterhalt. Die Texthefte hatten eine ähnliche Funktion wie heutige Zeitungen.

Der Begriff Bänkelsang leitet sich von der hölzernen Fußbank ab, auf der die Bänkelsänger standen, um aus der Menge der Zuhörer herauszuragen. Von dort aus singend, trugen sie ihre Lieder vor. Neben der Bank hatten sie eine große bemalte Tafel stehen, auf der die einzelnen Episoden ihres Vortrags abgebildet waren. Mit einem Stab zeigten sie dabei auf das jeweils passende Bild. Zu den besungenen Themen gehörten: Verbrechen wie Mord und Raub, Naturkatastrophen, tragische Liebesgeschichten, politische und religiöse Themen.

Informationskontrolle und Auftrittsverbote

Landesfürsten und Adlige erkannten zunehmend, dass das Volk durch die Inhalte der Bänkelsanglieder moralisch (den Sitten entsprechend) und politisch negativ beeinflusst wurde. Sie reagierten darauf mit Zensur (Kontrolle der Liedtexte und Überprüfen auf unerlaubte Inhalte) und Auftrittsverboten. Die Leipziger Buchmesse war ein bedeutender Treffpunkt für Bänkelsänger. Dort traten manchmal fünf bis sechs Bänkelsänger gleichzeitig auf. Daher wurden gerade hier die Texte und Abbildungen von den Mächtigen besonders genau geprüft und geregelt.

Der Mörder ist immer der Gärtner

B 30, 31

Strophe 1

Am Dm
Die Nacht liegt wie Blei auf Schloss Darkmoor,
G C – E^7
Sir Henry liest Financial Times.
Am Dm
Zwölfmal schlägt gespenstisch die Turmuhr,
E^7 Am
der Butler hat Ausgang bis eins.
A^7
Da schleicht sich im flackernden Lampenschein
Dm
fast lautlos ein Schatten zur Türe herein
H
und stürzt auf Sir Henry, derselbe lebt ab
E^7
und nimmt sein Geheimnis mit in das Grab.

Refrain

Strophe 2

Bei Maigret ist schon seit zwei Stunden
ein Fahrstuhl andauernd blockiert.
Inspektor Dupont ist verschwunden,
der Fahrstuhl wird grad' repariert.
Da öffnet sich lautlos die Tür zum Schacht,
es ertönt eine Stimme, die hämisch lacht.
Inspektor Dupont traf im Fahrstuhl ein Schuss.
Der Amtsarzt stellt sachlich fest: Exitus!

Refrain

Strophe 3

Am Hafendamm Süd wurde neulich
ein Hilfsleuchtturmwart umgebracht.
Inspektor van Dyke, stets voreilig,
hat drei Täter schon im Verdacht:
Die Wirtin zur Schleuse, denn die schielt und die hinkt,
der Käpt'n, der schiffbrüchig im Rum ertrinkt,
der Lotse, der vorgibt, Napoleon zu sein.
Aber da irrt van Dyke, keiner war's von den drei'n.

Refrain

Strophe 4

Die steinreiche Erbin zu Menster
ist wohnhaft im fünfzehnten Stock.
Dort schläft sie bei offenem Fenster,
Big-Ben schlägt gerad' two o'clock.
Ganz leis' bläht der Wind die Gardinen auf,
auf die Erbin zeigt mattschwarz ein stählerner Lauf,
und ein gellender Schrei zerreißt jäh die Luft.
Auch das war wohl wieder der Gärtner, der Schuft.

Refrain

Strophe 5

In seinem Gewächshaus im Garten
steht in grüner Schürze ein Mann.
Der Gärtner rührt mehrere Arten von Gift gegen Blattläuse an.
Der Gärtner singt, pfeift und lacht verschmitzt.
Seine Heckenschere, die funkelt und blitzt.
Sense, Spaten und Jagdgewehr steh'n an der Wand.
Da würgt ihn von hinten eine meuchelnde Hand.

Schlussrefrain

Text und Melodie: Reinhard Mey

Reinhard Mey, ein Bänkelsänger der heutigen Zeit

Die häufigsten Liedformen des Bänkelsangs sind Moritaten und Balladen. Das Wort „Moritat" leitet sich von „Mordtat", aber auch von „Moralität" ab. Als **Ballade** bezeichnet man ein mehrstrophiges, erzählendes Gedicht oder Lied mit einem dramatischen Inhalt, das meist mit einer Pointe endet. Eine Pointe ist ein witziger Überraschungseffekt am Ende eines Gedichts oder Lieds. Diese Beschreibungen treffen auch auf viele Lieder des deutschen Liedermachers Reinhard Mey zu. Daher kann man Reinhard Mey als Bänkelsänger unserer Zeit bezeichnen.

1. Lest die Texte auf Seite 104 und beantwortet folgende Fragen: Wann entstand der Bänkelsang? Woher hat der Bänkelsang seinen Namen? Worüber sangen die Bänkelsänger? Hört dazu auch das Hörbeispiel „Mayerling" (B 30).
2. Welche für einen Bänkelsänger typischen Dinge sind auf dem Gemälde auf Seite 104 oben zu erkennen?
3. Singt „Der Mörder ist immer der Gärtner" von Reinhard Mey zur CD (B 31).
4. Teilt euch in 5 Gruppen und gestaltet zu jeder Strophe ein Standbild.
5. Präsentiert eure Ergebnisse in der Klasse auf folgende Weise: Während alle den Refrain singen, verdecken zwei Schüler einer Gruppe mit einem Tuch einen Teil des Zimmers. Hinter dem Tuch baut die restliche Gruppe ihr Standbild auf. Endet der Refrain, wird das Tuch fallen gelassen. Einer aus der Gruppe singt die zum Standbild passende Strophe und zeigt dabei mit einem Zeigestock auf das Standbild. Wenn die Strophe endet und der Refrain beginnt, baut die nächste Gruppe hinter dem Tuch ihr Standbild auf usw.

Philipp Poisel

B 32

Poisel – der Liedermacher

Philipp Poisel (geb. 1983) ist ein bekannter deutscher **Liedermacher**. Schon als Kind war seine Begeisterung für Musik groß. Er spielte damals Schlagzeug und Gitarre und sang später in einem Chor.

Doch sein Gesang wurde des Öfteren kritisiert, sodass er das Chorsingen schließlich aufgab. Später scheiterte er sogar an der Aufnahmeprüfung im Fach Musik für das Lehramt an Realschulen. Trotz dieser Rückschläge ließ er sich nicht von seinem Weg abbringen und sang weiter.

2007 wurde der Sänger und Schauspieler **Herbert Grönemeyer** auf ihn aufmerksam und bot ihm einen Plattenvertrag an. Mit seinem zweiten Studioalbum, das 2010 erschien, gelang Poisel dann der erste große Erfolg in Deutschland.

Das Projekt Seerosenteich

Mit dem Live-Doppelalbum „Projekt Seerosenteich" erreichte Poisel 2012 sogar den ersten Platz der deutschen Charts. Die Aufnahmen wurden im Frühjahr des Jahres im Rahmen der „Projekt Seerosenteich"-Tour eingespielt. Diese Tour fand bewusst in kleinen Hallen statt, um so das intime Musikerlebnis in den Vordergrund zu stellen. Poisel und sein Team haben diese Tour mit sehr großem Aufwand vorbereitet. Für jedes Lied wurde ein eigenes Bühnenbild entworfen, für das das Team dann alles selbst hergestellt hat. Es wurde wochenlang gebastelt, genäht, gemalt und getischlert.

Für die Konzerte wurden zusätzlich zur Band ein **Streichquartett** und eine Sängerin engagiert.

Philipp Poisel bei einem Auftritt im Rahmen der Tour „Projekt Seerosenteich"

Für keine Kohle dieser Welt

Strophe 1

Vielleicht fragst du dich
manchmal, weswegen ich
so oft allein am Fenster steh',
ich dir so oft nicht zuhör',
blind für dich und jeden,
mit off'nen Augen schlafend,
durch die Straßen geh'.
In mein' Gedanken bin ich
dann kilometerweit
von hier und mir entfernt,
in einer and'ren Zeit.
Ich öffne meine Arme,
damit der Wind mich trägt,
bis die Meeresflut mich
zurück ans Ufer legt.
Egal wie schön ein Ort ist,
wie schön ein Haus gebaut,
es hat nichts mit dir zu tun.

Refrain

Für keine Liebe, keinen Reichtum,
für keine Kohle dieser Welt,
für keinen Schatz gäb' ich die Freiheit,
gäb' ich mein' Platz vor'm Himmelszelt.

Strophe 2

Und noch in keinem Hafen,
das wird mir langsam klar,
bin ich je eingeschlafen,
in dem ich wach geworden war.
Wie oft hab' ich's versucht,
wie oft hab' ich's verflucht,
und es hat nichts mit dir zu tun.

Refrain

Text: Philipp Poisel

1. Hört „Für keine Kohle dieser Welt" (B 32). Erläutert den Textinhalt und reflektiert ihn.
2. Sucht nach Metaphern[W] im Text und diskutiert den Einsatz dieses sprachlichen Stilmittels.
3. Findet heraus, wann Poisel mit verändertem Stimmausdruck singt. Erläutert die Gründe dafür.

B 33, 32

Seerosenteich

Strophe 1

Die Vögel haben sich eingeplustert,
die Fische schwimmen ihre Runden lang,
die Wege sind tief eingeschneit.
Die Bäume biegen sich unter dem Gewicht
und die Meerkatzen sieht man heute nicht
und die Bären schlafen.

Refrain

Dicht verpackt in Winterjacken
seh'n wir wie Eskimos aus,
nur noch das Gesicht schaut aus der Kapuze raus.
Deine Hand an meiner,
meine Handschuhe an deinen,
deine warmen Wangen, deine Lippen an meinen.
Und die Schneeflocken fallen am Seerosenteich
und die Schneeflocken fallen am Seerosenteich.

Strophe 2

Auf geheimen Wegen gehen wir
und vor den Gehegen stehen wir
nur ein Uhu schaut uns zu.
Im Giraffenhaus zieh ich meine Handschuh aus,
es ist warm hier, bei dir.
Außer uns und den Giraffen ist keiner da
und ich nehm' dich in den Arm
und träum' von Afrika.

Refrain

Strophe 3

Und während du 'nen Schneeball machst
und ich so deine Spur'n im Schnee seh',
denk ich dran, dass nichts für immer ist.
Und manchmal tut das weh.
Komm, nimm mich noch einmal in den Arm.

Refrain

Text: Philipp Poisel

Schlussteil des Refrains

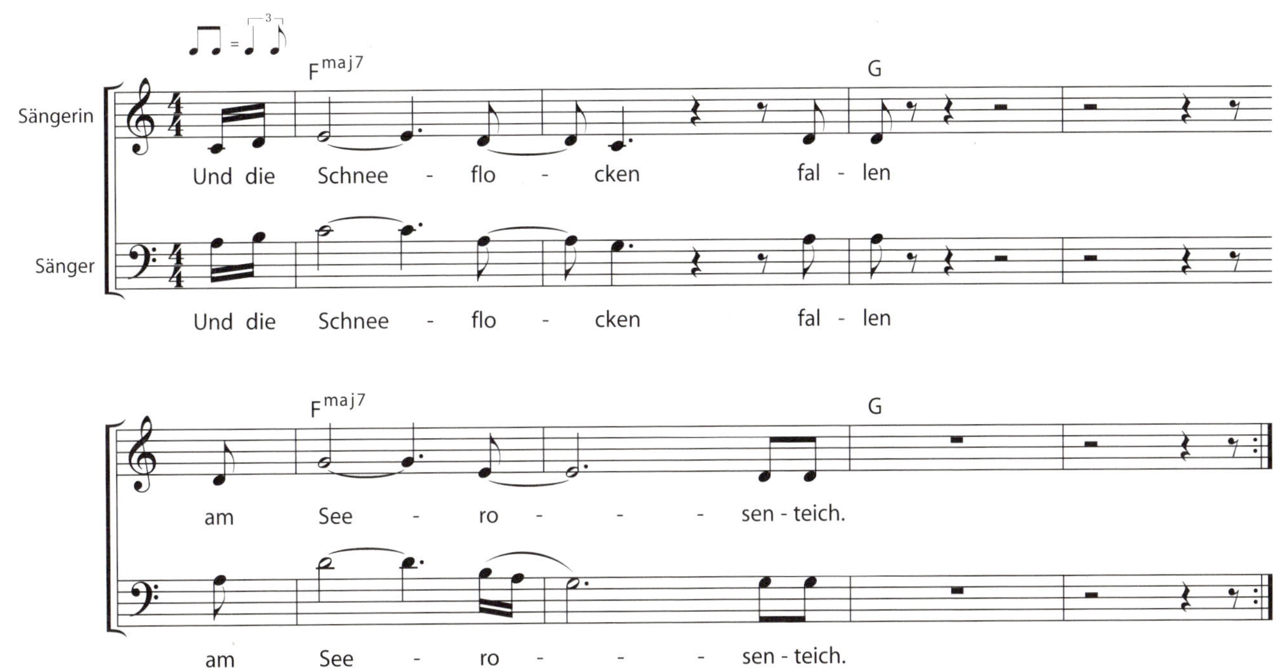

Text und Melodie: Philipp Poisel

4 Hört „Seerosenteich“ (B 33), erläutert den Textinhalt und diskutiert darüber.

5 Beschreibt die Wirkung, die von beiden Liedern ausgeht. Berücksichtigt dabei den Textinhalt, die Stimme des Sängers, die Instrumentierung und das Tempo.

6 Singt beide Lieder zur CD (B 32, 33). Den Schlussteil des Refrains von „Seerosenteich“ könnt ihr zweistimmig singen.

7 Erfindet eine Begleitung mit Rhythmus- und Melodieinstrumenten zum Refrain von „Für keine Kohle dieser Welt“. Orientiert euch dabei an der Akkordfolge Am – F – C – G^7.

8 Diskutiert darüber, wie es sein kann, dass Poisels Gesang im Chor kritisiert wurde und er dennoch als Liedermacher sehr erfolgreich wurde.

Vokalensembles früher und heute

Die Anfänge der Vokalensembles

Vokalensemble nennt man eine Gruppe von Sängern ohne instrumentale Begleitung. Ein frühes Beispiel ist die **Schola cantorum** (vgl. auch S. 20). Dies war ein Ensemble, das von Papst Gregor I. im 7. Jahrhundert gegründet wurde, um die Kirchengesänge, die zu dieser Zeit entstanden, im Gottesdienst zu singen und zu verbreiten. Die gesungenen Texte galten als das Wort Gottes. Man verzichtete auf Instrumentalbegleitung, um den Hörer nicht durch übergroßen Klangreichtum von der Konzentration auf den Textinhalt abzulenken. Zu dieser Zeit entwickelte sich die Notenschrift, die eine wichtige Voraussetzung für die Kunst des Komponierens und die Verbreitung von Musik darstellte.

Auch die Fürstenhöfe, die sich in den kommenden Jahrhunderten bildeten, schätzten die Musik zu vielerlei Gelegenheiten. Und so fand die Kompositionskunst, deren europäische Anfänge in der Kirchenmusik zu finden sind, zunehmend Eingang in die **weltliche Musik**.

Adam de Coster: Drei Singende (um 1625)

Vokalensembles in der Zeit der Renaissance

Hier bildete sich als neue Musikform das **Madrigal** (vgl. auch S. 22). Dies ist eine mehrstimmige Komposition nach einem oft frei gestalteten erzählenden Gedicht. Meistens handeln die Madrigale von Liebe: von glücklicher oder unglücklicher, gelebter oder nicht gelebter Liebe. Gesungen wurden Madrigale zunächst von Musikbegeisterten am königlichen oder fürstlichen Hof.

Das Madrigal verbreitete sich von Italien aus in Europa und hatte seine Blütezeit im 16. Jahrhundert. In England fand das Madrigal großes Interesse. Hier erlebten Kunst und Kultur unter Elisabeth I. einen großen Aufschwung. Für die Verbreitung von Musik spielte die Londoner Notendruckerei von Thomas East eine große Rolle: Sie veröffentlichte in der Zeit von 1885 bis 1890 so viele Noten, wie in den 80 Jahren davor in ganz England publiziert worden waren. Michael East, der Sohn des Druckereibesitzers, schrieb das Madrigal „Follow me", aus dem der nachfolgende Ausschnitt stammt.

Follow me (Ausschnitt)

Text : aus dem 16. Jahrhundert *Melodie: Michael East*

Übersetzung des Textes:

Folge mir, meine süße Geliebte, Freude meiner Seele

B 34, 35

Ein modernes Vokalensemble

Die Wise Guys bei einem Konzert

Die Wise Guys gründeten sich in den 1980er-Jahren in Köln als Schulband, die ursprünglich eine Blechbläser-Gruppe war. Doch nach dem Abitur mussten sie ihre geliehenen Instrumente an die Schule zurückgeben. Danach traten sie nur noch als A-cappella-Gruppe auf.

Zunächst spielten sie als Straßenmusiker oder auf privaten Feiern. Allmählich wurden sie aber bekannter und lebten ab 1997 ausschließlich von ihren Einnahmen als Musiker. 2001 hatten sie mit ihrem Album „Ganz weit vorne" einen großen Erfolg in ganz Deutschland. 2009 erhielten sie ihre erste Goldene Schallplatte für 100.000 verkaufte CDs.

Mit ihren Einnahmen förderten sie soziale Projekte, wie z. B. die Initiative „Butterflies", die Straßenkinder in Delhi unterstützt.

Der Song „Willst du mit mir gehen" gehört zum Album „Ganz weit vorne".

Willst du mit mir gehen

Refrain

Du bist so schön!
Willst du mit mir gehn?
Du bist so schön!
Ich muss dich wiedersehn!

Strophe 1

Ich habe meine Telefonnummer vergessen,
kann ich mir kurz mal deine leih'n?
Glaubst du nicht an die Liebe auf den ersten Blick?
Dann geh' ich raus und komm' gleich wieder rein!
Ich lese grad' deine Gedanken – und du hast Recht:
Ich bin sehr nett.
Ich bin außerdem ein exzellenter Koch.
Spezialität: Frühstück im Bett.

Refrain

Strophe 2

Kannst du mir mal dein Handy geben?
Ich ruf deine Mama an und danke ihr.
Ich habe nur noch drei Monate zu leben,
also gehen wir zu dir oder zu mir?
Du bist bestimmt Geheimagentin,
denn du verfolgst mich jede Nacht im Traum.
Oder eine Diebin, die harmlos ausschaut:
Du hast mir grad mein Herz geklaut!

Refrain

Zwischenspiel

Strophe 3

Hast du Magneten in deiner Tasche?
Du ziehst mich so unwiderstehlich an.
Ist dein Name vielleicht Gilette?
Denn du bist für das Beste im Mann!
Sag mal, war's für dich sehr schmerzhaft,
als du vom Himmel auf die Erde runterfielst?
Ich heiße Sari. Das hast du nicht gewusst,
doch jetzt weißt du, was du nachher schreien musst.

Refrain

… Ich bin so schön! …

Text: Daniel Dickopf   Melodie: Edzard Hüneke

1. Lest die Texte auf Seite 108 und beschreibt die Entwicklungen auf dem Gebiet der Vokalmusik bis ca. 1600 mit eigenen Worten.
2. Hört das Madrigal „Follow me" (B 34) und betrachtet den Notenausschnitt. In welcher Weise berücksichtigt der Komponist den Textinhalt?
3. Singt den Auschnitt des Madrigals.
4. Lest den Text über die Wise Guys und hört das Lied „Willst du mit mir gehen" (B 35). Singt den Refrain mit.
5. Vergleicht „Follow me" mit „Willst du mit mir gehen" und sprecht über Gemeinsamkeiten und Unterschiede (z. B. Struktur, Wirkung, Dynamik, Textinhalt). Was ist gleich, ähnlich, anders?

Motive: Harry Potter und der Stein der Weisen

Filmmusik kann nach unterschiedlichen Regeln komponiert werden. Sie verstärkt Bewegungen und Ereignisse („Underscoring" → S. 62) oder unterlegt das Bild mit Stimmungen („Mood-Technik" → S. 62). Auch eine weitere Technik hat sich durchgesetzt: Die Leitmotivtechnik (→ S. 63).

Der Filmkomponist John Williams schuf für den Film „Harry Potter und der Stein der Weisen" (2001) eine Reihe von Leitmotiven. Sie tauchen im Film immer auf, wenn die Figur, der Ort oder das Ereignis gerade eine wichtige Rolle spielt. Zum Beispiel ertönt das Leitmotiv „Portrait von Harrys Familie" immer dann, wenn Harry sich an seine Kindheit erinnert.

Leitmotiv „Portrait von Harrys Familie"

nach John Williams

1 Erklärt den Begriff „Leitmotiv" mit eigenen Worten.

2 Diskutiert und begründet, was im Notenbild „Portrait von Harrys Familie" ein Leitmotiv darstellen könnte.

3 Übt die vereinfachte Version von „Portrait von Harrys Familie" auf verschiedenen Instrumenten.

B 36–45

Die Suite

Der Begriff Suite bezeichnet eine **Abfolge von mehreren Tänzen** in einem Musikstück. In der Filmmusik haben viele Komponisten die wichtigsten Teile der Musik in **Orchestersuiten** zusammengefasst. Aus den **Leitmotiven** entstehen ganze Stücke, die an die Stelle der Tänze treten.
John Williams hat zu seiner Musik zum Film „Harry Potter und der Stein der Weisen" auch eine Orchestersuite verfasst.

Wichtige Leitmotive aus „Harry Potter und der Stein der Weisen"

Harrys Motiv

Nimbus 2000, Harrys Besen

Hedwig, Harrys Eule

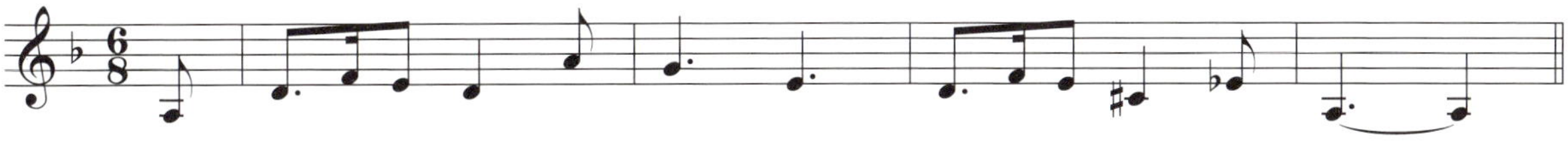

Quidditch

Auszug aus Hogwarts

Portrait von Harrys Familie

Motiv aus Harrys wundersamer Welt

John Williams

4 Hört (B 36–42) und schaut euch zunächst die sieben Leitmotive an und prägt sie euch gut ein.

5 Bildet zwei Gruppen: Die eine spielt B 36–42 in beliebiger Reihenfolge ab, die andere findet heraus, welches Motiv gerade gespielt wird.

6 Hört nacheinander B 43–45 aus der Orchestersuite von John Williams. Benennt die zu hörenden Leitmotive und schreibt auf, wie oft und in welcher Reihenfolge die Leitmotive zu hören sind.

Mozart und seine Sonatenthemen

B 46, 47

Wolfgang Amadeus Mozart (1756–1791) ist einer der drei bekanntesten Komponisten der Wiener Klassik (→ S. 72). Im Laufe seines Lebens verfasste er neben Sinfonien und Opern mehr als zwanzig Sonaten für Klavier.

Eine Sonate aus der Zeit der „Wiener Klassik" besteht in der Regel aus drei Sätzen: schnell – langsam – schnell. In der Zeit der Klassik wurden Sonaten oft für ein einzelnes Instrument geschrieben.

Aufbau 1. Satz von Mozarts Sonate Nr. 16

Exposition
1. Thema
Überleitung
2. Thema
Fortführung
Schlussgruppe
Durchführung
Reprise

Der Aufbau des ersten Satzes

Der erste Satz einer Sonate folgt meistens einem gleich festgelegten Aufbau (Sonatenform, vgl. S. 232): Die Exposition hat fünf Teile. Wichtig sind dabei die Themen. Ein Thema ist ein zusammenhängender musikalischer Gedanke, der in sich abgeschlossen ist. Somit ist ein Thema mehr als ein Motiv, das nur eine kleine Idee (innerhalb eines Themas) darstellt.

Mozarts Sonate Nr. 16

In Mozarts Sonate Nr. 16 kann man die Anfänge der Expositionsteile sehr gut erkennen:

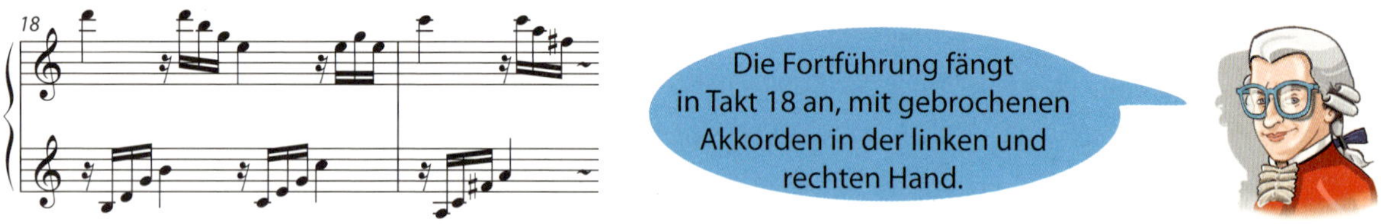

1. Schaut euch die Seite genau an und erklärt einem Partner jeweils einen der folgenden Begriffe: Sonate – Exposition – Thema – Motiv – Sequenz – Schlussgruppe.
2. Hört die Anfänge der fünf Expositionsteile (B 46) und prägt sie euch gut ein. Lest dabei auch die Noten mit.
3. Hört die gesamte Exposition (B 47) und zeigt an, wann jeweils ein neuer Teil beginnt. Was passiert nach der Schlussgruppe?
4. Analysiert, mit welchen Dreiklängen die beiden Themen beginnen. Worin unterscheiden sich die Themen noch, und was sind Gemeinsamkeiten?

B 47, 48

Rhythmen spielen zu Mozarts Sonate Nr. 16

1. Thema: Mit Stiftkappen auf den Tisch klopfen

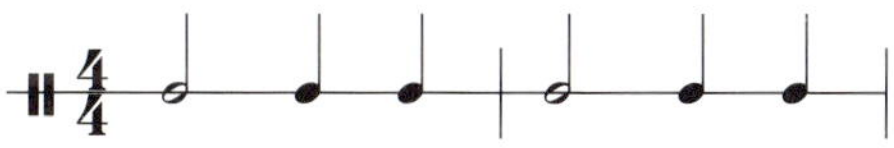

Überleitung: Mit dem Fuß stampfen

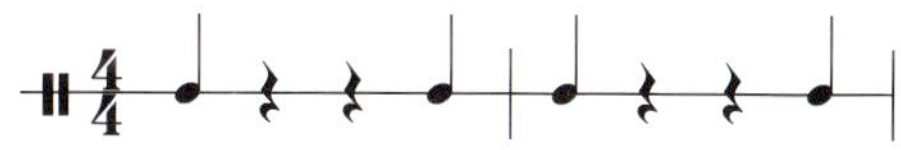

2. Thema: Mit einer Stiftseite über den Tisch ratschen

Fortführung: In die Hände klatschen

Schlussgruppe: Mit den Fäusten auf den Tisch trommeln

Perioden: Eigene musikalische Themen entwickeln

Musikalische Themen der Wiener Klassik folgen oft einer bestimmten Form. Eine der bekanntesten Formen ist die achttaktige Periode: In den ersten beiden Takten der Periode wird eine Melodiephrase vorgestellt. Auf diese folgt eine zweitaktige Gegenphrase, die auf der Dominante[W] der Grundtonart endet (Halbschluss). Diese vier ersten Takte bilden den Vordersatz. Auch im Nachsatz tritt erst die Phrase als Wiederholung auf, dann folgt wieder die Gegenphrase, aber leicht verändert. Im Nachsatz endet die Gegenphrase auf der Tonika[W] (Ganzschluss).

Periode in Mozarts Sonate in A-Dur

Vordersatz		Nachsatz	
Phrase (a)	Gegenphrase (b)	Phrase (a')	Gegenphrase (b')

Wolfgang Amadeus Mozart

Vorgegebene Phrasen

A

+ Gegenphrase mit Halbschluss in der Dominante?

B

5 Spielt die Rhythmen zur Exposition von Mozarts Sonate Nr. 16 (B 47) und wechselt diese exakt an den Übergängen der Teile.

6 Schreibt die Form der Exposition mit einer kostenfreien Software auf.

7 Hört die achttaktige Periode in Mozarts Sonate in A-Dur (B 48) und benennt währenddessen Phrase und Gegenphrase, Vordersatz und Nachsatz.

8 Übt die vorgegebene Phrase A ein und ergänzt sie mit einer Gegenphrase zu einer achttaktigen Periode. Vervollständigt Phrase B und erfindet auch hierfür eine achttaktige Periode. Erfindet zuletzt eine eigene achttaktige Periode.

Variationen über die „Ode an die Freude"

B 49, 50

Die „Ode an die Freude" entspringt dem vierten Satz der **9. Sinfonie** von **Ludwig van Beethoven** (1824). Ihr Text („An die Freude") stammt von dem deutschen Dichter Friedrich Schiller. Schiller verband mit seinem Gedicht den Wunsch nach Frieden und Brüderlichkeit unter den Menschen. Davon war Beethoven so begeistert, dass er den Text in seine Komposition übernahm.

Im Jahre 1985 wurde die „Ode an die Freude" als Instrumentalversion zur **Hymne der Europäischen Union**. Seitdem wird sie bei wichtigen europäischen Feierlichkeiten gespielt und steht für Freiheit, Frieden und Solidarität unter den Menschen Europas.

Ode an die Freude

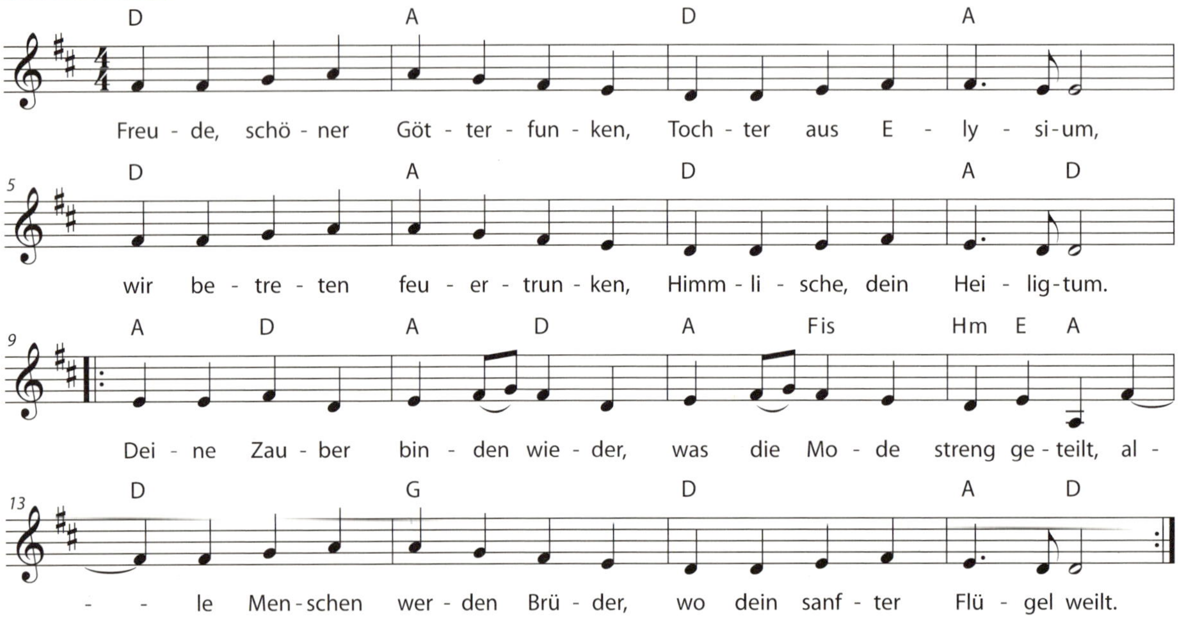

Text: Friedrich Schiller *Melodie: Ludwig van Beethoven*

Elysium ist in der griechischen Mythologie die „Insel der Seligen", auf der ewiger Frühling herrscht.

Mit **Mode** ist hier Gewohnheit gemeint.

Streng geteilt sagt aus, dass die Menschen verschiedenen Ständen und Gruppen zugerechnet werden.

1. Singt die „Ode an die Freude" und musiziert die Melodie auf Instrumenten.
2. Worum geht es im Text? Diskutiert darüber.
3. Welche Textzeile hat wohl am meisten dazu beigetragen, dass die „Ode an die Freude" die Europahymne geworden ist?
4. Hört die Originalstelle aus Beethovens 9. Sinfonie (B 49) und die Aufnahme der Europahymne (B 50). Vergleicht die beiden Aufnahmen miteinander, indem ihr besonders auf die Besetzung und den Klangcharakter achtet, und tragt eure Ergebnisse ins Arbeitsheft ein.

C 1

„Delta Q“ heißt eine Berliner **A-cappella**-Band. „A cappella“ bedeutet Gesang (fast) ohne Instrumente. Bei „Delta Q“ singen eine oder mehrere Stimmen das Solo, während die anderen Stimmen sie begleiten. Zusammen klingt die Musik oft wie die Instrumente einer Band oder eines Orchesters. Bass und Beatbox ergänzen den Klang.

Im Jahr 2015 nahm „Delta Q“ mit ihrer Version der Europahymne am Europäischen Video- und Gesangswettbewerb „Europa in Harmonie“ teil und belegte den ersten Platz. In ihrem Video unternimmt die Band eine musikalische Reise um die Welt und sagt dazu: „Ein kultureller Austausch ist nur möglich, wenn die Völker harmonisch zusammenleben können“.

Die Variation

Delta Qs „Ode an die Freude“ beginnt mit klassischem Gesang in der ersten Strophe. Dann aber präsentiert die Band fünf musikalisch veränderte Versionen zu demselben Text. Eine solche Veränderung eines Originalstücks nennt man **Variation**. Eine Abfolge von mehreren Variationen in einem Stück nennt man **Variationsfolge**. Diese Kompositionstechnik gibt es schon seit vielen Jahrhunderten.

1

2

3

4

5

6

Eigene Variationen erfinden

Bei einer Variation kann man eine Reihe musikalischer Eigenschaften verändern und das Stück neu gestalten. Hier sind einige Möglichkeiten:

Was kann verändert werden?

Melodie **Tonart** **Tempo**

Rhythmus **Klangfarbe**[W]

Beispiele

Verzierungen **Variant-Tonart** **schnell-langsam**

Punktierung **andere Instrumente**

5 Betrachtet die Bilder 1 bis 6 aus dem Musikvideo zu „Ode an die Freude“. Was für Musik würdet ihr zu diesen Bildern erwarten?

6 Hört euch die „Ode an die Freude“ von Delta Q an (C 1). Notiert, wodurch sich die Variationen unterscheiden, und diskutiert darüber. Beachtet dabei besonders Tempo, Klang, Musikstil und das vermutliche Herkunftsland der Musik.

7 Hört das Stück noch einmal und findet heraus, welcher der sechs Teile am Ende noch einmal vorkommt.

8 Erfindet eine eigene Variation auf Instrumenten. Verwendet dafür die oben abgebildeten Kärtchen und gestaltet das Stück neu.

Good Feeling: Sampling, Remix, Mashup

C 2–4

Etta James

Im Jahre 1962 veröffentlichte die amerikanische Sängerin Etta James ihren Song „Something's Got A Hold On Me". Damals ahnte sie noch nicht, dass Teile dieses Songs noch Jahrzehnte später großen Erfolg auf den Tanzflächen vieler europäischer Länder haben sollten.

Verantwortlich dafür war der schwedische House[W]-DJ Avicii: Er machte die Anfangsmelodie aus James' altem Song zur Grundlage seines weltweit bekannten Songs „Levels" (2011). Dieses bei **House** und **Rap** weit verbreitete Verfahren wird „Sampling"[W] genannt. Und der verwendete Ausschnitt des alten Songs ist ein „Sample".

DJ Avicii

Aus „Something's Got A Hold On Me" von Etta James

Text und Melodie: Etta James, Leroy Kirkland, Pearl Woods

Mitspielsatz zu Aviciis „Levels"

1 Singt die (vereinfachte) Melodie aus dem Song „Something's Got A Hold On Me" von Etta James zur CD (C 2) und übt den Mitspielsatz ein. Dann fügt beides zu einem neuen Song zusammen: Spielt sowohl zu Aviciis „Levels" (C 3) als auch alleine.

2 Hört Ausschnitte der Songs von Etta James (C 4) und Avicii (C 3). Analysiert, welche Instrumente bei welchem Song eine Rolle spielen und was sie spielen.

C 3, 5, 6

Remix[W] und Mashup

Auf dem von Avicii veröffentlichten Album findet sich auch eine von dem Electro-House[W]-DJ Skrillex bearbeitete Version des Songs „Levels" – ein sogenannter Remix. Es ist üblich, dass DJs bei ihren Aufnahmen gleich mehrere Remixe anderer Produzenten oder DJs mit veröffentlichen.

Der Rapper Flo Rida

Auch der amerikanische Rapper Flo Rida verarbeitete 2012 in seinem Song „Good Feeling" sowohl den Anfang des Songs von Etta James als auch den Beat[W] und das Keyboard-**Riff** aus Aviciis Song „Levels". Ein Riff ist ein kurzes und leicht wiederzuerkennendes **Motiv**, das in einem Popsong oft wiederholt wird. Flo Rida fügte diesen **Samples** noch seine eigenen Rap-Strophen hinzu.

Der Song „Good Feeling" von Flo Rida kann „Mashup" genannt werden. Beim Mashup mischt der Künstler die Gesangssamples eines Songs mit Riffs und Beats eines anderen Songs zusammen und erweitert sie um eigene Beiträge. So bekommen die ursprünglichen Samples auch einen neuen inhaltlichen Zusammenhang.

Ein eigenes Mashup erstellen

Mit dem Programm „Audacity" (→ S. 56ff.) lassen sich Samples leicht zu einem neuen Mashup zusammenfügen. Dabei kann man bereits vorhandene Audiodateien verwenden und auch eigene Aufnahmen der Samples oder neuer musikalischer Ideen machen.

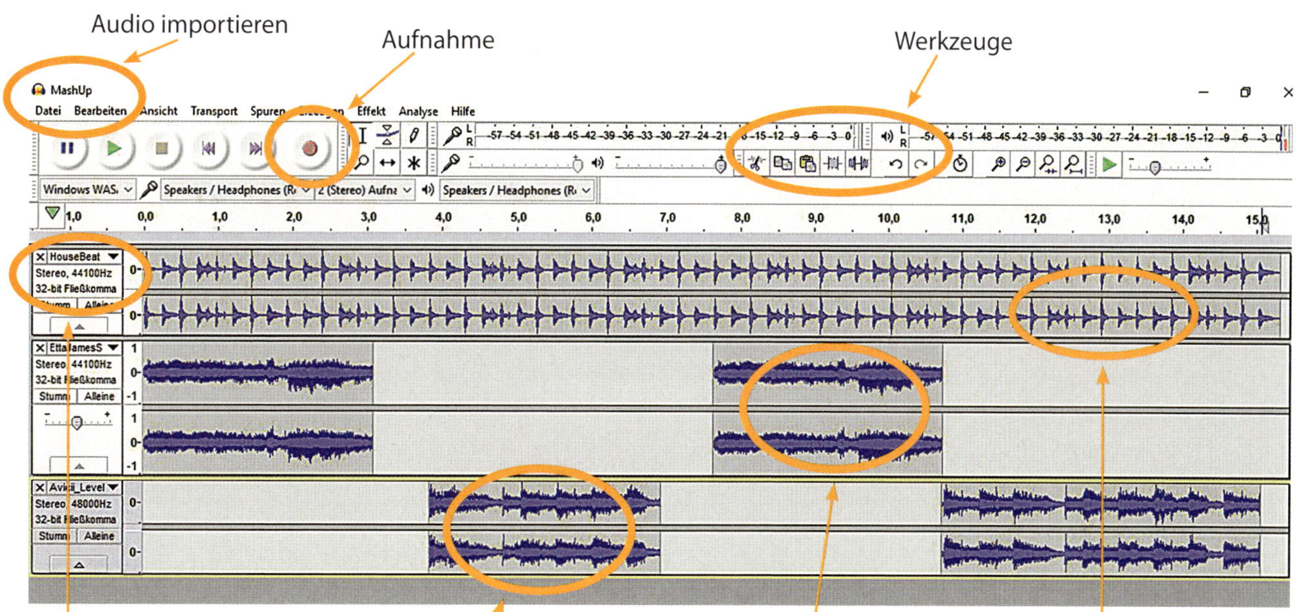

3 Vergleicht das Original von „Levels" (C 3) mit dem Remix von DJ Skrillex (C 5): Was ist gleich, ähnlich, anders?

4 Hört den Song „Good Feeling" von Flo Rida (C 6) und untersucht, welche Samples er verwendet und was er neu mit einbringt.

5 Erstellt aus Samples und aus eigenen Mitschnitten von Gesang und Mitspielsatz am Computer ein eigenes Mashup mithilfe des Programms „Audacity". Verwendet dazu mindestens die Funktionen Importieren, Schneiden und Kopieren (→ S. 56ff.).

Ein Rhythmusstück am Computer erfinden

Der Sequenzer „drumbot“

Woher bekommt man einen Schlagzeugrhythmus, wenn man kein Schlagzeug spielen kann? Heutzutage kann man am Computer relativ einfach einen Rhythmus programmieren.

Hier wird am Beispiel eines kostenlosen Internet-Sequenzers eine einfache Möglichkeit gezeigt, ein eigenes Rhythmusstück zu komponieren:

db

www.drumbot.com

Doppelklick

Sequence

An free, online step sequencer for creating drum patterns and loops.

GO

Die Komposition eines Rhythmusstücks vorbereiten

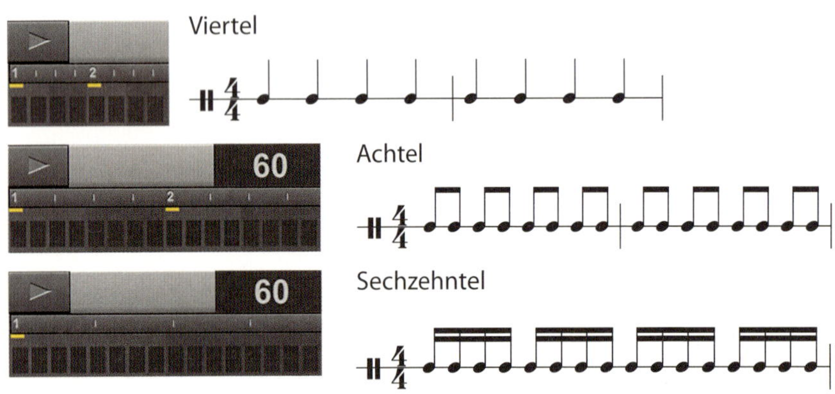

4. Resolution (Auflösung) wählen: Mit der Auflösung legt man die gewünschten Notenwerte fest: Je höher die Auflösung, umso kleiner die Notenwerte. In den meisten Fällen reicht es, die Achtel-Auflösung zu wählen.

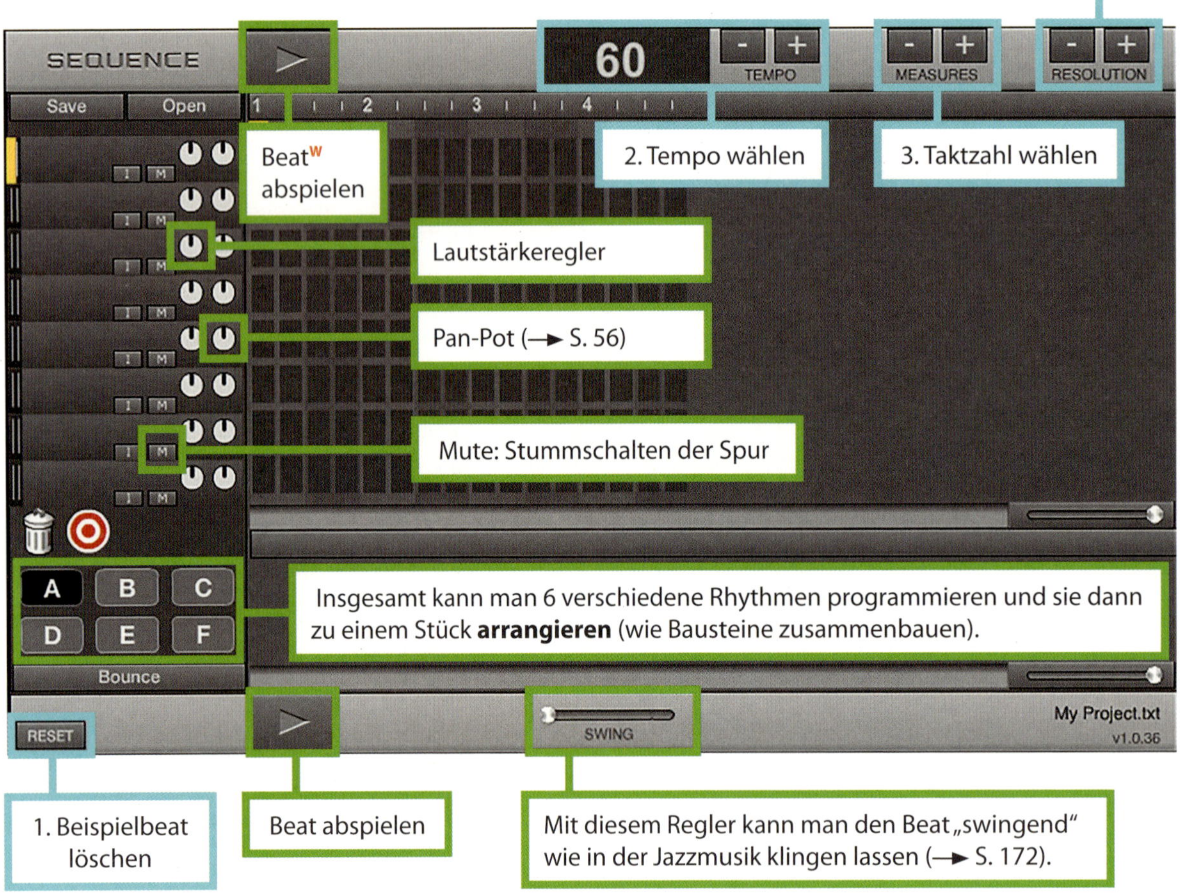

1. Geht auf die Internetseite www.drumbot.com und öffnet den Sequenzer „Sequence“.
2. Bereitet euer Rhythmusstück gemäß den oben gezeigten Schritten 1 bis 4 vor.

Instrument wählen

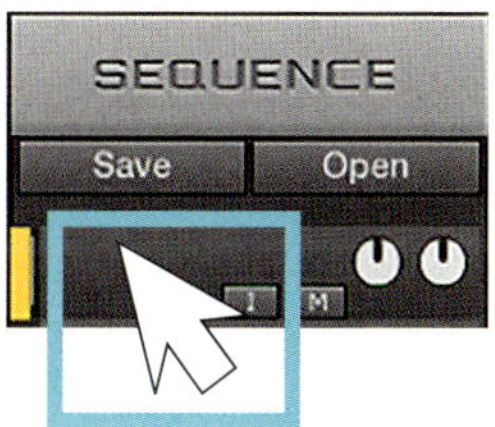

Mit der Maus in die Spur klicken, um ein Instrument zu wählen.

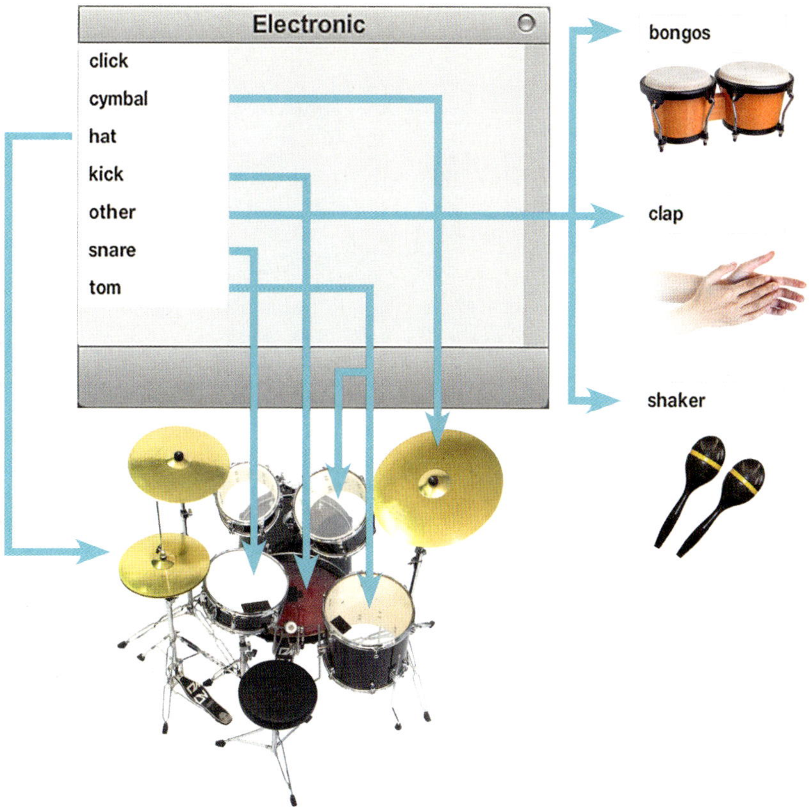

Einen Beat[W] programmieren

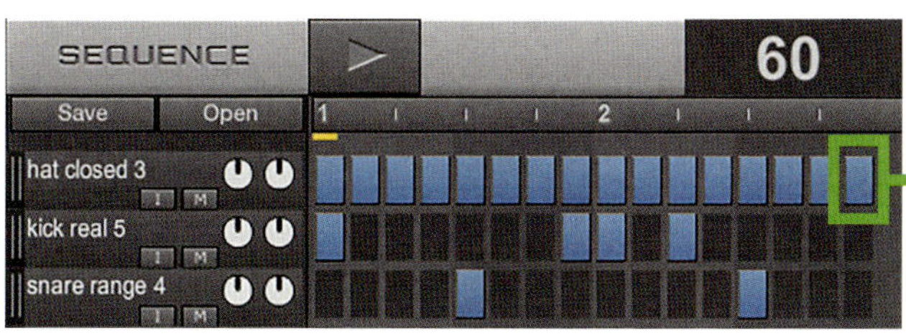

Durch Anklicken der Felder mit der Maus wird der Klang aktiviert oder deaktiviert. So kann man ausprobieren, bei welcher Zählzeit das Instrument erklingen soll. Das funktioniert sogar, während der Beat abgespielt wird.

Das Rhythmusstück arrangieren

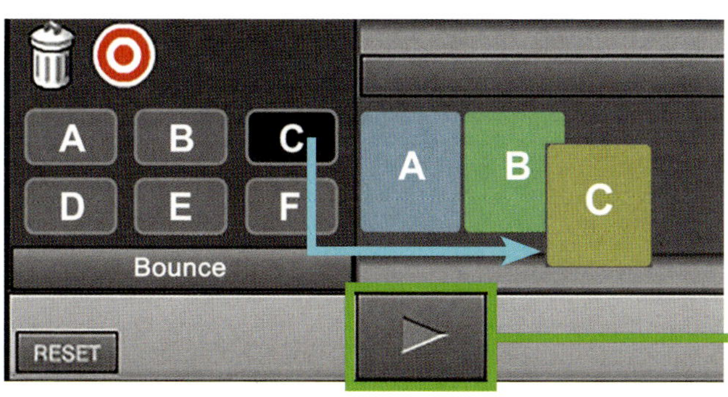

Die einzelnen Beats A bis F können nun zu dem Rhythmusstück arrangiert werden, indem die Bausteine mit der Maus angeklickt und in die Leiste gezogen werden (drag-and-drop). Mit drag-and-drop kann man Bausteine auch löschen, indem man sie in den Mülleimer zieht. Auch das geht, während das Stück abgespielt wird.

Das Stück anhören

Das Rhythmusstück speichern

Das Projekt speichern (*.txt) und beim nächsten Mal mit „Open" öffnen.

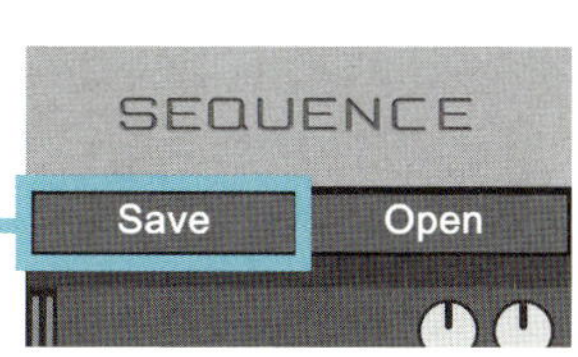

Das Rhythmusstück als Audiodatei speichern (*.wav).

3 Programmiert euer Rhythmusstück, indem ihr der Anleitung folgt.

4 Exportiert euren fertigen Rhythmus und bearbeitet ihn zusätzlich mit Audacity (→ S. 56ff).

5 Probiert auch andere kostenlose Sequenzer aus, die ähnlich funktionieren wie drumbot.

Bauteile eines Songs kennenlernen

Bauteile eines Songs

Songs bestehen im Allgemeinen aus einem vertonten **Text** mit einer eingängigen **Melodie** und **Akkorden**, die als Begleitung dienen.

Meist sind diese Akkorde nicht als Noten ausgeschrieben, sondern als **Akkord-Symbole** (z. B. C, F, G, Am) notiert.

Was ist eigentlich ein Akkord?

Ein Akkord ist ein **Zusammenklang aus mindestens drei Tönen**. Diese drei Töne werden in ihrer Grundstellung, ähnlich wie bei einem Hamburger, Schicht für Schicht übereinandergestapelt. Ein Akkord besteht aus einem Grundton als Basis (unteres Brötchen), einem mittleren Terzton (Belag) und einem oberen Quintton (oberes Brötchen) als Abschluss. Die Bezeichnung des Akkords mit einem Großbuchstaben richtet sich nach seinem jeweiligen Grundton (z. B. C).

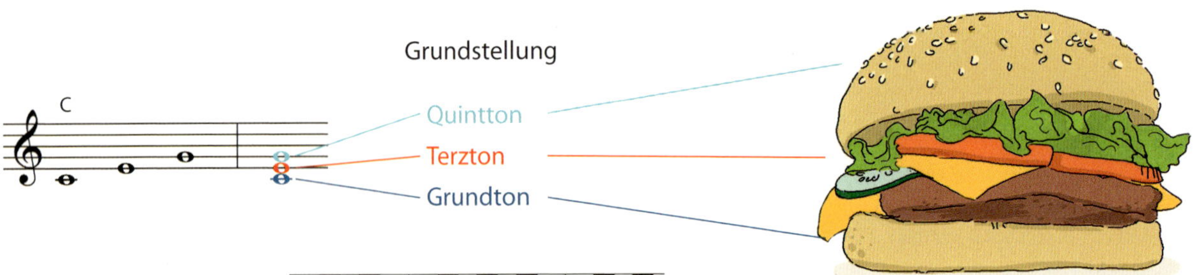

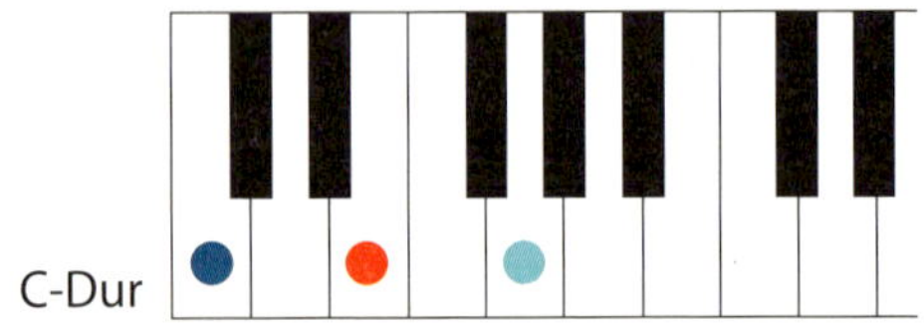

Die Mitte macht's!

Obwohl der Grundton dem Akkord seinen Namen gibt (z. B. C), ist der mittlere **Terzton** (also der Belag des Burgers) das Entscheidende. Denn dieser ist für den **Klang** (oder auf den Burger bezogen: den Geschmack) des Akkords verantwortlich. Mit der Wahl des Terztons entscheidet sich also, ob ein **Dur-Dreiklang** oder ein **Moll-Dreiklang** erklingt.

Dementsprechend wird die Akkordbezeichnung angepasst: Ist es ein Dur-Dreiklang, wird dieser mit dem Großbuchstaben des Grundtons abgekürzt. Soll ein Moll-Dreiklang erklingen, steht hinter dem Großbuchstaben des Grundtons noch ein kleines „m" für Moll (z. B. Cm).

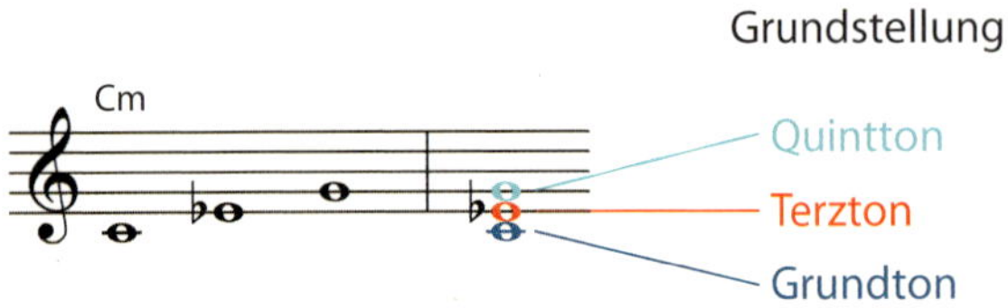

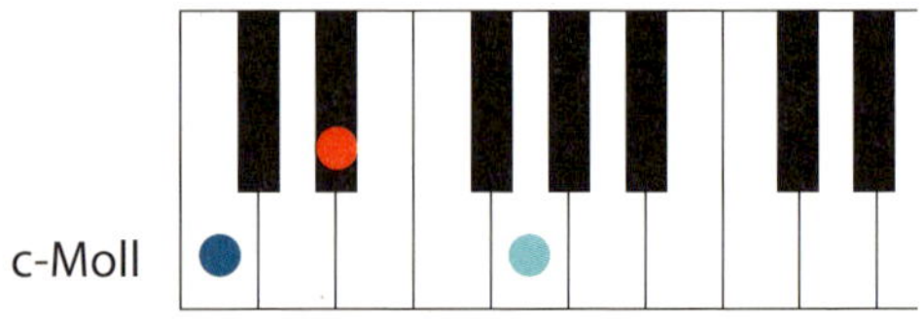

Akkorde in Dur und Moll bilden

Dur oder Moll – kleiner Unterschied mit großer Wirkung

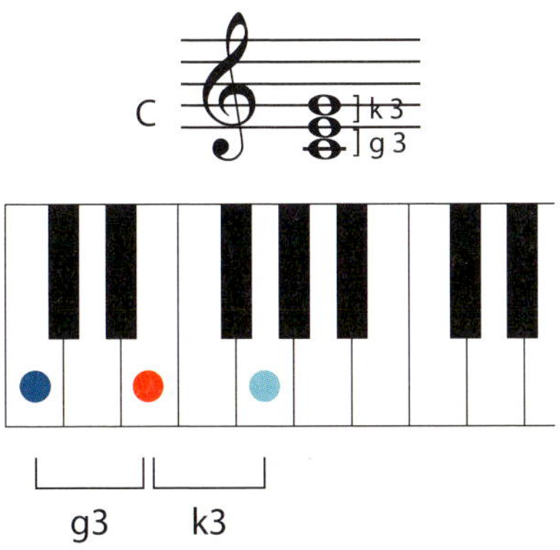

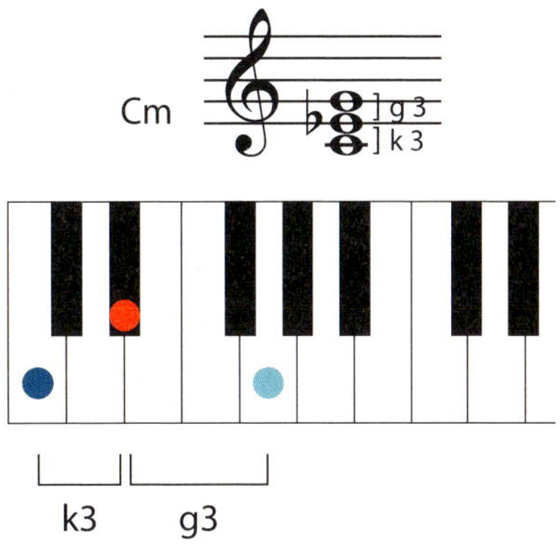

g3 = große Terz
k3 = kleine Terz

Während Grund- und Quintton sich nicht verändern, entscheidet die Position des Terztons, ob ein Dur- oder Moll-Akkord erklingt:

Bei einem **Dur-Akkord** (z. B. c'– e'– g') befindet sich die große Terz (c' – e', 4 Halbtonschritte) unten und die kleine Terz (e'– g', 3 Halbtonschritte) oben.

Bei einem **Moll-Akkord** (z. B. c' – es' – g') befindet sich die kleine Terz (c' – es', 3 Halbtonschritte) unten und die große Terz (es' – g', 4 Halbtonschritte) oben.

Der Terzton eines Dur-Akkords klingt also höher als der Terzton eines Moll-Akkords. Das macht vor allem beim Hören den kleinen Unterschied mit großer Wirkung aus.

Dreiklänge in Dur oder Moll?

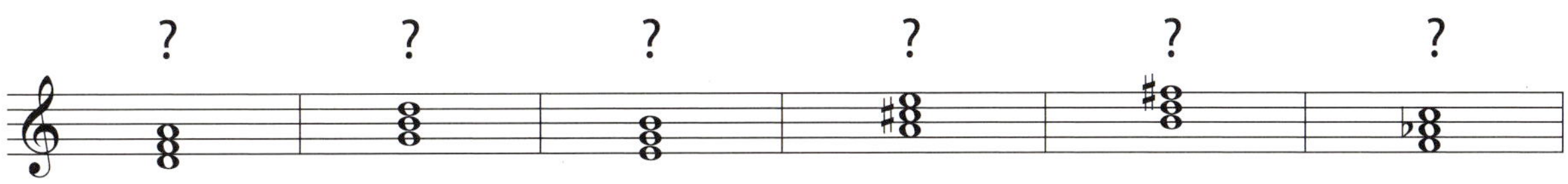

Dur-Moll-Stück

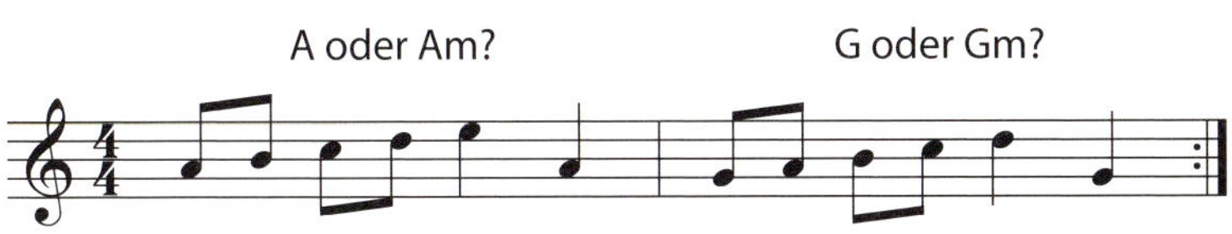

1. Schreibt die oben stehenden Dreiklänge auf, überlegt, welche davon Dur-Akkorde und welche Moll-Akkorde sind und notiert die passenden Akkord-Symbole darüber.
2. Vergleicht eure Ergebnisse untereinander.
3. Spielt euch die Dreiklänge gegenseitig erst **gebrochen** (Töne nacheinander) und dann **gleichzeitig** vor. Gebt an, ob es sich um einen Dur- oder Moll-Akkord handelt.
4. Wählt drei der Akkorde aus und verändert den Terzton so, dass aus dem Dur- ein Moll-Akkord wird und umgekehrt. Spielt dann die beiden Akkorde im Wechsel und gebt an, welcher der Dur- und welcher der Moll-Akkord ist.
5. Spielt das Dur-Moll-Stück und wählt anhand der Akkord-Symbole für jeden Takt einen passenden Begleitakkord aus. Begründet eure Entscheidung.

Eine Songbegleitung per Zufallsgenerator erstellen

Die Zufallsgenerator-Begleitung

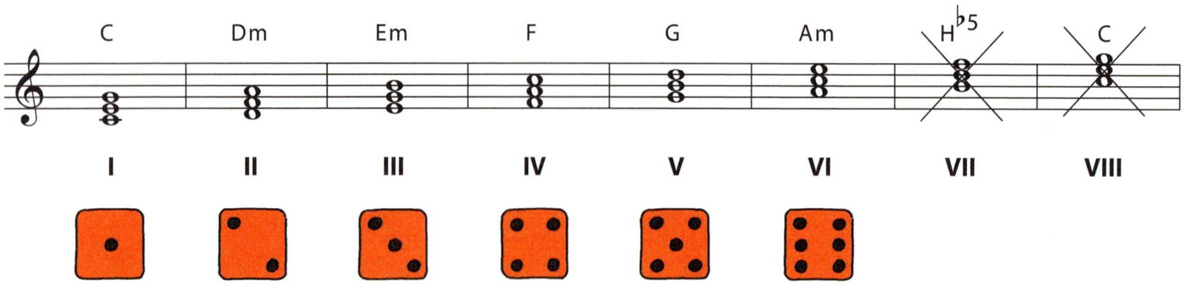

Bei einer Zufallsgenerator-Begleitung lässt man – wie der Name schon sagt – den Zufall bzw. den Würfel entscheiden: Wenn man auf jedem der acht Töne einer Tonleiter (z. B. C-Dur-Tonleiter) einen Dreiklang aufbaut, erhält man die **leiter-eigenen Dreiklänge** dieser Tonleiter, die aus Dur- und Moll-Akkorden bestehen.

Diese acht leitereigenen Dreiklänge werden auch als **Stufen** bezeichnet, die mit den römischen Ziffern I bis VIII gekennzeichnet werden. Da die VII. Stufe eine etwas „schräge" Ausnahme bildet und die VIII. Stufe eine oktavierte Widerholung der I. Stufe ist, werden diese nicht berücksichtigt.

Übrig bleiben also sechs Stufen, die für eine Song-Begleitung per Zufall kombiniert werden können.

Beispiel für eine Zufallsgenerator-Begleitung

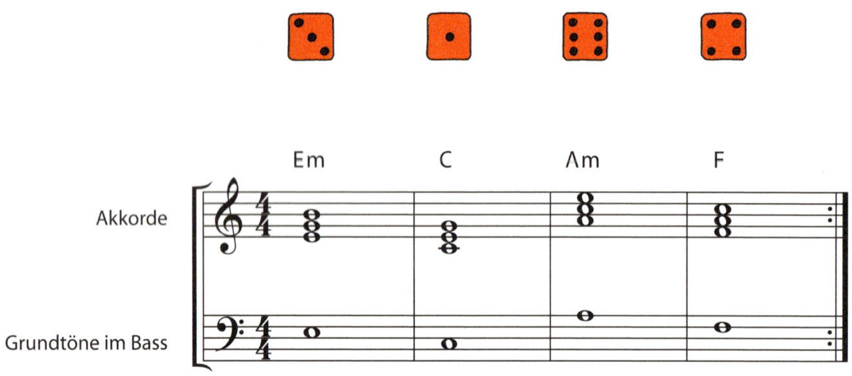

Rhythmus-Varianten

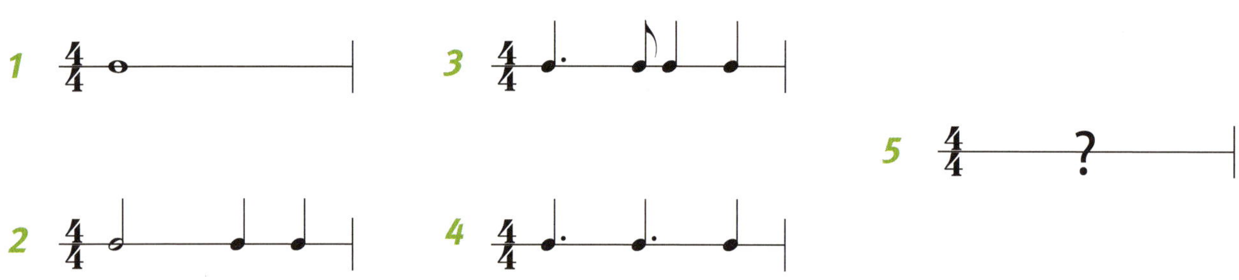

1 Erwürfelt in Gruppen vier Akkorde. Spielt sie z. B. auf dem Keyboard und spielt die Grundtöne auf dem Bass dazu. Wenn ihr mit eurem Ergebnis nicht zufrieden seid, würfelt erneut und notiert anschließend euer Endergebnis.

2 Sucht einen Rhythmus für eure Begleitung aus: Nehmt einen der vorgegebenen Rhythmen 1 bis 4 oder einen eigenen Rhythmus für die Bassstimme und dann für die Akkorde. Welcher Rhythmus gefällt euch, welcher nicht?

3 Erfindet nun eine passende Melodie zu eurer Akkordfolge.

4 Erfindet abschließend einen passenden Text zur Melodie und präsentiert euren Zufalls-generator-Song der Klasse.

Einen Song begleiten

Songs begleiten, aber wie?

Eine Vielzahl von Songs wird mit nur drei Akkorden begleitet.

Die **Dreiklänge auf den Stufen I, IV und V** sind dabei von besonderer Bedeutung. Mit diesen drei Akkorden kann man alle Melodietöne des Songs innerhalb einer bestimmten Tonart begleiten, weshalb man sie auch als **Hauptdreiklänge** bezeichnet. Die Anzahl der Vorzeichen sowie der Endton eines Songs geben Aufschluss darüber, in welcher Tonart der Song steht. Bei dem folgenden Song „Happy Birthday" sind keine Vorzeichen vorhanden und der Endton ist c'. Das Stück steht also in C-Dur.

Songs werden oft in einer vereinfachten Notationsweise geschrieben: Nur die Melodiestimme wird mit Noten versehen und die Begleitung wird als Akkordsymbolschrift notiert.

Diese Notationsweise nennt man **Leadsheet**.

„Happy Birthday"

Hast du gewusst, dass „Happy Birthday" der meistgesungene Song der Welt ist? Jede Sekunde wird er irgendwo auf der Welt gesungen, selbst im Weltall erklang er schon.

Dabei hieß der Song ursprünglich „Good Morning To You" und wurde um 1890 von den Schwestern Patty Smith Hill und Mildred J. Hill aus Louisville für deren Kindergartenkinder komponiert.

Leadsheet von „Happy Birthday"

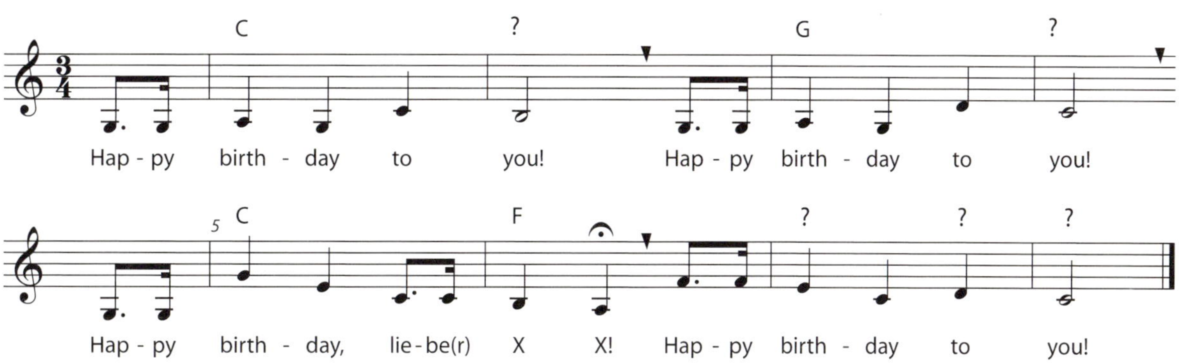

Patty Smith Hill, Mildred J. Hill

Begleit-Akkorde

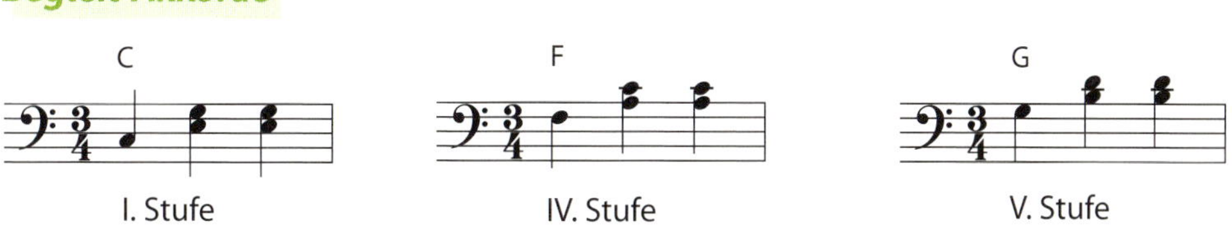

1 Ordnet dem unvollständigen Leadsheet den jeweils passenden Begleit-Akkord zu. Beachtet dabei, dass die Begleit-Akkorde im Bassschlüssel (→ S. 226) stehen. Schreibt dann das vollständige Leadsheet auf. Bedenkt: Um die fehlenden Akkorde zuordnen zu können, muss der Melodieton im Akkord vorkommen. Manchmal passen zwei Begleit-Akkorde. Probiert beide aus und entscheidet, welcher besser klingt. Nehmt im vorletzten Takt einen Akkord-Wechsel vor.

2 Spielt „Happy Birthday" zu zweit auf dem Keyboard oder auf Stabspielen. Teilt euch in Melodie- und Bassstimme auf und singt dazu.

Einen Song transponieren

Songs für alle singbar machen

Kennt ihr das? Ihr hört einen Song und möchtet gerne mitsingen. Aber die Töne der Melodie sind für euch zu hoch oder zu tief, und das Mitsingen fällt dadurch schwer oder es klingt nicht gut.

Um einen Song für sich selbst gut singbar zu machen, muss man ihn **transponieren**. Das bedeutet, dass man den Song **auf eine andere Tonhöhe** bringt. Dadurch ändern sich nicht nur die Töne der Melodie, sondern auch die der Begleitakkorde. Denn der Song wird durch die Transposition in eine andere **Tonart** übertragen.

Die Dur-Tonarten

Jede Tonart hat ihre eigenen **Vorzeichen**. Wenn man also einen Song in eine andere Tonart transponiert, muss man die entsprechenden Vorzeichen kennen.

Die **Dur-Tonarten** können zwei Sorten von Vorzeichen haben: ein **B** ♭ oder ein **Kreuz** #. Die Anzahl der Vorzeichen (1 ♭, 2 ♭ usw.) bestimmt die Tonart. Die dadurch entstehende Reihenfolge der Tonarten bleibt immer gleich. Ebenso ist es mit den Moll-Tonarten (→ S. 229).

Die folgenden lustigen Sätze können helfen, sich die Reihenfolge der Dur-Tonart und damit auch die Anzahlen der Vorzeichen zu merken:

♭ B-Tonarten				# Kreuz-Tonarten			
Merksatz	Dur-Tonart	Anzahl der Vorzeichen	Töne*	Merksatz	Dur-Tonart	Anzahl der Vorzeichen	Töne*
Frische	F-Dur	1 ♭	b	**G**eh,	G-Dur	1 #	fis
Butter	B-Dur	2 ♭	b, es	**D**u	D-Dur	2 #	fis, cis
Essen	Es-Dur	3 ♭	b, es, as	**A**lter	A-Dur	3 #	fis, cis, gis
Asse	As-Dur	4 ♭	b, es, as, des	**E**lch,	E-Dur	4 #	fis, cis, gis, dis
Des	Des-Dur	5 ♭	b, es, as, des, ges	**H**ol	H-Dur	5 #	fis cis, gis, dis, ais
Gesangs-vereins!	Ges-Dur	6 ♭	b, es, as, des, ges, ces	**Fis**che!	Fis-Dur	6 #	fis, cis, gis, dis, ais, eis

Ausnahme: C-Dur hat keine Vorzeichen.							

*Aufgezählt werden hier nur die Töne, die nicht zur Stammtonreihe gehören.

„Happy Birthday" in G-Dur

Auf Seite 123 steht der Song „Happy Birthday" in C-Dur. Für manche kann der Song in dieser Tonart aber zu tief sein. Damit man den Song leichter singen kann, kann man ihn ein paar Töne höher, z. B. nach G-Dur, transponieren.

Um den Song von C-Dur nach G-Dur zu transponieren, werden zunächst wieder die I., IV., und V. Stufe benötigt, um die Basstöne und die Begleitakkorde herauszufinden (→ S. 123). Diesmal sind es allerdings die Stufen der G-Dur-Tonleiter.

G-Dur

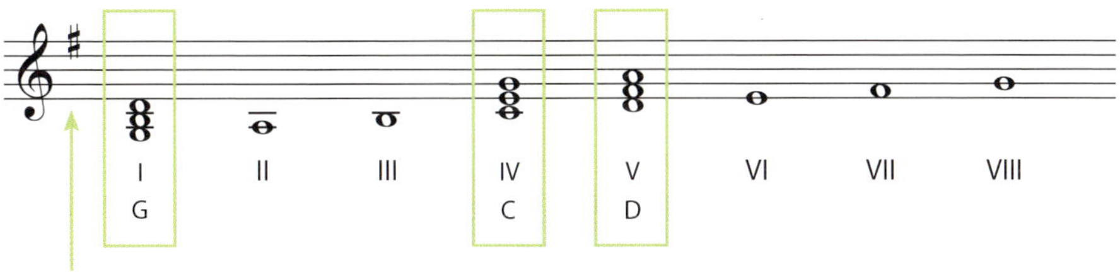

Da G-Dur **ein Kreuz** (fis) als Vorzeichen besitzt, wird dieses **am Anfang jeder Notenzeile** notiert. Jeder Ton f, egal in welcher Tonlage, wird damit automatisch zum Ton fis.

Die Melodie von „Happy Birthday" beginnt in C-Dur mit einem g (→ S. 123). Das g liegt eine Quinte über dem Grundton c. In G-Dur liegt der Ton d' eine Quinte über dem Grundton g. Deshalb beginnt die Melodie in G-Dur nun auf d'.

Beim Transponieren bleiben die Intervalle (→ S. 230) also gleich. Nur die Tonhöhe verändert sich.

Der Melodieanfang von „Happy Birthday" sieht in G-Dur nun so aus:

Die **Akkorde** (hier G und C) können je nach Tonart, in der der Song steht, **unterschiedliche Funktionen** übernehmen: In C-Dur bildet der C-Dur-Akkord die I. Stufe. Transponiert man den Song jedoch nach G-Dur, erhält der C-Dur-Akkord die Funktion der IV. Stufe.

Der G-Dur-Akkord wiederum bildet in C-Dur die V. Stufe. Transponiert man aber einen Song von C-Dur nach G-Dur, so wird der G-Dur-Akkord zur I. Stufe.

Akkorde von „Happy Birthday" in G-Dur

G ? ? ?
Happy birthday to you! Happy birthday to you!

? ? ? ? ?
Happy birthday, liebe(r) X X! Happy birthday to you!

1 Schreibt den Melodieanfang von „Happy Birthday" in G-Dur auf und transponiert die restlichen Takte selbst (→ S. 123).

2 Schreibt gemäß der Notation eines Leadsheets (→ S. 123) die Akkord-Symbole G, C und D passend über die Melodie.

3 Notiert die entsprechenden neuen Begleit-Akkorde (→ S. 123) G, C und D im Bassschlüssel.

4 Spielt den Song in G-Dur zu zweit auf dem Keyboard oder auf Stabspielen. Teilt euch dazu in Melodie- und Bassstimme auf.

5 Transponiert den Song nach F-Dur und nach A-Dur. Welche Transposition findet ihr für das gemeinsame Singen am besten? Begründet eure Entscheidung.

Einen eigenen Song komponieren

Der Songbaukasten für Dur-Tonarten am Beispiel C-Dur

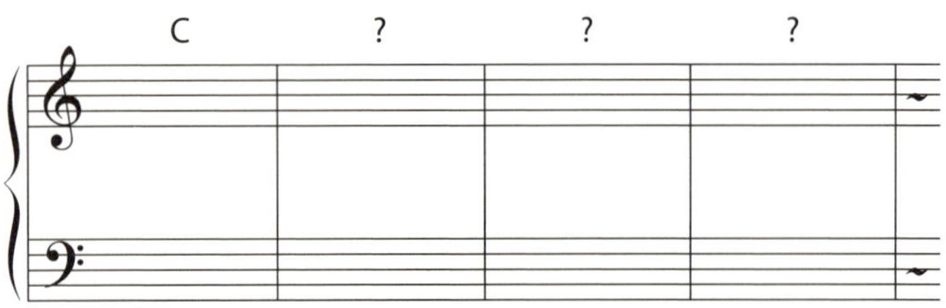

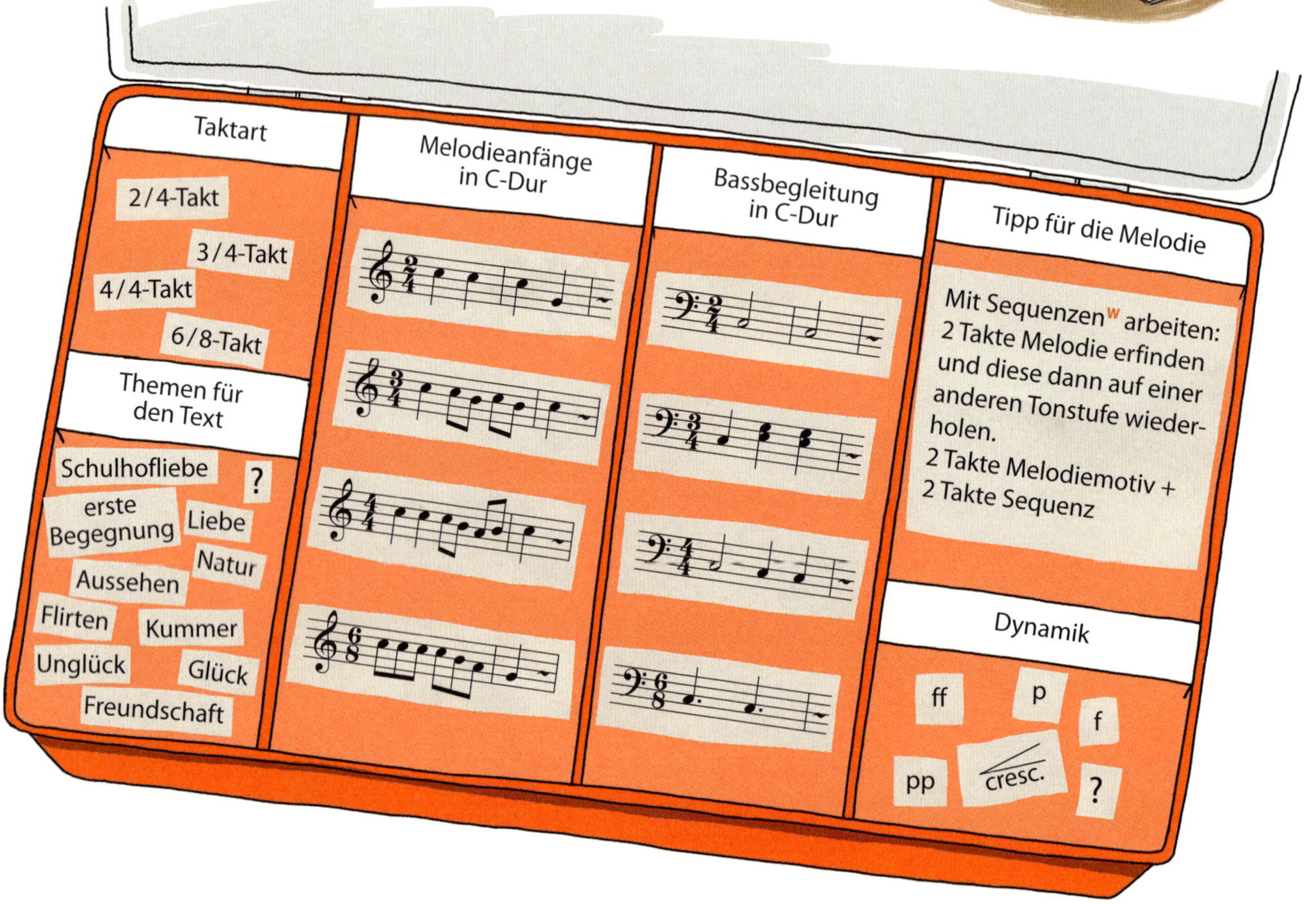

Tipps und Tricks für den Text

1. Ein Thema wählen und sich dazu Stichpunkte machen; dann Stichpunkte in eine Reihenfolge bringen, sodass eine kleine Geschichte entsteht
2. Die Geschichte in eine Gedichtform bringen und dabei darauf achten, dass die Anzahl der Silben in jeder Verszeile gleich ist; eine Taktart wählen und sie zum Gedicht mitklopfen
3. Immer zwei Verszeilen hintereinander aufschreiben und ein passendes Reimpaar für die Zeilenenden finden
4. Überlegen, welche Verszeilen den Refrain bilden sollen und somit wiederholt werden
5. Anschließend mindestens zwei Strophen mit jeweils identischer Silbenanzahl ergänzen

1 Komponiert einen 8-taktigen Song in C-Dur, indem ihr die Bausteine Taktart, Themen für den Text, Melodieanfänge und Bassbegleitung aus dem Songbaukasten sowie die Stufen I, IV und V verwendet (→ S. 123 – 125). Lasst euch auch von dem Tipp für die Melodie und den Dynamikangaben anregen.

2 Notiert zusätzlich die Akkord-Symbole der I., IV. und V. Stufe über der Melodie.

3 Transponiert euren Song in zwei andere Tonarten und überlegt, welche Tonart sich zum Mitsingen gut eignet.

4 Spielt euren Song zu zweit auf dem Keyboard oder auf Stabspielen. Teilt euch in Melodie- und Bassstimme auf und singt dazu.

Ein Leadsheet zum eigenen Song gestalten

C 7

„Truly Madly Deeply“ von Savage Garden

Intro

C – G – F – G

Strophe 1

C G
I'll be your dream, I'll be your wish, I'll be your fantasy,

F G
I'll be your hope, I'll be your love, be everything that you need.

C G
I love you more with every breath, truly madly deeply do,

F G
I will be strong, I will be faithful 'cause I'm counting on

C G
a new beginning, a reason for living,

F G
a deeper meaning, yeah!

Refrain

C G
I want to stand with you on a mountain,

F G
I want to bathe with you in the sea,

C G
I want to lay like this forever,

F G
until the sky falls down on me.

Strophe 2

C G
And when the stars are shining brightly in the velvet sky,

F G
I'll make a wish send it to heaven then make you want to cry.

C G
The tears of joy for all the pleasure and the certainty

F G
that we're surrounded by the comfort and protection of

C G
the highest power, in lonely hours,

F G
the tears devour you.

Refrain

Bridge

C G
Oh can't you see it, baby?

F
You don't have to close your eyes,

G F
'cause it's standing right before you.

G
All that you need will surely come.

Solo

C – G – F – G

Strophe 3

C G
I'll be your dream, I'll be your wish, I'll be your fantasy,

F G
I'll be your hope, I'll be your love, be everything that you need.

C G
I'll love you more with every breath,

F G
truly madly deeply do.

Refrain, 2x

Outro / Fade-out (→ S. 233)
C – G – F – G …

Text und Akkorde: Darren Hayes, Daniel Jones

1. Hört den Song (C 7) und benennt die Taktart.
2. Singt den Song und begleitet euch selbst mit einer Bassbegleitung mithilfe der Akkord-Symbole (→ S. 123 – 125).
3. Transponiert den Song, der in G-Dur steht, nach D-Dur und nach A-Dur (→ S. 124, 125).
4. Notiert nun euer eigenes Leadsheet, indem ihr eure selbst erfundene Melodie und euren Songtext aufschreibt und sie mit Akkord-Symbolen verseht.
5. Singt und spielt euch eure Songs gegenseitig vor und tauscht anschließend eure Leadsheets untereinander, sodass jeder auch einmal den Song eines anderen spielt.

El Río

2. La flauta del pastorcito en el río se cayó,
Pusose contento el río, su música se llevó,
Pusose contento el río, su música se llevó.
Na na na …

3. Y un llanto d'una niña en el río se cayó,
pusose contento el río, cristalino se volvió,
Pusose contento el río, cristalino se volvió.
Na na na …

Text und Melodie: aus Peru
Bearbeitung: Annemarie Hoff

C 8

Übersetzung des Textes

1. Fiel die Blüte der Cantuta in den hellen Ufersand,
   und der Fluss gab sich zufrieden, trug den Duft hinaus ins Land,
   und der Fluss gab sich zufrieden, trug den Duft hinaus ins Land.
   Na na na…

2. Fiel die Flöte eines Hirten in den hellen Ufersand,
   und der Fluss gab sich zufrieden, trug den Klang hinaus ins Land,
   und der Fluss gab sich zufrieden, trug den Klang hinaus ins Land.
   Na na na…

3. Als die Klage eines Mädchens nah dem Fluss zu hören war,
   rauschten leiser seine Wellen, wurden wie Kristall so klar,
   rauschten leiser seine Wellen, wurden wie Kristall so klar.
   Na na na…

Die Cantuta – eine heilige Pflanze

Der Cantuta-Baum ist in Peru heimisch. Er gilt als die **heilige Pflanze der Inkas**.

Der Legende nach herrschten dort zwei Könige, die miteinander in Streit gerieten, weil einer dem anderen seinen Reichtum nicht gönnen wollte. Es kam zum Krieg, in welchem beide tödlich verwundet wurden. Bevor sie starben, erteilten sie ihren Söhnen den Auftrag, den Kampf unerbittlich fortzusetzen.

Die beiden Prinzen folgten zunächst dem Wunsch der Väter. Als sie sich aber ebenfalls einander tödliche Verletzungen zugefügt hatten, erkannten sie die Sinnlosigkeit des alten Streits und schlossen Frieden.

Man begrub sie nebeneinander, und ringsum im Land wächst seither die Cantuta-Pflanze, die zum Zeichen der Versöhnung der beiden verfeindeten Familien in zwei Farben blüht: Gelb und Rot. Die Farbe Grün aber, die beide Pflanzen gemeinsam haben, steht für die Hoffnung.

Begleitpatterns

1

2

3
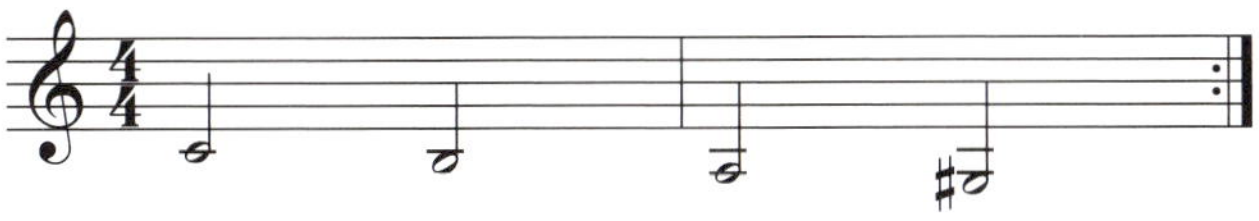

Rhythmuspattern für Cajón

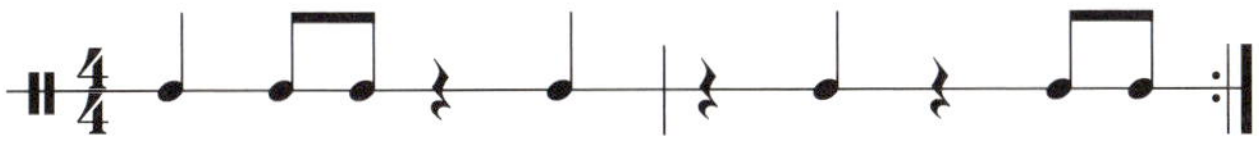

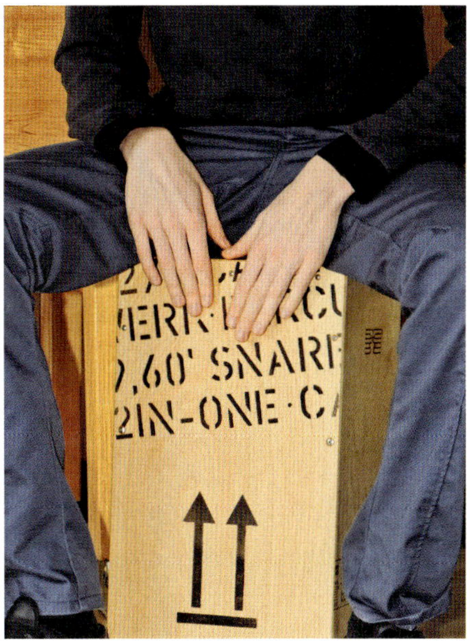

1. Singt das Lied (C 8) einstimmig und zweistimmig auf Spanisch und auf Deutsch.
2. Übt die Begleitpatterns 1 bis 3 auf unterschiedlichen Instrumenten ein.
3. Übt das Rhythmuspattern auf einer Cajón oder einem anderen Schlaginstrument ein.
4. Erfindet neue Patterns mit den Tönen a, c′ und e′. Spielt auch in unterschiedlichen Oktavlagen.
5. Stellt die Patterns zu einer abwechslungsreichen Liedbegleitung zusammen.

Einen Chorsatz improvisieren

Was ist Improvisation?

Musikalische Improvisation bedeutet Instrumentalspiel oder Gesang, ohne dass im Vorhinein genau feststeht, was gespielt oder gesungen wird. Das Musikstück wird also in demselben Augenblick erfunden, in dem es erklingt.

Um gemeinsam ein Musikstück zu improvisieren, trifft man **Verabredungen**, nach denen sich einerseits jeder Spieler oder Sänger richten muss, die ihm aber andererseits genügend **Freiraum** lassen, seine eigenen musikalischen Ideen spontan einzubringen. Welche oder wie viele Verabredungen man trifft bzw. wie frei ein improvisiertes Musikstück gehalten sein soll, ist sehr unterschiedlich.

Besonders lebendig wird es, wenn die Musizierenden nicht nur auf die eigene Stimme, sondern auch auf die **Stimmen der anderen** achten und auf sie eingehen. Das können sie tun, indem sie etwa einander spontan abwechseln, die anderen Stimmen imitieren oder kleine Dialoge ohne Worte entwickeln.

Was ist Improvisation?

Um einen Chorsatz[W] zu improvisieren, muss zuerst ein **Harmonieschema** zugrundegelegt werden.

Das Schema besteht hier aus zwei Dreiklängen, die die ganze Zeit über als Begleitung mitgespielt werden. Hierzu eignet sich ein Klavier, aber auch andere Tasteninstrumente oder eine Gitarre sind denkbar.

Die Dreiklänge kann man geschlossen oder gebrochen spielen. Gebrochene Dreiklänge können aufwärts, abwärts oder abwechselnd in beide Richtungen gespielt werden.

Begleitung

geschlossene Dreiklänge

gebrochene Dreiklänge

Schritt 1: Improvisation mit Silben

A

Begleitung hören

B

zur Begleitung summen

C

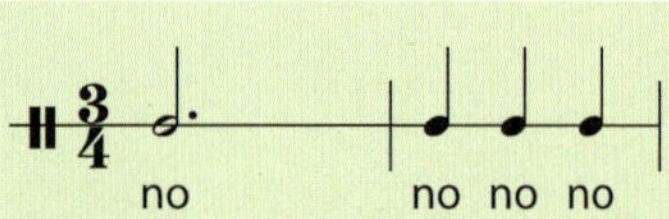

synchron[W] rhythmisierte Silben singen

D

komplementär[W] rhythmisierte Silben singen

1. Wählt einen von euch, der die oben abgebildete Begleitung spielt, sodass die Dreiklänge in einer länger andauernden, sich abwechselnden Folge erklingen. Der Spieler achtet dabei auf die Einhaltung des ¾-Takts und auf ein gleichmäßiges Tempo.
2. Hört der Folge von Dreiklängen zu (Karte A). Achtet dabei auf die Länge der Takte und die Harmoniewechsel.
3. Summt zu jedem Takt einen der Dreiklangstöne mit (Karte B).
4. Singt die zuvor gesummten Klänge auf der Silbe „no". Wiederholt dabei den auf Karte C gezeigten Rhythmus.
5. Bildet zwei Gruppen und singt die Dreiklangsfolge mit dem komplementären Rhythmus (Karte D).

Schritt 2: Improvisation mit gesprochenem Text

E

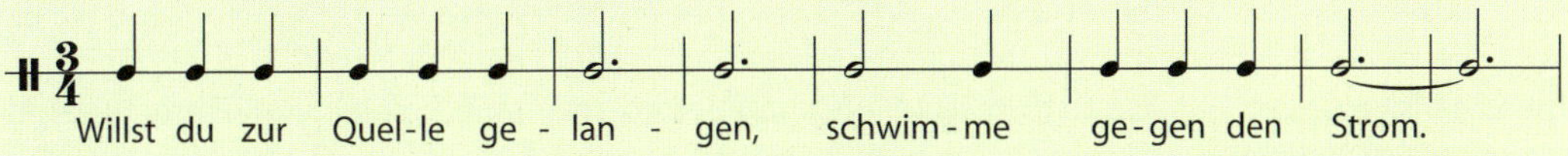

Text: buddhistische Weisheit *Rhythmus: Annemarie Hoff*

synchron[W] rhythmisierte Silben singen

F

asynchron[W] sprechen

Schritt 3: Improvisation mit gesungenem Text

G

Text zur Begleitung singen

H

Text polyfon[W] gestalten

I

Endfassung gestalten

6 Sprecht den Text gemeinsam und achtet dabei darauf, dass ihr synchron sprecht (Karte E).

7 Sprecht den Text gemeinsam, wobei jeder sein eigenes Sprechtempo wählt. Es soll bewusst asynchron klingen (Karte F). Verwendet dazu Pausen, wiederholt Wörter oder lasst Wörter aus. Bestimmt einen von euch, der verschiedene Lautstärken anzeigt.

8 Wählt einen oder mehrere Töne der vorgegebenen Dreiklänge und singt den Text zur Begleitung (Karte G).

9 Singt den Text mehrfach hintereinander polyfon (Karte H).

10 Singt den ersten Textteil („Willst du …") polyfon. Wiederholt diesen Teil so lange, bis einer von euch das Zeichen gibt für den zweiten Teil („schwimme …"), der von allen synchron gesungen wird (Karte I).

11 Erfindet weitere Gestaltungmöglichkeiten und entwickelt einen Chorsatz[W], der die Aussage des Textes wirkungsvoll zum Ausdruck bringt.

Romantik – Was war los in Europa?

Der deutsche Staat existiert noch nicht

Bevor man sich mit Musik, Bildender Kunst oder Literatur in der Romantik beschäftigt, sollte man zuerst einen Blick auf die europäische Politik im 19. Jahrhundert werfen: Zu Beginn des 19. Jahrhunderts gab es das Deutschland, wie wir es heute kennen, noch nicht. Der geografische deutschsprachige Raum war unterteilt in eine Vielzahl von unabhängigen Herrschaftsgebieten, die alle ihre eigenen Gesetze hatten. Die Menschen hatten zwar eine gemeinsame Sprache, aber eine **gemeinsame nationale Identität** hatten sie nicht.

Sieg über Napoleon – Hoffnung und Enttäuschung

1789 hatten in Frankreich die Ideen von Freiheit, Gleichheit und Brüderlichkeit zur **Französischen Revolution** geführt. Bei dieser Revolution hatte das Volk den König und die Mitglieder des Königshauses entmachtet und hingerichtet.

Der nachfolgende Kaiser Napoleon hatte dann bei dem Versuch, ganz Europa zu erobern, Chaos und Verwirrung hervorgerufen. Schließlich wurde er 1813 in der Völkerschlacht bei Leipzig endgültig besiegt. Daraufhin fing man an, das deutsche Reichsgebiet neu zu ordnen. Dabei stellte sich heraus, dass die französischen Ideen von Freiheit, Gleichheit und Brüderlichkeit längst auch im deutschsprachigen Raum angekommen waren.

Daher hoffte man nun auf eine freiheitlichere Gesetzgebung in einem vereinigten Deutschland.

In den Jahren 1814/1815 kamen in Wien 200 Vertreter europäischer Herrschaftsgebiete zusammen, um eine **Neuordnung Europas** vorzunehmen. Das Ergebnis war jedoch für viele Menschen enttäuschend: Die alten Machtansprüche im deutschen Raum wurden bestätigt oder wiederhergestellt. Die Pressefreiheit blieb eingeschränkt. Der Wunsch nach einem einheitlichen Deutschland wurde nicht erfüllt. Wer nicht dazu bereit war, sich den Wünschen seines Herrschers zu fügen, musste mit Bestrafung rechnen. Und so verließen zahlreiche Menschen das Land.

„Wie lange möchte uns das Denken wohl noch erlaubt bleiben?"
Karikatur eines unbekannten Zeichners um 1819

Auswanderungslied

2. Schlimmer wird es jetzt von Tag zu Tage,
   Schweigen ist nur unser einzig Recht:
   Untertanen ziemet keine Klage,
   und gehorchen muss dem Herrn der Knecht.

3. Unsre Brüder werden ausgewiesen,
   mehr als alles Recht gilt Polizei.
   Heute trifft es jenen, morgen diesen,
   jeder, jeder Deutsch' ist vogelfrei.

4. Deutsche Freiheit lebet nur im Liede,
   deutsches Recht, es ist ein Märchen nur.
   Deutschlands Wohlfahrt ist ein langer Friede
   voll von lauter Willkür und Zensur.

5. Darum zieh'n wir aus dem Vaterlande,
   kehren nun und nimmermehr zurück,
   suchen Freiheit uns am fremden Strande –
   Freiheit ist nur Leben, ist nur Glück.

Text: August Heinrich Hoffmann von Fallersleben   Melodie: volkstümlich

C 9

Gleichwertigkeit der Kulturen

Seit Ende des 18. Jahrhunderts wuchs immer mehr das Interesse an alten Bräuchen und am Volkstum. Ein Grund dafür war, dass man sich die vergangene Zeit als heil und vorbildlich dachte. Dabei beschränkte man sich nicht nur auf die eigene Kultur. Vor allem Schriftsteller und Komponisten erforschten und sammelten auch Gedichte und Lieder anderer Völker.

1778 erschien eine Textsammlung mit dem Titel **„Stimmen der Völker in Liedern"**. Der Dichter Johann Gottfried Herder hatte darin Lieder und Gedichte zusammengefasst, die er als besonders schön und ursprünglich ansah. Das Werk enthielt nicht nur deutsche Texte, sondern auch Texte aus England, Spanien, Estland, Polen und anderen Ländern. Nicht alle diese Dichtungen waren anonyme Überlieferungen. Es finden sich auch Texte berühmter Schriftsteller, wie z. B. Shakespeare, darunter.

Diese Offenheit für andere Kulturen wird ebenfalls deutlich in dem 1808 erschienenen Werk „Die teutschen Volksbücher" von Joseph Görres. Denn Görres erklärt die französischen und englischen Dichtungen für genauso genial wie die deutschen, da sie alle die gleichen Wurzeln haben: ihr jeweiliges Volk.

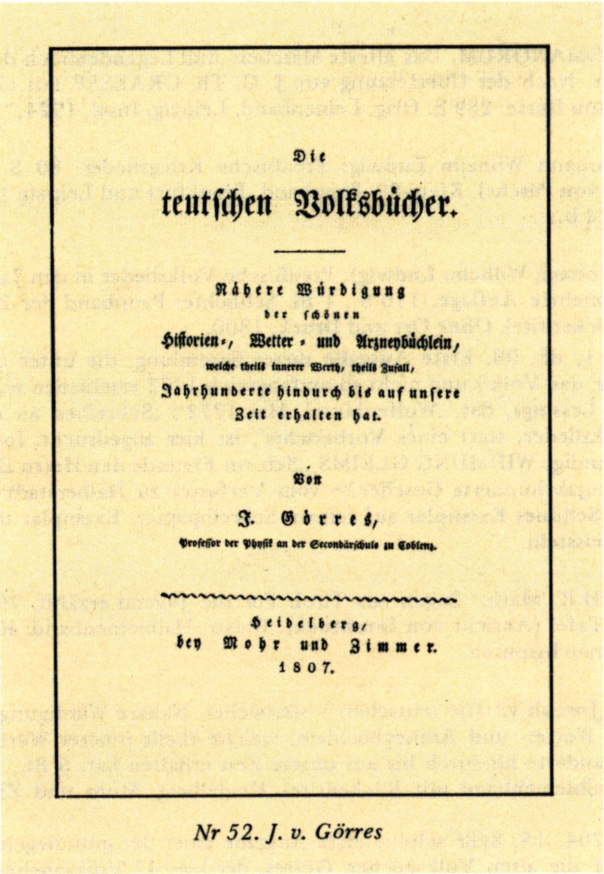

Die

teutschen Volksbücher.

Nähere Würdigung der schönen Historien-, Wetter- und Arzneybüchlein, welche theils innerer Werth, theils Zufall, Jahrhunderte hindurch bis auf unsere Zeit erhalten hat.

Von

J. Görres,

Professor der Physik an der Secondärschule in Coblenz.

Heidelberg, bey Mohr und Zimmer.

1807.

Nr 52. J. v. Görres

Das Titelblatt der „teutschen Volksbücher" von Joseph Görres

Sammlungen und neue Dichtungen

Im Laufe des 19. Jahrhunderts entstanden zahlreiche Lieder- und Textsammlungen. 1812 und 1815 erschienen die beiden Bände der Kinder- und Hausmärchen, die von den Brüdern Jacob und Wilhelm Grimm zusammengetragen wurden. Zusätzlich zu den Sammlungen volkstümlicher Lieder und Texte entstanden nun auch Lieder, die im Stil eines Volkslieds komponiert und gedichtet wurden. Die Formen und Inhalte dieser Werke sollten das wirkliche Leben, Denken und Fühlen der Menschen abbilden. Das Lied „Kein schöner Land" erschien 1840 in der Sammlung „Deutsche Volkslieder".

Kein schöner Land

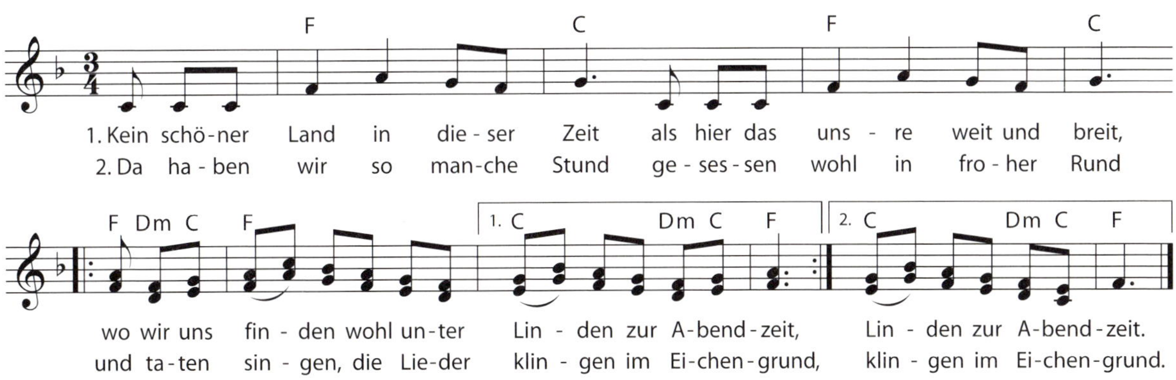

Text: Anton Wilhelm von Zuccalmaglio   Melodie: volkstümlich   Bearbeitung: Annemarie Hoff

1 Lest die Texte auf Seite 132 und hört das Auswanderungslied (C 9).

2 Betrachtet das Bild auf Seite 132. Stellt einen Zusammenhang zwischen den Texten, dem Lied und dem Bild her.

3 Lest die Texte auf dieser Seite. Was wurde im 18./19. Jahrhundert unter dem Begriff „Volkslied" verstanden? Vergleicht eure Ergebnisse mit eurer bisherigen Vorstellung davon, was ein Volkslied ist.

4 Singt das Lied „Kein schöner Land" einstimmig und zweistimmig. Ordnet den Inhalt des Liedtextes in den historischen Zusammenhang des 19. Jahrhunderts ein.

Liebe – der Herzschlag der Romantik

Der Schmied

Text: Ludwig Uhland Melodie: Johannes Brahms

C 10

Die Liebe in Gedichten der Romantik

Während der Epoche der Romantik entstanden zahlreiche Gedichte. In ihnen wurden Gedanken und Gefühle in verschlüsselter, indirekter Form zum Ausdruck gebracht. Viele Gedichte handelten von der Liebe als dem größten aller Glücksversprechen. Natürlich durfte das Ziel aller Sehnsüchte nicht durch das Alltägliche seinen Zauber verlieren. Daher blieb es in fast allen Gedichten bei einer Liebe aus der Ferne, ohne Erfüllung in der Realität. Die dargestellte Liebe wurde getragen von Hoffnung, Begeisterung, Sehnsucht oder auch Enttäuschung. Ein wichtiger Dichter der Romantik ist Joseph von Eichendorff. Von ihm stammt das folgende Gedicht:

Liebe in der Fremde (Ausschnitt)

Wie kühl schweift sich's bei nächt'ger Stunde,
Die Zither treulich in der Hand!
Vom Hügel grüß' ich in die Runde
Den Himmel und das stille Land.

Wie ist da alles so verwandelt,
Wo ich so fröhlich war, im Tal,
Im Wald, wie still! Der Mond nur wandelt
Nun durch den hohen Buchensaal.

Und fröhlich greif ich in die Saiten,
O Mädchen, jenseits überm Fluss,
Du lauschest wohl und hörst's von weitem
Und kennst den Sänger an dem Gruß!

Joseph von Eichendorff

Caspar David Friedrich: Frau vor untergehender Sonne (1818)

Abendstille überall

Text und Melodie: Fritz Jöde

1 Hört das Lied „Der Schmied" (C 10) und erläutert den Textinhalt.

2 Untersucht die Klavierbegleitung. Klopft ihren Rhythmus. Was könnte sie darstellen im Hinblick auf das, was im Lied erzählt wird, bzw. auf die Gefühle der beiden Menschen?

3 Lest den Text zur Liebe in romantischen Gedichten und vergleicht seinen Inhalt mit euren Erkenntnissen zum Lied.

4 Lest das Gedicht von Eichendorff und betrachtet das Bild. Beschreibt dann den Zusammenhang zwischen Musik, Dichtung, Malerei und Liebe während der Epoche der Romantik.

5 Singt den Kanon „Abendstille überall" und stellt einen Zusammenhang zwischen ihm, dem Gedicht und dem Bild her.

Kinderträume

Der Dichter spricht

Robert Schumann

C 11

„Kinder müssen wir werden, wenn wir das Beste erreichen wollen."

Damit spricht der Maler Philipp Otto Runge (1777 – 1810) einen Gedanken aus, den viele Menschen im 19. Jahrhundert teilten und der in vielen damaligen Texten, Bildern und Kompositionen seinen Ausdruck fand: In der Zeit der Romantik sah man Kinder als natürliche und vollkommene Menschen an, die noch nicht von gesellschaftlichen Zwängen beeinflusst waren. Kinder mussten nun nicht mehr zu „kleinen Erwachsenen" erzogen werden. Ebenso wie Dichter und Musiker standen sie jetzt für eine heile, spielerische Welt – die Welt der Fantasie. Durch diese Welt konnte man der ungeliebten Realität entkommen.

Diego Velasquez:
Die Infantin Margarita Teresa im weißen Kleid
(1656)

Carl Christian Vogel v. Vogelstein:
Bildnis einer sächsischen Prinzessin mit ihrer Puppe
(1849)

Die Kindheit musikalisch darstellen: Robert Schumanns „Kinderszenen"

Das Klavierstück „Der Dichter spricht" stammt aus einer Sammlung kurzer Klavierstücke von Robert Schumann. Die Sammlung trägt den Titel „Kinderszenen" und wurde 1838 veröffentlicht. Jedes der darin enthaltenen Stücke hat eine Überschrift, die einen Einblick in das Leben eines Kindes gibt. Auch wenn Schumann diese Überschriften erst später hinzugefügt hat – einen Zusammenhang mit der jeweiligen Musik gibt es bestimmt.

Die „Kinderszenen" sind ein Klavierzyklus[W], der ein poetisches Bild der Kindheit darstellt: Die Kindheit wird hier als eine Zeit gesehen, die verschwunden ist und in die man sich zurücksehnt.

1. Hört das Klavierstück „Der Dichter spricht" (C 11) und beschreibt seine Wirkung.
2. Betrachtet den Aufbau des Stücks und stellt einen Bezug zwischen dem eingerahmten Notenbild in Takt 12 und dem Titel her.
3. Vergleicht die beiden Bilder miteinander. Achtet dabei auf Kleidung und Körperhaltung der Mädchen, auf die gezeigten Gegenstände und den Hintergrund.
4. Lest die Texte auf dieser Seite und stellt sie in Beziehung zu dem Klavierstück und zu den Bildern.

Faszinierende Zauberwelt

Der Zauberlehrling

Hat der alte Hexenmeister
Sich doch einmal wegbegeben!
Und nun sollen seine Geister
Auch nach meinem Willen leben!
Seine Wort' und Werke
Merkt' ich und den Brauch,
Und mit Geistesstärke
Tu ich Wunder auch.

Walle! Walle
Manche Strecke,
Dass zum Zwecke
Wasser fließe,
Und mit reichem, vollen Schwalle
Zu dem Bade sich ergieße!

Und nun komm, du alter Besen!
Nimm die schlechten Lumpenhüllen!
Bist schon lange Knecht gewesen;
Nun erfülle meinen Willen!
Auf zwei Beinen stehe, oben sei ein Kopf,
Eile nun und gehe
Mit dem Wassertopf!

Walle! Walle
Manche Strecke,
Dass zum Zwecke
Wasser fließe,
Und mit reichem, vollen Schwalle
Zu dem Bade sich ergieße!

Seht, er läuft zum Ufer nieder;
Wahrlich! Ist schon an dem Flusse,
Und mit Blitzesschnelle wieder
Ist er hier mit raschem Gusse.
Wie das Becken schwillt!
Wie sich jede Schale
Voll mit Wasser füllt!

Stehe! Stehe!
Denn wir haben
Deiner Gaben
Vollgemessen! – Ach, ich merk' es!
Wehe! Wehe!
Hab' ich doch das Wort vergessen!

Ach, das Wort, worauf am Ende
Er das wird, was er gewesen.
Ach, er läuft und bringt behände!
Wärst du doch der alte Besen!
Immer neue Güsse
Bringt er schnell herein,
Ach! Und hundert Flüsse
Stürzen auf mich ein!

Nein, nicht länger
Kann ich's lassen;
Will ihn fassen.
Das ist Tücke!
Ach! Nun wird mir immer bänger!
Welche Miene! Welche Blicke!

O, du Ausgeburt der Hölle!
Soll das ganze Haus ersaufen?
Seh' ich über jede Schwelle
Doch schon Wasserströme laufen.
Ein verruchter Besen,
Der nicht hören will!
Stock, der du gewesen,
Steh' doch wieder still!

Willst's am Ende gar nicht lassen?
Will dich fassen,
Will dich halten,
Und das alte Holz behände
Mit dem scharfen Beile spalten.

Seht, da kommt er schleppend wieder!
Wie ich mich nun auf dich werfe,
Gleich, o Kobold, liegst du nieder;
Krachend trifft die glatte Schärfe!
Wahrlich, brav getroffen!
Seht, er ist entzwei!
Und nun kann ich hoffen,
Und ich atme frei!

Wehe! Wehe!
Beide Teile
Stehn in Eile
Schon als Knechte
Völlig fertig in die Höhe!
Helft mir, ach! Ihr hohen Mächte!

Und sie laufen! Nass und nässer
Wird's im Saal und auf den Stufen.
Welch entsetzliches Gewässer!
Herr und Meister! Hör' mich rufen! –
Ach, da kommt der Meister!
Herr, die Not ist groß!
Die ich rief, die Geister,
Werd' ich nun nicht los!

„In die Ecke,
Besen! Besen!
Seid's gewesen!
Denn als Geister
Ruft euch nur zu seinem Zwecke
Erst hervor der alte Meister."

Johann Wolfgang von Goethe

C 12–16

Hintergründe zum Gedicht

Obwohl Johann Wolfgang von Goethe kein Vertreter der Romantik war, wird „Der Zauberlehrling" der Romantik zugeordnet. Genau 100 Jahre, nachdem Goethe diese Ballade (→ S. 105) geschrieben hatte, setzte der Komponist Paul Dukas den Balladentext als Orchesterstück um. Dukas war ein Vertreter der späten Romantik. Deshalb faszinierte ihn auch die Vorstellung von Zauberei und Magie jenseits der Alltagswelt. Dukas' Orchesterstück ist der **Programmmusik** zuzuordnen. Viele Werke dieser Musikgattung entstanden während der Epoche der Romantik.
In seinem Stück ordnet Dukas verschiedene Inhalte bestimmten Melodien zu, die immer wieder auftreten. Man nennt diese musikalischen Bausteine „Leitmotive" (→ S. 63). Diese Kompositionsweise wurde im 19. Jahrhundert entwickelt.

Luise Duttenhofer: Der Zauberlehrling (um 1800)

Der Zauberlehrling als Orchesterstück

1. Wassermotiv (Violinen)

2. Lehrlingsmotiv (Flöte)

3. Motiv für den Zauberspruch (Hörner und Trompeten)

4. Besenmotiv (Fagott)

Paul Dukas

1. Lest die Ballade „Der Zauberlehrling" und überlegt, was Goethe damit sagen wollte.
2. Lest den Text über die Hintergründe zum Gedicht, hört die einzelnen Leitmotive (C 12–15) und beschreibt, was sie darstellen sollen.
3. Hört das gesamte Stück (C 16). Verfolgt dabei die Einsätze der Leitmotive und beschreibt deren Veränderungen.
4. Wie gestaltet Dukas den Teil des Gedichts, wenn beide Besen-Teile Wasser holen?
5. Entwickelt eine Choreografie zu der Musik, in der ihr die Geschichte pantomimisch nachspielt.

Farinelli

Corrado Giaquinto: Farinelli (1753)

Ein Weltstar der Vergangenheit

Nicht nur heutzutage, sondern auch in den letzten Jahrhunderten gab es umjubelte Superstars auf der Bühne, in Opernhäusern und in Konzertsälen. Ein **großer Star der Barockzeit** (→ S. 66ff.) war Carlo Broschi, der den Künstlernamen „Farinelli" trug. Er wurde am 24. Januar 1705 in Andria geboren, einer Stadt im Süden Italiens. Seine Eltern gehörten dem niederen Amtsadel an, was sich vorteilhaft für seine musikalische Entwicklung auswirkte. Denn so konnte er privaten Gesangsunterricht erhalten.

Schon im Alter von sechs Jahren fiel den Eltern Farinellis stimmliche Begabung auf. Dies führte dazu, dass sie für ihren Sohn die **Laufbahn eines Kastraten** beschlossen.

Warum taten Eltern so etwas ihren Söhnen an? Hauptsächlich aus wirtschaftlichen Gründen.Vor allem Bauern verkauften die Söhne, die eine stimmliche Begabung hatten, an die Kirche in der Hoffnung, sie würden dadurch berühmt und ihre Armut hätte ein Ende.

Was passierte damals bei einer Kastration?

Durch einen Einschnitt in die Leiste wurden die Hoden des Jungen entfernt. Anschließend wurde der Samenleiter durchtrennt und abgebunden. Diese **Operation** fand **ohne** eine **Betäubung** statt. Sie wurde häufig nicht von Ärzten, sondern von Barbieren (Badepfleger und Friseur für Männer) oder Kurpfuschern (jemand, der ohne medizinische Ausbildung Kranke behandelt) durchgeführt. Das Eintauchen des Jungen in ein Milch- oder Eiswasserbad und das Einnehmen von Opium (Betäubungsmittel) sollte dabei seine Schmerzen lindern. Dieser Eingriff hatte für viele Jungen fatale Folgen: Sie konnten dadurch verbluten, depressiv werden oder erblinden.

Auswirkungen der Kastration auf die Stimme

Das Ziel der Kastration war die Erhaltung der hohen Knabenstimme. Denn der in der Pubertät übliche Stimmbruch wurde dadurch vermieden. Ein kastrierter Junge behielt also seine schöne strahlende Kinderstimme. Der **Stimmumfang** eines Kastraten war sehr groß. Er konnte in einem Tonumfang von bis zu **drei Oktaven** mühelos singen.

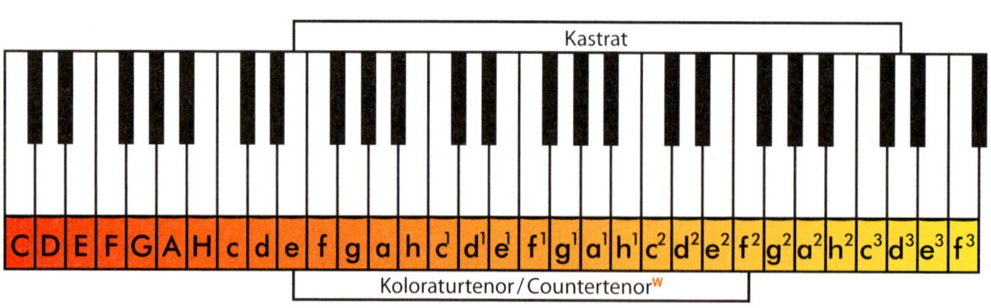

Farinelli erobert Italien und England

Der Italiener Farinelli war neun Jahre alt, als bei ihm die Kastration durchgeführt wurde. Anschließend bekam er privaten Gesangsunterricht bei dem Sänger und Komponisten Nicola Porpora aus Neapel. Anlässlich des Geburtstags von Kaiser Karl VI. 1720 hatte Farinelli seinen ersten Auftritt. Schnell sprachen sich seine Erfolge in **Rom**, **Venedig** und **Neapel** herum, und er trat dort in vielen berühmten Königs- und Fürstenhöfen auf. 1734 erhielt er eine Einladung nach **London**. Er wurde der Star des Ensembles von Porpora, das in Konkurrenz zum Ensemble von Georg Friedrich Händel stand.

Farinelli war in der Lage, 150 Noten einer Melodiepassage auf einer Silbe in nur einem Atemzug zu singen. Nach seinen Auftritten forderte das adlige englische Publikum so viele Zugaben, dass diese verboten wurden, damit die Konzerte nicht zu lange dauerten. Das einfache Volk fand jedoch keinen Zugang zu seiner Musik. Und es gab auch Bevölkerungsschichten, die das Kastratentum und die „unbritische" Gesangsweise ablehnten.

Der Prince of Wales entschied sich 1737 bei seiner Hochzeit für eine Musik von Händel. Daraufhin verließ Farinelli enttäuscht England und reiste Richtung Spanien. Eine Zwischenstation machte er noch in **Paris** am Hof von Ludwig XV. Als Entlohnung für sein musikalisches Können erhielt er dort aber lediglich eine goldene Tabakdose, was eine sehr geringe Wertschätzung seiner Musik darstellte.

C 17

Farinelli als Wunderheiler am Spanischen Hof

Die spanische Königin Elisabeth rief Farinelli an ihren Hof. Er sollte ihrem psychisch kranken Mann, König Philipp V., helfen. Der Gesang Farinellis wirkte positiv auf das Befinden des Königs, der ihn sofort zum Familiendiener ernannte. Dadurch erhielt Farinelli **viele Privilegien** (besondere Rechte). Er sang jeden Abend für den König, bis zu dessen Tod 1746.

Nach dem Tod des Königs übernahm das Prinzenpaar Ferdinand und Maria Barbara die Herrschaft in **Spanien**. Da Maria auch musikbegeistert war, räumte sie Farinelli viele Vorrechte ein. Unter anderem holte sie den Musiker Domenico Scarlatti an ihren Hof, der sie und Farinelli am Cembalo begleitete.

Ab 1747 **leitete** Farinelli **die königliche Oper**. Es wurde ihm der Calatrava-Orden, die höchste spanische Auszeichnung, verliehen. Als Ferdinand und Maria starben, bestieg Karl III. 1759 den spanischen Thron. Leider war dieser König völlig unmusikalisch und entließ Farinelli, stattete ihn jedoch mit einer lebenslangen Pension aus.

1760 verließ Farinelli Spanien und kehrte in seine Heimat Italien zurück. Die letzten zwölf Jahre seines Lebens verbrachte er in Bologna.

Der Film „Farinelli“

Das berühmte Leben des Kastraten Farinelli wurde 1994 verfilmt. Da es verständlicherweise keine Tonaufzeichnungen von Farinellis Gesang gibt, wurde der Gesang für den Film mit einem technischen Trick aufgenommen: Die Stimmen, die damals Kastraten sangen, werden heute von Countertenören[W] gesungen. Das sind Tenöre, die mithilfe ihrer Kopfstimme auch in höheren Stimmlagen singen können. Für den Film wurden die **Gesangsstimmen** des **Countertenors** Derek Lee Ragin und der polnischen **Koloratur-Sopranistin**[W] Ewa Malas Godlewska im Tonstudio **gemischt**. Dabei übernahm der Countertenor die tieferen und die Sopranistin die hohen Passagen. Auf diese Weise konnten sie sich dem Kastratenklang so gut wie möglich annähern. Der Film „Farinelli“ wurde 1995 mit dem Golden Globe als bester fremdsprachiger Film ausgezeichnet.

Der Countertenor Derek Lee Ragin

Der Schauspieler Stefano Dionisi in der Rolle des Farinelli

Die Koloratur-Sopranistin Ewa Malas Godlewska

1 Informiert euch im Internet über die Zeit der Kastraten und diskutiert in Gruppen über die Entscheidung vieler Eltern von damals, ihre Söhne für eine Gesangskarriere kastrieren zu lassen. Befragt dazu auch euren Geschichtslehrer.

2 Schaut euch den Filmausschnitt an und interpretiert die Reaktionen des Publikums auf den Gesang Farinellis.

3 Hört den im Studio gemixten Gesang, der für den Film verwendet wurde (C 17). Wann singt die Koloratur-Sopranistin und wann der Countertenor?

Zwei Pianisten: Frédéric Chopin und Keith Jarrett

Der Virtuose

Zu allen Zeiten gab es Musiker, die ihr Instrument in so hohem Maße beherrschten, dass sie ein besonderes Ansehen genossen und größte Anerkennung erhielten. Bis heute nennt man diese Künstler **Virtuosen**. Ihr Spiel fasziniert und begeistert, gleichgültig, um welchen musikalischen Stil es sich handelt.

Im 19. Jahrhundert entwickelte sich die Technik des Instrumentenbaus in besonderem Maße. So erweiterten sich die Klangmöglichkeiten bei vielen Instrumenten. Komponisten dieser Zeit konnten Werke erschaffen, die diese erweiterten Klangmöglichkeiten der neuen Instrumente mit einbezogen. Diese Kompositionen boten dem Hörer neue Klangerlebnisse. Gleichzeitig stellten sie aber auch größere Anforderungen an die Solisten. Der Instrumentalvirtuose erhielt in jener Zeit nicht nur im Konzertsaal große Aufmerksamkeit. Man traf sich auch im privaten Kreis, meistens im Salon (Wohnzimmer) eines wohlhabenden Hauses, und genoss den Abend bei Gesprächen und Musik.

Musik im Salon

Hier präsentierten Künstler eigene oder fremde Kompositionen oder sie improvisierten. **Improvisation** nennt man eine Spielweise, bei der der Künstler freie und spontane Erfindungen vorträgt, die – ähnlich wie Seifenblasen – vorbeiziehen und verschwunden sind, noch bevor man sie aufschreiben kann.

Frédéric Chopin

Chopin war ein großer Pianist des 19. Jahrhunderts, der bereits in jungen Jahren als Wunderkind galt. Er wurde 1810 in Polen geboren und emigrierte (wanderte aus) 1830 aus politischen Gründen nach Frankreich, wo er 1840 starb. Er schrieb hauptsächlich Werke für Klavier. In diesen Werken verarbeitete er oftmals die Volksmusik seiner Heimat, der er sich sein Leben lang verbunden fühlte. In den Pariser Salons schätzte man sein außerordentlich virtuoses Klavierspiel, das neben eigenen und fremden Kompositionen auch Improvisationen umfasste. Bis heute werden seine Werke immer wieder aufgeführt und fordern von dem jeweiligen Pianisten ein virtuoses Spielvermögen und die Fähigkeit zu sensibler klanglicher Ausdrucksweise.

Henryk Siemiradzki: Chopin spielt im Salon des Fürsten Radziwill (1887)

Keith Jarrett

Keith Jarrett bei einem Klavierkonzert

Der Pianist Keith Jarrett wurde 1945 in Pennsylvania, USA geboren. Sein musikalisches Talent wurde früh erkannt und gefördert: Bereits mit drei Jahren bekam er den ersten Klavierunterricht und stand schon als Siebenjähriger auf einer Konzertbühne. Mit 17 Jahren spielte er sein erstes eigenes Klavierkonzert mit Orchester. Obwohl er zunächst klassisch ausgebildet wurde, wandte er sich bald dem Jazz zu.
Jarrett spielte mit namhaften Musikern zusammen, wie z. B. dem Jazztrompeter Miles Davis. Außerdem spielte er weltweit als Solopianist Konzerte mit improvisierter Klaviermusik. Sein Schaffen ist vielseitig. In seinen Jazz-Programmen setzte er auch Instrumente ein, die für diesen Stil unüblich sind, wie z. B. die Kirchenorgel und das Clavichord. 1989 nahm er die berühmten Goldberg-Variationen von Johann Sebastian Bach auf und erhielt dafür einen Preis.

C 18, 19

Chopins Nocturne in b-Moll op. 9 – die Improvisation in der Komposition

Dieses Werk entstand vermutlich in den Jahren 1831 – 1832, nachdem Chopin seine Heimat Warschau verlassen hatte und nach Paris gezogen war. Dort wurde er bald als Pianist, Komponist und Lehrer bekannt. Chopin widmete dieses Nocturne der Pianistin Marie Pleyel. Sie war die Ehefrau des Pianisten und Klavierfabrikanten Camille Pleyel, in deren Haus Chopin in Paris zu Gast war. Dem Improvisator Chopin fiel es oft schwer, seine Stücke aufzuschreiben. Das Nocturne in b-Moll ist eine Komposition, die stellenweise wie ein improvisiertes Stück klingt.

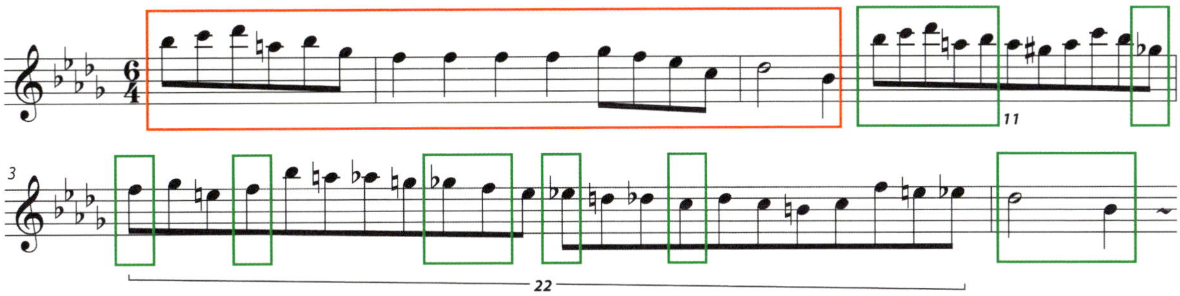

Frédéric Chopin

Keith Jarretts The Köln Concert, Part I – die Komposition in der Improvisation

Eigentlich wollte Jarrett das Konzert am 24.01.1975 in Köln absagen, denn er hatte festgestellt, dass der Flügel, auf dem er spielen wollte, verwechselt worden war und man ihm stattdessen ein kleineres Instrument mit einigen defekten Tasten zur Verfügung gestellt hatte. Auf Bitten der Veranstalterin entschloss er sich dann aber doch zu spielen. Zu diesem Zeitpunkt wusste er noch nicht, dass dies sein berühmtestes Solokonzert werden würde …

Von der Tonaufnahme entstand 1991 eine Transkription[W] in Notenschrift, die von Jarrett autorisiert wurde. Die ersten fünf Töne dieses Werks bilden ein **musikalisches Motiv**, das in dem Stück immer wieder vorkommt – entweder originalgetreu oder in Abwandlung. Dies ist eine Kompositionstechnik, die seit dem Barockzeitalter bis in die Neuzeit immer wieder verwendet wurde. Das Motiv, das Jarrett für sein Konzert auswählte, ist – so geht das Gerücht – der Pausengong des Kölner Opernhauses, wo das Konzert stattfand.

Keith Jarrett

1 Hört euch die Anfänge von Chopins Nocturne und Jarretts Köln Concert (C 18, 19) an. Sammelt Adjektive, mit denen sich eure Klangeindrücke beschreiben und vergleichen lassen.

2 Lest die Texte auf Seite 142 und betrachtet die Bilder. Welche Gemeinsamkeiten und Unterschiede lassen sich bezüglich der beiden Künstlerpersönlichkeiten feststellen?

3 Betrachtet das Thema (rote Markierung) von Chopins Nocturne. Beschreibt dann die Veränderung des Themas im weiteren Verlauf (grüne Markierung) und ihre Wirkung.

4 Betrachtet den Notenausschnitt von Jarretts Köln Concert und findet heraus, wie oft das Anfangsmotiv (rote Markierung) in diesen Takten originalgetreu oder abgewandelt verwendet wird.

5 Formuliert einen Zusammenhang zwischen Improvisation und Komposition bei den Klaviervirtuosen Frédéric Chopin und Keith Jarrett.

David Garrett und sein Künstlerimage

C 20, 21

Violinist, Komponist und Weltstar

Auch wenn sein Name nicht danach klingt – David Garrett stammt aus Deutschland. Er wurde 1980 in Aachen als David Christian Bongartz geboren.

Sein Vater, Georg Paul Bongartz, ein deutscher Experte für Streichinstrumente, und seine Mutter, Dove-Marie Garrett, eine amerikanische Tänzerin, förderten früh sein Talent. Bereits mit 4 Jahren erhielt David seinen ersten **Geigenunterricht**. Von da an gewann er viele nationale und **internationale Musikwettbewerbe**. Und mit 12 Jahren war er bereits Besitzer eines eigenen **Plattenvertrags**. Das erklärt auch, weshalb seine Eltern für ihn ab dem 8. Lebensjahr den Nachnamen Garrett wählten. Denn dieser amerikanische Name klingt für einen internationalen Stargeiger einfach passender.

Mit 19 Jahren **studierte** Garrett in New York **Komposition**. 2003 gewann er den 1. Preis eines Kompositionswettbewerbs mit einer Fuge[W], die er im Stil von Johann Sebastian Bach (→ S. 66) komponierte. Damit zeigte er, dass er nicht nur ein Geigenvirtuose ist, sondern auch ein ausgezeichneter Komponist.

Garrett spielt jedoch nicht nur **klassische Musik**, sondern widmet sich auch intensiv der **Rock- und Popmusik** und verbindet beide Stile miteinander. Dieser Crossover-Stil[W] spiegelt sich in vielen seiner Alben wider. Das erklärt, weshalb er nicht nur mehrmals den deutschen Musikpreis ECHO Klassik, sondern auch mehrmals den ECHO für den besten Künstler Rock / Pop erhielt.

David Garrett 2015 bei einem Konzert in Mailand, Italien

Das Image eines Künstlers

Ein Künstlerimage ist ein (meist idealisiertes) Bild, das die Öffentlichkeit von einem Künstler hat.

Garrett sicherte sich 2008 einen Eintrag ins Guinness-Buch der Rekorde als **schnellster Geiger der Welt**: Er spielte den Hummelflug von Rimski-Korsakow mit 13 Noten pro Sekunde.

Außerdem pflegt er sein Image als **größter Geiger seiner Generation**: 2013 spielte er im Film „Der Teufelsgeiger" den größten Geigenvirtuosen einer anderen Generation, **Niccolò Paganini** (1782 – 1840), und im selben Jahr veröffentlichte er das Album „Garrett vs. Paganini".

Filmausschnitt aus „Der Teufelsgeiger" (2013)

Georg Friedrich Kersting: Niccolò Paganini (um 1830)

1 Hört die Hörbeispiele (C 20, 21) und beschreibt, welche musikalischen Mittel (z. B. Instrumentierung, Melodieverlauf) Garrett einsetzt, um den Crossover-Stil zu verwirklichen.

2 Vergleicht Garretts äußere Erscheinung mit eurer Vorstellung eines klassischen Geigenvirtuosen. Erläutert Unterschiede und Gemeinsamkeiten.

3 Recherchiert im Internet über David Garrett und Niccolò Paganini und findet Gemeinsamkeiten. Fasst eure Ergebnisse auf einem Plakat oder in einer Computerpräsentation zusammen.

Der Gitarrist Narciso Yepes

C 22–25

Der größte Gitarrist Spaniens

Narciso Yepes mit seiner zehnsaitigen Gitarre

Narciso Yepes (1927 – 1997) war einer der größten Gitarristen Spaniens. Seine erste Gitarre erhielt er mit fünf Jahren. Beim Erlernen des Gitarrenspiels unterstützten ihn seine Eltern sehr: Der Weg von Yepes' Dorf bis zur Gitarrenschule in Lorca war weit und beschwerlich. Sein Vater brachte Yepes erst mit einem Esel, dann mit einem Fahrrad dorthin.

Später zog die Familie nach Valencia, wo Yepes als Zwölfjähriger im dortigen Konservatorium[W] Gitarrenunterricht erhielt. In Valencia lernte er auch die **Flamenco-Musik** kennen und schätzen. Gelegentlich begleitete er Flamenco-Sänger und konnte dadurch sein rhythmisches Gitarrenspiel verbessern.

Yepes als Solist und Arrangeur

In Madrid und Paris erhielt Yepes Gitarrenunterricht bei **Joaquín Rodrigo**, der Komponist eines der bekanntesten Gitarrenkonzerte des 20. Jahrhunderts, das **Concierto de Aranjuez**. Dieses Konzert beschreibt die Gärten des Palastes der spanischen Könige in Aranjuez. 1955 wurde das Konzert zum ersten Mal auf Schallplatte (→ S. 80) aufgenommen, mit Yepes als Solisten.

Darüber hinaus arrangierte und spielte er 1952 die Filmmusik des französischen Films **Jeux interdits** (Verbotene Spiele) ein. Weltweit bekannt wurde daraus das Gitarrenstück **Spanische Romanze**.

Um die Klangmöglichkeiten der Gitarre zu erweitern, entwickelte Yepes gemeinsam mit dem Gitarrenbauer José Ramirez eine **zehnsaitige Gitarre**, die er von 1964 an in seinen Konzerten ausschließlich spielte. Die vier zusätzlichen Saiten führten zu einem deutlich volleren Gitarrenklang.

Ab 1993 trat Yepes wegen einer Erkrankung immer seltener auf. Sein letztes Konzert gab er 1996 in Spanien.

Gitarrentabulatur (→ S. 226) des Anfangs der „Spanischen Romanze"

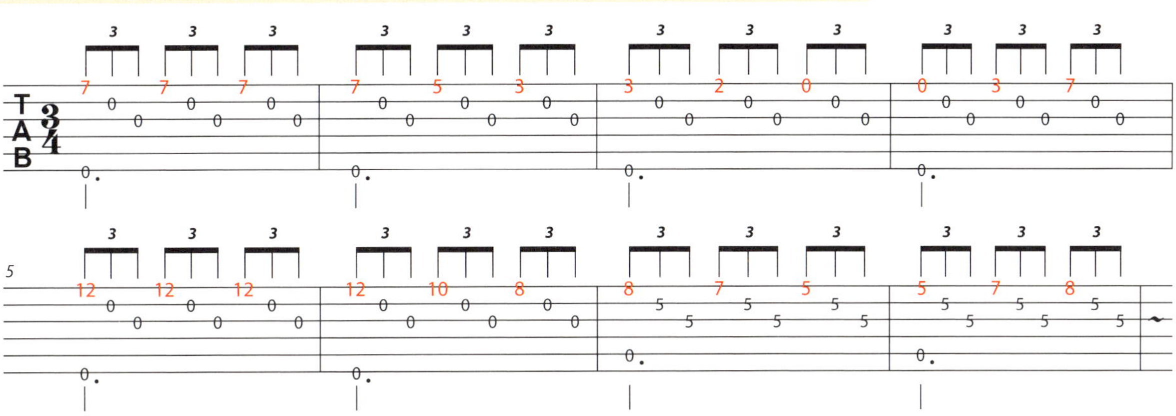

Verfasser unbekannt

1. Lest die Texte über Narciso Yepes und benennt die Stationen seines Lebenswegs.
2. Hört Auszüge aus dem „Concierto de Aranjuez" (C 22 bis 24) und den Anfang der „Spanischen Romanze" (C 25). Sprecht über eure Höreindrücke.
3. Hört die „Spanische Romanze" (C 25) erneut und summt die Melodie mit. Spielt dann den Anfang des Stücks im langsamen Tempo auf der Gitarre. Ihr könnt auch andere Instrumente einsetzen und nur die Melodie (Anfangston h'') oder den Bass (Anfangston e) nach Gehör zur CD spielen.
4. Hört die Auszüge aus dem „Concierto de Aranjuez" (C 22 bis 24) erneut und beschreibt den Einsatz der Gitarre: Wann spielt sie eine Melodie? Wann wird sie rhythmisch eingesetzt? Wann begleitet sie das Orchester? Wann spielt sie allein? Wann und in welcher Form wird sie vom Orchester begleitet?
5. Joaquin Rodrigo lässt die Gitarre beim „Concierto de Aranjuez" fast nie zum gesamten Orchester spielen. Begründet seine Entscheidung.
6. Vergleicht Narciso Yepes mit anderen Virtuosen aus Kapitel 17 oder mit weiteren Virtuosen, die ihr kennt. Setzt euch dafür zuerst mit einigen Vergleichskriterien auseinander.

Fellklinger

C 26

Ein Fellklinger ist ein Musikinstrument, das mit einer Membran[W] ausgestattet ist. In der Fachsprache heißen solche Instrumente **Membranofone** (—► S. 76). Die Membran kann aus Fell, Tierhaut, Kunststoff, Pergament oder Papier bestehen.

Fellklinger sind überwiegend Instrumente, die im Allgemeinen als „Trommeln" bezeichnet werden. Diese Instrumente gibt es auf der ganzen Welt in den unterschiedlichsten Ausführungen. Ihr Einsatz ist ebenfalls sehr vielseitig: als Begleitinstrument bei instrumentalen, vokalen oder tänzerischen Darbietungen, als Soloinstrument, als Effektinstrument und als Signal-, Nachrichten- und Kommunikationsinstrument.

Die ältesten Trommeln wurden in China (ca. 3000 v. Chr.) und Ägypten (ca. 2000 v. Chr.) entdeckt.

Aufgrund der Vielzahl an Instrumenten und den sehr unterschiedlichen Formen und Materialien ist eine Klassifizierung der Fellklinger ziemlich aufwendig und kompliziert. **Hornbostel und Sachs** (—► S. 76) teilten sie in die Hauptkategorien Schlagtrommeln, Zupftrommeln, Reibtrommeln und Ansingtrommeln ein. Diesen Hauptkategorien folgt eine weit verzweigte Unterteilung.

Einteilung der Fellklinger

Schlagtrommeln

Sie erklingen, wenn die Membran mit den Händen oder Schlägeln geschlagen wird. Beispiele: Pauke, Kleine Trommel, Große Trommel, Djembe, Darbuka, Bongos, Conga, Tamburin, Schlagzeug

Zupftrommeln

Diese Instrumente erklingen, wenn eine mittig unter dem Fell befestigte Saite gezupft wird. Die Schwingung der Saite wird auf das Fell übertragen und bringt es ebenfalls zum Schwingen. Beispiel: Ektara

Reibtrommeln

Sie ertönen, wenn das Fell durch Reibung in Schwingung versetzt wird. Die Reibung entsteht durch einen Stab, eine Schnur oder per Hand. Beispiele: Zambomba, Cuíca, Putipù

Ansingtrommeln

Bei diesen Trommeln wird die Membran durch Ansingen oder Ansprechen in Schwingung versetzt, sodass der Klang der Stimme verzerrt wiedergegeben wird. Beispiel: Kazoo

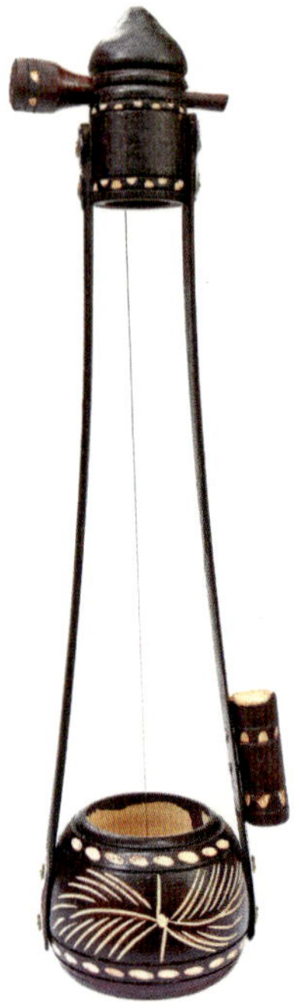

Die Ektara

Die Ektara ist eine Zupftrommel, die vor allem in Indien, aber auch in Bangladesch häufig gespielt wird. Über die Unterseite des Resonanzkörpers ist eine **Tierhaut** gespannt. In der Mitte dieser Tierhaut ist eine **Saite** verknotet. Das andere Saitenende ist an einer Halterung befestigt, die an zwei Leisten angebracht ist. Durch die Halterung führt ein **Wirbel**, um den die Saite gewickelt ist. Durch Drehen des Wirbels kann die Saite gespannt oder gelockert und somit die Tonhöhe verändert werden. Die Saite wird gezupft und dadurch in Schwingung versetzt. Die Schwingung überträgt sich auf die Tierhaut. Sie schwingt dann ebenfalls mit, und es entsteht ein Ton.

Die Saite wird mit dem Finger oder einem Plektrum gezupft. Häufig begleitet sich ein Sänger mit diesem Instrument selbst. Meistens werden Rhythmen oder ein Bordun[W] gespielt.

1 Lest den Text über Fellklinger. Sprecht über die Instrumente, die ihr kennt, und informiert euch in einem Musiklexikon oder im Internet über die Instrumente, die ihr nicht kennt.

2 Betrachtet die Fotos der Ektara und vollzieht die Aussagen im Text nach.

3 Hört „Kithe Chalian" (C 26) von Ektara Geet und findet heraus, wann die Ektara zu hören ist. Woran habt ihr sie erkannt?

C 27 – 29

Die Bongos

Die Bongos sind zwei unterschiedlich große, miteinander verschraubte Trommeln, die aus Kuba stammen. Die kleinere, höher klingende Trommel heißt „Macho" (dt.: Mann) und ist links positioniert. Die größere, tiefer klingende Trommel heißt „Hembra" (dt.: Weib) und ist rechts positioniert. In der Regel sind Bongos aus Holz hergestellt und mit einer Tierhaut bespannt. Es gibt aber auch Bongos aus Fiberglas mit einer Kunststoffbespannung.

Bongos werden in der Regel im Sitzen gespielt und zwischen die Knie geklemmt. Angespielt werden sie häufig mit Zeige- und Mittelfinger. Zu einigen lateinamerikanischen Rhythmen, wie z. B. dem Cha-Cha-Cha, dem Mambo und der Guajira, spielen die Bongos einen Martillo (dt.: Hammer)-Rhythmus.

Bongos-Begleitung zu „Oye como va"

Martillo-Rhythmus (vereinfacht)

Bongos

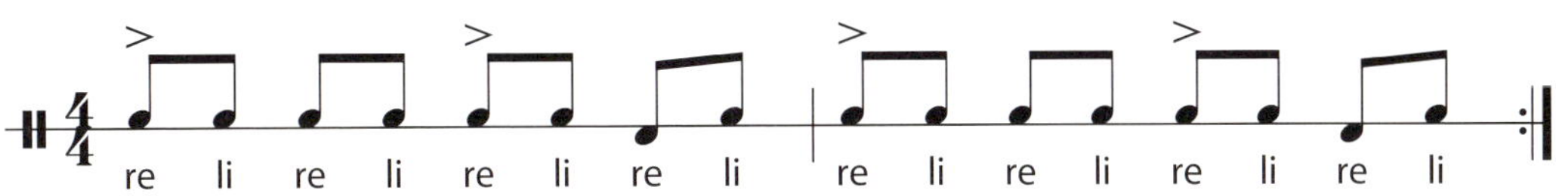

Rhythmus: aus Kuba

Break

Bongos

Rhythmus: Tito Puente

Aufgestellte Pauken vor einem Konzert

Ein Paukist dämpft seine Pauken.

Die Pauke

Die Pauke hat in der Musikgeschichte von jeher eine bedeutsame Stellung. Zusammen mit den Trompeten war sie ein Herrschaftsinstrument, das die Macht und Bedeutung eines Herrschers musikalisch ausdrückte.

Auffallend bei der Pauke ist der halbkugelförmige **Kupferkessel**, über den ein Fell, meistens aus Tierhaut, gespannt ist. Die Tonhöhe lässt sich während des Spielens mithilfe eines **Pedals** verändern. Mit einer am Pedal angeschlossenen Mechanik wird das Fell gleichmäßig gestrafft oder gelockert.

Gespielt wird die Pauke mit unterschiedlichen Schlägeln, deren Köpfe aus Filz, Kork, Leder, Flanell, Schaumgummi oder Holz sein können. Je nach Bedarf und Vortragsbezeichnungen des Komponisten kommen die unterschiedlichen Schlägel in einem einzigen Konzert mehrmals zum Einsatz. Häufig wird die Pauke laut gespielt.

Charakteristisch ist der Paukenwirbel. Er besteht aus einer schnellen Abfolge von Schlägen, die ausgehend vom äußeren Paukenrand zur Mitte hin gespielt werden. Ist der Paukeneinsatz beendet, wird das Fell oft mit den Händen oder den Fingern abgedämpft. In einem Orchester werden meistens vier unterschiedlich gestimmte Pauken, manchmal auch mehr, aufgestellt.

4 Lest den Text über die Bongos. Vergleicht anschließend die Positionierung der hohen und tiefen Töne bei Stabspielinstrumenten, Keyboards usw. mit denen der Bongos. Was fällt auf?

5 Übt den Martillo-Rhythmus und den Break zuerst patschend und dann auf Bongos ein. Spielt anschließend zu „Oye como va" (C 27) von Santana.

6 Lest den Text über die Pauke und vollzieht die Informationen anhand der Fotos nach.

7 Hört einen Auszug aus der „Feuerwerksmusik" (C 28) von Georg Friedrich Händel und einen aus der „Symphonie Fantastique" (C 29) von Hector Berlioz. Beschreibt jeweils den Klang, die Wirkung und den Einsatz der Pauke. Reflektiert über die Funktion des Paukenwirbels.

8 Spielt einen Paukenwirbel auf einer Schulpauke oder Schlagzeugtrommel.

Saitenklinger

Zu den Saitenklingern gehören Instrumente, die mindestens eine Saite haben. Diese ist an beiden Enden des Instruments fixiert und damit gespannt. Das Anspielen der Saite mit der Hand, mit einem Gegenstand (direkt) oder über eine Mechanik (indirekt) versetzt die Saite in **Schwingung**. Die Schwingung wird auf einen **Resonanzkörper** übertragen. Dieser wandelt dann die von der Schwingung ausgehende Energie in Schall[W] um. Die Tonhöhe einer Saite hängt von ihrer Länge, Dicke und Spannung und von der Dichte des Materials ab. Saitenklinger werden in der Fachsprache **Chordofone** (→ S. 77) genannt.

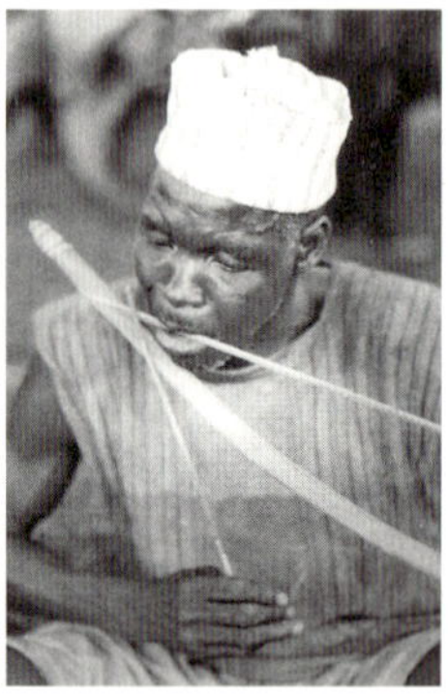

Mundbogen

Saitenklinger gibt es schon seit über 10.000 Jahren. Das erste Instrument dieser Art war der **Musikbogen**: An beide Enden eines biegsamen Holzstabs wird eine Saite, meist aus Darm, gebunden. Sie wird je nach Bedarf stark oder weniger stark gespannt, sodass der Holzstab die Form eines Bogens einnimmt. Die Saite wird mit den Fingern gezupft oder mit einem Stab angeschlagen. Als Resonanzkörper dient eine am Bogen angebrachte Kalebasse (Kürbisart) oder der Mund. Musikbögen werden noch heute gespielt: In Teilen Afrikas sind es die **Mundbögen**, in Brasilien der **Berimbau** (→ S. 50).

Um die weltweit unzähligen Saiteninstrumente in unterschiedlichster Form und Beschaffenheit als Saitenklinger zu erfassen, umschrieben **Hornbostel** und **Sachs** (→ S. 76, 77) sie so: „Eine oder mehrere Saiten sind zwischen festen Punkten ausgespannt." Die Musikethnologen[W] stellten zwei Hauptkategorien fest: **einfache Chordofone oder Zithern** und **zusammengesetzte Chordofone**.

Einfache Chordofone oder Zithern

Wenn sich der Resonanzkörper eines Saitenklingers ohne Demontage vom Saitenträger entfernen lässt, spricht man von einfachen Chordofonen oder Zithern. Die Saite kann an einem Rahmen, einem Stab, einem Brett oder einer Schale befestigt sein. Die weitere Unterteilung solcher Chordofone ist sehr verzweigt. So folgen z. B. auf die Kategorien **Stabzithern**, **Röhrenzithern** und **Brettzithern** noch die Unterkategorien **Kastenzithern**, **Halbröhrenzithern** und **Musikbögen**.

Zusammengesetzte Chordofone

Wenn hingegen ein Resonanzkörper mit einem Saitenträger verbunden ist und dessen Loslösung eine Demontage beider Teile mit sich bringt, dann handelt es sich um zusammengesetzte Chordofone. Unterteilt werden diese Instrumente u. a. in **Lauten** und **Harfen**. Unterkategorien davon sind z. B. **Kasten-Halslauten**, **Bogenharfen** und **Pedalharfen**.

Koto

Berimbau

Violine

1. Lest die Texte über die Saitenklinger und erläutert die zentralen Aussagen.
2. Ordnet die drei genannten Unterkategorien der einfachen Chordofone den drei genannten übergeordneten Kategorien zu.
3. Informiert euch im Lexikon oder Internet über die Instrumente Koto, Berimbau, Violine, Saung gauk, Kantele und Pedalharfe. Ordnet sie dann den Haupt- und Unterkategorien der Chordofone zu. Begründet eure Entscheidungen.

C 30–33

Saung gauk

Kantele

Pedalharfe

Das Cembalo

Das Cembalo ist ein Saitenklinger, dessen Saiten mit Plektren – auch Kiele genannt – angezupft werden. Es gibt Cembalos mit einem Manual[W] oder zwei Manualen. Zusätzlich verfügen die meisten Cembalos über sogenannte **Register**. Mit diesen kann der Tonumfang erweitert, die Lautstärke durch Weglassen oder Hinzunehmen von Saitengruppen gesteuert oder die Klangfarbe[W] verändert werden. Über den Anschlag auf der Tastatur kann die Lautstärke jedoch nicht variiert werden.
Mit dem zuschaltbaren **Lautenzug** können die Saiten gedämpft werden, sodass das Instrument wie eine Laute klingt. Die Saiten des Cembalos sind meistens aus Messing (tiefere Töne) und Eisen (höhere Töne). Seine Blütezeit hatte das Cembalo in den Epochen der **Renaissance** (→ S. 22) und des **Barock** (→ S. 66ff.).
Es wurde als Soloinstrument und besonders in der Barockmusik als Begleitinstrument zum Spiel des Generalbasses[W] verwendet.

Gebaut und eingesetzt wurde das Cembalo vor allem in Italien, Belgien, Frankreich, Deutschland, England, Spanien und Portugal. In vielen dieser Länder werden noch heute Nachbauten alter Cembalos angefertigt und verkauft.

Cembalo mit einem Manual

Eine Cembalo-Saite erklingt

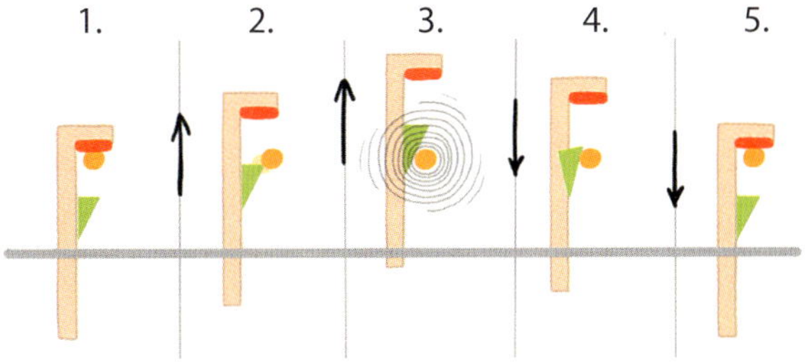

1. Ausgangsposition
2. Der Kiel zupft an der Saite.
3. Die Saite schwingt.
4. Der Springer fährt zurück.
5. Die Saite wird gedämpft.

Innenansicht eines Cembalos

4 Beschreibt das oben abgebildete Cembalo. Was fällt euch besonders auf?

5 Lest den Text und fasst seine zentralen Aussagen zusammen. Vollzieht die Klangerzeugung beim Cembalo anhand der fünf dargestellten Schritte nach.

6 Hört die Goldberg-Variation 27 (C 30 – 32) von Johann Sebastian Bach, gespielt von drei verschiedenen Instrumenten. Wann hört ihr das Cembalo? Begründet eure Entscheidung und bezieht auch eure Ergebnisse aus Aufgabe 5 mit ein. Beschreibt den Klang des Cembalos.

7 Hört das Cembalo in der Sonate Nr. 5 in g-Moll (C 33) von Georg Philipp Telemann und beschreibt seine Rolle als Generalbass-Instrument.

Luftklinger

C 34, 35

Zu den Luftklingern zählen die Instrumente, bei denen ein Ton durch die in Schwingung gebrachte Luft erzeugt wird. Luftklinger werden in der Fachsprache **Aerofone** genannt. **Hornbostel und Sachs** (→ S. 76, 77) unterteilten die Luftklinger in **freie Aerofone** und **(eigentliche) Blasinstrumente**. Auf der nächsten Ebene darunter erfolgt die Einteilung dann nach der jeweiligen **Tonerzeugung** des Instruments. Freie Aerofone sind dadurch gekennzeichnet, dass die Luft nicht durch das Instrument begrenzt ist. Sie sind unter anderem unterteilt in **Ablenkungs-** und **Unterbrechungs-Aerofone**. Bei den (eigentlichen) Blasinstrumenten wird hingegen die Luft durch das Instrument selbst begrenzt. Unterteilt werden sie in **Schalmeien**, **Trompeten** und **Schneideninstrumente oder Flöten**. In der Einteilung von **Hornbostel** und **Sachs** gibt es noch weitere Untergruppierungen, die zu einer sehr genauen Klassifizierung der weltweit verbreiteten Musikinstrumente führen.

Freie Aerofone

Ablenkungs-Aerofone

Die Luft wird durch eine Brechung in Schwingung versetzt und nicht durch das Instrument selbst begrenzt. Beispiel: die Peitsche

Peitsche

Unterbrechungs-Aerofone

Der Luftstrom trifft auf eine oder mehrere Stimmzungen (aus Metall, Rohrblättern oder Lamellen) und versetzt diese in Schwingung. Durch diese Schwingung wird der Luftstrom periodisch unterbrochen. Dadurch kommt es zur Schallerzeugung. Beispiele: Mundharmonika, Ziehharmonika, Sheng

(Eigentliche) Blasinstrumente

Schneideninstrumente oder Flöten

Der Luftstrom trifft auf eine Schneide, spaltet sich und gerät in Schwingung. Zu dieser Kategorie gehören z. B. Instrumente, bei denen der Spieler gegen die scharfe Kante einer Röhren-Öffnung bläst, Flöten mit und ohne Grifflöchern, mehrere zu einem Instrument zusammengebundene Röhren oder Flöten mit einem innenliegenden Spalt. Beispiele: Panflöte, Querflöte, Blockflöte, Quena

Schalmeien

Der Luftstrom gelangt über schwingende, am Instrument befestigte Lamellen zur Luftsäule im Inneren des Instruments. Durch die Schwingungen der Lamellen erfolgt der Zutritt des Luftstroms zur Luftsäule stoßweise. Dadurch gerät die Luftsäule in Schwingung und es kommt zur Schallerzeugung. Beispiele: Oboe, Klarinette, Saxofon, Schalmei

Trompeten

Der Luftstrom gelangt über die schwingenden Lippen des Musikers zur Luftsäule im Inneren des Instruments. Durch die Schwingungen der Lippen erfolgt der Zutritt des Luftstroms zur Luftsäule stoßweise. Dadurch gerät die Luftsäule in Schwingung und es kommt zur Schallerzeugung. Beispiele: Naturtrompete, Trompete, Horn, Alphorn, Posaune

Die Sheng

Die Sheng gibt es schon seit über 3000 Jahren. In der traditionellen chinesischen Musik spielt sie eine wichtige Rolle. Die Sheng wird als ältester Vorläufer der Harmonika-Instrumente angesehen.
Sie besteht aus einer aus Metall angefertigten Windkammer mit einem Schnabel, in den der Musiker hineinbläst. In der Windkammer stecken 17 bis 37 Pfeifen, die traditionell aus Bambus, heutzutage aber auch aus Metall angefertigt sind. Die Stimmung erfolgte früher diatonisch (→ S. 228), heute kann sie aber auch chromatisch sein.

In den Pfeifen sind durchschlagende Zungen aus Metall angebracht, die den charakteristischen, durchdringenden Klang der Sheng hervorbringen. Die Sheng kann, genauso wie die Mundharmonika, durch Aus- und Einatmen gespielt werden.

Sheng

1. Lest die Texte über die Luftklinger und erläutert die wichtigsten Aussagen.
2. Sammelt Informationen über die genannten Instrumente, bildet Gruppen und tauscht eure Ergebnisse aus.
3. Lest den Text über die Sheng und hört das traditionelle Musikstück „Le Phénix déploie ses ailes" (C 34). Beschreibt den Klang des Instruments und setzt die Musik in Beziehung zum Titel des Stücks.
4. Hört die „Schlittenfahrt" (C 35) von Leopold Mozart und zeigt an, wann ihr die Peitsche hört. Warum wurde in diesem Musikstück wohl eine Peitsche eingesetzt?

C 36 – 38

Die Quena

Die Quena (sprich: Kena) ist in Südamerika eine weit verbreitete Flöte, die aus Bambus oder Holz hergestellt wird. Eine mittelgroße Quena ist 36 cm lang und hat einen Durchmesser von 2,5 cm. Auf der Vorderseite befinden sich in der Regel 6 Grifflöcher und auf der Rückseite ein Loch für den Daumen. Mittelgroße Quenas werden meistens in G-Dur gestimmt. Das Besondere an der Quena ist, dass sie kein aufgesetztes Mundstück, sondern lediglich eine Einkerbung am oberen, geraden Rand hat. Beim Spielen muss der Musiker die Lippen also entsprechend formen, damit der Luftstrom gezielt auf die scharfe Kante geführt werden kann. Das erfordert viel Übung. Je nach Anblastechnik und Anblasintensität kann die Quena einen Tonumfang von drei Oktaven erreichen.

El condor pasa

Insbesondere die Musik aus dem Andenhochland (Bolivien, Peru, Ecuador, Kolumbien, Nord-Chile und der Nordwesten Argentiniens) ist stark von der Quena geprägt. Das bekannteste Stück aus dieser Region ist „El condor pasa" (dt.: Der Kondor fliegt vorüber). Der Kondor lebt im Andenhochland und verkörpert die Freiheit. Er kann mit seinen mächtigen Flügeln (Spannweite über 3 Meter) bis in 7000 Meter Höhe fliegen. Er ist der Nationalvogel von Kolumbien, Ecuador, Bolivien und Chile. Man findet ihn in den Wappen und Flaggen dieser Länder abgebildet.

„El condor pasa" wurde 1913 von Daniel Alomia Robles komponiert und basiert auf einer alten peruanischen Volksweise. Der Grundrhythmus, der sogenannte Trote, stammt auch aus dem Andenhochland. Es gibt mittlerweile unzählige, zum Teil auch gesungene Versionen dieses Stücks.

Trote-Begleitung zu „El condor pasa"

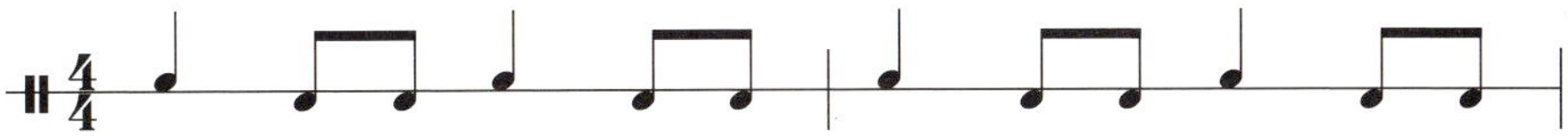

Das Horn

Das Horn ist ein sehr altes Blasinstrument: Vor Tausenden von Jahren verwendeten die Menschen Tierhörner, in die sie hineinbliesen, um Warnrufe zu senden. Mit der Zeit stellte sich heraus, dass ein längeres und dünneres Rohr die Tonerzeugung erleichtert. Sofern das Rohr lang genug war, gelang es den Bläsern mit viel Übung, durch das Überblasen (Ändern der Lippenspannung) unterschiedlich hohe Töne zu erzeugen. Diese Töne ergaben die Naturtonreihe (→ S. 152). Naturhörner sind u. a. das **Posthorn** und das **Parforcehorn**.

Um 1740 entwickelte der Hornist Anton Joseph Hampel die **Stopftechnik**: Er steckte die rechte Hand beim Spielen in den Schallbecher, und je nachdem, wie er die Hand bewegte, erklang der Naturton höher oder tiefer. Dies führte dazu, dass sich die Horn-Melodien wandelten und weniger wie eine Fanfare klangen.

Stopftechnik

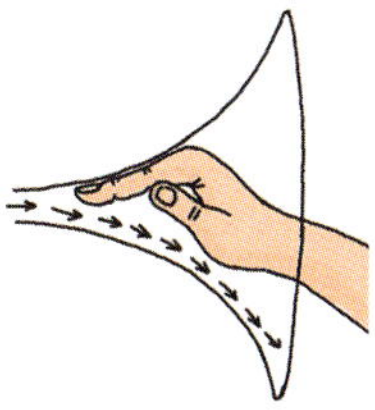

offen

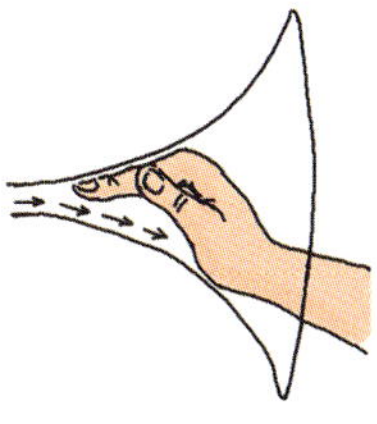

gestopft

Eine weitere Entwicklung gab es zu Beginn des 19. Jahrhunderts: Der Hornist Heinrich Stölzel baute Ventile in sein Horn ein. Diese Erfindung ließ er sich 1818 patentieren. Aufgrund der Ventile konnte man das Rohr nun verlängern. Dadurch konnten Hornisten deutlich mehr Töne spielen, und die Erzeugung unterschiedlich hoher Töne erfolgte nicht mehr ausschließlich über das Überblasen.

Das heute übliche Orchesterhorn heißt **Doppelhorn** und besteht aus einem F-Horn (Grundton F) und einem B-Horn (Grundton B). Mit dem Umschaltventil kann der Hornist je nach Bedarf zwischen F- und B-Horn wechseln. Mit einem Doppelhorn kann man alle Töne sowohl offen als auch gestopft spielen.

5 Lest den Text über die Quena. Habt ihr dieses Instrument schon irgendwo einmal gehört?

6 Hört „El condor pasa" (C 36) und klopft mit den Fingern den Trote-Rhythmus dazu. Sprecht über die Musik (Wirkung, Klang, Tempo, Titel des Stücks).

7 Lest den Text über das Horn und erläutert die zentralen Aussagen.

8 Hört „St. Hubertus" (C 37) von Friedrich Deisenroth und „Laudatio" (C 38) von Bernhard Krol. Vergleicht beide Aufnahmen miteinander (Wirkung, Melodie, klangliche und technische Möglichkeiten des Horns). Beachtet dabei auch die Informationen im Text über das Horn.

Die Naturtonreihe

Bei Blasinstrumenten ohne Ventile, Grifflöcher oder Züge können unterschiedlich hohe Töne nur durch Veränderung der Lippenspannung erzeugt werden. Die dadurch entstehenden Töne werden **Naturtöne** genannt. Die Abfolge dieser Töne heißt **Naturtonreihe**.

Die Töne der Naturtonreihe stehen in einem bestimmten Verhältnis zueinander: Werden die Frequenzen der Naturtöne gemessen, wird deutlich, dass sie gleichmäßig ansteigen. Dabei sind die Frequenzen der im Rohr erzeugten, stehenden Wellen ganzzahlige Vielfache der tiefstmöglichen Frequenz. Die tiefstmögliche Frequenz ist die des Grundtons. Verdoppelt sich die Frequenz, stellt dies das Intervall einer Oktave dar.

Zu beobachten ist auch, dass sich die Intervalle verkürzen, je höher die Tonreihe wird. Einige Töne der Naturtonreihe lassen sich in unserem Notensystem nicht genau darstellen, da sie geringfügig höher oder tiefer als die uns bekannten Töne sind, z. B. der hier mit dem Pfeil gekennzeichnete 7. Ton.

Beispiel: Naturtonreihe vom C ausgehend

Naturtonreihe

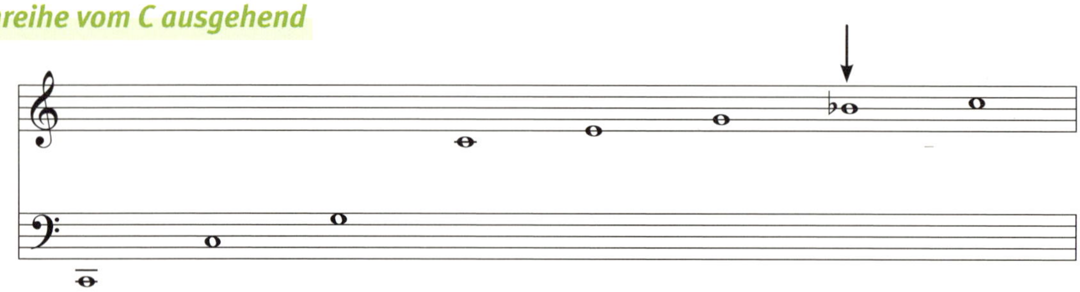

Notennamen	C	c	g	c′	e′	g′	b′	c″
Frequenz in Hertz	66	132	198	264	330	396	462	528
Vielfaches der Grundfrequenz (Schwingungen)	einfach	doppelt	dreifach	vierfach	fünffach	sechsfach	siebenfach	achtfach

Naturtonreihen lassen sich mit verschiedenen Instrumenten oder Gegenständen und unterschiedlichen Verfahren erzeugen. Beispiele:

- Beim Hineinblasen in ein einfaches Rohr
- Beim Hineinblasen in eine Flasche
- Beim Drehen eines Heulschlauchs mit zunehmender Geschwindigkeit
- Ein Trompeter kann, ohne die Ventile zu betätigen, nur mit unterschiedlicher Lippenspannung Naturtöne erzeugen.
- Bei eingezogenem Zug kann ein Posaunist lediglich durch Veränderung der Lippenspannung Naturtöne erzeugen.

Ein Posaunist mit vollständig eingezogenem Zug

Heulschlauch

1 Nehmt einen Heulschlauch und dreht ihn mit zunehmender Geschwindigkeit, sodass Teile der Naturtonreihe von tief nach hoch hörbar werden. Achtung: Haltet als Beobachter ausreichend Abstand zum drehenden Heulschlauch, um mögliche Verletzungen zu vermeiden.

2 Lest den Text über die Naturtonreihe und vollzieht die Aussagen am Notenbeispiel nach.

3 Schreibt die Naturtonreihe mit dem Grundton B´ (Posaune mit eingezogenem Zug) auf.

Elektronische Instrumente

B 32

1940 fügte **Curt Sachs** der gemeinsam mit **Erich Moritz von Hornbostel** entwickelten Systematik zur Einteilung von Musikinstrumenten (→ S. 76, 77) die elektronischen Instrumente hinzu, denn diese kamen erst in dieser Zeit auf. Bei den elektronischen Instrumenten, die in der Fachsprache **Elektrofone** heißen, erfolgt die Tonerzeugung elektromechanisch oder rein elektronisch. Zur Tonwiedergabe werden Verstärker und Lautsprecher oder Kopfhörer benötigt.

Durch die rasante Entwicklung der elektronischen Instrumente wurden den bestehenden Kategorien von Hornbostel und Sachs im Laufe der Jahre immer wieder neue Kategorien hinzugefügt, oder es wurden vollkommen neue Kategorisierungen vorgenommen. So werden z. B. auch MIDI-Geräte und die dazu passende Software (→ S. 56ff.) den elektronischen Instrumenten oft zugeordnet.

Heutzutage werden zwei Gruppen von Elektrofonen unterschieden: **Herkömmliche, mechanische Instrumente** und **neu konstruierte Instrumente.**

Herkömmliche, mechanische Instrumente

Mechanisch erzeugte Schwingungen, z. B. durch das Zupfen einer Saite mit dem Finger, werden über einen Tonabnehmer in elektrische Schwingungen umgeformt. Die Umformung geschieht über ein elektromagnetisches oder induktives Verfahren. Die von einer Saite ausgehende Schwingung verändert den magnetischen Fluss im sogenannten Spulenkern. Der dort neu erzeugte Impuls wird dann abgenommen, gegebenenfalls variiert und über einen Verstärker dem Lautsprecher zugeführt. Beispiele: E-Gitarre, E-Bass

Neu konstruierte Instrumente

Diese Instrumente verfügen meist über eine Tastatur. Es gibt sie mit mechanischer und mit elektronischer Tonerzeugung. Die mechanische Tonerzeugung erfolgt über Zungen, Saiten oder Scheiben. Die elektronische Tonerzeugung erfolgt über Generatoren. Beispiele: E-Orgel, E-Klavier, Synthesizer

Das Theremin

Obwohl das Theremin nicht gerade wie ein Musikinstrument aussieht, gibt es dieses Instrument schon seit 1920. Entwickelt wurde es von dem Physiker und Erfinder Lew Sergejewitsch Thermen (1896 – 1993), der sich später in den USA Leon Theremin nannte. Das Theremin hat zwei Antennen: Eine ist an der rechten Seite, gerade stehend, angebracht. Die andere befindet sich in gebogener Form links am Instrument. Zwischen beiden Antennen baut sich ein elektromagnetisches Feld auf, das durch die Position der Hände des Spielers verändert wird. Die dadurch entstehenden unterschiedlichen Schwingungen werden im Instrument verstärkt und durch einen Lautsprecher hörbar gemacht. Die linke Hand des Spielers steuert die Lautstärke, die rechte die Tonhöhe. Dadurch ergibt sich ein etwas ungewöhnliches Bild, weil der Spieler sein Instrument zum Klingen bringt, ohne es zu berühren. Ein Theremin-Spieler sollte über ein gutes musikalisches Gehör verfügen, denn er muss die Hände so lange bewegen, bis der erzeugte Ton seiner Tonvorstellung entspricht. Sobald er die Position der Hände oder nur einen Finger leicht verändert, ändert sich auch der Ton oder die Lautstärke.

Der Einsatz des Theremin ist nicht weit verbreitet. Aber immer da, wo es zu hören ist, prägt es die Musik sehr deutlich. Das Theremin wird hin und wieder in der Filmmusik (v. a. bei Science-Fiction-Filmen) oder in der Neuen Musik verwendet. Manchmal kommt es aber auch in der Pop-Musik vor, wie z. B. im Song „Für keine Kohle dieser Welt" von Philipp Poisel (→ S. 106, 107).

1. Lest die Texte über die elektronischen Instrumente und erläutert die zentralen Aussagen.
2. Lest den Text über das Theremin. Hört anschließend „Für keine Kohle dieser Welt" (B 32) von Philipp Poisel und hört das Theremin heraus. Beschreibt seinen Klang und nennt Unterschiede zu den anderen Instrumenten der Band.
3. Seht euch das Video zu „Für keine Kohle dieser Welt" an und vollzieht die Spielweise nach. Reflektiert über Gründe für den Einsatz des Theremins in diesem Song.
4. Schreibt einige elektronische und nicht-elektronische Instrumente eurer Wahl auf. Schreibt dann auf, in welchen Bereichen sie jeweils eingesetzt werden und reflektiert darüber.

Das Sinfonieorchester

C 39–44

Ein Sinfonieorchester ist ein besonders großes Instrumentalensemble, das es ungefähr seit Mitte des 18. Jahrhunderts gibt. Schon damals waren die Komponisten der Meinung, dass die musikalischen Möglichkeiten weitaus größer sind, wenn man viele – und vor allem viele verschiedene – Instrumente in einem großen Ensemble miteinander vereint. Denn so können alle Besonderheiten, Charaktereigenschaften und Klangmöglichkeiten der einzelnen Instrumente miteinander kombiniert werden. Das Ergebnis dieser Kombinationen ist ein Klang, der so variantenreich ist, dass er bis heute noch von vielen Komponisten verwendet wird. Man denke nur an Filmmusiken wie die von „Star Wars" oder „Fluch der Karibik"! Ohne den „Sound" eines großen Sinfonieorchesters wären solche Filmmusiken unvorstellbar.

Mögliche Besetzungen

Es gibt unterschiedliche Besetzungen für sinfonische Orchester: Das **Kammerorchester** ist etwas kleiner als das Sinfonieorchester, besteht aber in etwa aus denselben Instrumenten. Das **große romantische Sinfonieorchester** ist viel größer als ein **frühes Sinfonieorchester zu Zeiten der Wiener Klassik** (→ S. 72) und hat deutlich mehr und auch einige andere Instrumente. Und bei Kompositionen für **zeitgenössische Sinfonieorchester** können sogar so gut wie alle Instrumente vorkommen, die es auf der Welt gibt.

Weitere Orchesterarten

Neben dem großen klassischen Sinfonieorchester gibt es noch viele andere Arten von Orchestern, z. B. das **Blas**orchester, das **Streich**orchester oder das **Zupf**orchester, in denen ausschließlich Instrumente einer bestimmten Instrumentenfamilie spielen. Andere Orchester stehen eher für einen bestimmten Musikstil (z. B. **Big Band**) oder Ort, an dem sie spielen (z. B. **Salon**orchester). Beim sogenannten **Ein-Mann**-Orchester spielt ein einziger Musiker verschiedene Instrumente gleichzeitig.

1 Ordnet die Bilder auf dieser und der nächsten Seite den verschiedenen Besetzungsformen und Orchesterarten zu. Begründet eure Entscheidung.

2 Ordnet die Hörbeispiele (C 39–44) den verschiedenen Besetzungsformen und Orchesterarten zu. Begründet eure Entscheidung. Achtung: Zwei Hörbeispiele haben kein Bild und ein Bild hat kein Hörbeispiel.

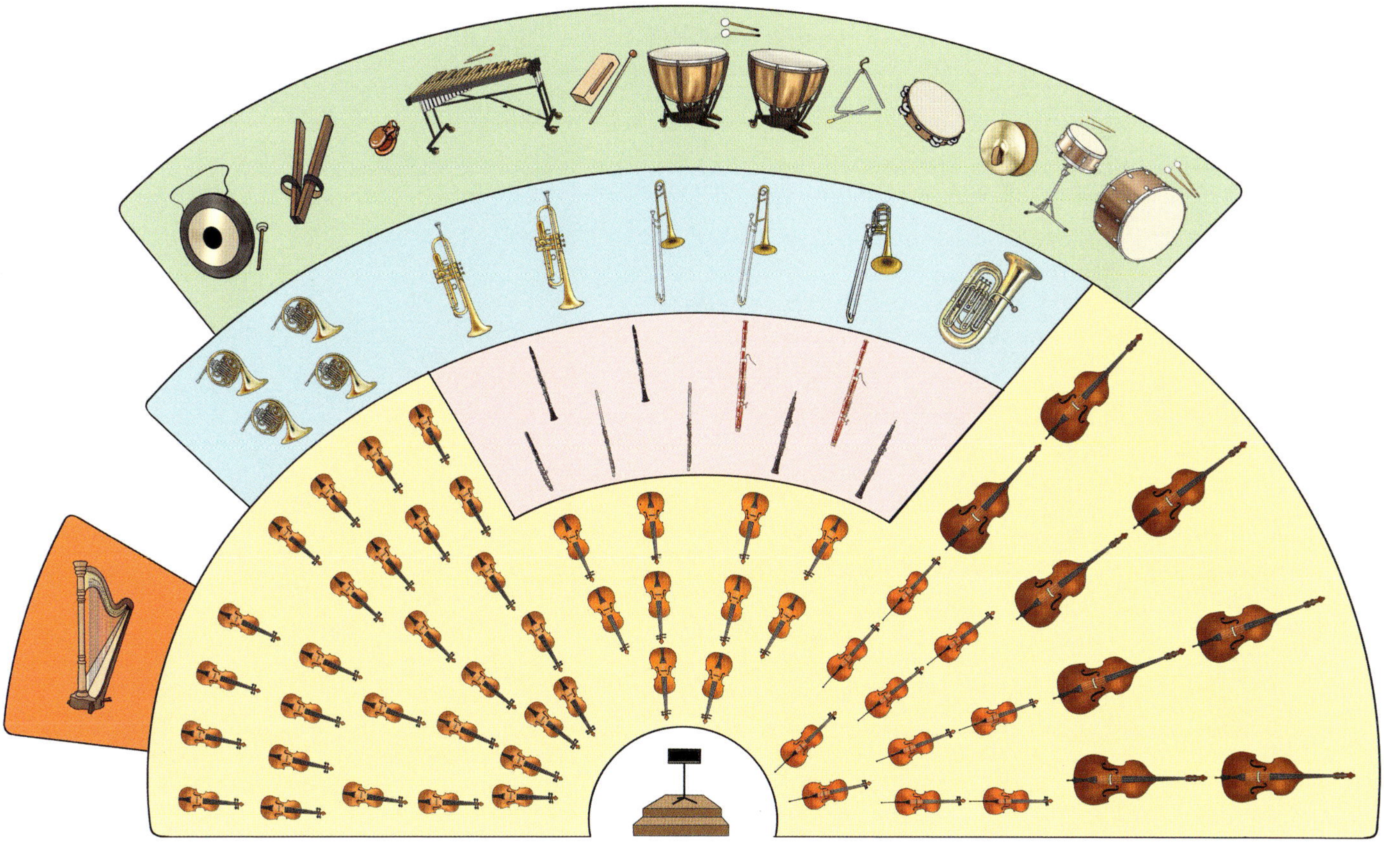

Spiele

Klassensinfonieorchester

Ordnet jedem von euch ein Instrument des Sinfonieorchesters zu. Setzt euch dann als Klassenorchester nach der oben dargestellten Anordnung zusammen. Hört ein paar Ausschnitte von sinfonischen Orchesterwerken (z. B. C 44). Versucht dabei, euch immer dann geräuschlos zu melden, wenn ihr hört, dass euer Instrument gerade spielt. Lasst den Arm so lange oben, wie euer Instrument spielt.

Dirigierspiel

Bestimmt einen oder mehrere Dirigenten. Erarbeitet Dirigierzeichen für Einsätze, Taktarten, Dynamik, Tempo, Tonhöhe, Artikulation, verschiedene Klangfarben[W] sowie Anfang und Ende eines Musikstücks. Lasst euch dabei von eurem Lehrer helfen, indem er euch gängige Dirigierzeichen zeigt, oder erfindet eure eigenen Zeichen. Übt dann improvisierte Aufführungen mit Instrumenten, Bodypercussion, Gegenständen oder Stimme nach Dirigat ein.

3 Benennt die Instrumente, die ihr in dem Sinfonieorchester-Bild seht.

4 Vollzieht den Aufbau des Sinfonieorchesters nach: Welche Logik hat die Sitzordnung? Was könnten die Gründe für diese Sitzordnung sein?

5 Vergleicht den Aufbau des Sinfonieorchesters auf dieser Seite mit Fotos und Videos von verschiedenen Sinfonieorchestern, die ihr im Internet findet. Achtet u. a. auf die Anzahl der Instrumente und die Sitzordnung.

The Young Person's Guide To The Orchestra

C 45, 46, 44

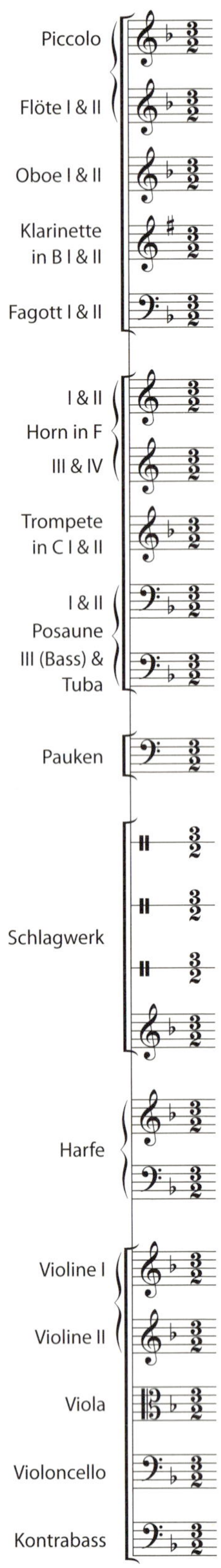

Der „Young Person's Guide" ist eine Komposition des englischen Komponisten Benjamin Britten (1913 – 1976). Sie wurde speziell dafür geschaffen, alle Instrumente des großen romantischen Sinfonieorchesters mit ihren individuellen Klangfarben[W] und spielerischen Möglichkeiten vorzustellen.

Britten schrieb dieses berühmte Orchesterstück im Jahre 1945. Der volle Titel des Stücks lautet: „The Young Person's Guide To The Orchestra – Variations And Fugue On A Theme Of Purcell, op. 34". Auf Deutsch heißt das: „Der Orchesterführer für junge Leute – Variationen und Fuge[W] über ein Thema von Purcell, op. 34". Ursprünglich war die Komposition für einen Film über die Instrumente des Orchesters vorgesehen.

Oft wird der „Young Person's Guide" rein instrumental gespielt. Im Original sollen jedoch an zahlreichen Stellen kleine Informationstexte zu den Instrumenten(gruppen) des Orchesters von einem Sprecher vorgetragen werden. Deswegen ist die Musik an diesen Stellen auch so leise.

Der „Young Person's Guide" besteht aus drei Teilen: I Thema (→ S. 113), II Variationen (→ S. 115) und III Fuge.

Benjamin Britten beim Betrachten einer Partitur

I Thema

Brittens Werk basiert auf einem Thema des englischen Komponisten Henry Purcell (1659 – 1695). Es ist das Thema aus Purcells Rondo der „Abdelazer Suite". Im „Young Person's Guide" wird das Thema gleich zu Anfang mehrmals gespielt.

II Variationen

Bei den Variationen wird das Thema in abgewandelter und erweiterter Form nacheinander von allen Instrumenten des Orchesters gespielt. Die Soloinstrumente werden dabei teilweise von anderen Instrumenten begleitet.

III Fuge

Wie bei einem Kanon setzen hier die verschiedenen Instrumente des Orchesters nacheinander ein, bis alle Instrumente zusammen spielen. Ganz zum Schluss spielen die Blechbläser dann noch einmal das Thema als krönenden Abschluss.

1 Hört euch den „Young Person's Guide" in drei Schritten an:

a) Wie oft, von welchen Instrumentengruppen des Orchesters und in welcher Reihenfolge wird das Thema gespielt (C 45)?

b) Schreibt auf, in welcher Reihenfolge die Instrumente ihre Variationen spielen. Welche Logik liegt der Reihenfolge der Variationen zugrunde (C 46)? Schaut auch auf die Leiste links auf dieser Seite, sie stellt den Anfang der Partitur des „Young Person's Guide" dar.

c) Schreibt auf, in welcher Reihenfolge die Instrumente in der Fuge einsetzen (C 44). Was fällt euch bei den Einsätzen auf, insbesondere wenn ihr sie mit denen der Variationen vergleicht?

C 47

Thema und Begleitungen

Thema: Benjamin Britten, nach Henry Purcell *Arrangement: Tobias Schmider*

Projekt „Young Person's Orchestra"

I Thema

Übt das Thema und die Begleitstimmen auf einem Instrument ein. Achtet dabei auf die Vorzeichen und Versetzungszeichen. Musiziert dann gemeinsam in der Gruppe oder als Klassenorchester. Folgt dabei dem Ablauf von Benjamin Britten und spielt das Thema mehrmals hintereinander, als Tutti (alle zusammen) und in den verschiedenen Instrumentengruppen.

II Variationen

Wählt Schüler aus, die ein kleines Solo spielen oder das Thema ein wenig variieren. Folgt bei den Solos der Logik von Brittens Variationen.

III Fuge[W]

Setzt alle nacheinander wieder mit dem Thema ein, bis ihr zum Schluss alle noch einmal zusammen das Thema spielt.

2 Beschreibt aufgrund eurer Hörerfahrungen die Charaktere der Instrumente des Sinfonieorchesters. Welche Instrumente und Instrumentengruppen gefallen euch am besten und warum?

3 Hört das Rondo aus der „Abdelazer Suite" (C 47) und vergleicht es mit dem Thema aus dem „Young Person's Guide". Geht dabei auf die Form und auf die vier musikalischen Parameter Tonhöhe, Dynamik, Tonlänge und Klangfarbe[W] ein.

4 Schaut euch das Video zum „Young Person's Orchestra" an.

Geschichtlicher Hintergrund des Blues

The Door Of No Return auf der Sklaveninsel Gorée

„Und so ist das Volkslied des Schwarzen – der rhythmische Schrei des Sklaven – durch schicksalhafte Begebenheit heute nicht einfach nur die einzige amerikanische Musik, sondern der schönste Ausdruck menschlicher Erfahrung auf dieser Seite des Meeres. Diese Musik wurde ignoriert, verachtet und ist beharrlich falsch verstanden worden. Aber ungeachtet dessen steht sie heute als das einzige geistige Erbe dieser Nation da und ist das größte Geschenk des schwarzen Volkes. (…) Sie (Diese Songs) sind die Botschaft der Sklaven an die Welt. (…) Sie sind die Musik eines unglücklichen Volkes, enttäuschter Kinder, sie sprechen von Tod, Leiden und unausgesprochener Sehnsucht nach einer wahreren Welt, deren Wege für den, der im Nebelschleier wandelt, nicht erkennbar sind." Auf diese Weise beschreibt William Edward Burghardt Du Bois afroamerikanische Musik in seinem 1903 veröffentlichten Buch „Die Seelen der Schwarzen".

Zur Geschichte der Sklaverei

Zwischen dem 16. und 19. Jahrhundert wurden in Afrika freie Menschen z. B. beim Spielen am Strand gefangen. Man raubte ihnen ihre Namen, brannte ihnen stattdessen Nummern auf die Haut und machte sie damit zu Sklaven.

Solche Sklaven wurden auf der afrikanischen Sklaveninsel Gorée gefangen gehalten.

Durch die „Door Of No Return" (dt.: Tür ohne Wiederkehr) wurden sie dann auf dunkle, feuchte Schiffe verladen und eng zusammengepfercht über den Atlantik in die USA gebracht. Dort versteigerte man die Sklaven als Nummer an den Meistbietenden. Dieser gab dem Sklaven einen neuen Namen. Und so wurden Familien oft für immer voneinander getrennt. Denn wie soll man jemanden ohne Namen wiederfinden? Deshalb können manche US-Bürger bis heute ihre afrikanischen Vorfahren oder ihre Herkunft nicht herausfinden. Barack Obama besuchte 2013 als erster afroamerikanischer US-Präsident mit seiner Familie „The Door Of No Return" auf der Insel Gorée. Die Insel gehört heute zu den Stätten des UNESCO Weltkulturerbes.

Die Musik der Sklaven

Die Sklaven brachten viele eigene musikalische Elemente aus Afrika in die USA mit, wie z. B. die Pentatonik (→ S. 228) und das Call-and-Response-Prinzip.

Das Lied „Do bana coba" nahm Du Bois' Urgroßmutter aus Afrika nach Nordamerika mit, als sie gefangen genommen und als Sklavin verkauft wurde. So wenig man über seine Urgroßmutter weiß, so wenig weiß man, was die Worte des Lieds bedeuten. Aber was die Melodie betrifft, lässt sich erkennen, dass die ersten zwei Takte des Lieds auf der Pentatonik basieren. Und die Pentatonik entwickelte sich später zur Blues-Tonleiter (→ S. 228) weiter.

Barack Obama an der „Door Of No Return"

Do bana coba

Text und Melodie: aus Afrika

1 Informiert euch im Internet über die Sklaveninsel Gorée und die „Door Of No Return".

2 Informiert euch im Internet über William Edward Burghardt Du Bois.

3 Singt das Lied „Do bana coba" und spielt es auf Instrumenten eurer Wahl.

4 Findet in den ersten beiden Takten von „Do bana coba" die Töne der pentatonischen Tonleiter und schreibt sie auf.

5 Komponiert aus den pentatonischen Tönen ein zweitaktiges Solo und spielt dann das Lied mit Solo.

D 1–3

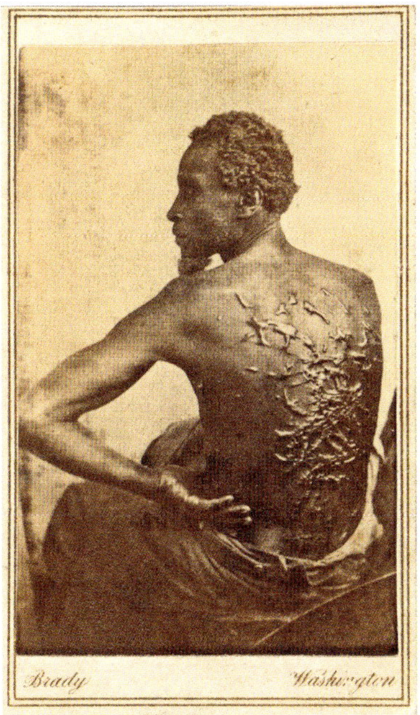

Gordon, ein afroamerikanischer Sklave, der 1863 aus der Sklaverei flüchtete und gegen die Sklaverei in den Südstaaten der USA kämpfte

Die Worksongs der Sklaven

Sklaven waren ihren Besitzern hilflos ausgeliefert und wurden auch oft misshandelt. Sie mussten bei brennender Sonne auf Zucker-, Kaffee- und Baumwollplantagen hart arbeiten. Dabei komponierten sie Worksongs: improvisierte Arbeitslieder ohne Instrumentalbegleitung.

Ein zentrales Element dieser Worksongs ist das Prinzip des **Call and Response** (dt.: Ruf und Antwort): Ein Vorsänger gibt eine oft spontan erfundene Melodie vor und die arbeitende Gruppe antwortete unmittelbar darauf. Dadurch entstand ein Rhythmus, der ein Teil des Lieds wurde und gleichzeitig das Arbeitstempo vorgab. Der Rhythmus erhielt die Konzentration jedes Einzelnen aufrecht, sorgte für gleichmäßige Bewegungen, lenkte von der Monotonie (Einförmigkeit) der Arbeit ab, erleichterte die gemeinsamen Bewegungsabläufe und steigerte so das Durchhaltevermögen der Sklaven.

Der Worksong „I'll Be So Glad When The Sun Goes Down" wurde 1930 von dem Musikforscher Alan Lomax aufgenommen. Lomax fuhr damals durch die Südstaaten der USA und nahm die Gesänge von afroamerikanischen Gefängnisinsassen bei der Arbeit auf. Dank der damaligen fortgeschrittenen Aufnahmetechnik mit den ersten Formen der Tondbandgeräte (→ S. 81) konnte er dieses Kulturgut dokumentieren.

Später wurden Worksongs und das Call-and-Response-Prinzip auch im Jazz (→ Kap. 21) verwendet.

I'll Be So Glad When The Sun Goes Down, Ausschnitt

Call	Response
I'll be so glad when the sun goes down	
	Aha, when the sun goes down
I ain't all that sleepy but I wanna lie down	
	Aha, well I wanna lie down
I wanna lie down, oh baby, I wanna lie down	
	Oh well, yeah, I wanna lie down
I ain't all that sleepy but I wanna lie down	
	Aha, well I wanna lie down

Text und Melodie: aus den USA

Afroamerikanische Gefängnisinsassen bei der Feldarbeit in Mississippi, 1911

Übersetzung des Textes:

Ich werde heilfroh sein,
sobald die Sonne untergeht.
Ich bin zwar nicht besonders schläfrig,
aber ich möchte mich hinlegen.

6 Hört den Worksong „I'll Be So Glad When The Sun Goes Down" (D 1). Achtet auf das Call-and-Response-Prinzip und das rhythmisch synchrone[W] Geräusch der Spatenstiche.

7 Singt den Worksong „I'll Be So Glad When The Sun Goes Down". Bestimmt einen Vorsänger und ahmt die Feldarbeit nach. Ersetzt den Klang der Spatenstiche durch Klatschen.

8 Seht euch ein Video an, in dem afroamerikanische Holzfäller Bäume fällen und dabei singen.

9 Vergleicht den „Work Song" von Nina Simone (D 2) mit dem „Work Song" von Nat Adderley (D 3). Auf welche Weise wird in den beiden Songs das Call-and-Response-Prinzip umgesetzt?

Wade in the Water – gesungen und getanzt

D 4

Der Zusammenhang zwischen Bibel und Gospel

Sonntags in die Kirche zu gehen, war ab Ende des 17. Jahrhunderts für Sklaven eine Chance, lesen und schreiben zu lernen. Aber es war vom Sklavenbesitzer abhängig, ob es den Sklaven erlaubt war, den Gottesdienst zu besuchen. Viele Sklavenhalter hatten Angst, dass ihre Sklaven durch den christlichen Glauben und das Lesen in der Bibel nach Gleichberechtigung streben und sich gegen ihre Herren auflehnen könnten. Deshalb hielten Sklaven ihre Gottesdienste oft heimlich im Wald ab und hingen nasse Laken um sich herum auf, damit man ihre Stimmen nicht hörte. Um den Sklaven, die nicht lesen und schreiben konnten und nicht zum Gottesdienst gehen durften, den christlichen Glauben näherzubringen, erfanden sie Gospelsongs, die von Geschichten aus der Bibel erzählen.

Marc Chagall: Der Zug durch das Rote Meer (1966)

Der Gospelsong „Wade In The Water" handelt von Moses' Befreiung der israelischen Sklaven aus Ägypten. Dabei spaltet sich das Rote Meer, sodass in der Mitte ein trockener Weg entsteht, durch den sie gehen können. Die Sklaven werden von ägyptischen Soldaten verfolgt, doch die Wassermassen schließen sich schnell wieder, und die Soldaten ertrinken. Nachdem die Israeliten gerettet sind, bedanken sie sich bei Gott mit einem Lied. Für die afroamerikanischen Sklaven thematisierte der Gospelsong „Wade In The Water" die Hoffnung auf ein Ende ihrer Sklaverei.

Für die weiße Bevölkerung klangen solche Gospelsongs primitiv, weil sie völlig anders waren als die damals üblichen Kirchenlieder: Die Melodien von Gospels beruhen nicht ausschließlich auf Dur- oder Molltonleitern, sondern auf der **Pentatonik** (→ S. 228). Der Liedtext wird ungewöhnlich betont und ist umgangssprachlich. Umgangssprache wurde von den Weißen als sprachliches Defizit (Mangel) der afroamerikanischen Bevölkerung betrachtet.

Für die afroamerikanischen Sklaven war der Gospel jedoch eine wichtige Errungenschaft. Es gelang ihnen damit, **amerikanische und afrikanische Elemente** zu **verbinden** und zu einer neuen Stilrichtung zu verschmelzen: Sie kombinierten die **Geschichten** des damals in den USA vorherrschenden **christlichen Glaubens** mit **Melodien** und **Rhythmen** aus ihrer **afrikanischen Heimat** und machten diese Kombination zu ihrer eigenen neuen Musik. Auf diese Weise wurden die Geschichten in der Bibel auch zu ihren Geschichten. Ohne eigene Rechte zu haben, war es ihnen trotzdem gelungen, sich musikalisch eine eigene afroamerikanische Identität zu erschaffen. Dies hat die Entwicklung der Musik in den USA bis heute maßgeblich beeinflusst.

Der Gospelsong als Geheimcode

Für die Sklaven hatten Gospelsongs noch eine weitere Funktion: Mithilfe von Gospels konnten Sklaven miteinander kommunizieren und sich verschlüsselte Botschaften übermitteln. Für Sklaven, die versuchten, aus den Südstaaten der USA nach Norden zu fliehen, waren Gospelsongs überlebenswichtig: Es gab ein geheimes Netzwerk von Gegnern der Sklaverei, die **„Underground Railroad"**, die Gospelsongs nutzten, um flüchtende Sklaven zu warnen. So wurde „Wade In The Water" gesungen, um den Sklaven zu signalisieren, dass sie die Wege verlassen und durch Flüsse gehen sollten, damit sie nicht von Spürhunden gerochen und von Kopfgeldjägern gefangen wurden. Der Deckname von Harriet Tubman, eine der wichtigsten Mitglieder der **„Underground Railroad"**, war „Moses". Wenn sie „Wade In The Water" einmal sang, gab es Gefahr, und die Sklaven sollten sich verstecken. Sang sie den Song zweimal hintereinander, konnten die Sklaven weiterziehen.

Nur wenige Sklaven sind tatsächlich geflüchtet, denn der Weg aus den Südstaaten bis zur nördlichen Grenze zu Kanada war weit. Und das Risiko, von Sklavenhändlern gefangen, misshandelt und an einen anderen Besitzer verkauft zu werden, war sehr groß. Deshalb schöpften viele verbliebene Sklaven aus dem Song Kraft, um ihr Schicksal und die Qualen ihrer menschenverachtenden Lebensumstände besser verarbeiten zu können, und hofften auf ein Ende der Sklaverei.

1 Informiert euch über die Geschichte von Moses und dem Auszug aus Ägypten. Fragt dazu euren Religionslehrer, lest in der Bibel (2. Buch Mose, Kapitel 14) und seht euch das Video an.

2 Informiert euch über die „Underground Railroad", z. B. bei eurem Geschichtslehrer oder im Internet.

3 Hört den Gospelsong „Wade In The Water" (D 4).

D 4

Wade In The Water

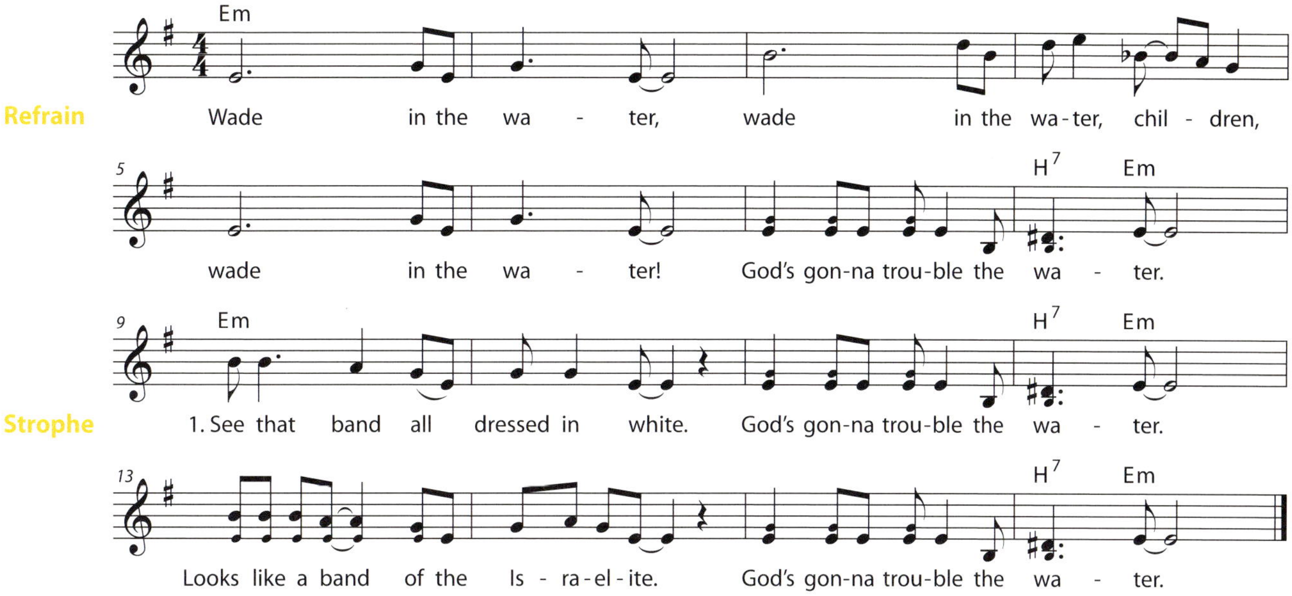

2. See that band all dressed in red? God's gonna trouble the water.
It looks like the band that Moses led. God's gonna trouble the water.

Text und Melodie: traditionell

Die Synkope[W] als rhythmisches Element im Gospel

Die traditionelle Musik aus Westafrika besteht aus vielen komplexen Rhythmen mit Synkopen. Synkopen sind Noten auf unbetonten Zählzeiten, die betont gespielt werden und auch über ein Taktende hinweg in den darauffolgenden Takt hinein ausgehalten werden können. Gospels nutzten diese rhythmischen Elemente und stellen somit eine Grundlage für die Entstehung des Blues dar.

Der Choreograf Alvin Ailey

Der afroamerikanische Tänzer und Choreograf Alvin Ailey wuchs in Texas auf und gründete 1958 seine eigene Tanzkompanie. Sein choreografisches Meisterwerk „Revelations" (dt.: Offenbarung) basiert auf seinen persönlichen Erfahrungen in den Südstaaten der USA. Das Stück verarbeitet auch den Gospelsong „Wade In The Water" und gehört zu den bekanntesten und meistaufgeführten modernen Choreografien.

Tanzanleitung für eine Choreografie zu „Wade In The Water"

Um eine eigene Choreografie zu „Wade In The Water" zu entwickeln, sollten die Gegensätze Leid und Hoffnung tänzerisch umgesetzt werden.

- Einzeln zur Musik durch den Raum gehen und dabei Bewegungen zu den zwei Strophen und zum Refrain erfinden
- Strophen darstellen: zwei Situationen, die die Sklaven erleiden mussten
- Refrain darstellen: Hoffnung auf Freiheit; die Sklaven bewegen sich durch das Wasser und befreien sich von ihrer Qual
- Einen Partner suchen und sich bei einem weiteren Durchlauf der Musik die Bewegungen gegenseitig zeigen
- Sich auf Bewegungen zu den Strophen und zum Refrain einigen
- Eine Vierergruppe formen und sich bei einem dritten Durchlauf der Musik die Bewegungen wieder gegenseitig vorstellen
- Aus den Bewegungen die besten auswählen und daraus eine gemeinsame Choreografie entwickeln

4 Findet alle Synkopen im Song „Wade In The Water".

5 Hört den Song erneut (D 4) und findet die Calls und die Responses.

6 Singt den Song „Wade In The Water". Wählt einen Solisten, der in den Strophen den Call alleine singt. Die anderen singen den Response, wenn möglich, zweistimmig. Den Refrain singen alle zusammen.

7 Gestaltet mithilfe der Tanzanleitung eine eigene Choreografie zu „Wade In The Water" (D 4).

Backwater Blues

D 5, 6

1926 gab es in Nashville, Tennessee starke Regenfälle, die den Mississippi überfluteten. Zahlreiche Afroamerikaner verloren dabei ihre Unterkünfte, weil sie am Flussufer wohnten. Davon handelt der „Backwater Blues", den die Bluessängerin Bessie Smith komponierte.

Text und Melodie: Bessie Smith

Der Blues gehört zu den einflussreichsten musikalischen Stilrichtungen des 20. Jahrhunderts. Typisch für den Blues sind die **Form**, der **triolische Puls** und bestimmte **Harmonieschemas**. Der „Backwater Blues" besteht aus 12 Takten (ohne Auftakt), so wie viele andere Bluessongs auch. Die Form des Blues ist wie eine Uhr, die 12 Stunden anzeigt. Jede Stunde auf dem Ziffernblatt der Uhr entspricht einem Takt.

Übung: Bluesuhr Bodypercussion

Bildet einen Stuhlkreis mit 12 Schülern. Jeder Schüler stellt einen Takt dar. Hört den „Backwater Blues" und achtet dabei auf den Kontrabass. Schlagt den Kontrabass-Rhythmus mit der linken Hand auf das linke Knie. Achtet dann auf die Hi-Hat und schlagt ihren Rhythmus mit der rechten Hand auf das rechte Knie. Versucht, mit dem linken Fuß zusätzlich auf die 2. und 4. Zählzeit zu stampfen.

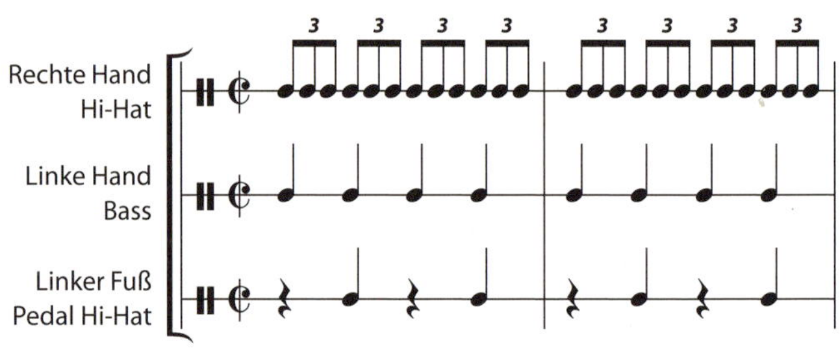

Schlagt den Rhythmus mit beiden Händen. Der Schüler, dessen Takt gerade an der Reihe ist, steht auf und schlägt seinen Ryhtmus im Stehen weiter, bis die Bluesform von neuem beginnt. Nacheinander stehen immer mehr Schüler auf. Im letzten Takt stehen alle Schüler. Beim Übergang in den ersten Takt setzen sich alle wieder hin. Nur derjenige, der den ersten Takt spielt, schlägt den Rhythmus im Stehen.

1. Hört den „Backwater Blues" von Bessie Smith (D 5).
2. Singt die erste Stophe des Songs zur CD (D 5).
3. Hört den „Backwater Blues" in der Version von LaVern Baker (D 6). Vergleicht Tempo und Instrumentierung mit der Version von Bessie Smith (D 5).
4. Führt die Übung „Bluesuhr Bodypercussion" durch.

D 5

Bluesuhr

Harmonieschema der Bluesuhr

Der „Backwater Blues" hat die drei Akkorde A^7, D^7 und E^7. Wenn man die Stufen der A-Dur-Tonleiter von eins bis sieben durchnummeriert, bildet A-Dur die erste, D-Dur die vierte und E-Dur die fünfte Stufe. Die erste Stufe nennt man Tonika[W] (Abkürzung: T), die vierte Stufe Subdominante[W] (Abkürzung: SD) und die fünfte Stufe Dominante[W] (Abkürzung: D). Diese drei Stufen sind die Basis für jeden Blues und stellen somit eine wichtige musikalische Funktion dar.

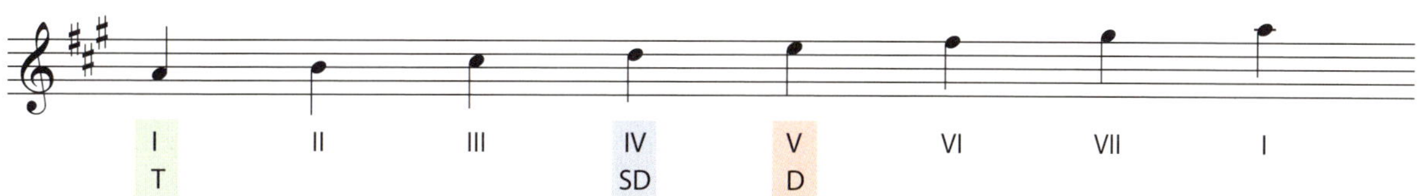

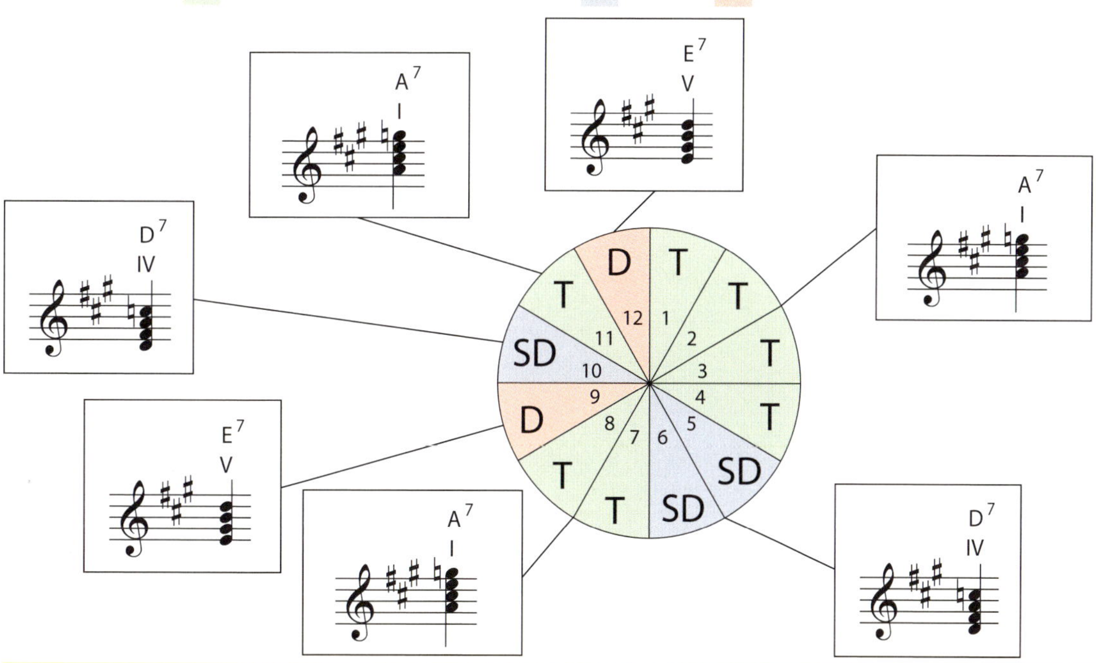

5 Bildet einen Stuhlkreis, wobei wieder jeder Schüler einen Takt darstellt, und hört den „Backwater Blues" (D 5). Teilt euch auf: Die einen spielen dazu die Grundtöne der Tonika[W], Subdominante[W] und Dominante[W] von A-Dur in der richtigen Reihenfolge auf einem Instrument ihrer Wahl. Die anderen klopfen den Bodypercussion-Rhythmus auf den Knien. Versucht, gleichzeitig dazu zu singen. Bildet zwei Stuhlkreise, falls ihr 24 Schüler seid.

6 Erweitert im ersten Kreis euer Spiel, sodass jeder der 12 Schüler in diesem Kreis alle Grundtöne spielt.

7 Spielt statt der Grundtöne die Akkorde.

Bluessongs im Vergleich

D 7

Chuck Berry: School Days

In dem Song „School Days" beschreibt Chuck Berry einen Schultag aus der Schülerperspektive. Dem Blues liegt ein **ternärer Puls** zugrunde. Das bedeutet, dass bei einem 4 / 4-Takt auf jeden Viertelschlag drei Achtelnoten gespielt werden. Deshalb spricht man von Achteltriolen[W] (→ S. 227). Gut hören kann man das besonders in dem kurzen Intro von „School Days": Die Gitarre spielt vier Achteltriolen, bevor der Gesang einsetzt. Dessen ternärer Charakter ist ebenfalls auffällig.

Text und Melodie: Chuck Berry

Schlagzeugrhythmus

Bei „School Days" wird der ternäre Rhythmus von der Hi-Hat variiert, indem die erste und zweite Achtel der Achteltriole mit einem Bindebogen verbunden werden. Dadurch wird nur die erste Achtel, die über die Länge von zwei Achteln gehalten wird, und die dritte Achtel der Triole gespielt.

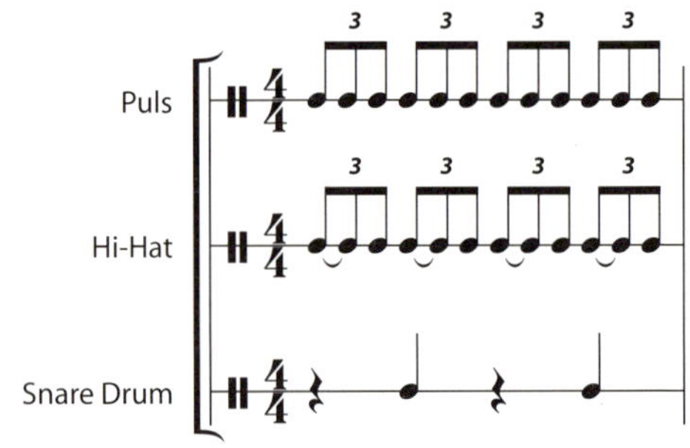

Begleitung

Auch die Begleit-Stimme von „School Days" spielt dieses rhythmische Pattern der Hi-Hat.

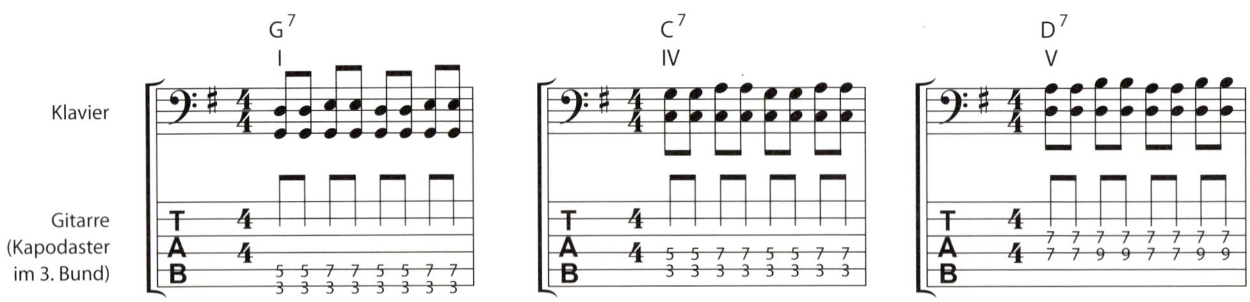

Call and Response

Der Call and Response ist in die 12-taktige Bluesform integriert und wird durchgehend gesungen bzw. gespielt: In den geraden Takten singt Chuck Berry den Call und in den ungeraden Takten antwortet die E-Gitarre, während die Melodie Pause hat.

1. Hört den Song „School Days" (D 7) und singt die erste Strophe mit.
2. Spielt den Schlagzeugrhythmus: Schlagt zunächst den Hi-Hat-Rhythmus mit der rechten Hand auf dem rechten Knie und den Snare-Drum-Rhythmus mit der linken Hand auf dem linken Knie. Spielt dann den Rhythmus auf einem Schlagzeug.
3. Singt und spielt „School Days" mit dem Schlagzeugrhythmus und der Begleitung auf einem Instrument eurer Wahl.

D 8–10

Ray Charles: What'd I Say

Der Bluessong „What'd I Say" wurde von dem Musikmagazin „Rolling Stone" auf Platz 10 der 500 besten Songs aller Zeiten platziert. Ray Charles erfand den Song 1958 spontan auf der Bühne, als er bei einem Konzert in Pittsburgh vorzeitig fertig war und das Publikum eine Zugabe verlangte. Seinen Musikern und Sängerinnen gab er die Anweisung, einfach auf ihn zu hören und mitzuspielen und nachzusingen, was er vorsang. Er selbst sang einen Text, der eigentlich gar keinen Sinn machte und nur eine simple Call-and-Response-Übung war.

Refrain

Text und Melodie: Ray Charles

Begleitung

Ray Charles komponierte für die Melodie folgende Klavierbegleitung, die er dann in die Subdominante (IV. Stufe) transponierte und leicht veränderte. Die letzten vier Takte schließen die 12-taktige Form ab und führen wieder zum Anfang zurück. Besonders hervorzuheben ist bei diesem Song, dass Charles aus dem ternären Rhythmus ausbricht und die Bluesform in geraden Achtelnoten spielt.

4 Hört den Bluessong „What'd I Say" (D 8) und singt anschließend den Refrain zur CD (D 9) mit.

5 Spielt die Klavierbegleitung. Teilt, wenn nötig, die Stimmen untereinander auf und bestimmt, wer Ober-, Mittel- und Bassstimme spielt.

6 Hört den Call and Response (D 10) und singt ihn nach, indem ihr einen Solisten bestimmt, der den Call übernimmt.

7 Spielt den ganzen Song mit dem folgenden Ablauf: Intro: Bassstimme spielt einmal allein die 12-taktige Form. Alle anderen Stimmen setzen beim zweiten Durchgang ein. Refrain: Alle Sänger setzen mit dem Refrain ein. Call and Response: Solist singt den Call und die anderen antworten mit dem Response. Refrain: Alle spielen und singen gemeinsam.

Einen Klassenblues komponieren

D 11 – 13

Auf den vorherigen Seiten von Kapitel 20 habt ihr viele zentrale Blues-Elemente kennengelernt. Jetzt könnt ihr diese Elemente in der Klasse anwenden und neu kombinieren, um damit einen eigenen Blues zu komponieren. Ausgangspunkt dafür ist die Melodie und das Bluesschema des Songs „Backwater Blues" (→ S. 162). Zu diesem Song könnt ihr 1. einen eigenen Text schreiben, 2. euch für ein instrumentales Begleitmuster entscheiden und 3. drei Antwortfiguren auswählen.

Melodie und Bluesschema des Songs „Backwater Blues"

Melodie: Bessie Smith

1. Einen eigenen Songtext schreiben

Entscheidet euch zwischen drei Themen:

a) Verlust, wie in „Backwater Blues" (→ S. 162)
b) Schulalltag, wie in „School Days" (→ S. S. 164)
c) Liebe, wie in „What'd I Say" (→ S. 165)

Lest euch bei Bedarf noch einmal die Songtexte der drei Bluessongs durch. Liedanfänge könnten z. B. sein:

zu a) Grad' noch stand es hier sich-er an-ge-lehnt am Baum …
zu b) Es ist sechs Uhr früh und ich will noch nicht auf-steh'n …
zu c) Ein paar Kopf-hö-rer hat-te ich ihm noch ge-kauft …

2. Sich für ein Begleitmuster entscheiden

Tempo: Wählt ein zu eurem Song passendes Tempo. Nutzt ein Metronom zur Orientierung.

Ternäre Spielweise: Beachtet, dass alle Begleitmuster ternär, also triolisch, gespielt werden müssen, um dem Charakter des „Backwater Blues" gerecht zu werden. Dies gilt auch für das Begleitmuster zu „What'd I Say", obwohl der Song im Original gerade Achtelnoten hat.

Wahl der Begleitmuster: Bedenkt, dass die Begleitmuster hier nur jeweils einmal abgebildet sind. Spielt die Muster in der richtigen Abfolge des „Backwater Blues". Orientiert euch dazu an den Akkordsymbolen über der Melodie.

Begleitmuster zu „Backwater Blues"

1. Komponiert einen Klassenblues auf der Grundlage des „Backwater Blues".
2. Erfindet einen eigenen Text und schreibt ihn auf.
3. Hört dazu die drei Begleitmuster (D 11 – 13) und entscheidet euch für eins dieser Muster.
4. Kombiniert damit mindestens ein Element aus einem anderen Song.

Begleitmuster zu „School Days", transponiert nach A-Dur

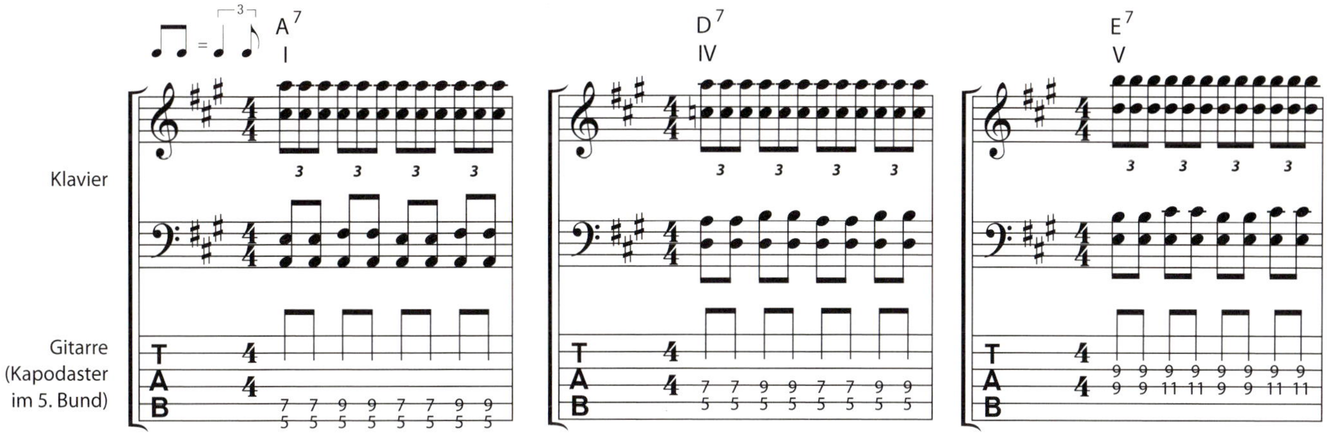

Begleitmuster zu „What'd I Say", transponiert nach A-Dur

Am Schluss des Songs kommen die Akkorde eintaktig vor. Daher müssen die Begleitmuster verkürzt gespielt werden.

3. Drei Antwortfiguren auswählen

Fügt in den Melodiepausen in den Takten 3 – 4, 7 – 8 und 11 – 12 Responses ein, indem ihr für jede dieser Pausen eine der folgenden drei Antwortfiguren auswählt.

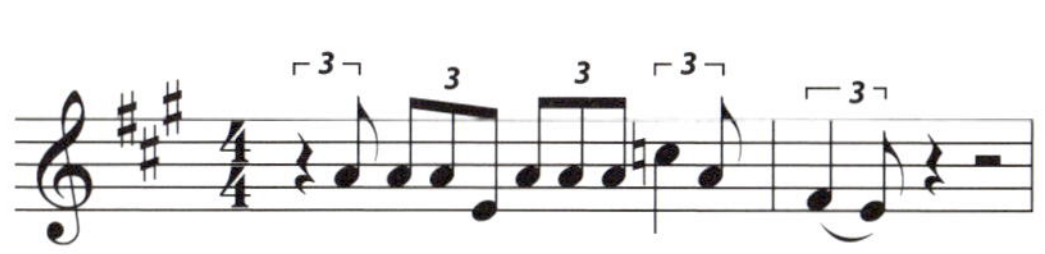

Die durchgestrichenen Notenhälse im ersten Takt bedeuten, dass erst der eine Ton und dann der andere Ton ganz schnell viele Male hintereinander wiederholt werden.

5 Spielt in den Takten 3 – 4, 7 – 8 und 11 – 12 unterschiedliche Responses. Entscheidet euch für eine Reihenfolge.

6 Bestimmt, wer was singt oder spielt, und übt dann euren Klassenblues ein.

7 Nehmt euren fertigen Song auf, hört ihn an und wertet euer Ergebnis aus. Was ist euch gut gelungen? Überlegt, was ihr noch verbessern könntet, wählt euch einen Aspekt aus und probiert so lange aus, bis ihr mit eurem Ergebnis zufrieden seid.

Die Wurzeln des Jazz

D 14

Jazz ist eine populäre Kunstform, die sich im Süden der USA am Ende des 19. Jahrhunderts aus sehr verschiedenen Wurzeln entwickelt hat. Die Arbeitslieder der afroamerikanischen Sklaven brachten Merkmale afrikanischer Musik in die USA: Besonders auf den Baumwollfeldern waren die „Worksongs" beliebt, bei denen sich Vorsänger und Gruppe pro Zeile beim Singen abwechselten (Call-and-Response-Prinzip, vgl. S. 159). Auch die geistliche Musik trug mit ihren Gospels und Spirituals zur Entstehung des Jazz bei. Sie traf auf europäische Instrumente wie die Trompete, die Posaune, das Saxofon, den Kontrabass oder das Klavier und die europäische Musik. Besonders beliebt war zu Beginn der Marsch, wie ihn französische Militärkapellen spielten und wie er im US-amerikanischen Bürgerkrieg (1861 – 1865) gespielt wurde. Aus dieser Mischung ergaben sich bei den „Brass Bands", den Blaskapellen im US-amerikanischen Süden, neue Formen der Musik.

Der Stammbaum des Jazz

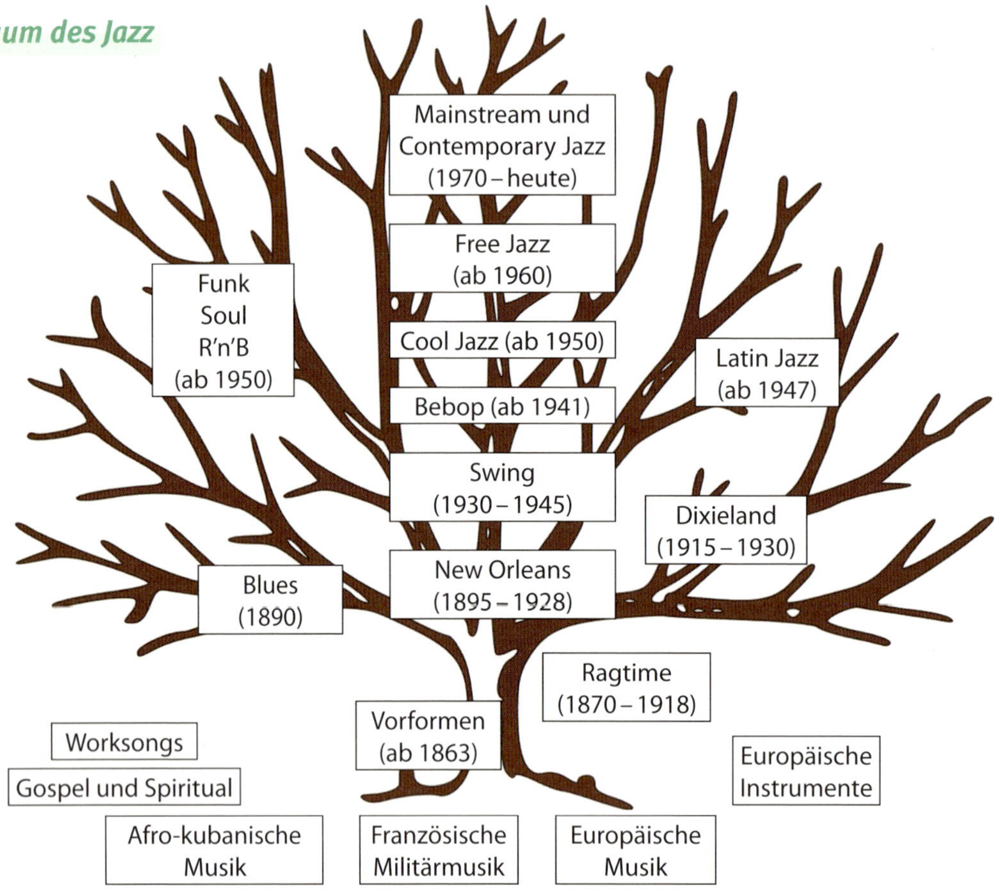

„Long John" – ein Worksong afroamerikanischer Sklaven

Strophe 1

It's a long John, he's a long gone.
Like the turkey through the corn,
through the long corn.

Strophe 2

Well, my John said in the ten chap ten:
„If a man die, he will live again."
Well, they crucified Jesus
and they nailed him to the cross.
Sister Mary cried: „My child is lost."

Refrain

Well, Long John, he's long gone,
He's long gone, Mister John, John.
Old Big-Eye John, oh John, John,
it's a long John.

aus dem 19. Jahrhundert

Der Song besingt das Leben des berühmten „langen John", eines Kleinkriminellen, dem es gelingt, vor den Wachhunden eines Sheriffs zu fliehen. Später im Text wird er gar mit dem biblischen Evangelisten Johannes verglichen, der im 10. Kapitel seines Evangeliums im 10. Vers („ten chap ten") vom Leiden Jesu schreibt. Worksong-Texte vermischten oft eine weltliche und eine geistliche Ebene.

1. Lest den Text über die Wurzeln des Jazz und fasst die wesentlichen Quellen des Jazz in einer Tabelle zusammen.
2. Beschreibt die Entwicklung des Jazz anhand des abgebildeten Stammbaums.
3. Hört den Worksong „Long John" in einer Aufnahme aus einem US-amerikanischen Gefängnis von 1934 (D 14). Beschreibt die Musik und benennt das verwendete Prinzip.

D 15–20

Eine Zeitreise durch den Jazz

A Esperanza Spalding (2012)

B Miles Davis (1955)

C Joao Gilberto (1963)

D Jelly Roll Morton (1935)

E Ornette Coleman (1960)

F Dizzy Gillespie (1947)

1 Latin Jazz (ab 1947)

Vermischung von Jazz mit lateinamerikanischen Rhythmen, v.a. aus Kuba und Brasilien. Dort wurde aus Jazz und Samba die „Bossa Nova" geformt.

2 Ragtime (1870–1918)

Sehr rhythmische Klaviermusik mit dem Bass auf den Zz 1 und 3 und den Akkorden auf den Zz 2 und 4. Sie wurde dem Marsch nachempfunden, hat aber viel mehr Synkopen[W].

3 Free Jazz (ab 1960)

Befreiung von den bisherigen Regeln der Improvisation. Dazu kamen neue Sounds auf Instrumenten und die Loslösung von herkömmlichen Akkorden.

4 Bebop (ab 1941)

Ablösung des beliebten Swings. Schnelle Tempi in kleinen Bands, Saxofon und Trompete spielen meist dasselbe. Solos haben abgerissene Melodien.

5 Cool Jazz (ab 1950)

Komplizierte Arrangements bei langsamerer Musik als beim Bebop mit großen Melodiebögen und oft mehrstimmigen Melodien. Er orientierte sich auch an klassischen Vorbildern.

6 Mainstream und Contemporary Jazz (1970 bis heute)

Rückgriff auf bekannte Elemente von Swing, Cool Jazz und Bebop, oft vermischt mit Pop-Einflüssen. Er soll gefällig und massentauglich klingen.

4 Ordnet die folgenden Hörbeispiele den obigen sechs Spielarten des Jazz und ihren Interpreten zu: „Free" (D 15), „Chega de Saudade" (D 16), „Salt Peanuts" (D 17), „London Blues" (D 18), „City Of Roses" (D 19) und „Moon Dreams" (D 20). Begründet eure Zuordnung.

5 Vergleicht die Musik von „Chega de Saudade" (D 16) mit „Salt Peanuts" (D 17). Benennt die wesentlichen Unterschiede.

Der Jazz in New Orleans

D 21, 22

New Orleans am Golf von Mexiko

New Orleans

New Orleans ist eine US-amerikanische Stadt am Golf von Mexiko. Sie ist weltbekannt für ihren Jazz. Dort lebten im 19. Jahrhundert Einwanderer aus Europa (u. a. Franzosen, Spanier, Iren, Italiener und Deutsche) und Menschen aus Afrika zusammen mit der ursprünglichen Bevölkerung von New Orleans. So mischten sich auch die musikalischen Traditionen, und neue Formen der Musik entstanden: New Orleans war ein Schmelztiegel der Musik („melting pot").

Ory's Creole Jazz Band

Ory's Creole Jazz Band (1921)

Zu Beginn des 20. Jahrhunderts ging man in New Orleans gerne zum Tanzen aus. Doch die junge Bevölkerung war mit den altmodischen Walzern und Polkas nicht mehr zufrieden. Sie wollte eine neue, aufregendere Musik. So befreiten sich die Musiker der Bands und Blaskapellen der Stadt zunehmend von ihren Noten und begannen, Stücke zu erweitern und gemeinsam zu improvisieren.

Zu den bekanntesten Bandleadern gehörte Edward „Kid" Ory, der Sohn eines französischen Vaters und einer Mutter mit afro-spanischem Hintergrund. Im Jahr 1921 veröffentlichte „Kid" Ory mit seiner „Creole Jazz Band" die erste Schallplatte mit Jazz aus New Orleans. Die Jazzbands von New Orleans spielten auf Tanzveranstaltungen, Ausflugsbooten, Beerdigungen oder Straßenfesten und brachten den Jazz auch nach Chicago und an die US-amerikanische Westküste.

Dixieland

Auch die Musik unterlag damals in den USA den Gesetzen der sogenannten Rassentrennung. Musiker verschiedener Hautfarben durften nicht gemeinsam in einer Band spielen. Während der „New-Orleans-Stil" Kennzeichen der Bands von afroamerikanischen Musikern war, entwickelten weiße Musiker daraus den „Dixieland-Stil". Für seinen Dixieland-Stil bekannt war der Bandleader Jack Laine: Seine Band funktionierte ähnlich wie die des „New-Orleans-Stils", aber ohne Klavier.

Auftritt einer Jazz Band in New Orleans (2009)

New Orleans heute

Noch heute pflegen zahlreiche Jazz Bands und Marching Bands (Marschkapellen) die Kultur des traditionellen Jazz in New Orleans. Jazz ist auf den Straßen des französischen Viertels von New Orleans allgegenwärtig. Jedes Jahr kommen viele tausend Menschen nach New Orleans, um die Geburtsstätte des Jazz zu sehen und beim New Orleans Jazz Festival Jazzmusik zu hören.

1. Lest die Texte dieser Seite und fasst die wesentlichen Inhalte in 5 bis 8 Stichpunkten zusammen.
2. Diskutiert das Bild eines „musikalischen Schmelztiegels": Kann man den Begriff auch auf die heutige Zeit anwenden? Nennt Beispiele dafür. Vergleicht eure Beispiele auch mit den Seiten 34, 35.
3. Hört einen Ausschnitt des „Livery Stable Blues", die erste Jazz-Aufnahme der Welt der „Original Dixieland Jazz Band" (D 21). Prüft, wie viel Takte jeder Teil des Stücks hat (vgl. auch Kap. 20). Vergleicht dies mit der Länge der Teile in „Kid" Ory's „Muskrat Ramble" (D 22).
4. Beschreibt, was kurz vor Schluss des Ausschnitts aus dem „Livery Stable Blues" musikalisch geschieht.
5. Vergleicht die Fotos von damals und heute. Inwiefern ähneln sich die Besetzungen? Was ist unterschiedlich?

D 23

Die Rollenverteilung in den Jazz Bands

Die ersten Jazz Bands hatten eine festgelegte Besetzung: Neben Schlagzeug und Klavier spielten meist drei Musiker auf dem Kornett – einer verkleinerten Trompete –, der Klarinette und der Posaune. Meist übernahm die Trompete die Melodie und die Posaune eine Art Bassstimme. Die Klarinette spielte oft die Töne der Begleitakkorde in gebrochener Form.

Edward „Kid" Ory: The Creole Song

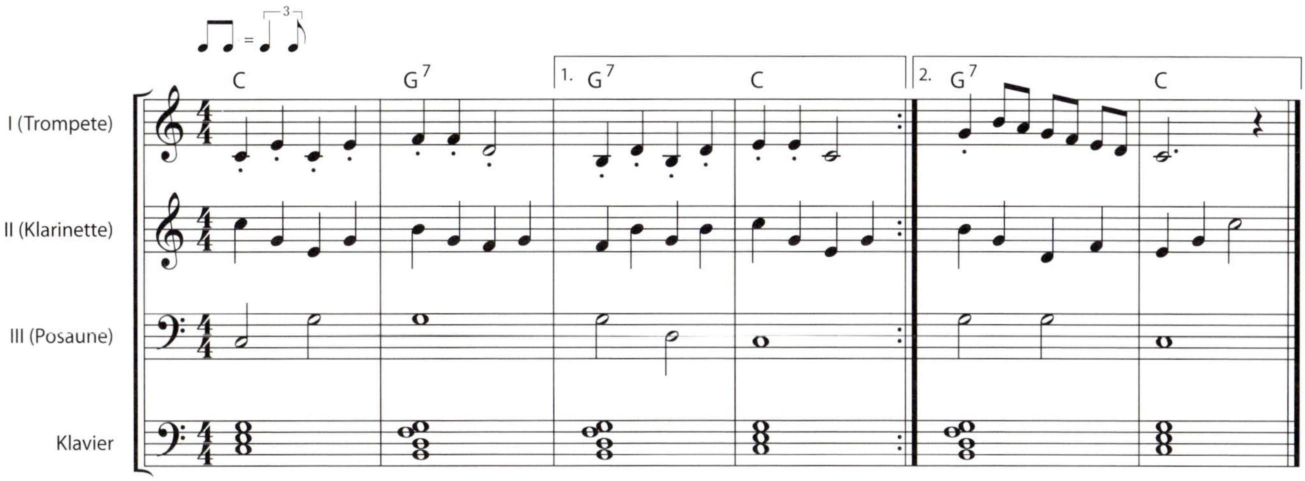

Wie man improvisierte

In der Jazzmusik in New Orleans gab es noch keine Solos von einzelnen Instrumenten. Alle Musiker improvisierten gleichzeitig („Kollektivimprovisation"), indem sie ihre Melodien verzierten und erweiterten oder Rhythmus und Klang ihres Instruments veränderten. Dabei mussten sie gut aufeinander hören und füreinander Pausen lassen, damit kein Chaos entstand.

A Verzierungen der Melodie

Eine Melodie wird z. B. mit Wechselnoten[W] und Durchgangsnoten[W] verziert.

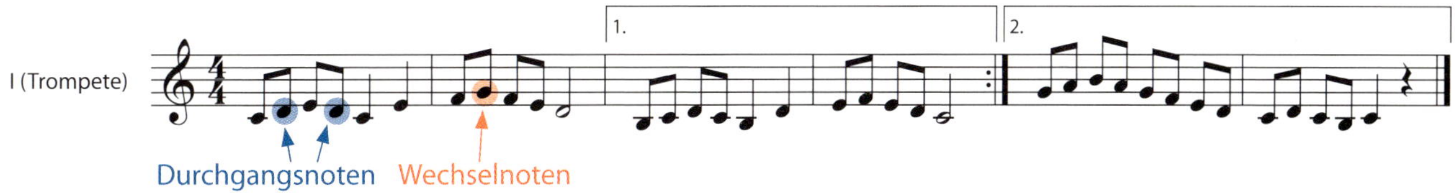

B Erweiterungen der Melodie

Vor dem Beginn einer Melodiephrase oder nach ihrem Ende wird die Melodie erweitert.

C Veränderte Rhythmen und Melodien

Der Rhythmus der Begleitung oder die Melodie wird verändert.

6 Hört die Original-Aufnahme von „Ory's Creole Trombone" (D 23). Beschreibt die Rollen von Trompete, Klarinette und Posaune. Was ist anders als im New-Orleans-Stil?

7 Spielt den „Creole Song" von „Kid" Ory mit vier Instrumenten. Übt auch die veränderten Stimmen a bis c ein.

8 Erfindet eigene Veränderungen der Melodien und spielt diese in Gruppen.

Benny Goodman und der Swing

C 39

Der Swing

Swing-Musik zählt zu den bekanntesten Arten des Jazz. Mit dem Swing wurde der Jazz bei der breiten Masse der Bevölkerung rund um das Jahr 1930 populär. Die gut tanzbare Musik war auch bei Jugendlichen sehr beliebt.

Kennzeichen der Swing-Musik ist das Swing-Feeling. Die Achtel werden im Grundrhythmus des Swing nicht mit gleicher Länge gespielt: Die zweite, unbetonte Achtel ist dabei kürzer als die betonte, fast wie bei einer Achteltriole[W] (→ S. 227).

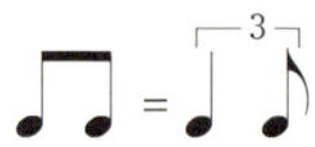

Das Swing-Feeling entsteht dann aus der Überlagerung des Grundrhythmus des Swing mit den Synkopen[W] (→ S. 161) der Melodieinstrumente. Zudem werden die Zählzeiten 2 und 4 betont (Offbeat[W]).

Beispiel: Der Beginn von „In The Mood"

Melodiestimme: Joseph Garland

Benny Goodman und seine Big Band

Die Big Band

Mit dem Swing begann die große Ära der Big Bands, welche die vorherigen kleineren Jazzgruppen ablösten. Die typische Besetzung einer Big Band bestand aus zwei Gruppen („Sections"): der Rhythmusgruppe und der Melodiegruppe aus Holz- und Blechbläsern.

Einer der ersten und berühmtesten Big-Band-Leader war der Klarinettist Benny Goodman (1909 – 1986). Er öffnete dem Swing mit seiner Big Band auch die Türen der großen Konzerthäuser. In der renommierten New Yorker Carnegie Hall traten er und seine Big Band im Jahr 1938 als erste Swingmusiker auf. Aufgrund der Rassentrennung mussten afroamerikanische Musiker in den USA zu dieser Zeit in getrennten Bands spielen, und zu den Konzerten durften Menschen afroamerikanischer Herkunft gar nicht gehen. Goodman brachte für sein Konzert in der Carnegie Hall jedoch erstmalig Jazzmusiker verschiedener Hautfarben gemeinsam auf die große Bühne. Viele erfolgreiche Auftritte folgten.

1. Hört die Original-Aufnahme von „In The Mood" der Glenn Miller Big Band (C 39). Spielt dazu den Hi-Hat-Rhythmus (Bodypercussion) und den Offbeat (Klatschen).
2. Benennt die Synkopen in der Melodiestimme von „In The Mood".
3. Analysiert das Foto von Benny Goodman und seiner Big Band: Welche Instrumente sind in der Band vertreten? Listet sie nach „Sections" auf.
4. Diskutiert die frühere Situation der Rassentrennung unter Musikern in den USA und nehmt dabei das Foto von Benny Goodman und seiner Big Band zu Hilfe: Hat die Herkunft der Musiker eine Bedeutung für das Spielen der Musik in der Big Band?

D 24–26

Sing Sing Sing

Der Song „Sing Sing Sing" bildete häufig den Abschluss der Konzerte von Benny Goodmans Big Band – auch beim Konzert in der Carnegie Hall 1938. Goodman sagte einmal darüber, dass kein Konzertabend ohne diesen Song als Abschluss funktionieren würde. Dieser Song ist bis heute einer der berühmtesten Musiktitel der Swing-Ära. Viele Sänger nahmen das bei Goodman nur instrumental gespielte Stück später gemeinsam mit einer Big Band auf.

Text und Melodie: Louis Prima

Tim Bendzko mit Big Band (2017)

Big-Band-Musik heute

Die Big-Band-Musik und der Swing als Musikstil haben sich bis heute gehalten. Große Funkhäuser wie der Westdeutsche Rundfunk betreiben professionelle Big Bands, die bei zahlreichen Veranstaltungen in Fernsehen und Radio auftreten. Auch Künstler aus dem Bereich der Popmusik nehmen gern Stücke mit Big-Band-Begleitung auf und spielen Konzerte mit Big-Band-Besetzungen.

5 Singt das Big-Band-Stück „Sing Sing Sing" zur CD (D 24). Vergleicht Rhythmus und Melodie dieser Aufnahme mit der Version der Big Band von Benny Goodman (D 25).

6 Analysiert die Akkorde von „Sing Sing Sing" und ihre Funktionen: Benennt Tonika[W], Subdominante[W] und Dominante[W] (→ S. 163) für Teil A und Teil B.

7 Hört Tim Bendzkos Song „Sag einfach Ja" (D 26). Inwiefern unterscheidet sich dieses Big-Band-Stück von den bisher gehörten Stücken „In The Mood" und „Sing Sing Sing"? Was gefällt euch an dem Song „Sag einfach Ja" und was nicht?

Spielt mit: The Lady Is A Tramp

D 27, 28

Im Jahr 1937 erschuf der Musicalkomponist Richard Rodgers mit seinem Textdichter Lorenz Hart in New York das Musical „Babes In Arms". In diesem Stück beweisen die Kinder von Schauspielern ihren Eltern, dass auch sie eine tolle Show auf die Bühne bringen können. Bald darauf wurde das Musical in Hollywood verfilmt, und seine Songs wurden weltberühmt. Die Musik des Musicals war vom Jazz geprägt, und so wurden seine bekanntesten Songs „My Funny Valentine" und „The Lady Is A Tramp" in den 1950er-Jahren zu Jazz-Standards[W]. In „The Lady Is A Tramp" geht es um eine Frau, die sich nicht ganz so benimmt, wie man es in vornehmen New Yorker Kreisen erwartet. Im Jahr 2011 nahm der bekannte Jazzsänger Tony Bennett den Song mit Lady Gaga als Duettpartnerin neu auf. Es waren für Lady Gaga die ersten Auftritte mit Stücken aus dem Jazz.

Ein Arrangement von „The Lady Is A Tramp"

Melodie

1. Übt das Arrangement von „The Lady Is A Tramp" erst einzeln und dann in Gruppen ein. Anstelle der notierten Instrumente könnt ihr auch Instrumente eurer Wahl verwenden.
2. Fügt die Gruppen zusammen, bestimmt einen Schüler als musikalischen Leiter für die Probe und spielt dann das Arrangement.
3. Hört die Versionen des Songs von Frank Sinatra (1957) (D 27) und von Tony Bennett & Lady Gaga (2011) (D 28) und vergleicht sie miteinander. Diskutiert, was euch an der jeweiligen Version gefällt und was nicht.

Begleitsatz

Text: Lorenz Hart   Melodie: Richard Rodgers   Arrangement: Thomas Busch

Scat: Von Ella bis zum „Cement Mixer"

D 29

Ella und der Scat

Ella Fitzgerald

Ella Fitzgerald (1917–1996) war eine der bekanntesten Sängerinnen des Jazz. Sie konnte sehr gut improvisieren und wurde weltberühmt durch ihren Scat-Gesang. Scat bezeichnet improvisiertes Singen auf Silben ohne Textsinn. Dabei werden oft auch Instrumente mit der Stimme imitiert. Scat-Gesang variiert die Melodie eines Stücks und erweitert sie um zusätzliche Töne und neue Rhythmen. Oft zitierten die Scat-Sänger in ihren Improvisationen auch die Melodien anderer Songs. Die Blütezeit des Scat-Gesangs waren die Swing- und Bebop-Ära in der Mitte des 20. Jahrhunderts.

Der Song „How High The Moon" ist ein bekannter Jazz-Standard[W]. Ella Fitzgeralds Scat-Solo zu diesem Song gilt als eines der berühmtesten der Jazzgeschichte. Der Song erzählt die Geschichte einer unerreichbaren Liebe – so weit entfernt wie der Mond.

Melodie: William Lewis *Text: Nancy Hamilton*

1 Singt die Melodie von „How High The Moon" und vergleicht sie mit Ella Fitzgeralds Aufnahme (D 29).

2 Vergleicht die Scat-Stimme mit der Melodie-Stimme: Was sind Gemeinsamkeiten und Unterschiede in Rhythmus und Melodie? Schreibt eure Ergebnisse Takt für Takt auf.

D 30

Slim Gaillard und seine Fantasiesprache

Bulee Slim Gaillard (1916 – 1991) gehörte auch zu den Jazzmusikern, die mit ihrem Scat-Gesang berühmt wurden. Allerdings nahm er den Umgang mit den Scat-Silben viel weniger ernst als andere: Er schrieb aus Scat-Silben eine eigene Fantasiesprache – die „Vout" – und verwendete sie in seinen Songs (z. B. „Flat Foot Floogie With A Floy-Floy"). Sogar ein eigenes Wörterbuch veröffentlichte er dazu. Auch seine Stücke trugen außergewöhnliche Titel, wie „Serenade an einen Pudel" oder „Avocadokern-Suppensinfonie".

In dem Song „Cement Mixer" (1945) vermischte Slim Gaillard in improvisierten Teilen Wörter aus seiner Fantasiesprache mit Fachbegriffen aus dem Baugewerbe. Und so hörte sich der Song bei jeder Aufführung etwas anders an.

Text: Paul Mills Melodie: Slim Gaillard

Erklärung der Wörter aus Slim Gaillards Sprache „Vout":

Putti Putti: Rhythmus
Vout: Ding
Voot: Geld

Erklärung der Wörter aus dem Englischen:

puddle: Pfütze
mortar: Kelle
slurp: schlürfen
concrete: Beton
gravel: Kies

Ideen für die Improvisation

Die Takte, über denen im obigen Notenbild das Wort „Improvisation" steht, wurden von Slim Gaillard immer unterschiedlich gefüllt. So könnte man auch mit den folgenden Silben und Rhythmen experimentieren:

A

B

C

D

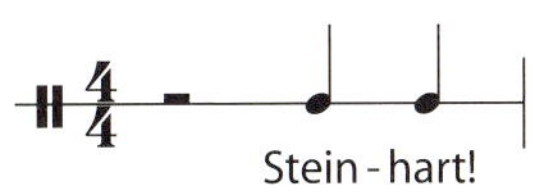

3 Singt den „Cement Mixer".

4 Fügt an den Improvisationsstellen nach Belieben die Rhythmen A bis D ein und gestaltet die Takte damit neu. Erfindet eigene Rhythmen auf Scat-Silben und singt sie an den Improvisationsstellen.

5 Hört den „Cement Mixer" von Slim Gaillard (D 30). Hört heraus, was der Sänger an den Improvisationsstellen macht.

Bebop – Vogelkunde mit dem „Bird"

D 31, 29

„The Bird"

Charlie Parker, genannt „The Bird", gilt als einer der wichtigsten Schöpfer des Bebop. Der Bebop löste Ende der 1940er-Jahre den Swing als wichtigste Strömung des Jazz ab und legte die Grundlage für den modernen Jazz. Bebop-Musiker spielten nicht in Big Bands wie beim Swing, sondern in kleineren Combos wie Quartetten oder Quintetten. Saxofon und Trompete spielen oft gemeinsam das Solo.

Charlie Parker

Wie der Bebop funktioniert

Oft griffen Bebop-Musiker auf die Akkordfolgen berühmter Jazz-Standards[W] zurück, gaben ihnen aber vollkommen neue, aus Improvisationen entstandene musikalische Themen („Bebop Head"). Diese Themen hatten oft Achtelläufe, waren rhythmisch raffiniert und wurden in hohem Tempo vorgetragen.

Der Bebop-Head von „Ornithology" (dt.: Vogelkunde)

Charlie Parker, Bennie Harris

Der Begriff „Bebop" stammt aus der Silbensprache der Scat-Sänger. Er kennzeichnet auch das wichtigste Intervall des Bebop: die fallende verminderte Quinte (Tritonus (→ S. 230), f – h).

„Ornithology" und „How High The Moon"

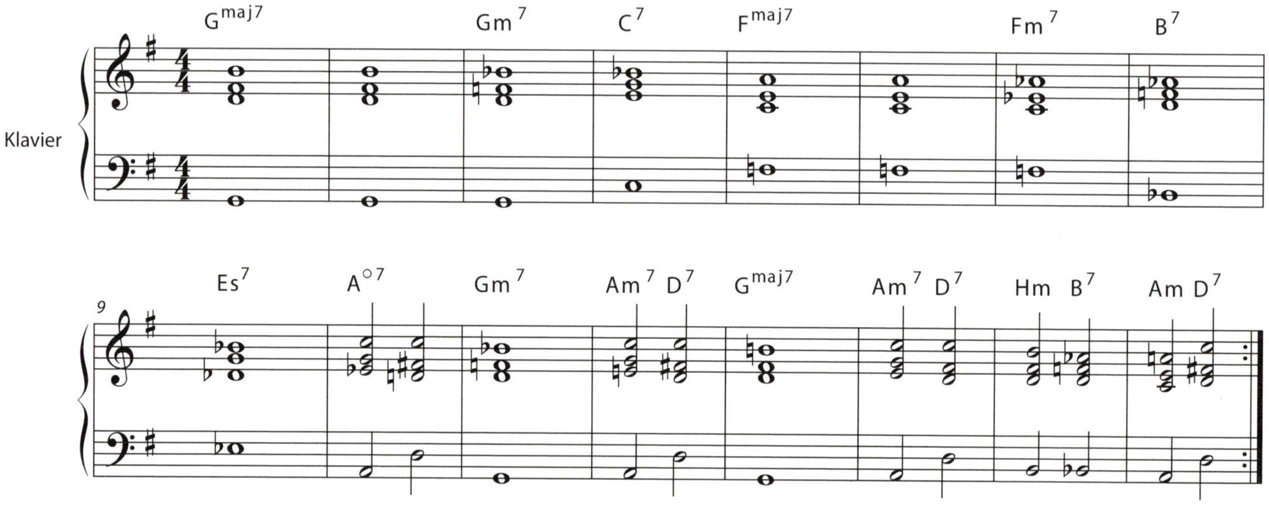

1 Hört den Beginn des Stücks „Ornithology" (D 31). Wie würdet ihr das Saxofon-Thema beschreiben?

2 Spielt den Mitspielsatz zu „Ornithology" zur CD (D 31) und zur Aufnahme von „How High The Moon" (D 29). Beschreibt, worin sich die beiden Stücke unterscheiden.

3 Analysiert die Akkorde des Mitspielsatzes: Welcher Ton erweitert jeweils den Dreiklang zu einem Vierklang? Benennt für jeden Akkord Grundton, Terz, Quinte und – wenn vorhanden – Septime.

Improvisieren im Jazz

Um im Jazz improvisieren zu lernen, kann man verschiedene Methoden nutzen. Zu den wichtigsten Methoden gehören das Schreiben einer „Guide Line" und das Improvisieren mit musikalischen Bausteinen.

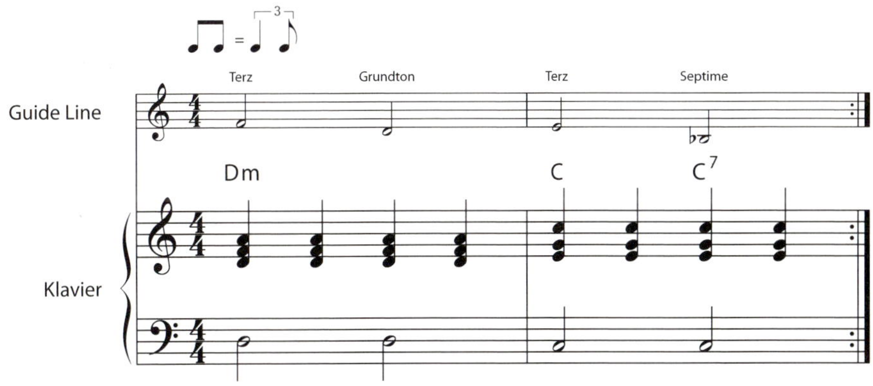

Improvisieren mit einer Guide Line

Eine Guide Line ist wie ein Seil, an dem man sich beim Improvisieren entlanghangelt. Um eine Guide Line zu schreiben, wählt man für die Melodie in einem Takt wichtige Töne aus dem zugrundeliegenden Akkord aus. Am wichtigsten sind die Terz, der Grundton und – wenn vorhanden – eine Septime (→ S. 230) des Akkords (siehe oben). Dann füllt man die Zwischenräume mit Wechsel- und Durchgangsnoten (→ S. 171) oder mit anderen Akkordtönen auf.

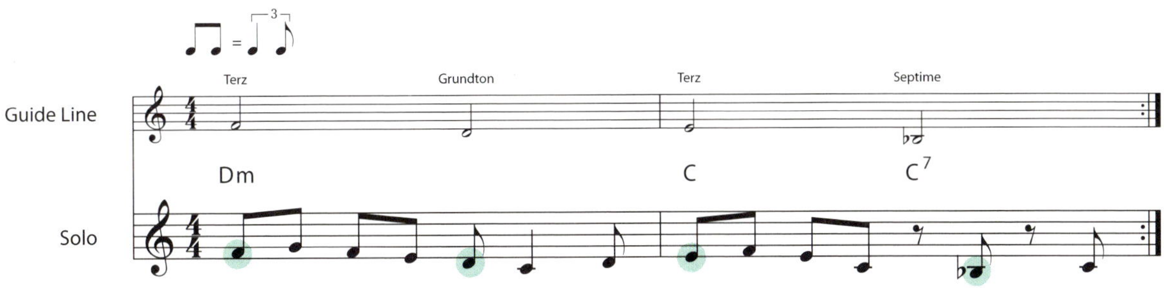

Improvisieren mit Bausteinen

Bausteine in d-Moll

Bausteine in C-Dur

1 Schreibt eine eigene Guide Line zu den oben stehenden Takten und denkt euch auf Instrumenten aus, mit welchen Tönen ihr die Guide Line auffüllt. Übt eure Ideen auf einem Instrument und spielt sie zur Begleitung.

2 Übt die Bausteine in d-Moll (A bis D) und C-Dur (a bis d) ein. Kombiniert sie in beliebiger Reihenfolge und spielt euren Song zur Begleitung. Erfindet auch eigene Bausteine zu den Akkorden.

3 Übt auch die Begleitung der Guide Line ein und führt das Musikstück auf, indem einige von euch die Begleitung und die anderen Solos mithilfe von Guide Lines oder musikalischen Bausteinen spielen.

4 Analysiert: Welche Töne in den Bausteinen machen die Melodien besonders interessant und lassen sie nach Jazz klingen? Was für eine Stellung haben diese Töne in Bezug auf den zugrundeliegenden Akkord?

At The Hop

D 32

Der Rock 'n' Roll der 1950er-Jahre

Die Musik der 1950er-Jahre war stark durch den **Blues** (→ Kap. 20) beeinflusst. Die Songtexte wurden zunehmend frech und sozialkritisch. Mit dieser Musik waren auch eine Mode und ein Lebensgefühl verbunden: Viele Jugendliche bezeichneten sich als „Rocker", drehten sich eine Schmalzlocke ins Haar und trugen Jeans, Lederjacke und einen Kamm, der aus der hinteren Hosentasche der Jeans herausragte. Sie liebten Motorräder und versammelten sich in Gruppen. Besonders den Schulen und Kirchen gefiel diese Entwicklung gar nicht. Ein Pfarrer aus Boston sagte damals: „Der Rock 'n' Roll entflammt und erregt die Jugend, wie Dschungeltrommeln die Krieger zum Kampf aufrufen und vorbereiten. Ein falsches Wort, ein Missverständnis, und alles geht in Flammen auf!"

Der Hop

Hops waren Tanzveranstaltungen für Teenager in den USA. Ursprünglich wurden sie während des zweiten Weltkriegs vom amerikanischen Roten Kreuz veranstaltet, um Spenden zu sammeln. Hops fanden meist in Turnhallen statt. Damit der Boden nicht beschädigt wurde, mussten die Tänzer ihre Schuhe ausziehen und auf Socken tanzen. Später kamen die Sneakers mit ihren weichen Sohlen auf, sodass die Teenager ihre Schuhe beim Tanzen anbehalten konnten.

Die Musik wurde meist von Schallplatten abgespielt. Nur manchmal waren DJs oder Live Bands anwesend. Die Rock 'n' Roll-Band Danny and the Juniors beschreibt in ihrem Song „At the Hop", welche beliebten Tänze getanzt wurden und was außerdem während der Hops alles passierte. Die in der ersten Strophe erwähnten Begriffe „stroll", „calypso" und „chicken" waren damals beliebte Tanzschritte.

At The Hop

2. Well, you can swing it, you can groove it,
You can really start to move it at the hop.
Where the jockey is the smoothest
And the music is the coolest at the hop.
All the cats and chicks can get their kicks at the hop – Let's go!

Text und Melodie: Arthur Singer, John L. Medora, David White

1 Seht euch einen typischen Hop aus dem Film „American Graffiti" an. Beschreibt, wie die Jugendlichen dort gekleidet sind, wie sie tanzen und wie die Musik klingt. Tauscht euch anschließend darüber aus, wie Kleidung, Tanz und Musik heutzutage sind. Was ist gleich, ähnlich, anders?

2 Hört den Song „At The Hop" (D 32) und singt ihn zur CD.

„At The Hop“ besteht aus zwei Teilen: **Intro** und 12-taktigem **Bluesschema** (→ S. 163) für **Strophe** und **Refrain**.

Das Intro

Das Intro setzt sich aus einer Verbindung der Tonstufen I, VI, II und V zusammen. Viele Turnarounds[W] bestehen aus dieser Kadenz. In F-Dur sind das die Harmonien: F-Dur (I), d-Moll (VI), g-Moll (II) und C-Dur^{7}(V). Diese Harmonien werden von Klavier und Bass gespielt. Dazu singen die Juniors diese Harmonien in aufwärtsgehenden, gebrochenen Akkorden:

Strophe und Refrain

Die Strophe und der Refrain verwenden das 12-taktige Bluesschema. Der Rhythmus ist aber nicht **ternär** (→ S. 164), sondern in geraden Notenwerten komponiert. Der Bass spielt Viertelnoten, das Klavier Akkorde in Achtelnoten.

3 Singt das Intro vierstimmig: Teilt euch in vier Gruppen und übt die aufwärtsgehenden Intervalle ein.

4 Übt das Intro und die anderen Songteile auf Instrumenten ein und singt dazu.

The Beatles und The Rolling Stones

D 33, 34

Die Pilzköpfe und die Bösen Jungs

Paul McCartney, Sänger und Bassist der Beatles, mit anderen Musikern im Tonstudio

The Beatles und The Rolling Stones sind zwei legendäre Bands des 20. Jahrhunderts. Während die Schaffensperiode der Beatles nur ca. 10 Jahre andauerte (etwa 1958 – 1968), gehören die Rolling Stones bis heute zu den aktiven Bands der Rockmusik.

Aufgrund ihrer unangepassten Art und ihrer rebellischen Songs haben die Rolling Stones das Image von „Bösen Jungs". Sie zeichnen sich vor allem durch ihre wilde Rockmusik aus, mit der sie schon über ein halbes Jahrhundert lang Stadien mit bis zu 100.000 Besuchern füllen. Im Juni 2018 z. B. spielten sie im Olympiastadion in Berlin. Ihre Konzerttickets sind mit den Jahren immer teurer geworden: Ein Ticket kostet heute bis zu 180 €. 2016 spielten sie zum ersten Mal in Havanna auf Kuba. Das war etwas Besonderes, denn in dem sozialistischen Staat Kuba war ihre Musik bis dahin offiziell verboten.

Im Gegensatz zu den Rolling Stones war bei den Beatles trotz ihrer relativ kurzen Schaffenszeit eine recht große musikalische Entwicklung erkennbar, was die **Form** ihrer Musik, die **Instrumentation** und die Arbeit im **Tonstudio** betrifft: Vom frühen Stil entwickeln sie sich zu fortschrittlicher Kunstmusik, die das Lebensgefühl der 1960er-Jahre ausdrückt und neue Möglichkeiten in der Aufnahmetechnik ausschöpft. Die Beatles zeigten sich äußerlich und musikalisch weniger wild als die Rolling Stones. Sie trugen meist Anzüge und hatten alle vier eine außergewöhnliche Frisur, die wie ein Pilzkopf aussah. Der Song „She Loves You" war einer ihrer ersten erfolgreichen Hits.

In den 1960er-Jahren gab es die auch für Musiker einflussreiche Hippie-Bewegung. Diese war geprägt von Sozialkritik, freier Liebe und Bewusstseinserweiterung durch Drogenkonsum und Meditation. Die Beatles reisten sogar nach Indien, um zu meditieren und indische Instrumente spielen zu lernen. Diese Einflüsse kann man besonders gut in dem späten Song „Tomorrow Never Knows" hören.

Tomorrow Never Knows

Der Liedtext

Der Text stammt aus einem Buch zur Bewusstseinserweiterung, in dem beschrieben wird, wie man die chemische Droge LSD kontrolliert einnehmen kann, um sich selbst zu therapieren. Die erste Strophe zeigt dies deutlich. Darin heißt es: „Turn off your mind, relax and float down stream, it is not dying", was übersetzt so viel bedeutet wie: „Schalte deine Gedanken ab, entspanne dich und treibe stromabwärts, es stirbt nicht."

Instrumentation

Die indischen Instrumente Tanpura[W] und Sitar[W] bestimmen den Anfang des Songs.

Rückwärts spielende Loops

Bass und Schlagzeug wurden aufgenommen und dann rückwärts abgespielt. Zusammen mit Tanpura und Sitar bilden sie eine Tonbandschleife, die sich während des Songs fast durchgängig wiederholt. Paul McCartney spielte das Gitarrensolo ein, welches ebenfalls rückwärts abgespielt wurde.

Verfremdung der Stimme

John Lennon, der Gitarrist und ebenfalls Sänger der Beatles, erklärte zu dem Song: „Ich möchte so klingen, als wäre ich der Dalai Lama, das geistliche Oberhaupt der tibetischen Buddhisten, der vom höchsten Berggipfel aus singt, und trotzdem die Wörter hören, die ich singe." Um diesen Effekt zu erzeugen, verwendete der Tontechniker einen rotierenden Lautsprecher.

Soundeffekt „Möwengesang"

Lennon rief die Silben „ha ha" ins Mikrofon, und der Tontechniker steigerte die Geschwindigkeit der Aufnahme so lange, bis es sich wie ein Möwengesang anhörte.

Auswirkungen der vielen Effekte

Wegen der vielen zusätzlichen Effekte konnten die Beatles diesen Song nicht live aufführen, da die damalige Technik noch nicht so weit entwickelt war. Daher produzierten sie immer mehr Songs im Tonstudio.

1. Vergleicht die Songs „She Loves You" (D 33) und „Tomorrow Never Knows" (D 34) miteinander. Benennt die Instrumentationen und Spielweisen. Gibt es zusätzliche Soundeffekte?
2. Hört euch an, wie die Tanpura klingt, und recherchiert im Internet auch über die Sitar.
3. Hört euch folgende Soundeffekte aus dem Song „Tomorrow Never Knows" (D 34) an: die rückwärts gespielten Bass- und Schlagzeugloops, das Gitarrensolo und den Möwengesang. Beschreibt eure Höreindrücke.

D 35

I Can't Get No Satisfaction

Die Rolling Stones

Dieser Song war eine Sensation, weil der Sänger Mick Jagger mit diesem Titel (dt.: Ich finde keine Befriedigung) einen Liedtext geschrieben hatte, der drei Tabus gleichzeitig brach: Jagger kritisierte damit die Medien und das Konsumverhalten und er benennt seine Frustration in der Liebe.

Neben dem Songtext spielte aber auch die Musik eine ebenso große Rolle für den Erfolg des Songs. Vor allem die Leadgitarre übernimmt hier ein wichtige Aufgabe: Ein sehr einprägsames **Gitarrenriff** wird oft wiederholt. Auf diese Weise wird dieses Gitarrenriff zum **Hook** des Songs (→ S. 233).

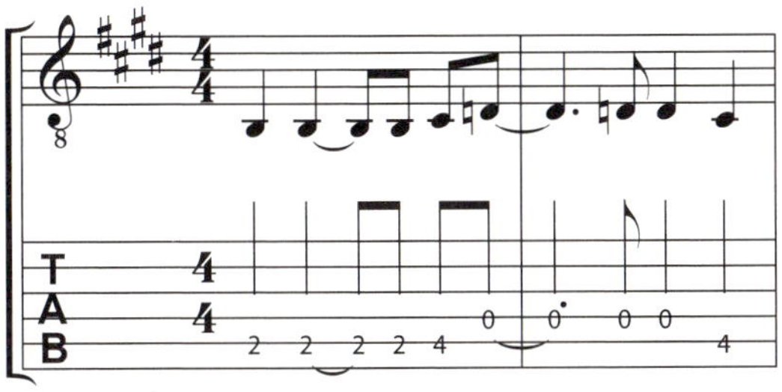

Keith Richards berühmtes Gitarrenriff

Der Leadgitarrist der Rolling Stones, Keith Richards, spielte Mick Jagger dieses Riff zusammen mit der Liedzeile „I Can't Get No Satisfaction" vor. Und Jagger gefiel es so sehr, dass er sogleich den Text weiterschrieb. So entstand einer der berühmtesten Songs der Welt.

Übertragung der Soundeffekte von den „Beatles" auf „I Can't Get No Satisfaction"

Die Arbeitsschritte (→ Kap. 7)

1. „I Can't Get No Satisfaction" in Audacity importieren
2. Geeignete Stellen finden, markieren und
   - a) das Gitarrenriff rückwärts spielen lassen
   - b) den Liedtext „I Can't Get No Satisfaction" durch den Wah-Wah-Effekt verändern
3. Einen eigenen Möwengesang erstellen und dem Song hinzufügen (siehe unten)
4. Das Ergebnis speichern

Möwengesang erstellen und dem Song hinzufügen

1. Die Silben „ha ha" mehrmals laut und deutlich sprechen und sie mit einem Aufnahmegerät aufnehmen
2. Die Silben als neues Projekt in Audacity importieren
3. Die Tonspur markieren und die Tonhöhe so lange verändern, bis die Silben wie ein Möwengesang klingen
4. Den Möwengesang kopieren
5. Dieser Version des Songs „I Can't Get No Satisfaction" eine zweite Tonspur hinzufügen und den Möwengesang an die gewünschte Stelle platzieren
6. Die Song-Version abspeichern

4 Hört den Song „I Can't Get No Satisfaction" (D 35).

5 Spielt das berühmte Gitarrenriff des Songs auf der 5. Saite einer Gitarre.

6 Bildet kleine Gruppen und erstellt eine Ablaufskizze, wann ihr welchen Effekt im Song „I Can't Get No Satisfaction" einsetzen wollt. Orientiert euch am Liedtext und arbeitet mit unterschiedlichen Farben und Abkürzungen, in welchem Formteil welcher Soundeffekt eingesetzt werden soll. Hört bei Bedarf nochmal die Aufnahme (D 35).

7 Gestaltet eine eigene Version des Songs „I Can't Get No Satisfaction" mithilfe der oben angegebenen Arbeitsschritte.

8 Spielt euch eure Songs gegenseitig vor und erläutert, was euch an den Ergebnissen besonders gut gefallen hat.

Knockin' On Heaven's Door – zwei Versionen im Vergleich

D 36

Bob Dylan

Musik in den 1960er-Jahren

In den 1960er-Jahren engagierten sich Jugendliche in der westlichen Welt zunehmend politisch. Sie demonstrierten gegen die Konsumgesellschaft, die Rüstungsindustrie und den Vietnamkrieg, gegen autoritäre Macht und soziale Unterdrückung. Sie setzten sich für persönliche Freiheit und die Rechte der Afroamerikaner ein. Die Musik dieser Zeit war ebenfalls Ausdruck dieser Rebellion gegen das bestehende Gesellschaftssystem. Dem Songwriter Bob Dylan gelang es, das Anliegen dieser Generation in kritischen Liedtexten auszudrücken und andere Musiker zu inspirieren (anregen).

Dylans „Knockin' On Heaven's Door"

Im Jahre 1973 komponierte Dylan den Song „Knockin' On Heaven's Door" für den Western „Pat Garrett & Billy The Kid". In diesem Film verfolgt Sheriff Pat Garrett den Verbercher Billy The Kid. Garretts Hilfssheriff wird dabei von einem Banditen angeschossen. Bevor der Hilfssheriff stirbt, kreisen seine Gedanken um seine Aufnahme in den Himmel.

Songtext

Strophe 1
Mama, take this badge off o' me
Cause I can't use it anymore
It's getting dark, too dark to see
I feel I'm knockin' on Heaven's door

Refrain (2x)
Knock, knock, knockin' on Heaven's door
Knock, knock, knockin' on Heaven's door

Strophe 2
Mama, put my guns in the ground
I can't shoot them anymore
That long black cloud is comin' down
I feel I'm knockin' on Heaven's door

Gitarrenbegleitung von Bob Dylan

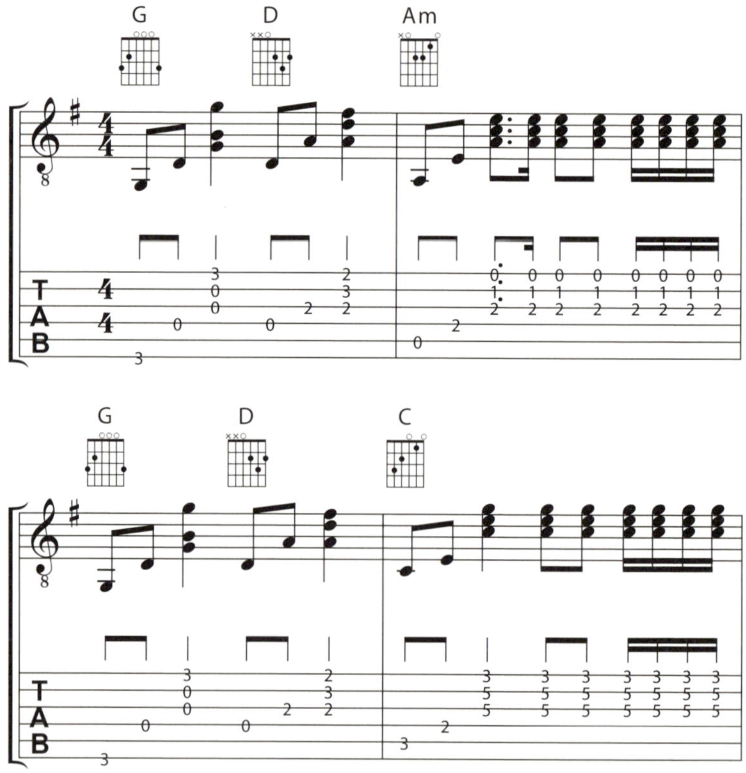

Bob Dylan erhält den Nobelpreis für Literatur

2016 erhielt Bob Dylan als erster Songwriter den Nobelpreis für Literatur. Er wurde damit für seine poetischen Werke geehrt. „Dylan ist eine Ikone", erklärte die Nobelpreis-Akademie. „Sein Einfluss auf die zeitgenössische Musik ist groß." Dylan selbst war über die Auszeichnung sehr überrascht und zögerte lange, bevor er den Preis und die damit verbundenen 930.000 € annahm.

1. Vergleicht die Fotos von Bob Dylan mit dem Foto von Guns N' Roses. Wie werden sich wohl ihre Versionen von „Knockin' On Heaven's Door" voneinander unterscheiden? Begründet eure Vermutungen.
2. Hört „Knockin' On Heaven's Door" im Original von Bob Dylan (D 36).
3. Übersetzt den Liedtext und singt zur CD (D 36).
4. Tauscht euch darüber aus, welche Instrumente Dylan verwendet und welche Stimmung er dadurch erzeugt.

D 36, 37

„Knockin' On Heaven's Door" als Coverversion der Hard-Rock-Band Guns N' Roses

Tom Zudaut, der Manager von Guns N' Roses, sagte über Axl und Slash, als er sie zum ersten Mal sah: „Dieser Typ (Axl) ist unglaublich. Er hat etwas. Diese animalische Anziehungskraft. Dieser Blick, was auch immer es ist. Er hat es. Einfach irre. Ich hatte so etwas noch nie gesehen. Die ganze Band hatte genau so viel Ausdruck wie Axl und ich dachte, diese Band wird die größte Band der Welt. Ich wusste es. Slash an der Gitarre war einfach phänomenal. Jede Generation braucht ihren Gitarrenhelden und ich hatte immer das Gefühl, er könnte der nächste Clapton, Beck oder Hendrix sein."

Der Sänger Axl Rose (Mitte) und Gitarrist Slash (3. von rechts) sind die Schlüsselfiguren von Guns N' Roses.

Picking von Slash

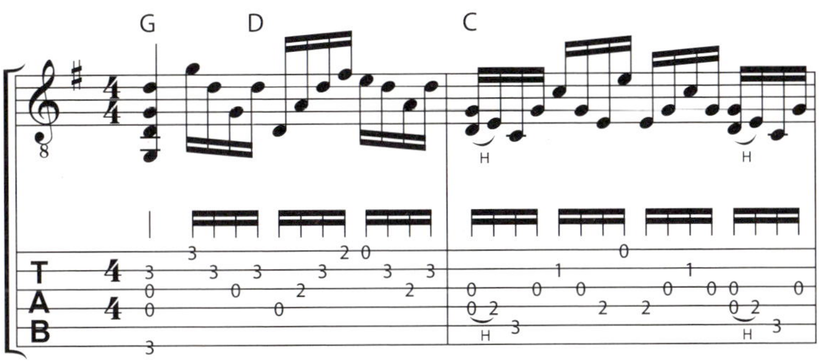

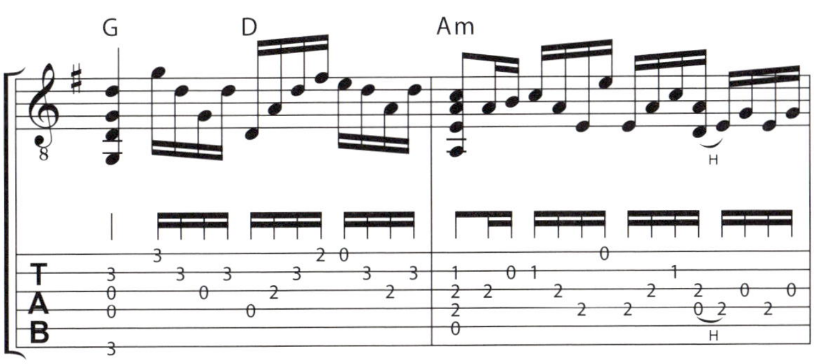

Im staccato schnell gezupfte Intervalle

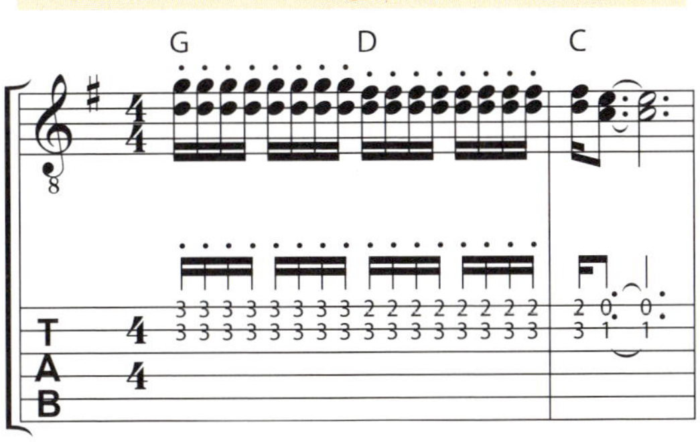

Slashs Gitarrenspieltechnik

Die Musikzeitschrift „Rolling Stone" listet Slash auf Rang 65 der besten Gitarristen aller Zeiten.
In „Knockin' On Heaven's Door" nutzt er besonders folgende Spieltechniken:

Glissando: mit dem Plektrum über die Gitarrensaiten streifen
Picking: Saiten einzeln anschlagen

Slashs Soundeffekte & Equipment

Neben seiner virtuosen Spieltechnik und seinen melodiösen Solos spielt Slashs technisches Equipment eine große Rolle.

Er spielt vorwiegend eine Gibson Les Paul-Gitarre. Als Guns N' Roses berühmt wurden, stiegen die Verkaufszahlen dieses Gitarrenmodells in die Höhe.

Neben der Gitarre spielen auch viele Effektgeräte eine wichtige Rolle. Der Gitarrenklang wird bei Slash z. B. oft verzerrt und mit dem Wah-Wah-Pedal verändert.

Verzerrer

Wah-Wah-Pedal

5 Hört erneut die Originalversion von „Knockin' On Heaven's Door" (D 36) und dann die Coverversion von Guns N' Roses (D 37). Wie unterscheiden sich die Versionen voneinander in Bezug auf Instrumentierung, Form, Gesang und Stimmung? Macht euch Notizen.

6 Wie unterscheiden sich Gitarrensound und Spielweise der beiden Versionen?

7 Schaut euch das Guns N' Roses-Konzert in Tokyo an. Wie würdet ihr die Kleidung und das Verhalten der Musiker auf der Bühne beschreiben?

8 Spielt beide Gitarrenbegleitungen und vergleicht sie miteinander.

Latin Rock – Carlos Santana

D 38, C 27

Tito Puente

Latin Rock

Latin Rock ist die Kombination aus westlicher Rockmusik und lateinamerikanischen Rhythmen. Der Song „Oye como va“ zeigt dies deutlich und verdankt seinen Erfolg zwei bedeutenden Musikern, die beide Kulturen in sich tragen: Tito Puente hat den Song komponiert und Carlos Santana hat ihn weltberühmt gemacht.

Als Kind puerto-ricanischer Eltern wuchs Tito Puente (1923 – 2000) im spanischen Stadtteil El Barrio von New York auf. Für viele ist Puente der König der Timbales. Er komponierte auch zahlreiche lateinamerikanische Songs, darunter „Oye como va“ (dt.: Hey, wie geht's). Für sein Schaffen erhielt er fünf Grammy Awards, die National Medal of Arts und zwei Ehrendoktortitel.

Carlos Santana

Carlos Santana wurde 1947 in Mexiko geboren. 1960 zog seine Familie mit ihm nach San Francisco. Als Jugendlicher lernte er Gitarre spielen. Als er 20 Jahre alt war, gründete er die „Santana Blues Band“. Damit die Musik der Band lateinamerikanisch klingt, erweiterte er die Besetzung mit lateinamerikanischen Perkussionisten. So wurde ihre Version des Songs „Oye como va“ zu einem weltberühmten Hit des Latin Rock.

Oye como va

Intro und durchgängige Begleitung

Tito Puente

1 Vergleicht den Originalsong „Oye como va“ von Tito Puente mit der Coverversion von Santana bezüglich Tempo und Instrumentation (D 38, C 27). Welches Instrument spielt jeweils die Melodie und welches die Solos?

2 Informiert euch im Internet über die oben in der Begleitung genannten lateinamerikanischen Perkussionsinstrumente und deren Spielweise. Aus welchem Material sind sie gemacht und was sind ihre Bestandteile?

3 Spielt das Intro, indem ihr mit den Stimmen nacheinander von oben nach unten einsetzt.

Break

Refrain (passt auch zum Intro)

Solo 1

Solo 2

Solo 3

Tito Puente

Möglicher Ablauf

Das Intro wird durchgängig gespielt, außer beim Break. Beim Break spielen die Rhythmusinstrumente den Rhythmus der Melodieinstrumente.

8 x Intro	Break	2 x Refrain	Break	Solo 1	Refrain	Solo 2	Refrain	Solo 3	Break

Die Timbales

Die Timbales bestehen aus zwei Einfelltrommeln mit Metallkesseln. Befestigt sind die beiden Trommeln auf einem Ständer, wobei jedoch – im Unterschied zu fast allen anderen Trommeln – die große Trommel auf der linken Seite und die kleine Trommel auf der rechten Seite hängt.

An der Vorderseite des Ständers zwischen den Trommeln ist eine Cowbell angebracht. Diese wird Mambo Cowbell genannt.

4 Übt die Songteile Intro, Begleitung, Break, Refrain und die Solos einzeln ein.

5 Bildet Gruppen und gestaltet aus den Songteilen ein eigenes Arrangement: Legt fest, welche Schüler die Solos spielen. Mischt dann die Solos mit den anderen Songteilen, bei denen alle zusammenspielen. Überlegt euch dafür, welche Melodie- oder Rhythmusinstrumente die Solisten im Hintergrund begleiten sollen.

6 Spielt euch eure Arrangements gegenseitig vor und wertet sie aus (→ S. 221).

Hardrock – AC/DC

D 39, 40

Angus Young mit Teufelshörnchen

Die Gründung von AC/DC

Die beiden Brüder Angus und Malcolm Young wurden in Schottland geboren und wuchsen in Australien auf. 1973 gründeten sie eine der berühmtesten Hardrock-Bands: AC/DC. Auf den Bandnamen kamen sie zufällig, als sie ihrer Schwester beim Nähen zusahen. Denn auf der Rückseite der Nähmaschine stand die englische Abkürzung „AC/DC", was auf Deutsch „Wechselstrom/Gleichstrom" bedeutet. Die Brüder fanden diesen Namen sehr passend für eine Band, die auf verstärkten und verzerrten E-Gitarren spielt.

Wechselnde Sänger bei AC/DC

Der Sänger der Band wechselte bereits, bevor ihr erstes Album „High Voltage" veröffentlicht wurde: Nach Dave Evans wurde Bon Scott 1974 bis zu seinem Tod im Februar 1980 der Sänger von AC/DC. Brian Johnson wurde sein Nachfolger.

AC/DC-Fans streiten sich bis heute darüber, wer von beiden der bessere Sänger ist: Scott oder Johnson. 2016 war AC/DC auf Welttournee. Da ihre Konzerte sehr laut sind, geriet Johnson in die Gefahr, taub zu werden. Seine Ärzte verboten ihm, weiterhin aufzutreten. Schnell musste ein anderer Sänger gefunden werden, um die Tournee fortzuführen. Dieser Sänger musste jedoch ähnlich wie Johnson singen können, um die Erwartungen der Fans zu erfüllen und sie davon abzuhalten, ihre Karten zurückzugeben. Denn das wäre für AC/DC bei den zehn Konzerten, die noch bevorstanden, ein Verlust in Millionenhöhe gewesen. Schließlich entschieden sie sich für Axl Rose, den Sänger von Guns N' Roses (→ S. 185), die restlichen Konzerte zu singen.

Highway To Hell

In ihrem Hit „Highway To Hell"(dt.: Autobahn zur Hölle) beschreiben AC/DC ihren wilden, sündhaften Lebensstil, der sie direkt zur Hölle führt. In „Highway To Hell" feiern sie also eine Lebensweise, die ihren Untergang bedeutet. Und tatsächlich starb Bon Scott nach der Veröffentlichung des Albums, auf dem auch „Highway To Hell" ist, an übermäßigem Alkoholkonsum. Passend dazu tragen Angus Young und die Konzertbesucher während der Konzerte auch häufig kleine leuchtende Teufelshörnchen auf dem Kopf, was mittlerweile zu einem Markenzeichen von AC/DC geworden ist.

Der Refrain des Songs wiederholt die „Fahrt in die Hölle" eindringlich:
„I'm on the highway to hell, on the highway to hell, highway to hell, I'm on the highway to hell!"

Der Powerakkord

Neben dem Gesang ist aber auch die Art, wie Angus Young Gitarre spielt, kennzeichnend für den Sound der Band. Statt herkömmlicher Akkorde spielt Young sogenannte Powerakkorde, die verzerrt einen satten und kräftigen Sound erzeugen. Der Powerakkord ist ein Akkord, der vor allem in der Rockmusik auf der E-Gitarre gespielt wird. Er besteht in erster Linie aus zwei Tönen: dem Grundton und der Quinte, also dem ersten und dem fünften Ton einer Tonleiter. Damit der Klang noch voller wird, verdoppeln viele Musiker den Grundton, indem sie ihn eine Oktave höher spielen. In „Highway To Hell" kommen insgesamt vier Powerakkorde vor: A, G/F♯ (G mit Fis im Bass), G und D:

1 Hört zwei Versionen von „Highway To Hell" – in der ersten Verion singt Bon Scott (D 39), in der zweiten Brian Johnson (D 40) – und vergleicht sie miteinander. Welcher Sänger passt eurer Meinung nach besser zur Band?

2 Stellt euch vor, ihr müsstet entscheiden, wer während einer Tournee für Brian Johnson als Sänger einspringen soll. Welchen von den Sängern, die ihr in Kapitel 22 kennengelernt habt, würdet ihr anrufen und um Hilfe bitten: Danny von den Juniors, John Lennon von den Beatles, Mick Jagger von den Rolling Stones, Bob Dylan oder Axl Rose von Guns N' Roses? Diskutiert darüber in Gruppen und beschreibt die unterschiedlichen Stimmen in ihrem Klang. Wertet eure Ergebnisse gemeinsam aus und begründet eure Meinung.

Highway To Hell

Begleitung von Intro, Strophe und Bridge

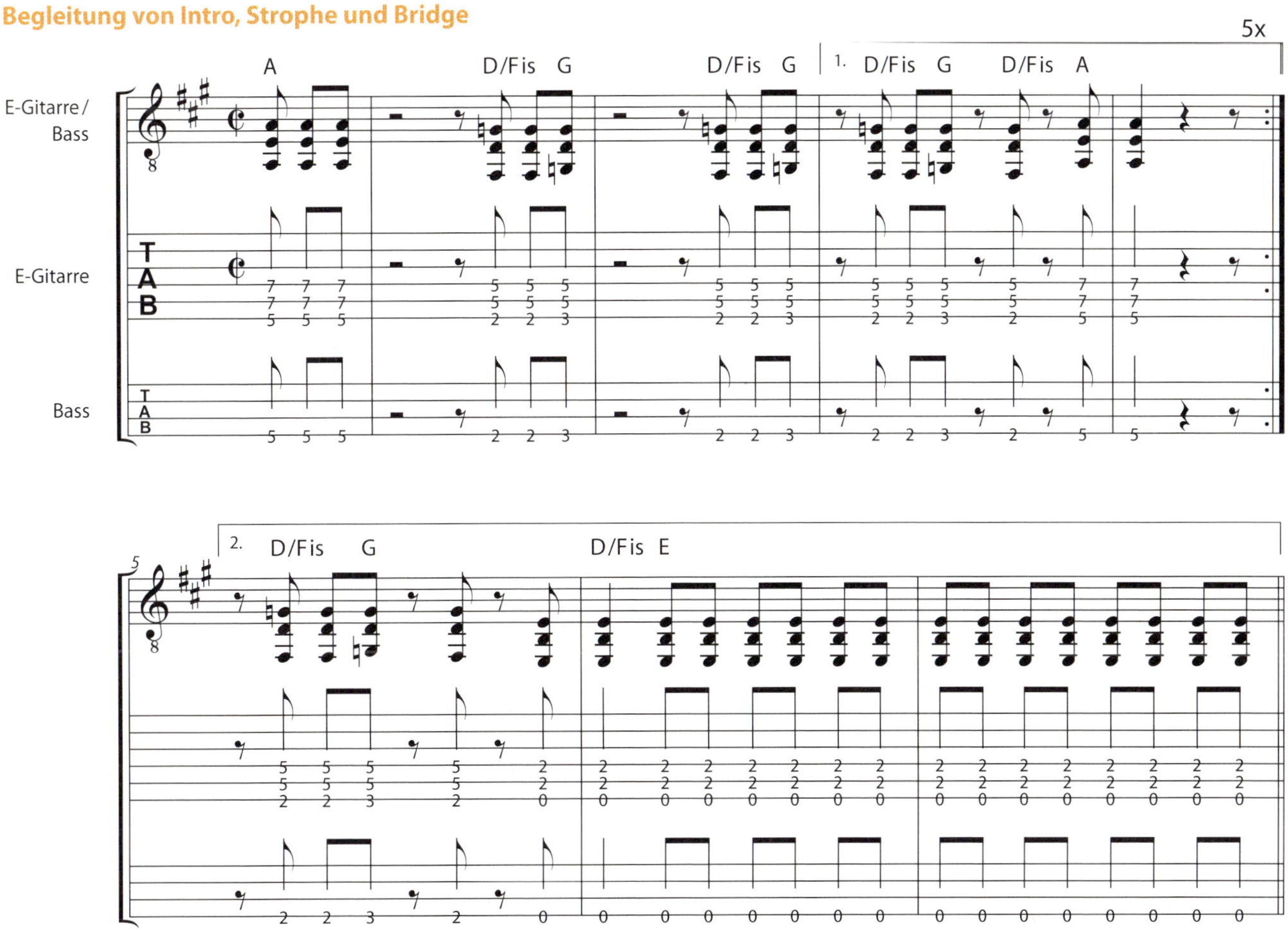

Begleitung des Refrains

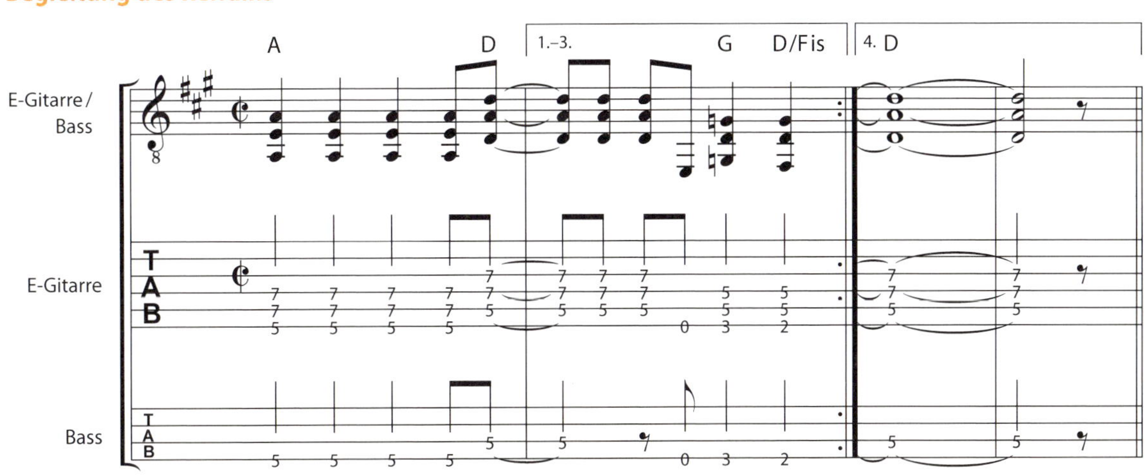

3 Schreibt die Powerakkorde auf und markiert den Grundton und die Quinte in unterschiedlichen Farben.

4 Spielt die vier Powerakkorde auf einer Gitarre oder auf anderen euch zur Verfügung stehenden Instrumenten.

5 Übt die Teile des Songs auf Instrumenten ein. Spielt die Akkorde am besten auf einer verzerrten E-Gitarre.

6 Spielt den Song und singt den Refrain dazu.

Rap-Battle in Ost und West

D 41

Rap ist rhythmischer Sprechgesang und gehört zum Musikgenre **Hip-Hop**. Der deutsche Rapper Trettmann schrieb 2017 den Rap-Song „Grauer Beton". Er handelt von Jugendlichen in Chemnitz, deren Hoffnung auf ein besseres Leben nach der Wiedervereinigung Deutschlands Anfang der 1990er-Jahre enttäuscht wurde. Trettmann ist selbst ein „Wendekind", denn als die Berliner Mauer am 9. November 1989 geöffnet und Deutschland wiedervereinigt wurde, war er gerade 16 Jahre alt.

Trettmann

Grauer Beton

Intro

Grauer Beton, rauer Jargon
Freiheit gewonn'n, wieder zeronn'n
Auf und davon, nicht noch eine Saison
Auf und davon, nicht noch eine Saison
Grauer Beton, rauer Jargon
Bilder verschwomm'n, kehr' nicht mehr um
Auf und davon, nicht noch eine Saison
Auf und davon, nicht noch eine Saison

Strophe 1

Alte Schule, steile Kurve, immer Gegenwind
Folg' dem Wendekind dorthin, wo Ma noch Hände ringt
Unbeschwerte Jahre früh zu Ende sind
Dir niemand sagt, dass es 'n gutes Ende nimmt
In meinem Hauseingang kaum Gutes los
Freunde werden stumpf, werden skrupellos
Lieber schnell leben, ruhelos
Statt Abstellgleis, kein Zielbahnhof

Refrain

Seelenfänger schleichen um den Block und
Machen Geschäft mit der Hoffnung
Fast hinter jeder Tür lauert 'n Abgrund
Nur damit du weißt, wo ich herkomm'
Seelenfänger schleichen um den Block und
Machen Geschäft mit der Hoffnung
Fast hinter jeder Tür lauert 'n Abgrund
Nur damit du weißt, wo ich herkomm'

Bridge

Alle guten Dinge komm'n von oben
Der Zebrafink ist mir zugeflogen
Und ab und zu hielt gleich dort, wo wir wohn'n
Ein ganzer Lkw voll mit bulgarischen Melon'n
Kids aus Übersee waren unsere Ikon'n
Und weiße Sneaker mehr wert als Million'n
Weiße Sneaker mehr wert als Million'n
Weiße Sneaker mehr wert als Million'n

Strophe 2

Ich denk' heut' noch oft zurück an meine Straße
An die Alten und die Kids aus meiner Straße
Aus der Platte, die aus meiner Etage
Man hat uns vergessen dort, Anfang der 90er-Jahre
Desolate Lage, jeden Tag mit der Bagage
Frag nicht, was bei mir ging, hing jeden Tag mit der Bagage
Neue bunte Scheine sprechen eine eigne Sprache
Neue bunte Welt erstrahlt in der Leuchtreklame

Refrain

Outro (wie Intro)

S. Richter, C. Meyerholz, N. Schettler, C. Erkes

Durchgehende Begleitung

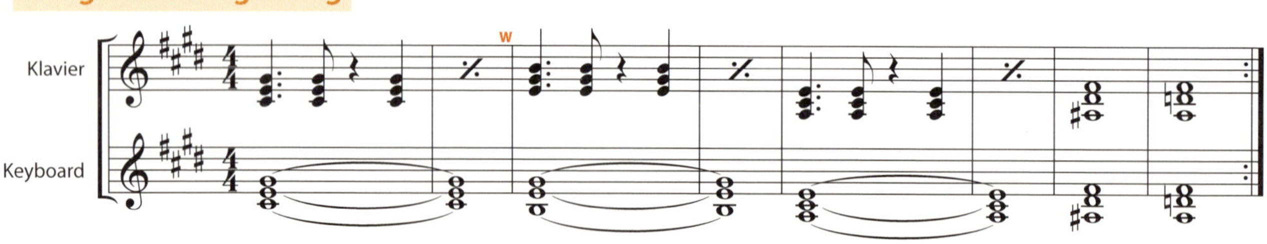

1 Hört den Rap-Song „Grauer Beton" (D 41) und besprecht gemeinsam, wer mit „Wendekind" und wer mit „Seelenfänger, die Geschäft mit der Hoffnung machen" gemeint sein könnte und weshalb weiße Sneaker mehr wert als Millionen waren. Informiert euch über das Leben in Ostdeutschland in der Zeit vor und nach der Wende. Fragt z. B. eure Eltern, Großeltern oder Geschichtslehrer.

2 Wie wichtig sind euch Sneakers heute? Schaut euch die Schuhe eurer Mitschüler an und tauscht euch in der Klasse darüber aus.

3 Seht euch das Video des Songs an.

4 Übt den Sprechgesang ein und spielt die Begleitung dazu.

D 42

Der Hamburger Rapper Disarstar rappt viel über philosophische Themen und übt mit seinen Songs vor allem Gesellschaftskritik. In seinem Song „Konsum" von 2017 setzt er sich kritisch mit dem Konsumverhalten (alles, was eine Gesellschaft kauft und verbraucht) unserer westlichen Gesellschaft auseinander.

Disarstar

Konsum

Strophe 1

Kauf dich froh
Ich brauch' 'n Auto, das viel größer und viel schneller als die ander'n is'
Yeah, weil ich hoffe, das verwandelt mich
Ich brauch 'n Haus, vielleicht 'n Boot, aber vor allem nur die schönsten Frau'n
Denn neben den' seh' ich größer aus
Ich brauche das Beste, Teuerste und die modernsten Kleider, die es gibt
Seit Hollywood mir suggeriert, dass das die halbe Miete ist
Ich brauch' das neuste Handy seiner Zeit, für die Erreichbarkeit
Denn ich hab' Angst vorm Alleinesein
Ey, ich will täglich draußen essen und die Welt bereisen
Ich will mich selber finden, anstatt ich selbst zu bleiben
Ich will auf Party in den angesagten Clubs der Stadt
So zeig' ich's jedem, der sich lustig macht
Der Neid der Leute ist mein Rückenwind
Ich will so reich und so mächtig werden, dass sie zu mir aufseh'n
Weil ich dann glücklich bin
Ich mach' nur das, was das Fernseh'n sagt
Und die Chance ist hier
Ich will konsumier'n

Refrain

Ich will konsumier'n
Kauf' mich froh
Ich will konsumier'n
Gib mir mehr, gib mir mehr, gib mir mehr, gib mir mehr, gib mir mehr
Ich will konsumier'n
Du willst konsumier'n
Kauf' dich froh
Du willst konsumier'n
Nimm dir mehr, nimm dir mehr, nimm dir mehr, nimm dir mehr, nimm dir mehr
Du willst konsumier'n

Strophe 2

Mein Gott, Urlaub anderswo
Meine Bibel ist Amazon
Prompt befolge ich jedes Angebot
Arbeite für mein Weltbild
Kaufe viel und genieße wenig
Kauf', kau-, kauf' um seiner selbst willen
Fünf vor Sieben steh' ich an 'nem Fließband
Sogar wenn ich tot umfalle, hält es nie an
Vielleicht transportiert dann eben dieses Fließband
Meine Leiche raus in die Welt und zu niemand
Dort ist es spät Nacht
Defektes Licht flackert am Stripclub
Ihr Private Dance ist auch im Wackelkontakt nur im Rhythmus
Kapitalismus, leg uns noch ein Lied auf
R'n'B sülzt mich voll, sie auch, hier, kauf
Weedrauch zieht mich in ein' tiefblau'n Traum
In dem ich in 'nem Meer ertrink' und ich wach' nie daraus auf und
Automatisch führt mich ein Band zurück an meinen Platz
Und dort ersetz' ich mein' Ersatz

Refrain

Strophe 3

Ich mach', was sie machen woll'n
Und stopf' mir die Taschen voll – sei du selbst
Meine kleine Welt ist'n Palast aus Gold
Was für Klassenkampf?
Ey, mein schwimmender Linienbus schippert im Überfluss im Schlaraffenland
Und ich will noch mehr, noch mehr
Ja, lila Scheine sind das alleralleraller beste Mittel gegen Kopfschmerz
Ich bin 'n Hightech-Mensch und lächel' so mit McDough
Koks stoned in die iPhone-Cam
Just do it!

Text: Jan Gerrit Falius, Johannes Bruhns

5 Hört „Konsum" (D 42) und fasst mit eigenen Worten zusammen, worum es in dem Song geht.

6 Sprecht den Text im Liedrhythmus erst zum Song und dann ohne die CD.

7 Erstellt zu zweit mithilfe des Sequenzers drumbot (→ S. 118, 119) einen Schlagzeugrhythmus. Spielt euch anschließend eure Schlagzeugrhythmen gegenseitig vor und wählt vier Rhythmen aus für den Refrain und die drei Strophen.

8 Reiht die vier Rhythmen in der richtigen Reihenfolge im Sequenzer drumbot aneinander und speichert die Audiodatei. Beachtet dabei, dass ihr nach dem Titel unbedingt auch die Endung „.wav" eingeben müsst.

9 Rappt den Song zu eurem Schlagzeugrhythmus. Entscheidet, wer die Strophen rappt, und rappt den Refrain dann alle zusammen.

Musik des Impressionismus – Claude Debussy

D 43

Claude Debussy

Ein musikalisches Talent

Claude Debussy wurde 1862 in der Nähe von Paris geboren. Er stammte aus einfachen Verhältnissen und besuchte nie eine Schule. Erst eine Bekannte seiner Familie entdeckte sein Talent. Sie bot den Eltern an, für die Klavierausbildung zu sorgen.

Bereits im Alter von 10 Jahren erhielt Debussy Klavier- und Kompositionsunterricht am Pariser Konservatorium[W]. Durch die starren Regeln, nach denen dort komponiert werden sollte, fühlte sich der junge Musiker jedoch immer mehr eingeengt und suchte nach neuen Wegen in der Musik.

Auf der Suche nach neuen Wegen

Wer 1889 als Europäer die Welt kennenlernen wollte, musste nicht weit reisen: Auf der Pariser Weltausstellung waren Völker und Kulturen von allen Kontinenten versammelt. Hier kam Debussy zum ersten Mal in Kontakt mit **asiatischer Musik**. Besonders fasziniert war er von der indonesischen Gamelanmusik (→ S. 48, 49). Sowohl die Klangfarben[W] der Instrumente als auch die darauf gespielten **Tonfolgen** klangen für ihn neu und fremd. Er versuchte später, diese Eindrücke in seine Kompositionen aufzunehmen.

Debussy, der Spaziergänge am Meer und in den Bergen liebte, ließ sich aber auch oft von Naturschauspielen zu Kompositionen anregen.

Debussy – ein „Klangfarbenmaler"

Hört man Debussys Musik, kann der Eindruck entstehen, der Komponist „male" seine Musik aus vielen musikalischen Farbtupfen – ähnlich wie ein Maler. Tatsächlich spielte Klangfarbe bei Debussy eine große Rolle.

Claude Debussy gilt als einer der Wegbereiter für die Musik des 20. Jahrhunderts. Vor allem wird seine Musik als Bindeglied zwischen Romantik (→ S. 132ff.) und Moderne (→ S. 194ff.) angesehen. Kein anderer Komponist hat die Musik des **Impressionismus** so sehr geprägt. Debussy starb 1918 in Paris.

Merkmale impressionistischer Musik

- Keine klar hervortretenden Melodien, sondern loses Weiterspinnen verschiedener Motive (→ S. 110f., 206f.) ohne festes Schema
- Oft verschleiertes Metrum[W], kein durchgehender Puls und häufige Taktwechsel
- Keine Auflösung von spannungsreichen und dissonanten[W] Akkorden, die als Farbwerte verstanden werden
- Klangfarbe als wichtiges Gestaltungsmittel durch feine Abstufungen in der Instrumentierung

Die Kunst des Impressionismus

Claude Monet: Sonnenaufgang bei Étretat (1883)

Der Impressionismus ist um 1900 eine Stilrichtung in der Malerei und in der Musik. Ein impressionistisches Kunstwerk – egal ob Gedicht, Gemälde oder Musik – versucht, einen Moment in verschiedenen Nuancen (Abstufungen) wiederzugeben. Dabei geht es weniger um eine naturgetreue Abbildung als vielmehr um das Einfangen von Stimmungen und Eindrücken. Viele Gemälde, aber auch die Musik Debussys wirken daher unscharf oder träumerisch-schwebend. Auf diese Weise verstießen impressionistische Künstler wie der Maler Claude Monet bewusst gegen althergebrachte Regeln ihrer Kunst.

Debussy selbst hat der Begriff „Impressionismus" für seine Musik übrigens nicht gut gefallen. Er lehnte solche „-ismen" als Schubladendenken ab.

1 Lest die Texte über Claude Debussy.

2 Überprüft, wie sich Debussy in seinem Stück „Pagodes" (D 43) von asiatischer Musik beeinflussen ließ. Vergleicht seine Komposition mit indonesischer Gamelanmusik (→ S. 48, 49).

3 Erklärt wichtige Merkmale impressionistischer Musik mit eigenen Worten.

D 44

Nuages – Wolken

Eines der ersten Werke, die Debussy für Orchester komponierte, heißt „Nuages“ (franz. für „Wolken“). Das Stück wurde im Jahr 1900 uraufgeführt. Besonders gut zu hören ist hier eine Klangfarbe[W], die im Kopf des Zuhörers Bilder von dahinziehenden Wolken entstehen lässt.

Debussy über die Natur als Inspirationsquelle:

„Die Musik lebt in der Bewegung der Wasser, im Wellenspiel wechselnder Winde; nichts ist musikalischer als ein Sonnenuntergang! Für den, der mit dem Herzen schaut, ist das die beste Entwicklungslehre, geschrieben in jenes Buch, das von den Musikern nur wenig gelesen wird: das der Natur!“

A		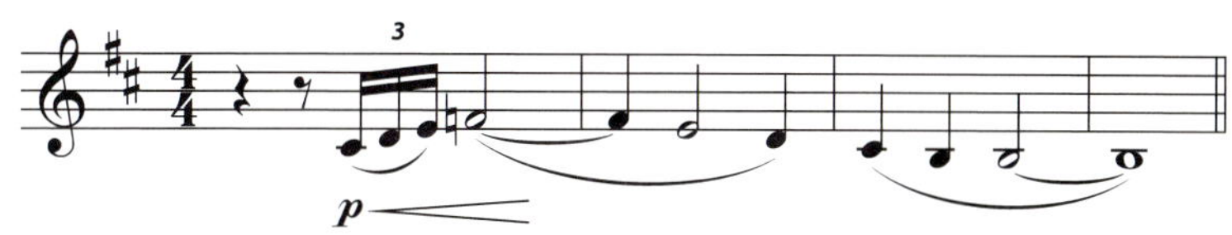
B		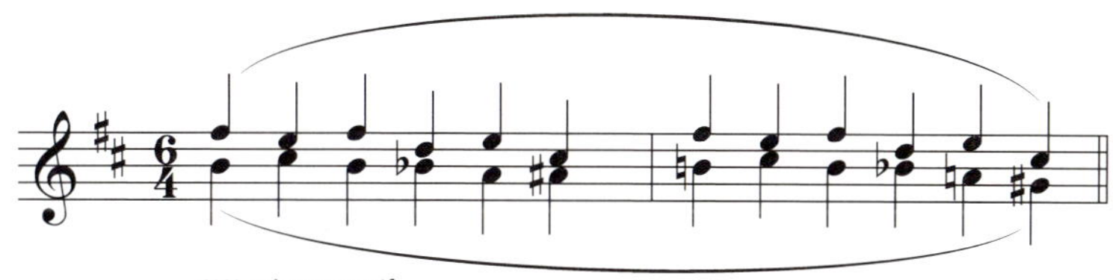
C	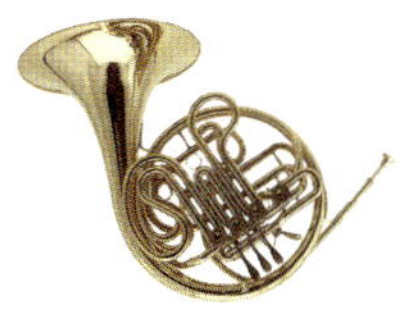	
D		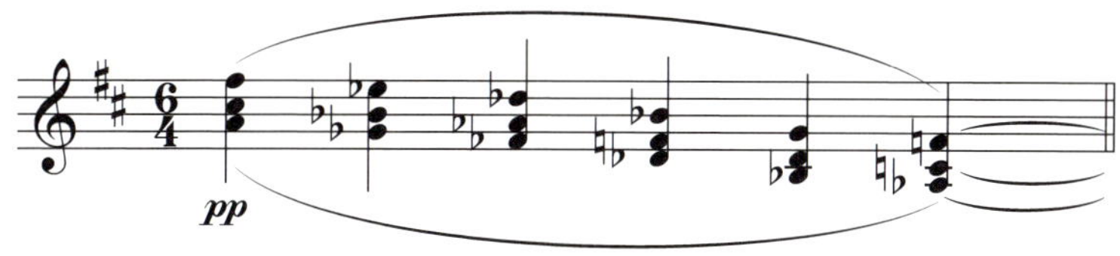

Tonsprung abwärts (Tritonus ➝ S. 230)

schwebende, ziellose Klänge, stufenartig abwärtssteigend

deutlich hervortretendes Motiv, erst schnell aufwärts, dann langsam abwärts, klagender Charakter

zweistimmige Pendelbewegung

4 Hört den Anfang von Debussys Orchesterstück „Nuages“ (D 44) und beschreibt die Musik. Nutzt dazu auch die Seite „Über Musik sprechen“ (➝ S. 223).

5 Ordnet den Motiven A bis D die passenden Beschreibungen zu. Findet heraus, in welcher Reihenfolge die einzelnen Motive im Hörbeispiel erscheinen. Welche Motive werden wiederholt?

6 Vergleicht das Gemälde von Monet „Sonnenaufgang bei Etretat“ mit „Nuages“. Tauscht euch über eure Eindrücke aus. Welche Gemeinsamkeiten zwischen Bild und Musik lassen sich feststellen?

7 Zeigt typische Merkmale impressionistischer Musik bei „Nuages“.

Igor Strawinsky: Le Sacre du Printemps

Igor Strawinsky

Kindheit in Russland

Igor Strawinsky gilt als einer der einflussreichsten Komponisten des 20. Jahrhunderts. Strawinsky wurde 1882 in Russland geboren. Als Kind verbrachte er die Sommer oft auf dem großen Landgut seines Onkels und war schon damals fasziniert vom Leben und von den Gesängen der Bauern. Sein Vater war Sänger an der Oper in Sankt Petersburg. Nachdem Strawinsky zunächst Jura studiert hatte, begann er 1905 ein Kompositionsstudium.

Einflüsse und Merkmale seiner Musik

Anregungen für seine Kompositionen suchte Strawinsky bei russischen Volksliedern, aber auch in orientalischer Musik und im Jazz. Diese Fundstücke setzte er oft wie eine **Collage** zusammen. Kennzeichen seiner Musik sind die starke Betonung rhythmischer Elemente, die Verwendung scharfer Dissonanzen[W] und extreme Tonlagen und Lautstärkeunterschiede. Deshalb wird Strawinsky auch dem musikalischen **Expressionismus** zugeordnet.

Internationaler Durchbruch und ein Konzertskandal

Schon 1909 verließ Strawinsky seine Heimat und lebte zunächst in der Schweiz. Sein internationaler Durchbruch gelang ihm aber in Paris. Dort komponierte er für ein russisches Tanzensemble mehrere Ballettmusiken. Vor allem „Le Sacre du Printemps“ (dt.: Das Frühlingsopfer) zählt heute zu einem der Schlüsselwerke der musikalischen Moderne.

Bei der Uraufführung kam es zu handgreiflichen Auseinandersetzungen zwischen Gegnern und Anhängern Strawinskys. Die Polizei musste einschreiten, es gab 27 Verletzte – und viel Aufmerksamkeit, die den Komponisten über Nacht weltbekannt machte. Später lebte Strawinsky in den USA. Er starb 1971 in New York, wurde aber auf seinen Wunsch hin in seiner Lieblingsstadt Venedig begraben.

Der Strawinsky-Brunnen mitten in Paris

Le Sacre du Printemps – ein heidnisches Frühlingsritual

Igor Strawinsky über „Le Sacre du Printemps“:

„(…) das Orchester, dieses ganze Ensemble, soll die Geburt des Frühlings zum Ausdruck bringen.“

Im „Sacre“ (das ist die auch im Deutschen übliche Kurzform des Titels) brachte Strawinsky seine Vorstellung eines heidnischen (aus vorchristlicher Zeit stammenden) Frühlingsrituals zum Ausdruck: Im ersten Teil des Stücks wird zunächst die Erde, die nach langem Winter erwacht, angebetet. Danach wird eine Jungfrau als Frühlingsopfer ausgewählt, die sich im zweiten Teil wie in einem Rausch zu Tode tanzt. Um Material für das Werk zu sammeln, reiste Strawinsky auch in seine Heimat. Dort entdeckte er unter anderem eine Sammlung litauischer Volkslieder.

Tu mano seserėle, ein litauisches Volkslied

Text und Melodie: aus Litauen

Übersetzung des Textes:

Mein kleines Schwesterlein, du kleines Schwänelein,
bittere Not wirst du leiden, wenn du einen Leibeigenen heiratest.

D 45, 46, E 1

Sacre du Printemps: Fagott-Solo in der Einleitung

Tänzer in Kostümen bei der Uraufführung des „Sacre" 1913

Zeitgenössische Choreografie zu „Sacre" aus dem Jahr 2016

Bodypercussion-Begleitung zu „Der Tanz der jungen Mädchen"

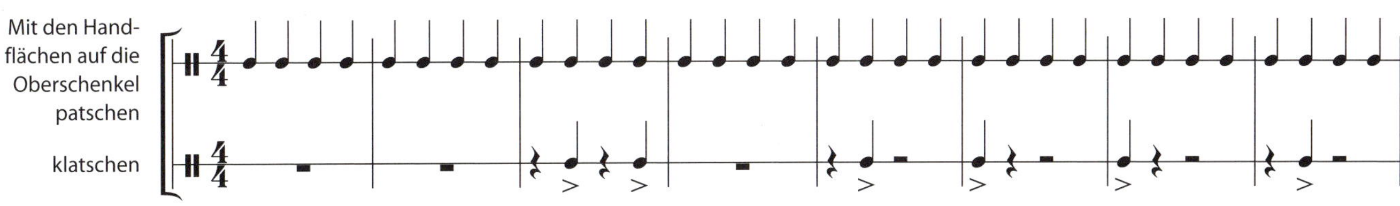

„Die Jungen sind die Boten des Frühlings, die mit ihren Schritten den Rhythmus und den Pulsschlag des Frühlings angeben. Inzwischen kommen die jungen Mädchen vom Fluss. Sie bilden einen Kreis, der sich mit dem Kreis der Jungen mischt. Die Gruppen vermischen sich, aber in ihren Rhythmen fühlt man schon die Zerstörung der sich bildenden Gruppen. Tatsächlich gehen sie nach links und rechts auseinander.

Die Form verwirklicht sich als ein Zusammenspiel der verschiedenen Rhythmen, und das entstandene Gebilde erzeugt einen neuen Rhythmus. Die Gruppen teilen sich und wettstreiten miteinander, Boten gehen von der einen zur anderen und streiten. Es ist die Bestimmung der Kräfte im Kampf oder im Spiel."

nach Igor Strawinskys Regieanweisungen für „Le Sacre du Printemps"

1 Informiert euch anhand der Texte auf Seite 194, wie Igor Strawinsky zu einem bekannten Komponisten wurde.

2 Singt das litauische Volkslied und vergleicht die Aufnahme des Lieds (D 45) mit dem Fagott-Solo der Einleitung von „Le Sacre du Printemps" (D 46). Warum verwendete Strawinsky in „Le Sacre du Printemps" Volksliedmelodien?

3 Hört die gesamte Einleitung des „Sacre" (D 46). Beschreibt die Klangwirkung der Musik und nutzt dazu auch die Adjektive von S. 223. Diskutiert, ob Strawinskys Absicht, damit die Geburt des Frühlings zum Ausdruck zu bringen, nachvollziehbar ist.

4 Übt mit einem Partner oder in der Gruppe die Bodypercussion-Begleitung zum „Tanz der jungen Mädchen" ein und spielt den Rhythmus zur CD (E 1).

5 Setzt die Musik in eine Choreografie um. Beachtet dazu die Regieanweisungen von Igor Strawinsky.

6 Vergleicht die expressionistische Musik Strawinskys mit der ungefähr zeitgleich entstandenen impressionistischen Musik Debussys (→ S. 192, 193).

Arnold Schönberg – Komponieren mit zwölf Tönen

E 2

Arnold Schönberg

Die Anfänge in Wien

Arnold Schönberg wurde 1874 in Wien geboren und stammte aus einer jüdischen Familie. In seiner Jugend erarbeitete er sich das Geigenspiel und das Komponieren zunächst selbstständig. Das Geld, das er als Bankangestellter verdiente, gab er zu einem großen Teil für Opern- und Konzertbesuche aus. Zudem spielte er Cello in einem Amateurorchester (Hobby-Musiker). Schließlich entschied er sich, Komponist und Dirigent zu werden. Da er aber auch künstlerisch und wissenschaftlich sehr vielseitig interessiert war, war er auch als Maler, Dichter und Erfinder tätig.

Emanzipation der Dissonanz[W] – atonales Komponieren

Wie viele andere Komponisten seiner Zeit stellte Schönberg die traditionellen Hörgewohnheiten in Frage. Schönberg und seine Kompositionsschüler bezweifelten, dass Musik nur nach den traditionellen Regeln von Tonleitern und Dur- und Moll-Akkorden zusammengesetzt werden durfte. Einen Grundton, auf den sich als wichtigsten Ton in einem Musikstück alle übrigen Töne beziehen, sollte es nach diesen Überlegungen nicht mehr geben. Dissonanzen sollten nicht aufgelöst werden, sondern gleichberechtigt neben konsonanten Klängen stehen (**Emanzipation der Dissonanz**). Daraus folgte, dass auch die zwölf Töne der **chromatischen Tonleiter**[W] in einer Komposition gleichberechtigt erklangen. Dadurch entstand Musik, die als **atonal** bezeichnet wird.

Auf der Suche nach einem geeigneten Konstruktionsprinzip für atonale Musik entwickelte Schönberg um 1920 das Komponieren mit zwölf Tönen, die sogenannte **Zwölftonmusik**.

Arnold Schönberg: Denken (1910)

Komponieren mit zwölf Tönen

Aus einer festgelegten Zwölftonreihe, die alle chromatischen Töne enthält, kann für eine Komposition jedes weitere Material abgeleitet werden. Erst wenn jeder der zwölf Töne einmal gespielt wurde, darf er wiederholt werden. Die zwölf Töne können hintereinander erklingen. Sie können aber auch in mehreren Akkorden übereinander geschichtet werden und gleichzeitig erklingen. Auf diese Weise kann eine Zwölftonreihe die Grundlage für größere Kompositionen werden. Aufgrund dieser Überlegungen wurde Schönberg einer der einflussreichsten und bedeutendsten Komponisten für die Musik des 20. Jahrhunderts.

Kompositionslehrer in Berlin und Auswanderung in die USA

Nach dem Ersten Weltkrieg zog Arnold Schönberg nach Berlin. Als Professor leitete der mittlerweile berühmte Komponist dort ab 1923 eine Meisterklasse für Komposition. 1933 verboten ihm antisemitische (u. a. judenfeindliche) Gesetze, seinen Beruf weiter auszuüben. Obwohl er zuvor zum evangelischen Glauben übergetreten war, nahm er aus Protest wieder den jüdischen Glauben an und emigrierte in die USA. Auch dort arbeitete er als Professor für Komposition.
1941 nahm er die US-amerikanische Staatsbürgerschaft an. 1951 starb Schönberg in Los Angeles.

1 Informiert euch anhand der Texte über Arnold Schönberg.

2 Erklärt den Begriff „Emanzipation der Dissonanz“ mithilfe des Klavierstücks op. 19 Nr. 5 (E 2) und stellt Bezüge zum Gemälde „Denken“ her.

3 Überlegt, aus welchen Gründen Komponisten wie Schönberg das traditionelle Dur-Moll-System verlassen wollten.

E 3

Klangexperiment: Wir zwölf Töne haben alle die gleichen Rechte!

Regeln

- Der Dirigent zeigt ein langsames Metrum[W] an, die Spieler spielen ihren Ton auf den aufeinanderfolgenden Zählzeiten.
- Der Dirigent kann mit beiden Händen gleichzeitig Einsätze für zwei gleichzeitige Töne geben.

12 Spieler mit Instrument

(z. B. Glockenspiel, Klangstab, Flöte) Jedem wird jeweils ein Ton der chromatischen Tonleiter[W] zugewiesen.

1 Dirigent

Er fordert jeden Spieler durch Handzeichen zum einmaligen Spiel seines Tons auf.

Varianten

- Die Reihenfolge der Töne wird vorher festgelegt und dann auch in umgekehrter Richtung gespielt.
- Das Experiment wird mit mehreren Dirigenten durchgeführt.

Die Zwölftonreihe des Bläserquintetts op. 26, 1. Satz

Thema der Flöte aus dem Bläserquintett op. 26, 1. Satz

4 Führt das Klangexperiment durch.

5 Spielt die Zwölftonreihe aus dem 1. Satz des Bläserquintetts op. 26 von Arnold Schönberg. Bedenkt dabei, dass die Töne auch in anderen Oktaven erklingen dürfen.

6 Untersucht das Thema der Flöte (E 3) in Hinblick auf die Zwölftonreihe. Nach welchem Prinzip wurde in der zweiten Notenzeile weiterkomponiert?

John Cage – ein Komponist als Klangorganisator

E 4

Komponist, Künstler, Philosoph

John Cage

All das, was wir unter dem Begriff Musik zusammenfassen, ist heute viel weiter gefasst als noch vor 100 Jahren. Dazu haben auch Komponisten wie John Cage beigetragen. Während Komponisten vor ihm die Gleichberechtigung aller zwölf Töne forderten (→ S. 196), ging Cage einen Schritt weiter: Er forderte die Gleichberechtigung aller Geräusche und Klänge[W]. Der amerikanische Komponist, Künstler und Philosoph gilt als einer der weltweit einflussreichsten Komponisten des 20. Jahrhunderts. Cage verfasste viele Texte, u. a. das „Credo" – eine Art Glaubensbekenntnis für **Neue Musik**. Viele seiner Kompositionen behandeln die Stille und den Zufall in der Musik. Mit seinen Arbeiten gab Cage wichtige Impulse für viele Künstler, rief aber auch oft Protest und Ablehnung hervor.

Jugend und erste Einflüsse

John Cage wurde 1912 in Los Angeles geboren und lernte im Alter von 8 Jahren das Klavierspiel. Als junger Mann lernte er auf einer langen Reise durch Europa viele Kunst- und Musikrichtungen kennen, unter anderem die Architektur der mittelalterlichen Gotik und die Musik Johann Sebastian Bachs (→ S. 66f.). Cage begeisterte sich aber vor allem auch für die neuesten künstlerischen Entwicklungen. Auf Mallorca entstanden seine ersten Kompositionen.

Durchbruch als Komponist und Künstler

Cage begann 1932 mit einem Kompositionsstudium und nahm auch Unterricht bei Arnold Schönberg (→ S. 196f.). Später gründete Cage ein Schlagzeugensemble, in dem er als Instrumente auch Alltagsgegenstände verwendete.1940 entstand seine erste Komposition für das sogenannte **präparierte Klavier**. Nach seinem Umzug nach New York lernte Cage dort viele Künstler der Moderne kennen. Die Stadt entwickelte sich um 1950 zu einer herausragenden Kunst-Metropole. Viele Künstler unterschiedlicher Musik- und Kunstrichtungen wohnten hier und inspirierten sich gegenseitig. Zu dieser Zeit begann Cage, sich intensiv mit chinesischer Philosophie auseinanderzusetzen, wovon seine Kompositionen maßgeblich beeinflusst wurden. Erneut reiste der Komponist mehrmals nach Europa, aber auch nach Japan und Indien und wurde dort künstlerisch tätig. 1992 starb er in New York.

Aus „Die Zukunft der Musik – Credo"

„Wo immer wir auch sein mögen, meistens hören wir Geräusche. Beachten wir sie nicht, stören sie uns. Hören wir sie uns an, finden wir sie faszinierend. Das Geräusch eines Lastwagens bei 50 Stundenkilometer. Atmosphärische Störungen im Radio. Regen. Wir wollen diese Klänge einfangen und beherrschen, nicht um sie als Klangeffekte einzusetzen, sondern als Musikinstrumente. (…) Sollte das Wort Musik heilig sein und den Instrumenten des 18. und 19. Jahrhunderts vorbehalten, können wir dafür ein sinnvolleres setzen: **Klangorganisation**."

Konzert für präpariertes Klavier und Kammerorchester, Ausschnitt

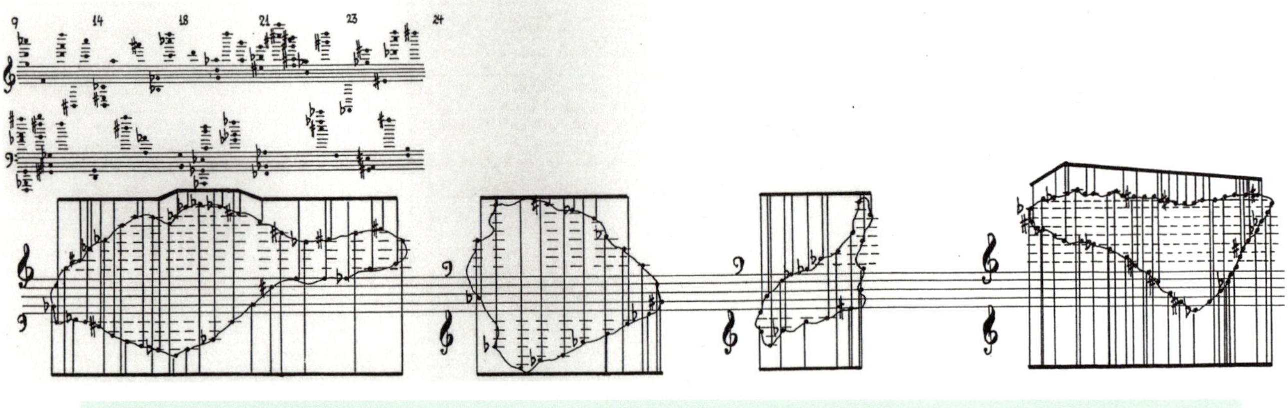

1. Informiert euch anhand der Texte über John Cage.
2. Erklärt den Begriff „Klangorganisator". Wie unterscheidet sich Cages Auffassung vom Komponieren von den Vorstellungen früherer Komponisten?
3. Hört den Ausschnitt aus dem „Konzert für präpariertes Klavier und Kammerorchester" (E 4) und tauscht euch über eure Höreindrücke aus.
4. Vergleicht den Notenausschnitt mit traditioneller Notenschrift. Was ist gleich, ähnlich, anders?

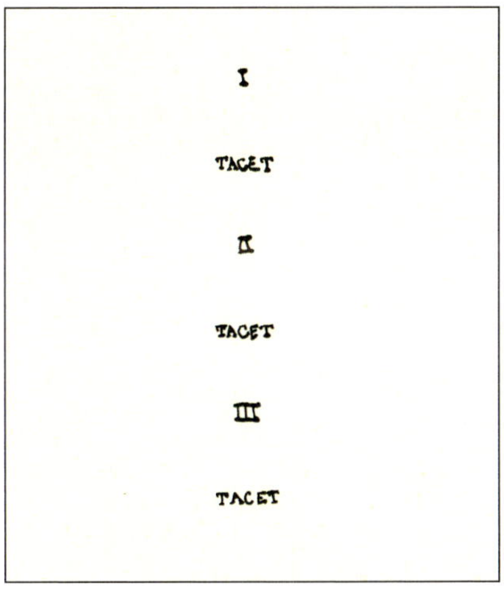

Die Partitur zu 4'33"

4'33"

Eine der berühmtesten Kompositionen von John Cage besteht aus Stille und Zufall: Das Stück hat drei Sätze und eine Gesamtlänge von 4 Minuten und 33 Sekunden. Die Angabe „tacet" bedeutet, dass kein Instrument im jeweiligen Satz spielt. Der Pianist öffnet zu Anfang lediglich den Deckel des Instruments und schließt ihn nach 4 Minuten und 33 Sekunden wieder. Die Komposition besteht also aus der Stille und den Reaktionen des Publikums.

ORGAN²/ASLSP

In Halberstadt in Sachsen-Anhalt erklingt jetzt gerade eine Komposition von John Cage! Die Aufführungsanweisung ASLSP (Abkürzung für: as slow as possible, dt.: so langsam wie möglich) wurde dabei wörtlich genommen: Das Stück hat eine Dauer von insgesamt 639 Jahren. Es erklingt in einer Kirche in Halberstadt von einer eigens dafür entwickelten Orgel. Zwischen zwei Klangwechseln können Monate, aber auch mehrere Jahre vergehen.

Ein mit verschiedenen Schrauben präparierter Flügel

Die Cage-Orgel in Halberstadt, auf der Organ²/ASLSP erklingt

Musikinstrumente präparieren

Der Klang von Musikinstrumenten kann mit relativ einfachen Mitteln, z. B. Alu- oder Papierstreifen zwischen den Saiten, verfremdet werden. Aber auch mit anderen Gegenständen aus unterschiedlichsten Materialien kann experimentiert werden. Auch mit einer kostenlosen App kann man mit einem präparierten Klavier experimentieren.

5 Setzt euch mit den hier vorgestellten Kompositionen von John Cage auseinander. Nutzt auch die Internetseiten für weitere Informationen.

6 Recherchiert zu Organ²/ASLSP auf der Internetseite und hört euch dort den aktuellen Klang an.

7 Diskutiert, ob solche oder ähnliche Klanginstallationen an eurer Schule das Verständnis von Musik fördern könnten.

8 Gestaltet mit den hier vorgestellten Kompositionstechniken eine Performance, in der die Aspekte Zufall und/oder Stille enthalten sind: Gestaltet z. B. eine Aufführung von 4'33" mit beliebiger Besetzung, führt ein Musikstück eurer Wahl so langsam wie möglich aus, präpariert Musikinstrumente oder nutzt die App.

Ein Opernhaus stellt sich vor: die Deutsche Oper Berlin

Der Begriff **Oper** bezeichnet nicht nur eine musikalische Gattung des Musiktheaters, sondern steht auch für die Aufführungsstätte, also das Opernhaus als solches. Erste Opernhäuser wurden um 1600 in Venedig gebaut, später auch in ganz Italien. Das erste Opernhaus in Deutschland entstand in Hamburg im Jahre 1678.

Das Deutsche Opernhaus im Jahre 1912

Die Anfänge der Deutschen Oper Berlin

Die Geschichte der Deutschen Oper Berlin ist relativ kurz, aber spannend. Innerhalb eines Jahres wurde an der Bismarckstraße in Berlin-Charlottenburg das damals sogenannte Deutsche Opernhaus gebaut und im November 1912 eröffnet. Aufgrund des riesigen Zuschauerraums (2290 Sitzplätze) und des großen Bühnenhauses erregte das Opernhaus großes Aufsehen. 13 Jahre später, 1925, wurde das Haus in Städtische Oper umbenannt.

Die Zeit des Nationalsozialismus brachte dem Haus eine erneute Namensänderung: Genau wie im Jahre 1912 hieß die Oper jetzt wieder Deutsches Opernhaus. Durch drei schwere Bombenangriffe 1943 wurde die Oper fast vollständig zerstört.

Infolge dieser schweren Schäden wurde der Spielbetrieb auf unterschiedliche Spielstätten in der Stadt verteilt.

Längsschnitt durch die Deutsche Oper Berlin

1 großer Malersaal
2 Kulissenmagazin
3 Parkhaus (obere und untere Etage)
4 oberer Ballettsaal
5 unterer Ballettsaal
6 Montagehalle

7 Probebühne
8 Hinterbühne mit Drehscheibe
9 Kulissenmagazin
10 Rollenboden
11 Eiserner Vorhang
12 Hauptvorhang

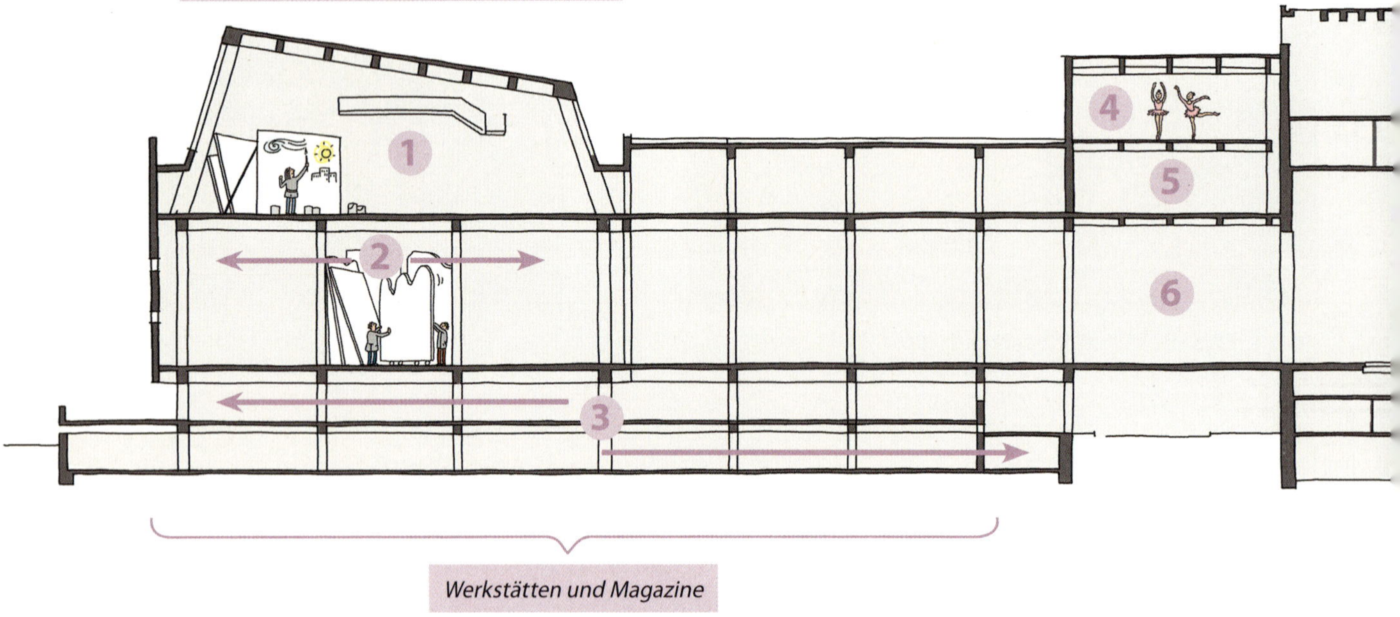

1 Lest die Texte zur Geschichte der Deutschen Oper Berlin auf dieser und der nächsten Seite.

2 Informiert euch im Internet noch genauer über die Geschichte dieses Opernhauses.

3 Betrachtet den Längsschnitt und macht euch die Größe und Weitläufigkeit der Deutschen Oper Berlin bewusst. Sucht euch einen Partner, nennt euch gegenseitig die verschiedenen Bereiche und Räume und zeigt diese im Längsschnitt.

Die Deutsche Oper Berlin heute

Die Deutsche Oper Berlin 2017

Im Jahre 1957 begannen die Bauarbeiten für den Neubau des Opernhauses nach Entwürfen des Architekten Fritz Bornemann. Trotz aller Modernität nahm Bornemann auf den alten Grundriss ebenso Rücksicht wie auf den Stil des bisherigen Hauses. Nach nur vier Jahren Bauzeit wurde die Deutsche Oper Berlin 1961 wiedereröffnet. Bis in die heutige Zeit hinein ist dieser Bau ein großes Vorbild. Denn an dem Gebäude ist alles auf den perfekten Opernbetrieb hin ausrichtet.

Heutztage ist die Deutsche Oper Berlin mit ihren insgesamt 1859 Sitzplätzen nicht nur das größte Opernhaus der Stadt, sondern auch eines der größten Opernhäuser von ganz Europa. Das Gebäude steht als bedeutende Theaterarchitektur des 20. Jahrhunderts unter Denkmalschutz. Die Oper verfügt über eine große Hauptbühne mit aufwendiger Bühnentechnik, einen Orchestergraben sowie den Zuschauerraum. Viele weitere Bereiche, z. B. das Kulissenmagazin, die Hinterbühne, die Werkstätten, die Probebühne und der Malersaal, sind für die Zuschauer nicht sichtbar.

13 Hauptbühne (22 m tief, 18 m breit)
14 Unterboden
15 Orchestergraben
16 Zuschauerraum – Parkett
17 Zuschauerraum – 1. und 2. Rang
18 Beleuchterbrücken
19 Garderobenhalle
20 Rang-Foyer
21 Parkett-Foyer
22 Kassenhalle

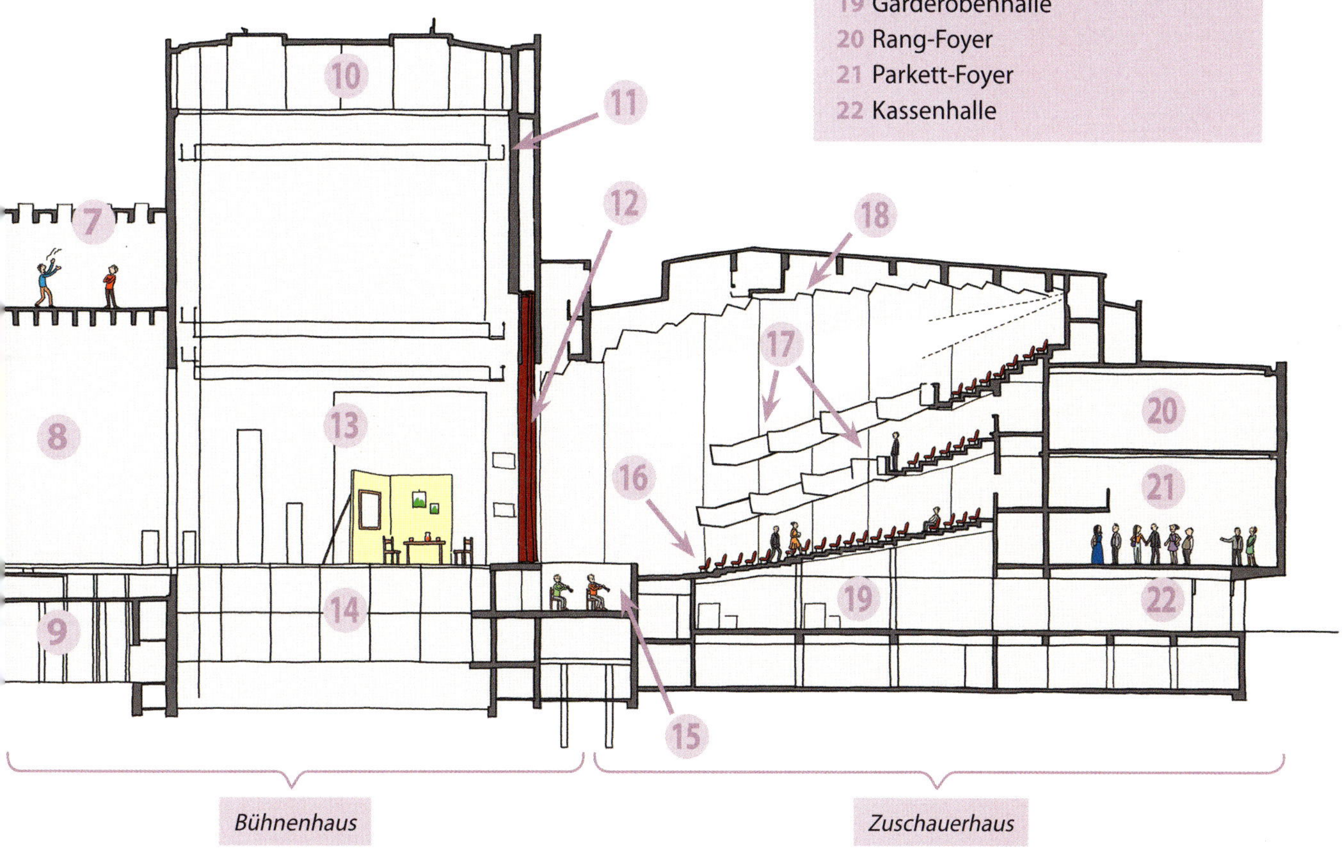

- **4** Stellt Vermutungen darüber an, was in den unterschiedlichen Räumen des Opernhauses geschieht.
- **5** Geht mit der gesamten Klasse auf den Pausenhof. Messt den Raum der Hauptbühne (13) aus und verteilt euch auf den Außenlinien. Wählt Schüler, die sich 8 m vor der „Bühne" in den „Publikumsbereich" stellen.
- **6** Ahmt allein oder in Gruppen die Sänger nach und sprecht oder singt eurem „Publikum" aus unterschiedlichen Entfernungen ein selbst gewähltes Lied vor.
- **7** Tauscht euch über eure Erfahrungen aus.

Eine Kleinstadt in der Oper

In einer Oper sind viele Menschen beschäftigt, die für den Erfolg des Opernbetriebs unverzichtbar sind. Viele Berufe, die mit der Oper zu tun haben, gibt es auch in einer Kleinstadt. In einem Opernhaus lassen sich die Berufe in drei große Gruppen zusammenfassen: Künstlerische, handwerkliche und verwaltungstechnische Berufe. Erst das perfekte Zusammenspiel aller Beteiligten macht einen erfolgreichen und reibungslosen Opernabend möglich.

Berufe ...

1 

2 

3 

Berufsbezeichnung	a Kostümbildner	b Orchestermusiker	c Verwaltungsangestellter
Berufsgruppe	A Verwaltungsbereich	B handwerklicher Bereich	C künstlerischer Bereich

... und Aufgabenbereiche in der Oper

Berufsgruppe	Berufsbezeichnung	Aufgabenbereich
künstlerischer Bereich	• Solist	• Diese Berufsgruppe gestaltet eine musikalische Darbietung als Einzelperson.
handwerklicher Bereich	• Beleuchtungsmeister	• Diese Berufsgruppe ist …
Verwaltungsbereich	• …	• …

Bibliothekar

Maskenbildner

Chorsänger

~~Beleuchtungs-meister~~

Korrepetitor

~~Solist~~

?

Tischler

Dramaturg

Inspizient

Dirigent

Regisseur

~~Diese Berufsgruppe ist für die Ausleuchtung der Szene verantwortlich. Und sie ist für die technische Bedienung aller lichttechnischen Anlagen im Bühnen- und Zuschauerbereich zuständig.~~

~~Diese Berufsgruppe gestaltet eine musikalische Darbietung als Einzelperson.~~

?

1 Beschreibt die auf den Fotos 1 bis 3 abgebildeten Berufe und ordnet sie den Berufsbezeichnungen a bis c zu. Ordnet anschließend die Fotos 1 bis 3 den Berufsgruppen A, B und C zu.

2 Fertigt eine Tabelle mit den vorgegebenen Spalten an. Informiert euch über die dort angegebenen und weitere Berufe an der Oper und vervollständigt eure Tabelle.

3 Plant einen Opernbesuch in eurer Umgebung. Bildet Gruppen und interviewt ausgewählte Berufsgruppen zu ihrer Arbeit. Macht euch während des Interviews Notizen. Vervollständigt damit die Tabelle von Aufgabe 2.

4 Bildet Gruppen und spielt das Spiel „Wer bin ich?" mit Berufen des Musiktheaters. Überlegt euch unterschiedliche Spielvarianten (z. B. pantomimische oder zeichnerische Darstellung des Berufs).

Über die Schulter geschaut

E 5–9

Aufgaben eines Operndirigenten

Donald Runnicles, der Generalmusikdirektor der Deutschen Oper Berlin

Ein **Dirigent** ist der Leiter eines **musikalischen Ensembles** (→ S. 204, 205). Zusammen mit den Musikern interpretiert er ein Musikstück, probt es mit ihnen und bringt es schließlich zur Aufführung.

Der **Operndirigent** hat eine weitere, besondere Aufgabe: Abgesehen vom Orchester muss er auch gleichzeitig die Sänger und das Bühnengeschehen im Blick haben. So gibt er z. B. die Einsätze für die Solisten und den Chor. Diese Arbeit ist sehr anspruchsvoll, denn der Operndirigent hat die Verantwortung dafür, dass alle Instrumentalisten und Sänger gemeinsam musizieren. Dies erreicht er durch sein **Dirigat**: Mit verschiedenen Taktfiguren, die er mit dem Taktstock anzeigt, macht er deutlich, wie musiziert werden soll. Darüber hinaus hat der Operndirigent die Aufgabe, auf den Zusammenklang aller Beteiligten zu hören. Während des Musizierens hat er Einfluss auf das Metrum[W], die Dynamik, die Phrasierung[W] und den Ausdruck der Musik. Neben den Taktfiguren stehen ihm hierfür seine Körpersprache und Mimik zur Verfügung.

Je nach Größe des Opernhauses sind mehrere Dirigenten dort tätig. Neben dem **Generalmusikdirektor**, der als künstlerischer Leiter in der Regel die Hauptwerke eines Spielplans einstudiert und dirigiert, dirigieren oft auch Gastdirigenten.

Bei einer Bühnen-Orchesterprobe

Immer wieder werden an einem Opernhaus Opern neu **inszeniert** (gestaltet). Die Handlung der Oper „Carmen" von Georges Bizet wurde z. B. für die Neuinszenierung 2017 an der Deutschen Oper Berlin in die heutige Zeit versetzt. Bei jeder Bühnen-Orchesterprobe gibt der Dirigent den Musikern und Chorsängern Anweisungen, wie sie zu spielen bzw. zu singen haben.

Gastdirigent Ivan Repušić bei seiner Arbeit mit dem Orchester und dem Chor der Deutschen Oper Berlin

1 Lest den Text über die Aufgaben eines Operndirigenten. Sucht einen Partner und erzählt euch gegenseitig, was die Arbeit eines Operndirigenten ausmacht. Fasst eure Ergebnisse schriftlich zusammen.

2 Beschreibt das Foto der Bühnen-Orchesterprobe und tragt zusammen, was euch auffällt.

3 Stellt Vermutungen darüber an, was der Dirigent den Musikern und Sängern sagt. Bezieht in eure Überlegungen auch eure Notizen aus Aufgabe 1 mit ein.

4 Hört die Hörbeispiele (E 5 – 9) aus einer Bühnen-Orchesterprobe und überprüft eure Vermutungen. Vergleicht die Anweisungen des Dirigenten mit euren Ergebnissen aus Aufgabe 3.

Das musikalische Ensemble als Kraftwerk der Emotionen

E 10 – 14

Ein Sängerquartett an der Deutschen Oper Berlin

Die Solisten

Meist sind es die **Solisten**, die bei einer Opernaufführung im Mittelpunkt stehen. Während sie ihre **Arien** singen, werden sie vom **Chor** und dem **Orchester** begleitet. Neben darstellerischen Fähigkeiten und persönlicher Ausstrahlung sind bei Solisten vor allem die stimmlichen Voraussetzungen von Bedeutung. Die Einteilung in Stimmlagen wird vom Tonumfang der Singstimmen bestimmt. Dabei unterscheidet man die Stimmlagen der Frauen (**Sopran** und **Alt**) von denen der Männer (**Tenor** und **Bass**). Darüber hinaus gibt es noch weitere Stimmlagen, z. B. den **Bariton** und den **Mezzosopran**. Die Solisten können auch in unterschiedlicher Besetzung miteinander singen, z. B. in einem **Duett**, **Terzett** oder **Quartett**, oder zusammen mit dem Chor.

Begriffe und Erklärungen

- Arie
- Bass
- Bariton
- ein Musikstück, das von vier Sängern vorgetragen und instrumental begleitet wird
- Solist
- die tiefe Frauenstimme bei Solisten und im Chor
- Sopran
- die hohe Männerstimme bei Solisten und im Chor
- Tenor
- ein solistisch vorgetragenes Gesangsstück
- Alt
- die hohe Frauenstimme bei Solisten und im Chor
- die mittlere Frauenstimme bei Solisten und im Chor
- die tiefe Männerstimme bei Solisten und im Chor
- Mezzosopran
- Quartett
- ein Künstler, der bei seinem Auftritt als Einzelperson wirkt
- die mittlere Männerstimme bei Solisten und im Chor

Einsatz der Stimmen im „Rigoletto-Quartett"

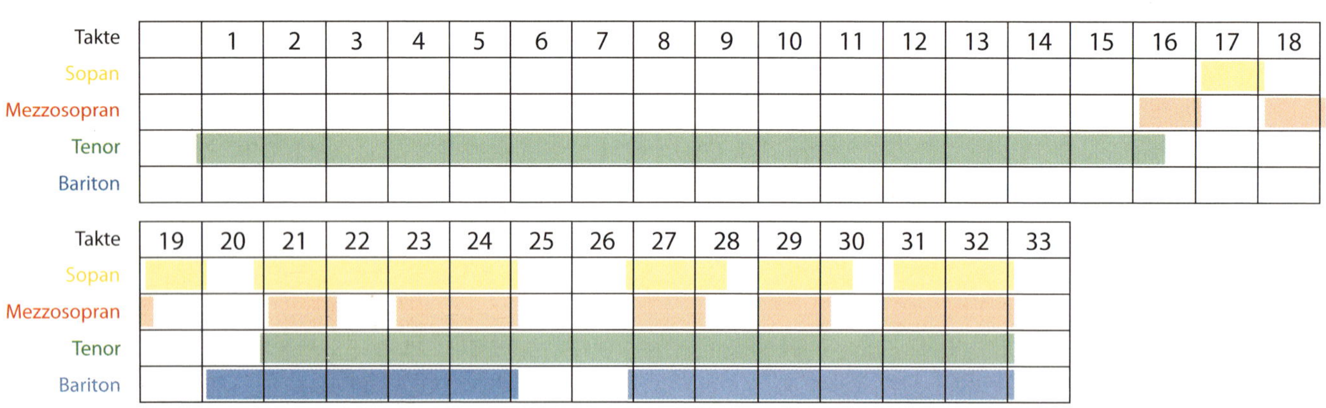

1 Lest den Text über die Solisten und erläutert den Inhalt.

2 Ordnet die Begriffe den Erklärungen zu. Helft euch gegenseitig. Informiert euch auch im Musiklexikon oder Internet.

3 Hört vier Hörbeispiele (E 10 – 13) von Solo-Arien in unterschiedlichen Stimmlagen. Tauscht euch über die stimmlichen Unterschiede von Sopran, Alt, Tenor und Bass aus. Begründet eure Meinungen.

4 Hört den Beginn des Quartetts „Bella figlia dell´amore" (E 14) aus der Oper „Rigoletto" von Giuseppe Verdi mehrmals hintereinander. Verfolgt beim Hören jeweils eine andere Stimme der vier Solisten.

5 Hört das Quartett (E 14) erneut und achtet auf die musikalischen Parameter (Rhythmus, Melodie, Dynamik …). Wie wirkt die Musik auf euch? Begründet eure Meinungen anhand der Parameter.

E 15 – 18

Der Opernchor

Der Chor der Deutschen Oper Berlin im Kostüm

Obwohl die Oper ohne Chor nicht vorstellbar ist, schenkt man ihm meist weniger Beachtung als den Solisten. Dabei ist der Chor, in dem jede Stimmlage mehrfach besetzt wird, ein sehr wichtiges musikalisches Ensemble in der Oper.

Der Chor der Deutschen Oper Berlin ist einer der größten Theaterchöre weltweit und wurde bereits dreimal als „Opernchor des Jahres" ausgezeichnet. Genau wie die Solisten müssen auch die Chormitglieder in künstlerischer und musikalischer Hinsicht sehr professionell sein. Sie kennen verschiedene Stilrichtungen der Oper und beherrschen die Sprachen, in der die jeweilige Oper gesungen wird.

Der Kinderchor der Deutschen Oper Berlin bei einer Aufführung

Der Kinderchor einer Oper

Neben dem Erwachsenenchor gibt es in einer Oper auch oft Kinderchöre. Während einer Vorstellung kümmert sich stets ein erwachsenes Chormitglied um ein Kind und hilft ihm, sich während der Aufführung zurechtzufinden.

2008 wurde der Kinderchor der Deutschen Oper Berlin gegründet. Seitdem ist er ein wichtiger und geschätzter Bestandteil des Opernhauses. Der Chor ist auch außerhalb der Oper aktiv: In eigenen Veranstaltungen präsentiert er sein breites Angebot an Chormusik, das von Barock (→ Kap. 9) über die Moderne bis hin zu Pop- und Unterhaltungsmusik reicht.

Das Opernorchester

Das Orchester der Deutschen Oper Berlin beim Schlussapplaus

Ein eigenes Orchester ist ein weiteres wesentliches Element eines Opernhauses. Das Stammrepertoire (stetige Programm) des Orchesters der Deutschen Oper Berlin besteht aus Opern von Richard Wagner, Richard Strauss, Giacomo Puccini und Giuseppe Verdi. Dieses Programm wird aber immer wieder mit zeitgenössischen Opern ergänzt. Viele Komponisten, wie z. B. Hans Werner Henze, haben im Auftrag der Deutschen Oper Stücke geschrieben, die dann dort ihre **Uraufführung** hatten. Außerdem geben die Musiker in regelmäßigen Abständen Sinfonie- und Kammermusikkonzerte. 1983 wurde die Orchesterakademie der Deutschen Oper Berlin gegründet. Darin werden junge Nachwuchsmusiker nach ihrem Studienabschluss für die Arbeit in einem großen Orchester ausgebildet. Durch sein großes Repertoire und den einmaligen klanglichen Farbreichtum zählt das Orchester der Deutschen Oper Berlin heute weltweit zu den Spitzenorchestern.

6 Lest die Texte zu den musikalischen Ensembles der Oper. Sucht einen Partner und erzählt euch gegenseitig, was ihr darüber erfahren habt.

7 Hört die Hörbeispiele (E 15 – 17) zu den unterschiedlichen musikalischen Ensembles und ordnet sie ihnen zu.

8 Hört „O Fortuna" aus „Carmina Burana" von Carl Orff (E 18). Erklärt vor dem Hintergrund dieser Musik die Überschrift „Das musikalische Ensemble als Kraftwerk der Emotionen". Begründet eure Meinungen.

9 Sammelt Argumente, die für den Eintritt in einen Opernkinderchor sprechen würden.

Der Fliegende Holländer

E 19–23

„Der Fliegende Holländer" von Richard Wagner ist eine Oper in drei **Akten**. Sie wurde im Jahre 1843 uraufgeführt. Wagner verfasste auch das **Libretto** (Text einer Oper und Anweisungen zur Umsetzung).

Zum Inhalt der Oper

Grundlage der Oper ist die Sage vom Fliegenden Holländer, der als Kapitän bei der Umsegelung des Kaps der guten Hoffnung (Landspitze im Süden Afrikas) scheitert: Infolge einer Gotteslästerung wird er dazu verdammt, für immer mit seinem Geisterschiff auf den Weltmeeren herumzufahren. Nur alle sieben Jahre darf er an Land kommen, um für seine Erlösung nach einer treuen Frau zu suchen, die ihn liebt.

Senta, die Tochter des Kaufmanns Daland, zeigt Mitgefühl und möchte den Holländer erlösen. Doch der Holländer zweifelt an ihrer Zuneigung und kehrt zu seinem Schiff zurück. Da stürzt sich Senta von den Felsen ins Meer, und so wird der Holländer erlöst.

Die Ouvertüre

Am Beginn einer jeden Oper wird eine **Ouvertüre** gespielt. Mit der Ouvertüre soll das Publikum auf das Geschehen in der Oper eingestimmt werden. Damit wird eine zum Operninhalt passende Atmosphäre geschaffen. Außerdem werden in der Ouvertüre die wichtigsten musikalischen Motive der Oper vorgestellt.

Analysekarten

- abwärtsbewegende Sekundvorschläge
- fanfarenartige Quinte
- markanter, aufwärtsgerichteter Quartsprung
- Tempobezeichnung
- Motivwechsel
- ?

1 Holländer-Motiv

2 Geisterruf-Motiv

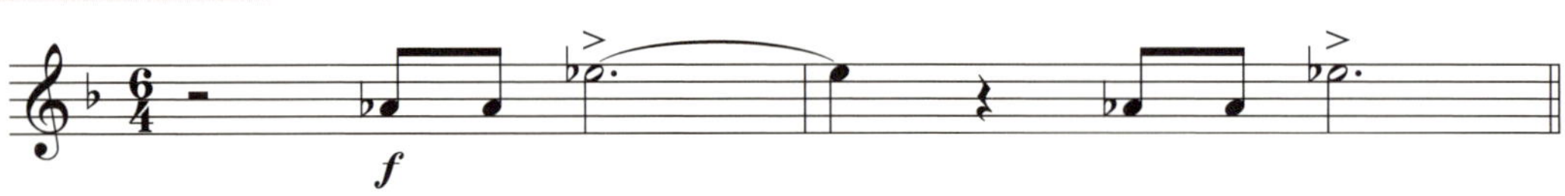

3 Erlösungs-Motiv

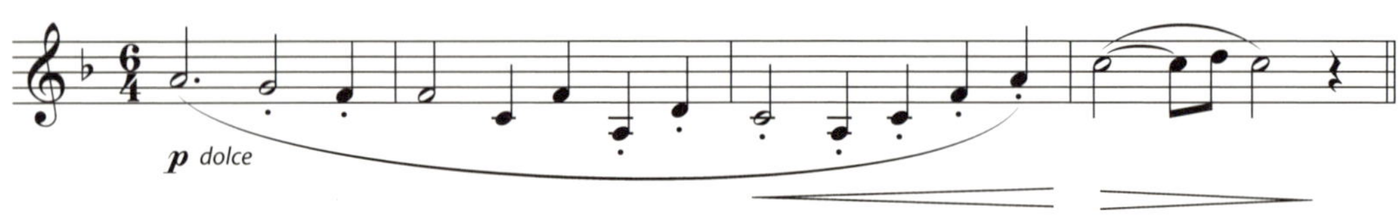

Richard Wagner

1 Informiert euch in der Bücherei oder im Internet über Richard Wagner und den Inhalt seiner Oper „Der Fliegende Holländer".

2 Hört das Holländer-Motiv (E 19). Analysiert es mithilfe der Analysekarten und im Hinblick auf die Parameter Tempo, Intervalle, Dynamik, Melodie und Rhythmus.

3 Hört das Holländer-Motiv in der Ouvertüre (E 22). Wie wirkt die Musik auf euch? Welche musikalischen Parameter führen zu dieser Wirkung? Warum ist dieses Motiv als Anfangsmotiv gut geeignet?

4 Hört die Motive 1 bis 3 (E 19–21) mehrmals hintereinander und singt oder spielt sie anschließend nach.

5 Hört einen Ausschnitt aus der Ouvertüre (E 23). Versucht dabei, die Motive 1 bis 3 zu erkennen.

Die Ballade der Senta

Die Oper „Der Fliegende Holländer“ zeigt zwei Welten: eine dämonische und eine wirkliche. Die dämonische Seite wird durch den Holländer und seine Mannschaft gezeigt. Sentas Vater Daland und ihr Verehrer Erik vertreten die wirkliche Welt. Senta steht zwischen den beiden Welten. Denn sie besitzt die Fähigkeit, den Schmerz des Holländers als ihren eigenen zu empfinden und in Liebe zu verwandeln. Diese Gefühle drückt sie in einer **Ballade** aus. Gleichzeitig vereinen sich in dieser Ballade die wichtigsten musikalischen Motive der Oper. Daher spielt die „Ballade der Senta“ eine zentrale Rolle im „Fliegenden Holländer“.

Anfang der Ballade der Senta

Johohoe! Johohohoe! Hojohoe! Johoe!
Traft ihr das Schiff im Meere an,
blutrot die Segel, schwarz der Mast?
Auf hohem Bord der bleiche Mann,
des Schiffes Herr wacht ohne Rast.
Hui! Wie saust der Wind! – Johohe! Hojohe!
Hui! Wie pfeift's im Tau! – Johohe! Hojohe!
Hui! Wie ein Pfeil fliegt er hin,
ohne Ziel, ohne Rast, ohne Ruh'!
Doch kann dem bleichen Manne
Erlösung einstens noch werden,
fänd' er ein Weib, das bis in den Tod
getreu ihm auf Erden:
Ach! Wann wirst du, bleicher Seemann,
sie finden!
Betet zum Himmel, dass bald ein Weib
Treue ihm halt'!

Szenenbild am Anfang der Ballade der Senta

Ende der Ballade der Senta

Ich sei's, die dich durch ihre Treu' erlöset!
Mög' Gottes Engel mich dir zeigen!
Durch mich sollst du das Heil erreichen,
das Heil erreichen!

Szenenbild am Ende der Ballade der Senta

4 Liebestreue-Motiv

Text und Melodie: Richard Wagner

6 Lest den Text über die Ballade der Senta. Beschreibt dann die beiden Szenenbilder. Wie wird Sentas Zerrissenheit dargestellt (Farbgebung des Bühnenbilds, Gestik und Mimik der Darsteller, Requisiten[W])?

7 Hört den Beginn der Ballade (E 24). Welche der Motive 1 bis 4 habt ihr wahrgenommen?

8 Hört die Musik erneut (E 24) und lest den Anfang der Ballade der Senta mit. Warum hat Wagner bestimmte Motive an dieser Textstelle verwendet? Begründet eure Meinung. Mit welchem Motiv beginnt und endet die Ballade der Senta? Welche Bedeutung könnte das haben?

9 Hört den Ausschnitt am Ende der Ballade (E 25) mit dem Liebestreue-Motiv. Analysiert die Melodie (Intervalle, Tongeschlecht, Melodieverlauf) in Bezug zum Text und interpretiert dann das Szenenbild vom Ende der Ballade.

La Bohème – eine Oper szenisch gestalten

Was passiert bei einer szenischen Interpretation?

In szenischen Interpretationen werden Schlüsselszenen von Opern nachgespielt. So können Inhalt und Musik besser nachvollzogen und die Handlungen der Figuren besser verstanden werden. Eigene Gedanken und Sichtweisen werden mit einbezogen. Manche Phasen in der szenischen Interpretation bauen aufeinander auf, manche Phasen können miteinander vermischt werden.

Zur Oper „La Bohème"

Die Oper **„La Bohème"** von **Giacomo Puccini** wurde im Jahre 1896 in Turin uraufgeführt. Sie besteht aus 4 **Akten**. Die Vorlage für das der Oper zugrundeliegende **Libretto** von Giuseppe Giacosa und Luigi Illica war der Roman „Les scènes de la vie de bohème" von Henri Murger. Heute gehört „La Bohéme" zu den meistgespielten Opern der Welt. Die Handlung der Oper wurde auch Grundlage für das Musical „RENT" (→ S. 92ff.).

1. Ein szenisches Spiel vorbereiten

Die Handlung der Oper „La Bohème"

Die vier Künstlerfreunde Marcello, Rodolfo, Colline und Schaunard wohnen in armseligen Verhältnissen in einer Dachkammer in Paris. Das Geld reicht nicht einmal, um Lebensmittel zu kaufen oder die Wohnung zu beheizen.
Am Weihnachtstag im Jahre 1830 bittet die an Tuberkulose (Schwindsucht) erkrankte Mimi ihren Nachbarn Rodolfo um Feuer für ihre erloschene Kerze. In Rodolfos Wohnung erleidet sie dann einen Schwächeanfall. In diesem Augenblick verliebt sich Rodolfo in Mimi.
Die vier Freunde um Rodolfo feiern zusammen mit Mimi das Weihnachtsfest in einem Straßencafé. Dabei treffen sie Musetta in Begleitung des reichen Monsieur Alcindoro. Musetta ist Marcellos Ex-Freundin und versucht ganz offenkundig, Marcellos Aufmerksamkeit wieder auf sich zu ziehen. Schließlich verlassen die vier Freunde zusammen mit Mimi und Musetta das Café. Alcindoro bleibt allein zurück und muss die Rechnung für alle bezahlen.
Nach vielen Wochen arbeiten Rodolfo und Marcello in ihrer Dachkammer. Sie haben sich zwischenzeitlich von Mimi und Musetta getrennt. In Gedanken sind sie jedoch bei den Mädchen. Als Musetta in die Dachkammer gestürzt kommt und von der sterbenskranken Mimi berichtet, holen die Freunde Mimi zu sich und bemühen sich, ihr zu helfen. Doch es ist zu spät. Mimi stirbt an ihrer Krankheit.
Rodolfo bemerkt als Letzter der Freunde, dass sie tot ist.

In Bilder gehen

Hier erfolgt eine erste und spontane Auseinandersetzung mit einigen Szenen der Oper. Dabei wird eine Szene von verschiedenen Schülern pantomimisch dargestellt, während andere Schüler diese beobachten und miteinander ins Gespräch kommen. Kostüme und Requisiten[W] kommen an dieser Stelle noch nicht vor.

Mögliche Szene:
Ein Weihnachtsabend
Am Krankenlager
Im Café
Im Künstleratelier

1. Lest den Text über die Handlung der Oper „La Bohème" und sprecht über die Geschichte und ihre Figuren.
2. Informiert euch über den geschichtlichen Hintergrund der Zeit, in der die Oper spielt. Besorgt euch Bilder zum Paris des 19. Jahrhunderts und sprecht über die dort abgebildeten Gebäude, Menschen und Situationen. Welche Ähnlichkeiten und Unterschiede gibt es zu eurer eigenen Lebenswelt?
3. Informiert euch in der Bücherei oder im Internet ausführlicher über den Inhalt der Oper und macht euch Notizen zu den unterschiedlichen Szenen und Figuren.
4. Bildet Gruppen und gestaltet die Phase „In Bilder gehen" zu den möglichen Szenen. Beobachtet aus unterschiedlichen Perspektiven, wie die Bilder gebaut werden. Achtet auch darauf, wie die „Figuren" in Körperhaltung und Mimik zueinander positioniert werden und wie die Situationen vervollständigt werden. Präsentiert die fertigen Bilder, fotografiert sie und vergleicht sie anschließend miteinander.

E 26–35

2. Sich in das szenische Spiel einfühlen

Verschiedene Gehhaltungen ausprobieren und finden

Hinweise zum Bauen von Standbildern

In einem Standbild wird eine Szene für einen kurzen Moment eingefroren und in einem Bild fixiert. Dazu müssen zunächst die Rollen des Standbildbauers und derjenigen, die sich bauen lassen, festgelegt werden. Gebaut wird stets von unten nach oben: Füße, Knie, Becken usw. Die Darstellung des Gesichts erfolgt durch Vormachen und Nachmachen. Wichtig ist außerdem, dass die Figuren in einer Beziehung zueinander aufgestellt werden.

Akt 1, Szene 1 – Teile der Handlung

Weihnachten im Künstlerviertel von Paris: Die Dachkammer von Marcello und Rodolfo ist fürchterlich kalt und zu essen gibt es auch nichts. **Um es warm zu haben, verbrennen Marcello und Rodolfo dessen zuletzt geschriebenes Werk.**
Colline betritt die Kammer. **Er wärmt sich kurz am schwächer werdenden Feuer.** Bald sinkt die Stimmung der drei Freunde auf einen Tiefpunkt.
Schaunard betritt die Dachkammer und **bringt Essen, Trinken und etwas Geld mit, welches er auf den Tisch legt.**
Während die Mahlzeit vorbereitet wird, klopft es an der Tür. Der Hauswirt Benoît betritt die Dachkammer und fordert die fällige Miete. Die Freunde bitten ihn herein und beginnen ein Gespräch mit ihm. **Während sie Benoît immer mehr Wein reichen, fordern sie ihn auf, von seinen Erfolgen bei den Frauen zu erzählen.**

Akt 1, Szene 2 – Teile der Handlung

Während seine Freunde auf die Straße gehen, um das Weihnachtsfest zu feiern, bleibt Rodolfo allein zurück, um einen Artikel zu Ende schreiben. Mitten in der Arbeit klopft es schüchtern an der Tür. **Die Nachbarin Mimi bittet um ein Streichholz, um ihre Kerze anzuzünden.** Als sie sein Zimmer betritt, erleidet sie einen Schwächeanfall. Sie verliert dabei sowohl die Kerze als auch ihren Wohnungsschlüssel. Rodolfo nimmt die Kerze auf und zündet sie an. **Nach einer kurzen Erholungsphase möchte Mimi wieder gehen.** Da fällt ihr der Schlüssel wieder ein. In der Zugluft an der offenen Tür erlischt Mimis Kerze erneut. Rodolfo bläst heimlich auch seine Kerze aus. **Gemeinsam tastet er mit Mimi im Dunkeln nach dem Schlüssel.** Er findet ihn und versteckt ihn vor Mimi in seiner Jackentasche. **Rodolfo berührt wie zufällig Mimis Hand und nimmt sie in seine.** Dann erzählen sie sich von ihren Leben.

5 Besorgt euch Textbücher von „La Bohéme". Bildet Gruppen und verteilt die Rollen. Denkt auch an Mehrfachbesetzungen. Schreibt zu jeder Figur eine Rollenkarte in der Ich-Form. Verwendet dazu auch eure Notizen aus Aufgabe 3. Geht anschließend durch den Raum und lest eure Rollenkarte in unterschiedlicher Art und Weise (Dynamik, Tonhöhe, Tempo) vor.

6 Geht in unterschiedlichen Geh-Geschwindigkeiten und Körperhaltungen passend zu eurer Rollenkarte erst ohne und dann zur Musik (E 26) durch den Raum. Wie verändert sich eure Geh- und Körperhaltung durch den Einsatz der Musik? Begründet eure Meinung.

7 Sucht euch Requisiten[W] und baut die farbigen Teile der Handlung als Standbilder. Berücksichtigt dafür die Hinweise zum Standbilderbauen. Präsentiert eure Ergebnisse und überlegt, was ihr noch verbessern könntet.

8 Bezieht die Musik in eure Standbilder mit ein (zu Szene 1: E 27–30, zu Szene 2: E 31–35). Wie werden die Handlungen und Stimmungen musikalisch verarbeitet? Begründet eure Meinung und macht euch Notizen.

La Bohème – eine Oper szenisch gestalten

E 36–38

3. Szenen spielen und mit Musik verbinden

Mimi und Rodolfo folgen den anderen nach draußen. Im Café Momus stellt Rodolfo (Ro) Mimi (Mi) seinen Freunden vor. Das gemütliche Beisammensein wird durch den Auftritt von Marcellos (Ma) Ex-Freundin Musetta (Mu) getrübt. Musetta wird von ihrem Liebhaber Monsieur Alcindoro (Al) begleitet. Als Musetta Marcello sieht, hält sie Alcindoro zurück und setzt sich mit ihm an den Nachbartisch.
In der folgenden Szene macht Musetta Marcello durch ihr freches Benehmen eifersüchtig. Die anderen beobachten belustigt das Geschehen. Letztlich gelingt es Musetta, Marcello wieder für sich zu gewinnen.

2. Akt: Im Café Momus – Szene 1

Mi: Sie ist so schön gekleidet. (…) Wer ist sie?
Ma: (…) Ihr Name ist Musetta.
Mu: Marcello hat mich gesehen (…) und schaut mich nicht an, der Feigling!
Ma: Von… Beruf …ist sie ein Windrad (…) dreht sich und wechselt häufig Liebhaber und Liebe…
Mu: Sie bringen mich in Wut!
Ma: …und wie die Eule (…) ist sie ein… Raubvogel. (…) Sie isst Herzen! (…) Darum hab ich keines mehr! (…)
Mu: He! Kellner! Dieses Gericht stinkt wie aufgewärmt!
Al: Aber Musetta…stille, stille!
Mu: Er dreht sich nicht um! (…)
Al: Mit wem sprichst du? (…) Sprich doch leise!
Mu: Ich tue, was mir passt. (…) Lasst sehen, ob genügend Macht mir geblieben … über ihn, dass er nachgibt! (…)

2. Akt: Im Café Momus – Szene 2

Mu: (…) wenn ich so allein auf der Straße gehe, so bleiben die Leute stehen und bewundern meine Schönheit (…)
Al: Was werden die Leute sagen?
Mu: Dann koste ich das heimliche Verlangen, das aus den Augen ihnen leuchtet (…)
Al: Dieses unanständige Singen (…)
Mu: Ah! Marcello…
Al: Sprich leise!
Mu: … ist rasend. Marcello ist bezwungen! (…)
Al: Leise, leise! (…)
Mu: (…) quäl mich nicht! *(für sich)* Ich muss den Alten loswerden! *(gibt vor, Schmerzen am Fuß zu haben)* Auweh! (…) Welch Schmerz, welch Brennen!
Al: Wo?
Mu: Am Fuß! (…) Dort drüben ist ein Schuster, lauf schnell! Ich will ein anderes Paar. (…)
Al: Du bist so unbedacht! (…)
Mu: *(schleudert den Schuh ab)* Weg mit ihm!
Al: Warte, Musetta! Ich gehe schon!

9 Bildet Gruppen und lest die Szenen 1 und 2 aus dem 2. Akt der Oper „La Bohéme" in verteilten Rollen.

10 Sucht euch passende Requisiten[W] und spielt die Szenen 1 und 2 nach. Präsentiert eure Ergebnisse und sprecht anschließend über eure Eindrücke.

11 Stellt Klangerwartungen zur Musik (E 36–38) der Cafészenen auf. Hört anschließend die Musik und reflektiert darüber, ob sie eure Erwartungen erfüllt hat.

12 Spielt die Szenen erneut und bezieht die Musik in euer szenisches Spiel mit ein. Sprecht darüber, auf welche Weise die Musik euer Spiel beeinflusst hat.

E 39, 40

Anfang der Arie von Mimi (4. Akt)

Text: Guiseppe Giacosa, Luigi Illica *Melodie: Giacomo Puccini*

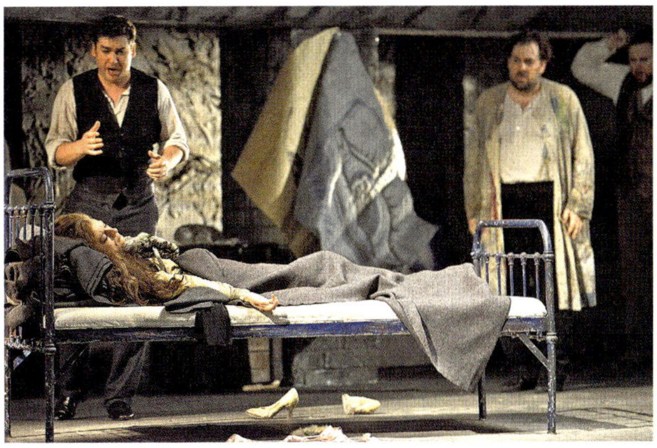

Szenenbild zum 4. Akt: Schlussszene aus der Oper „La Bohème" in einer Inszenierung der Deutschen Oper Berlin

13 Analysiert die Partitur der Arie von Mimi. Durch welche musikalischen Parameter (Melodie, Rhythmus, Dynamik, Instrumentation) bereitet Puccini den Tod von Mimi vor?

14 Hört den Beginn des 4. Akts (E 39). Wie unterscheidet sich diese instrumentale Einleitung von Mimis Arie? Begründet eure Meinung. Hört die Musik erneut und lest die Partitur mit.

15 Beschreibt das Szenenbild zur Schlussszene des 4. Aktes. Überlegt, wie die Musik zu dieser Szene klingen könnte. Begründet eure Meinung. Überprüft eure Überlegungen anhand der Musik (E 40).

16 Vergleicht die Musikausschnitte E 39 und E 40 miteinander. Was ist gleich, ähnlich, anders?

17 Schaut die Oper „La Bohème" auf DVD an und sprecht über euren Gesamteindruck. Wie hat euch die Geschichte gefallen? Welche Figur hat euch am meisten interessiert oder berührt? Stellt euch vor, die Geschichte spielt in der Gegenwart: Könntet ihr euch dann ein anderes Ende vorstellen?

Despacito

E 41, 42

Luis Fonsi

Zusammen mit mehreren Songwritern komponierte der puerto-ricanische Sänger **Luis Fonsi** ein Lied mit unterschiedlichen musikalischen Einflüssen. Dabei orientierte er sich stark an der lateinamerikanischen Popmusik und fügte Elemente des sogenannten **Reggaeton** hinzu. Der Reggaeton hatte sich aus Reggae, Hip-Hop und Merengue entwickelt.

Im Januar 2017 veröffentlichte Fonsi seinen Song „Despacito" (span. für: langsam, gemächlich) zusammen mit dem ebenfalls aus Puerto Rico stammenden Rapper **Daddy Yankee**.

Durch den Einsatz des Rap erhoffte sich Fonsi eine gewisse Explosivität in dem Song. Bereits zwei Monate nach Veröffentlichung gab es erste Remix[W]- und Coverversionen in unterschiedlichen Musikgenres. Gleichzeitig wurde „Despacito" zu einem Welterfolg.

Daddy Yankee

Die Salsa

Als Salsa wird ein lateinamerikanischer Tanz bezeichnet. In einer Mischung aus afroamerikanischen und europäischen Tänzen entwickelte sich die Salsa ursprünglich in den 1960er-Jahren in Nord- und Mittelamerika. Es gibt verschiedene Stilarten, in denen die Salsa getanzt wird. Rhythmus und Melodie von „Despacito" eignen sich gut, um dazu Salsa zu tanzen.

Formteile des Songs

Refrain 1 | Outro | Refrain 2 mit Rap | Strophe 1 | Intro

Strophe 2 | Rap 2 | Refrain 2 | Rap 1

Schrittfolge 1: Salsa-Grundschritt, Zählzeit (Zz) 1 – 4

Zz 1
Li belastet
1 Schritt vor
Vor –

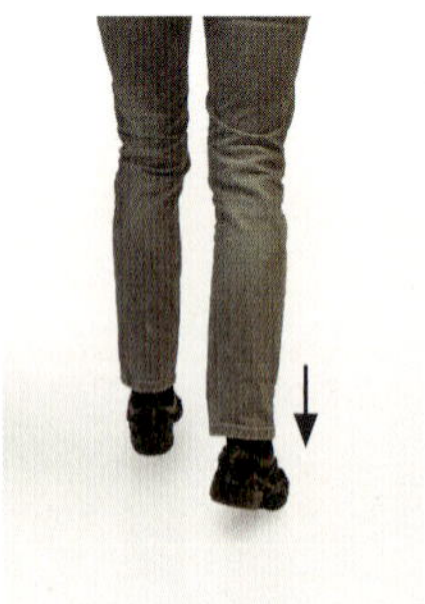

und (+)
Re belastet
1 Schritt am Platz
Platz –

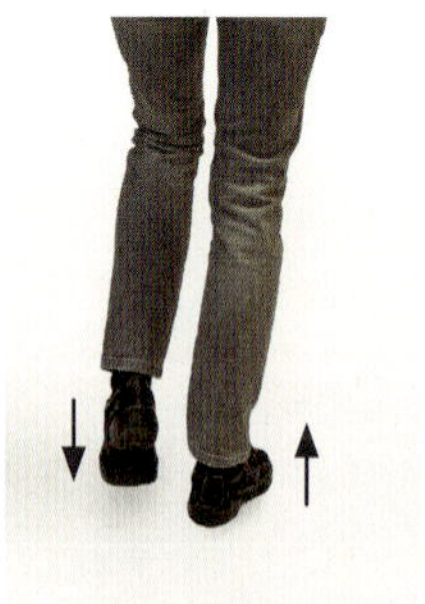

Zz 2
Li belastet
1 Schritt neben re, re ist frei
drauf,

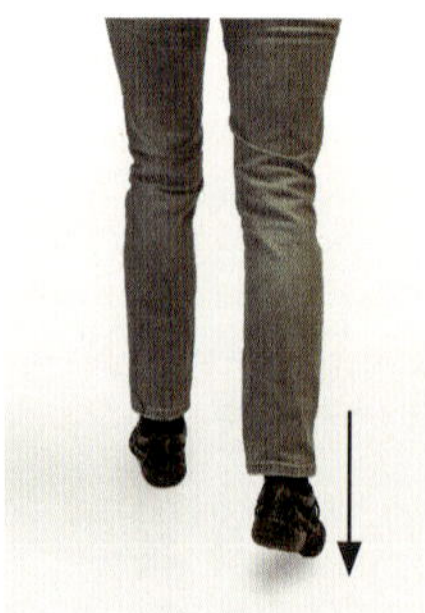

Zz 3
Re belastet
1 Schritt rück
rück –

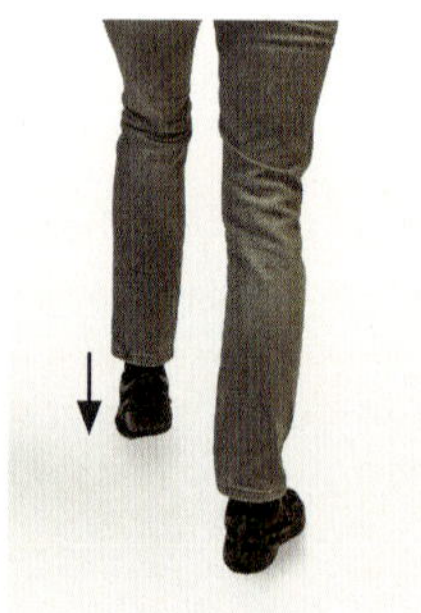

\+
Li belastet
1 Schritt am Platz
Platz –

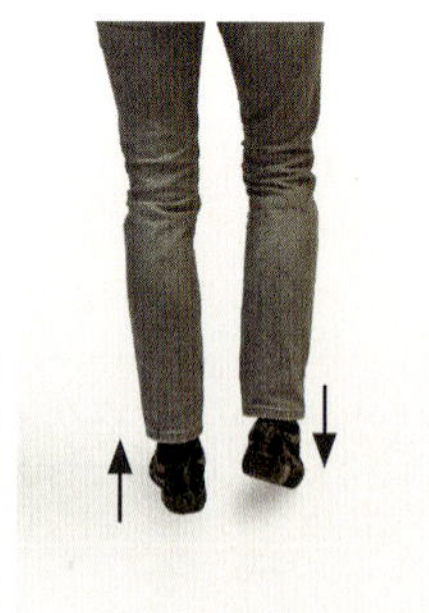

Zz 4
Re belastet
1 Schritt neben li, li ist frei
drauf

1 Hört „Despacito" (E 41) und findet heraus, in welcher Reihenfolge die Formteile vorkommen. Zählt stets bis 8 und notiert eure Ergebnisse.

2 Gestaltet zum Refrain 1 des Songs (E 42) die vorgegebenen Schrittfolgen auf dieser und der nächsten Seite anhand der Tanzbeschreibungen und der Tanzsprache. Achtet darauf, dass ihr die Bewegungen immer über 8 Zählzeiten (Zz) ausführt. Beachtet auch die Tipps für eine Choreografie.

E 41

Schrittfolge 2: Salsa-Grundschritt seitlich, Zz 1 – 4

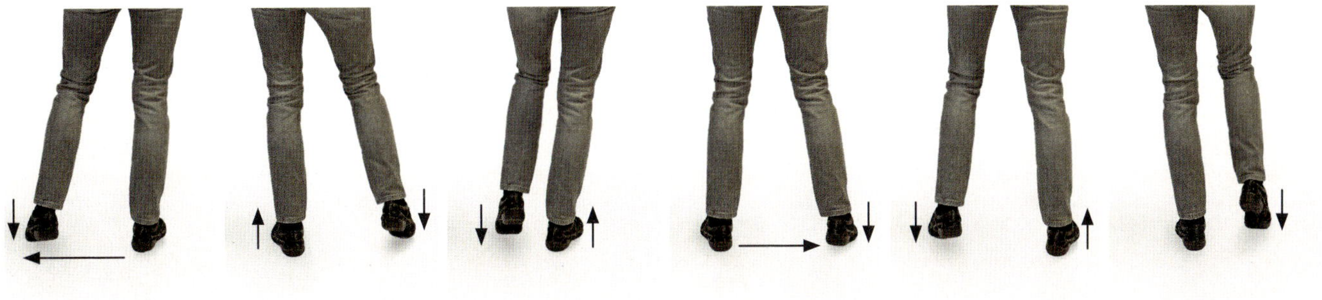

Zz 1	+	Zz 2	Zz 3	+	Zz 4
Li belastet	Re belastet	Li belastet	Re belastet	Li belastet	Re belastet
1 Schritt nach li seit	1 Schritt am Platz	1 Schritt neben re, re ist frei	1 Schritt nach re seit	1 Schritt am Platz	1 Schritt neben li
Seit –	**Platz –**	**drauf,**	**Seit –**	**Platz –**	**drauf**

Mögliche Armbewegungen zu den Schrittfolgen

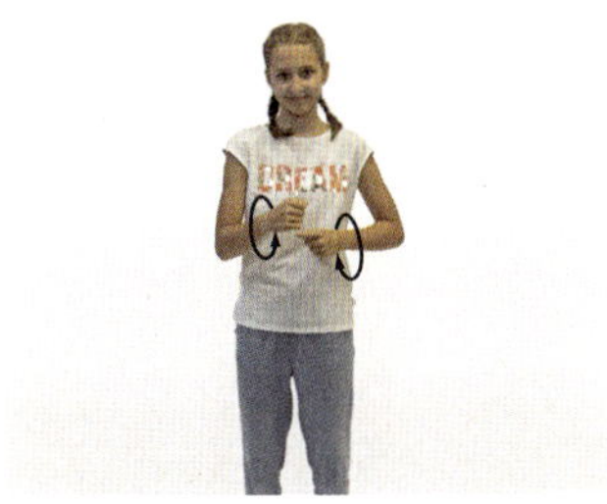

Armbewegung 1
Beide Arme kreisen angewinkelt vor dem Körper, dabei Hände zu Fäusten ballen.

Armbewegung 2
Re Arm nach hinten ausstrecken, li Hand fährt auf re Arm entlang nach vorn.

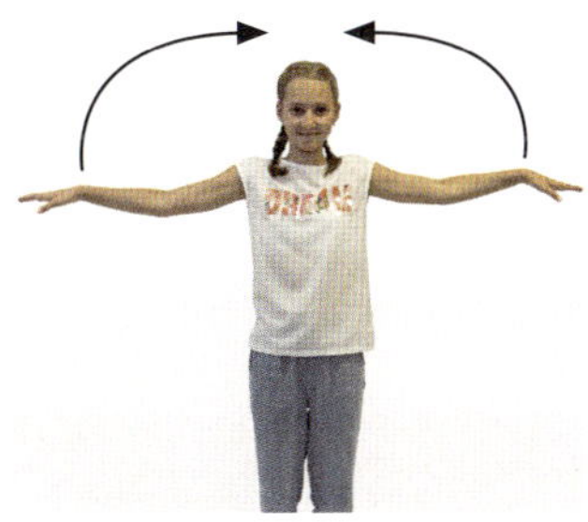

Armbewegung 3
Beide Arme seitlich gestreckt nach oben führen. Hände hinter dem Kopf verschränken.

Armbewegung 4
Beide Ellenbogen zeigen nach außen. Sie klappen vor dem Gesicht 1 x zu und wieder auf.

Tipps für die Gestaltung einer Choreografie

Tipp 1
Übt erst ohne Musik nur die Schrittfolge des Salsa-Grundschritts.

Tipp 2
Übt erst ohne Musik nur die Schrittfolge des seitlichen Salsa-Grundschritts.

Tipp 3
Übt den Salsa-Grundschritt und den seitlichen Salsa-Grundschritt im halben Tempo zur Musik.

Tipp 4
Verbindet beim Üben die Schrittfolgen miteinander. Variiert zusätzlich mit Drehungen.

Tipp 5
Verwendet weitere Schrittfolgen. Übt sie erst einzeln und fügt sie dann in die vorgegebenen Schrittfolgen ein.

Tipp 6
Gestaltet zu den Schrittfolgen passende Armbewegungen.

3 Bildet Gruppen und überlegt euch weitere Schrittfolgen und Armbewegungen jeweils über 8 Zz. Gestaltet diese zu den übrigen Formteilen (Strophe 1 und 2, Refrain 2, Rap 1 und 2 und Refrain 2 mit Rap) von „Despacito" (E 41). Holt euch für die Schrittfolgen Anregungen aus dem Internet oder von Seite 214. Variiert eure Schrittfolgen durch Drehungen oder unterschiedliche Aufstellungen (→ S. 214). Beachtet auch die Tipps für die Gestaltung einer Choreografie.

4 Stellt euch in einer von euch gewählten Aufstellung (→ S. 214) auf und gestaltet aus den vorgegebenen und euren eigenen Schrittfolgen eine **Choreografie** zum Song „Despacito" (E 41). Präsentiert eure Ergebnisse und überlegt, was ihr noch verbessern könntet.

Tanzbausteine

E 43

Aufstellungen

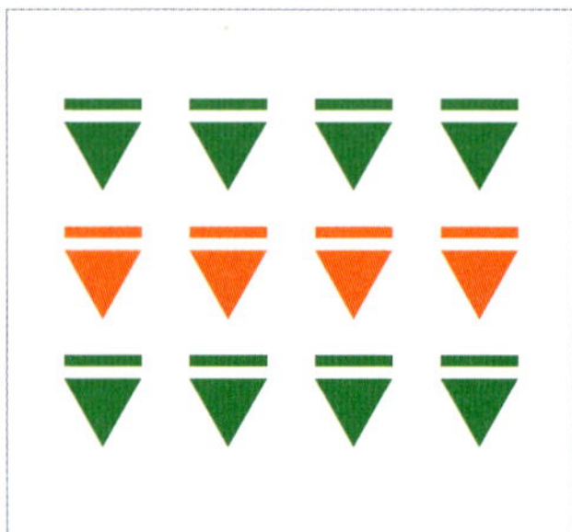

Formation

Formation auf Lücke

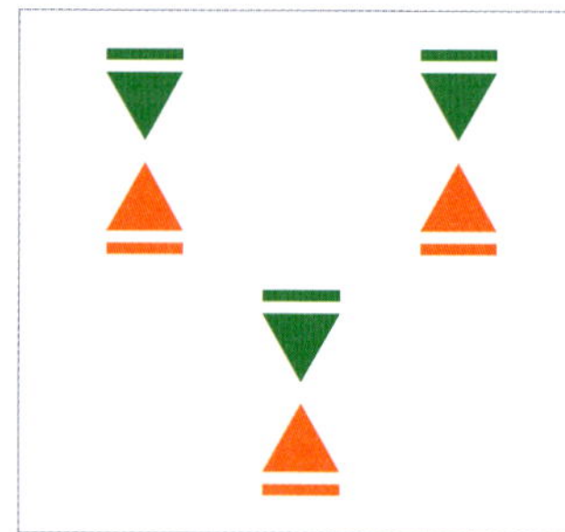

Paaraufstellung, zugewandt

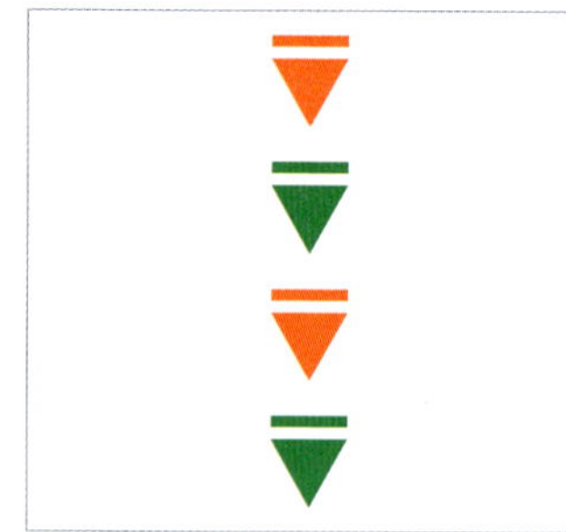

Tanzreihe

Rap-Schritt über 4 Zählzeiten (Zz)

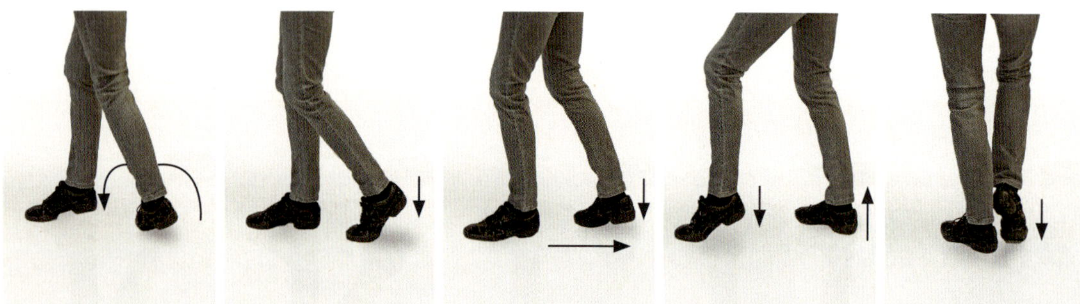

Zz 1	und (+)	Zz 2 Zz 3	+ +	Zz 4
Re belastet 1 Schritt vor, dabei 1/4 Drehung um li	Li belastet zurück an Platz	Re belastet 1 Schritt rück	Li belastet vor	Blickrichtung nach vorn, re tippt neben li
Vor –	**rück –**	**rück –**	**vor –**	**tipp**

Seit-ran-seit-Schritt über 4 Zz

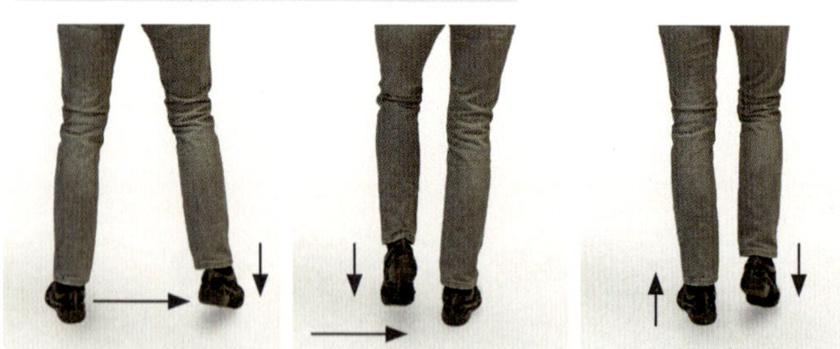

Zz 1 Zz 2 Zz 3	+ + +	Zz 4
Re belastet 1 Schritt nach rechts seit	Li stellt an re ran	Re belastet 1 Schritt am Platz, li ist frei
3 x Seit –	**ran –**	**steh**

Armbewegungen zum Seit-ran-seit-Schritt

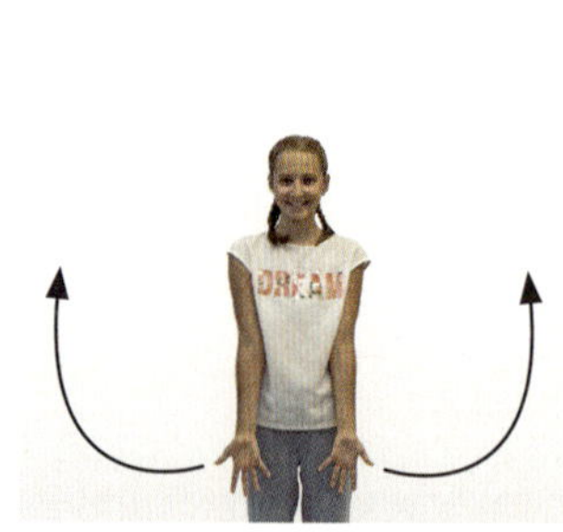

Armbewegung 1

Beide Arme führen mit gespreizten Händen, beginnend vor dem Körper, von unten bis zur Schulter.

Armbewegung 2

Beide Arme führen mit gespreizten Händen, beginnend über dem Kopf, von oben nach unten.

1 Beschreibt die vorgegebenen Tanzbausteine und gestaltet sie anhand der Tanzbeschreibungen und der Tanzsprache. Tanzt die Tanzbausteine auch gegengleich mit dem linken Fuß.

2 Bildet Gruppen und erfindet weitere Tanzbausteine. Verbindet die vorgegebenen und eure erfundenen Tanzbausteine in unterschiedlicher Weise miteinander.

3 Beschreibt die verschiedenen Aufstellungen. Einigt euch in euren Gruppen auf eine Aufstellungsform. Gestaltet zur Musik (E 43) ein Warm-up mit den vorgegebenen und euren eigenen Tanzbausteinen. Jedes Gruppenmitglied darf für eine bestimmte Zeit als Vortänzer die Schrittfolge des Warm-ups bestimmen. Wechselt die Rolle des Vortänzers.

Tanzen im Schwarzlicht

E 44–47

Schwarzlicht

Beim Schwarzlicht wird das Prinzip der optischen Täuschung genutzt. Das menschliche Auge kann unterschiedliche Ausprägungen schwarzer Farbe nicht wahrnehmen. In einem völlig abgedunkelten Raum können wir Darsteller, die ebenfalls schwarz gekleidet sind, nicht sehen. Tänze oder Bewegungen können kreativ und effektvoll zur Musik im Schwarzlicht umgesetzt werden. Denn beim Einsatz von UV-Licht, auch Schwarzlicht genannt, sieht man weiße oder fluoreszierende Gegenstände und Körperteile im Raum erscheinen, verschwinden, sich bewegen oder fliegen.

Tabelle für eine Schwarzlicht-Performance

Musik	Bewegungen	Material / Kleidung
Beispiel: „The Black Pearl"		• schwarze Kleidung
• Zu Beginn ist die Musik fließend, bewegt.	• weiche, ineinanderfließende Bewegungen	• Tücher in verschiedenen Neonfarben, schwarze Handschuhe
• aufwärtssteigende Melodiefolgen, die jeweils mit drei kurzen Tönen abwärts führen	 • zusammengenommen vor dem Körper hin- und herbewegen	
• Die Musik hält kurz inne.	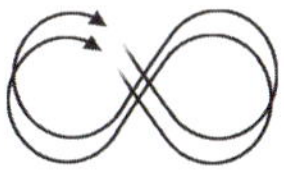 • mehrmals wie eine Acht schwingen	
• Die Musik ist sehr schnell und rhythmisch.		
• …	• abgehackte Bewegungen	• ab jetzt weiße Handschuhe oder Stöcke

Eine Schwarzlicht-Performance gestalten

Schwarzlichtröhre leuchtet nicht

Schwarzlichtröhre leuchtet

1 Bildet Paare und experimentiert mit unterschiedlichen Gegenständen (Handschuhe, Kniestrümpfe, Masken, Tücher usw.) im Schwarzlicht. Präsentiert eure Ergebnisse und tauscht euch über eure Erfahrungen aus.

2 Hört mehrmals verschiedene Musikstücke (E 44–47) und überlegt, welche Musik euch für eine Schwarzlicht-Performance besonders geeignet erscheint. Erstellt eine Tabelle für eure Performance und macht euch Notizen, welche Bewegungen sich in der Musik umsetzen lassen.

3 Bewegt euch auf unterschiedliche Weise zu eurer Musik. Probiert verschiedene Darstellungsformen (Hände, Beine, Kopf) und Materialien (Tücher, Stöcke usw.) aus. Macht euch in eurer Tabelle Notizen, was gut zur Musik passt.

4 Gestaltet eure Tanz- und Bewegungsfolge zu eurer Musik im Schwarzlicht. Präsentiert eure Ergebnisse und überlegt, was ihr noch verbessern könntet.

5 Sucht Musikstücke aus, die ihr gern hört. Bearbeitet die Musik (verfremden → Kap. 7 oder kompilieren → S. 60) und gestaltet Szenen mit verschiedenen Gegenständen im Schwarzlicht. Führt diese bei einer Schwarzlichtaufführung auf.

Ein Schulkonzert planen

Schüler bei einem Schulkonzert auf der Bühne

Die Planung

Damit eine erfolgreiche **Konzertplanung** gelingt, ist es notwendig, alle erforderlichen **Planungsschritte** rechtzeitig durchzuführen.

Je mehr Schüler an einem Konzert beteiligt sind, desto wichtiger sind **Terminabsprachen** und rechtzeitige **Benachrichtigungen**. Schon am Anfang eines Schuljahrs sollten die Termine in die **Jahresplanung** mit einfließen.

Häufig werden wichtige beteiligte Personen gar nicht oder viel zu spät informiert. Um dies zu vermeiden, sollten alle wesentlichen Planungsschritte in einer zeitlich sinnvollen Reihenfolge aufgelistet werden. Die **Planungsübersicht** könnte also z. B. so aussehen:

Planung unseres Schulkonzerts	erfolgt … vor der Veranstaltung	erledigt am:
1. Terminabsprachen mit der Schulleitung am Anfang des Schuljahrs über den Termin der geplanten Veranstaltung, den Aufbau, den Abbau, der Haupt- und der Generalprobe	12 Monate	
2. Bekanntgabe der Termine bei Lehrerkonferenzen, Gesamtschülerversammlungen und beim Hausmeister	12 Monate	
3. Festlegung einer Koordinationsleitung	12 Monate	
4. Sammlung von Ideen für eine Musikveranstaltung	6 – 12 Monate	
5. Bei Veranstaltungen im Freien: Beantragung einer Ausnahmegenehmigung gemäß der Lärmschutzverordnung bei Polizei und Ordnungsamt	6 Monate	
6. Terminsetzung für Beitragsmeldungen mit Angaben zu Gruppenleiter, Gruppe, Titel und benötigtem Equipment	6 Monate	
7. Zusammenstellung der Programmpunkte	6 Monate	
8. Absprachen über Herstellung der Dekoration	6 Monate	
9. Falls erforderlich: GEMA-Liste erstellen	2 Monate	
10. Entwerfen von Plakaten und Flyern	2 Monate	
11. Absprachen mit denjenigen, die die Ton-, Licht- und Videotechnik übernehmen	2 Monate	
12. Offizielle Information und Vorankündigung: Lokalzeitung, Schülerzeitung, Homepage der Schule, Mailinglisten	2 Monate	
13. Versendung der Einladungen	2 Monate	
14. Aktivierung der Werbeträger und Sponsoren	2 Monate	
15. Planung des Abbaus	4 Wochen	
16. Druck von Plakaten, Einladungen, Handzetteln und Karten	4 Wochen	
17. Festlegung der Kassenverwaltung, Organisation des Kartenverkaufs	4 Wochen	
18. Klärung der Moderation	4 Wochen	
19. Planung und Organisation des Caterings in der Pause, vor und nach der Veranstaltung	4 Wochen	
20. Aufhängung der Plakate, Verteilung der Flyer	2 Wochen	
21. Planung von Aufsicht, Erste-Hilfe-Team und Garderobenteam	2 Wochen	
22. Festlegung des Blumenkaufs für Solisten und engagierte Mitwirkende	1 Woche	
23. Absprache über das Einsammeln von Spenden am Ende der Veranstaltung	1 Woche	
24. Bereitstellung von Aufenthaltsräumen für die Mitwirkenden	1 Woche	
25. Aufbau der Dekoration	1 Woche	
26. Planung eines Empfangs der Ehrengäste	1 Woche	
27. Benachrichtigung betroffener Nachbarn und Anlieger	1 Woche	
28. Reservierung der Plätze für die Ehrengäste	1 Tag	
29. Abrechnung für den Förderverein der Schule	4 Wochen **danach**	

Einteilung der Mitwirkenden

Um die Aufgaben für die Durchführung einer Musikveranstaltung zu verteilen, ist es sinnvoll, Gruppen für bestimmte **Zuständigkeitsbereiche** zu bilden. Für ein Schulkonzert ist besonders die Technik wichtig: Für die Bereiche Ton, Licht und Video werden Schülergruppen zusammengestellt, die sich für den jeweiligen Bereich verantwortlich zeigen und die notwendigen Vorbereitungen durchführen. Für die erfolgreiche Präsentation ist ein **Soundcheck** vor der Generalprobe erforderlich, damit alle Mitwirkenden den Ablauf und die damit verbundenen Aufgaben kennen.

Ton

Für die Übertragung des Tons sollte vorher festlegt werden, welche Ausrüstung die auftretenden Musikgruppen benötigen. Dazu muss mit den Aufführenden besprochen werden, welche medialen Mittel der Schule zur Verfügung stehen. Es wird entschieden, mit welchen Mikrofonen man arbeiten will und kann. Und man braucht einen Überblick darüber, welche Instrumente verstärkt werden müssen, damit man sie gut hören kann.

Arbeit am Mischpult

Teams

Es ist sinnvoll, zwei Teams zu bilden: Die **Bühnencrew** befindet sich hinter der Bühne, um die Aufführenden zu betreuen, Mikrofone aufzustellen, Funkmikrofone zu reichen und entgegenzunehmen. Das andere Team sollte an der **FOH** (front of house) sitzen. Das ist der Platz, an dem die Licht- und Tonpulte aufgebaut sind, um die Aussteuerung der Mikrofone und des Lichts vorzunehmen.

Ein Scheinwerfer beleuchtet die Bühne.

Licht

Für die Beleuchtung der Bühne sollte ein Beleuchtungsplan erstellt werden. Für Musicalaufführungen und Theaterstücke ist es wichtig, die einzelnen Stimmungen vorher festzulegen und die entsprechenden Beleuchtungen vorzubereiten. Ein programmierbares **Lichtmischpult** erfüllt dabei gute Dienste. Je ein Schüler sollte einen **Verfolger** bedienen. Das ist ein schwenkbarer Scheinwerfer, der auf einen einzelnen Darsteller gerichtet wird, sodass dieser mit einem Lichtkegel beleuchtet wird. Für eine optimale Ausleuchtung sollten zwei bis vier dieser Scheinwerfer eingesetzt werden. **Schwarzlicht** (→ S. 215), **Stroboskop**[W] und **Nebelmaschine** sind zusätzliche Effekte, die eine Aufführung abwechslungsreicher und spannender machen können.

Video

Gerne haben Eltern, Schüler und Lehrer eine Erinnerung an die Veranstaltung. Daher sollte immer eine Videoaufzeichnung mit eingeplant werden. Empfehlenswert ist eine Aufzeichnung mit mehreren Kameras, um den Film abwechslungsreicher zu gestalten. Für das Zusammenfügen der aufgenommenen Filme ist ein Schüler oder Lehrer erforderlich, der die Aufzeichnungen mit einem Videoprogramm am Computer zusammenfügen kann.

Ein Videomitschnitt als Erinnerung

1. Gestaltet eine eigene Planungsübersicht zu einem Schulkonzert. Berücksichtigt dabei die Art eurer Veranstaltung (Konzerte, Musicalaufführung, Theateraufführung, verschiedene Gruppen).
2. Bildet Gruppen, die die einzelnen Aufgaben übernehmen. Achtet dabei auf eine angemessene zeitliche Planung.
3. Bildet Teams, die jüngeren Schülern die Handhabung und Bedienung der Geräte erklären können.
4. Überprüft rechtzeitig die schuleigenen Medien auf ihre Funktionsfähigkeit: Mischpulte, Verstärker, Tonkabel, Lichtkabel, Scheinwerfer.

Stecker, Kabel und Co.

Steckertypen

Wenn man im Musikunterricht elektrische Instrumente wie E-Gitarre, E-Bass oder Keyboard anschließen möchte, benötigt man Kabel mit passenden Steckern für die Verbindung zwischen Instrument und Verstärker oder Instrument und Lautsprecher.

Auch wenn ein Stecker scheinbar passend in eine Buchse am Lautsprecher oder Verstärker gesteckt werden kann, ist diese Verbindung möglicherweise fehlerhaft. Denn man muss immer die Funktion des Kabels und den Signalweg beachten und sich fragen: Wer sendet das Signal? Und wer empfängt das Signal? Deshalb gibt es von jedem Stecker und jeder Buchse eine **männliche** und eine **weibliche** Ausführung: Der männliche Stecker oder die männliche Buchse gibt das Signal, der weibliche Stecker oder die weibliche Buchse empfängt das Signal.

Klinkenstecker weiblich und männlich

XLR-Stecker weiblich und männlich

Speakon-Stecker männlich mit Buchse weiblich

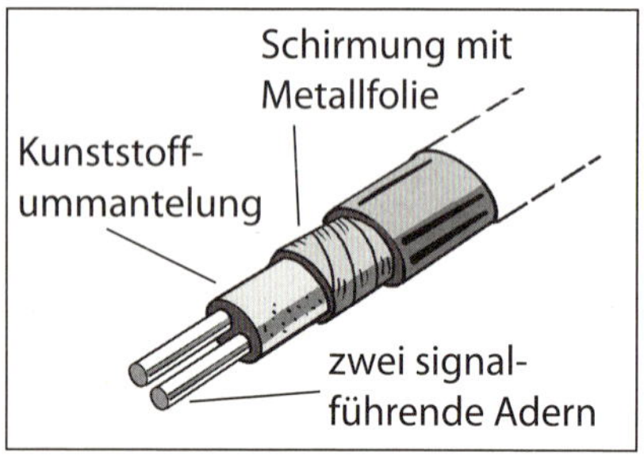

Symmetrisches Kabel

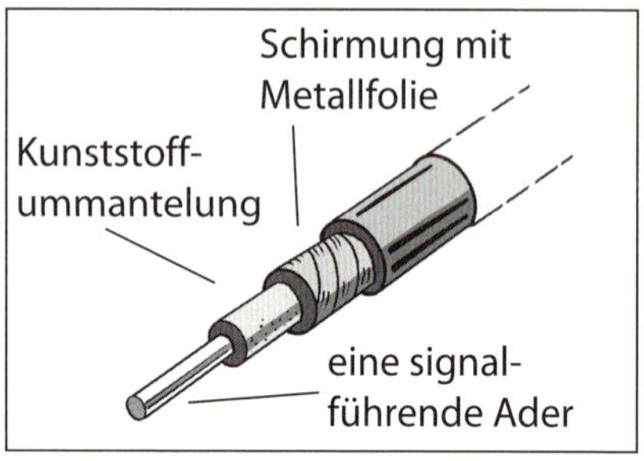

Unsymmetrisches Kabel

Kabeltypen

Man unterscheidet **Instrumentenkabel**, **Mikrofonkabel** und **Lautsprecherkabel**.

Instrumenten- und Mikrofonkabel haben eine **Schirmung**, um Störungen durch Funksignale abzuhalten. Funksignale gehen von Mobiltelefonen und Sendeanlagen aus. Lautsprecherkabel hingegen haben einen dickeren Kabeldurchmesser, sind aber nicht geschirmt.

Geschirmte Instrumentenkabel haben einen **Klinkenstecker** mit einer signalführenden Ader, daher bezeichnet man sie als unsymmetrisch. Diese Kabelform kann nur über kurze Strecken störungsfrei eingesetzt werden.

Geschirmte Kabel mit zwei signalführenden Adern nennt man symmetrische Kabel. Diese Kabel werden für den Anschluss von Mikrofonen verwendet und haben **XLR-Stecker**.

Von außen sehen die drei Kabel ähnlich aus, eine Verwechslung kann aber zu Fehlfunktionen und Störungen führen. Um diese Verwechslungen zu vermeiden, gibt es an neueren Geräten die **Speakon-Buchsen** für Lautsprecheranschlüsse. Bei älteren Lautsprecherkabeln mit Klinkensteckern oder XLR-Steckern hilft es, die Kabel mit einem roten Isolierband zu kennzeichnen.

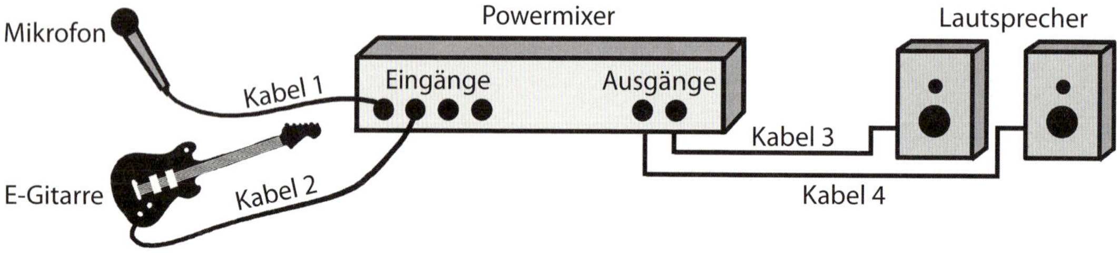

Darstellung einer Übertragungsanlage mit den Elementen Mikrofon, E-Gitarre, Verstärker und Lautsprecher

1. Lest die Texte und beantwortet dann folgende Fragen: Was für ein Kabel nehmt ihr, um eine E-Gitarre anzuschließen? Worin besteht der Unterschied zwischen symmetrischen und unsymmetrischen Kabeltypen?
2. Stellt euch vor: An Lautsprecherboxen befinden sich XLR-Anschlüsse. Mit welchem Kabel schließt ihr diese Boxen an einen Verstärker an? Begründet eure Entscheidung.
3. Worin unterscheiden sich weibliche und männliche Steckertypen?
4. Mit welchen Kabel- und Steckertypen muss die abgebildete Übertragungsanlage verbunden werden?

Der richtige Umgang mit Instrumenten und Zubehör

Transport von Geräten und Instrumenten

Jeder kennt die Situation: Für eine bestimmte Musikstunde oder für eine Musikaufführung werden Instrumente und Geräte benötigt, die man transportieren muss. Damit diese Transporte erfolgreich durchgeführt werden können, braucht man gute **Verpackungsmöglichkeiten**. Besonders geeignet sind hierfür **Cases** (engl. für: Kisten) auf Rollen, in denen man Verstärker, Kabel, Notenständer, Mikrofonständer usw. transportieren kann. Für Instrumente gibt es passende Koffer, die Beschädigungen bei einem Transport vermeiden.

Ein Case auf Rollen

Aufbewahrung von Instrumenten im Musikraum

Gitarren können platzsparend an der Wand an extra dafür befestigten Halterungen hängen. Drumsets sollten mit einem **Tuch** abgedeckt werden. Keyboards werden ebenfalls mit einer **Abdeckfolie** geschützt. Stehen mehrere Keyboards in einem Raum, ist die Stromversorgung durch ein zentrales Netzteil zu empfehlen.

Klarinettenkoffer mit Klarinette

An der Wand befestigte Gitarren

Notenständer aufklappen

Durch Unkenntnis oder unsachgemäße Handhabung werden Notenständer häufig verbogen. Es gibt zwei Möglichkeiten (1 und 2) des Aufklappens: Auf dem ersten Bild ist die linke Seite des Notenständers anders als die rechte Seite zusammengeklappt worden. Die linke Seite wird durch Herunterklappen des kürzeren Schenkels geöffnet. Anschließend wird die linke Notenauflage nach links unten gezogen, wie auf dem zweiten Bild abgebildet. Die rechte Seite des Notenständers wird aufgeklappt, indem die rechte Notenauflage nach rechts unten gezogen wird (Bild 1). Auf Bild 2 sieht man den weiteren Verlauf des Aufklappens.

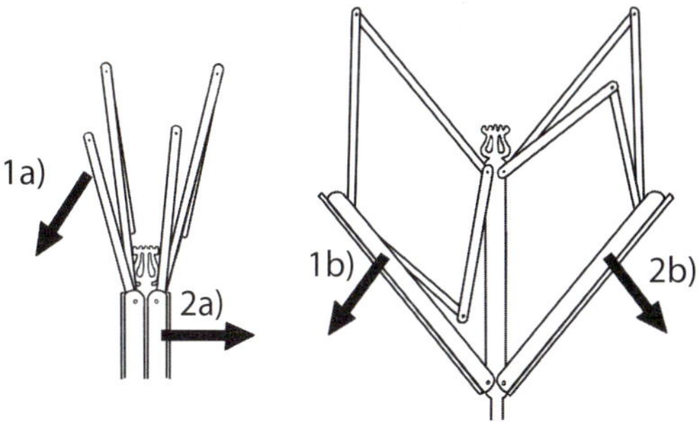

Notenständer aufklappen

Kabelpflege

Für die Aufbewahrung von Mikrofon- und Instrumentenkabeln sollte man auf das richtige **Aufwickeln** der Kabel achten. Denn beim Vorgang des Aufwickelns können sich Krangel (Verschlingungen) bilden, und durch das Verdrehen können die Kabel **beschädigt** werden. Kabel sollten grundsätzlich am Stecker aus der Buchse gezogen werden und nicht am Kabel selbst, denn dadurch können die angelöteten Kabelteile abgerissen werden.

Vor dem Einsatz für eine Musikaufführung sollte man möglichst alle Kabel mit einem **Kabelprüfer** auf ihre Funktionsfähigkeit hin testen. Damit vermeidet man eine zeitaufwendige Fehlersuche.

Damit Instrumente und Equipment funktionsfähig bleiben, kann man eine Arbeitsgemeinschaft bilden, die sich um die regelmäßige **Wartung** kümmert und jüngere Schüler in die Handhabung der Übertragungsanlagen einarbeitet.

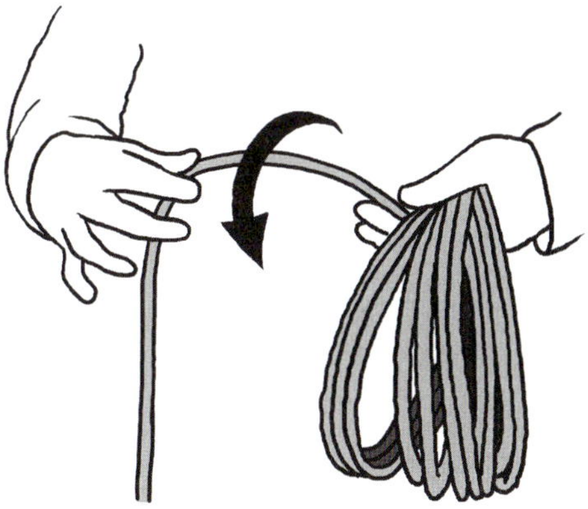

Kabelwickeln

1. Bildet Gruppen und überprüft die Funktionsfähigkeit eures Equipments.
2. Markiert eure Mikrofon-, Lautsprecher- und Instrumentenkabel, damit es keine Verwechslungen gibt.
3. Plant die Unterbringung der Schulinstrumente und Verstärker in einem dafür geeigneten Raum.
4. Wenn ihr euren Medienraum eingerichtet habt, dann macht ein Foto von dem Raum, damit jeder immer weiß, wo die Instrumente und Geräte hingehören. Heftet das Foto gut sichtbar an die Wand.

Lieder begleiten in der Gruppe

D 38

Um in einer Gruppe in einer vorgegebenen Zeit zu einem erfolgreichen Ergebnis zu kommen, ist es erforderlich, die gemeinsame Arbeit und die Verteilung der Aufgaben gut zu planen. Der Weg zum gewünschten Ergebnis besteht aus mehreren aufeinanderfolgenden Phasen. Gibt es dabei Unklarheiten, ist es immer gut, noch einmal beim Lehrer nachzufragen.

Die Phasen der Gruppenarbeit am Beispiel der Begleitung des Songs „Oye como va" (→ S. 186)

Präsentation vor den Mitschülern

Achtet darauf, dass ihr euch alle gut sehen und hören könnt, bevor ihr anfangt, vor den Mitschülern zu musizieren. Zählt das Musikstück nicht in einem zu schnellen Tempo ein. Wenn jemand aus dem Takt kommt, dann orientiert er sich am Ablaufplan und steigt beim nächsten Formteil wieder ein.

Gestaltung des Gesamtablaufs

Überlegt, wie ihr das Stück beginnen wollt. Setzt mit den einzelnen Stimmen nach und nach ein. Eine neue Stimme sollte erst dazukommen, wenn die Schüler, die bereits spielen, sicher gemeinsam musizieren. Notiert die Abfolge der einzelnen Teile an der Tafel.

Erarbeitungsphase der einzelnen Instrumentalstimmen

Spielt die Rhythmen der einzelnen Instrumentalstimmen zunächst mit Bodypercussion, oder sprecht die einzelnen Rhythmen gemeinsam auf Tonsilben. Beginnt in einem langsamen Tempo, in dem alle mitspielen oder -sprechen können. Bevor ihr die einzelnen Instrumentalstimmen bestimmten Schülern zuordnet, besprecht die erforderlichen Anforderungen dieser Stimmen und entscheidet dann gemeinsam, wer die jeweilige Stimme am besten spielen kann.

Verteilung der Aufgaben

Damit ihr rechtzeitig mit eurer Aufgabe fertig seid, bestimmt einen Zeitwächter, der darauf achtet, dass die abgesprochenen Arbeitsphasen rechtzeitig beendet werden.

Besprecht, wer von euch welche Instrumentalstimme des Begleitsatzes übernimmt. Teilt die einzelnen Mitglieder eurer Gruppe nach ihren jeweiligen musikalischen Fähigkeiten ein. Klärt die folgenden Fragen: Wer hat Vorkenntnisse auf einem bestimmten Instrument? Wer kann gut einen gleichmäßigen Rhythmus spielen und sollte daher z. B. die Cowbell übernehmen?

Wählt ein Gruppenmitglied aus, das die Einsätze der Formteilübergänge und der Solos anzeigt. Skizziert dafür einen Ablaufplan, auf dem ein Schüler den Verlauf des Stücks während des Musizierens mitverfolgt. So weiß jeder von euch, an welcher Stelle des Stücks ihr euch gerade befindet.

Probe des Gesamtablaufs

Probt euren Gesamtablauf mehrmals, bevor ihr ihn euren Mitschülern präsentiert. Während der Proben könnt ihr auch mit einem Smartphone eine Aufnahme machen, die ihr anschließend gemeinsam auswertet.

Besprechung der Aufgabenstellung

Für den Erfolg eurer Arbeit ist es wichtig, dass alle Schüler eurer Gruppe die Aufgabenstellung verstanden haben. Besprecht dann, wie ihr verfahren wollt und wie ihr die Arbeitszeit richtig einteilt. Legt fest, welcher Arbeitsschritt zu welcher Zeit beendet sein muss.

1. Bringt die einzelnen Phasen der Gruppenarbeit in die richtige Reihenfolge.
2. Übertragt den Ablauf der Erarbeitungsschritte auf die Begleitung des Songs „Oye como va" (→ S. 186, D 38) oder auf die Begleitung eines anderen Songs, den ihr im Musikunterricht musizieren wollt.
3. Besprecht eure Erfahrungen bei der gemeinsamen Probe von Musikstücken. Welche Probleme traten auf und wie ließen sie sich erfolgreich lösen?

Arbeitsprozesse und Ergebnisse auswerten

Auswertungsfelder

Im Musikunterricht können vielseitige Ergebnisse erzielt werden: Zum einen gibt es die musikpraktischen Ergebnisse, die durch musikalische Tätigkeiten wie tanzen, singen usw. erreicht werden. Zum anderen können Ergebnisse im Rahmen von Präsentationen, Referaten usw. erzielt und bewertet werden. Wichtig ist dabei, dass nicht nur die **Ergebnisse**, sondern auch die **Arbeitsprozesse** ausgewertet werden. Denn gelungene Arbeitsprozesse führen immer zu besseren Ergebnissen.

Rückmeldungen

Auswertungen sind vor allem dann hilfreich, wenn genau besprochen wird, was an dem Arbeitsprozess oder Ergebnis gut gelungen ist und wo noch etwas verbessert werden kann. Dies erfolgt über Rückmeldungen oder **Feedbacks**. Durch sie erhält jeder eine Vorstellung davon, welche Fortschritte er gemacht und wie gut er etwas geleistet hat.

Auswertungskriterien

Auswertungen müssen ein hohes Maß an **Transparenz** aufweisen. Denn nur so werden Auswertungsergebnisse nachvollziehbar und können einem auf dem eigenen Lernweg weiterhelfen. Sinnvoll ist es, wenn Kriterien zur Auswertung **gemeinsam** aufgestellt werden, weil diese dann besser zu den eigenen Fähigkeiten und Vorstellungen und zum Thema passen. In der Regel ergeben sich die Auswertungskriterien aus den gestellten Aufgaben.

Beispiel

Thema

Improvisieren (→ S. 8, 9)

Aufgabe

In Gruppen Improvisationssolos zu einer 8-taktigen Begleitung erfinden

Unterstützende Maßnahmen

Mögliche Verfahrensschritte, Beispiele, Tipps (→ S. 9)

Die sich daraus ergebenden Auswertungskriterien

Kriterien für die Arbeitsprozesse
- Ausgewogene Mitarbeit
- Grad der Nutzung der unterstützenden Maßnahmen
- Umgang mit Ideen (Ideen aufnehmen, ausprobieren, verwerfen, verändern …)
- Zeiteinteilung
- Organisation
- Zielorientierung
- Grad der Zufriedenheit mit dem Arbeitsprozess

Kriterien für die Ergebnisse
- Berücksichtigung der 8-taktigen Form
- reine Übernahme der angegebenen Beispiele (Rhythmus und Melodie)
- Erweiterung oder Veränderung der angegebenen Beispiele (Rhythmus und Melodie)
- Einsatz eigener Melodien und / oder Rhythmen
- Einsatz unterschiedlicher Mittel (z. B. Tonschritte, Tonsprünge), Veränderungen von Dynamik und Tempo
- Einbeziehung eines besonderen Einfalls

Kritik anbringen

Eine Auswertung ist nur dann sinnvoll, wenn sie neue Erkenntnisse bringt. Es ist daher wichtig, dass Kritik sachlich, konstruktiv und maßvoll geäußert wird. Hierbei hilft eine passende Formulierung: Satzanfänge wie z. B. „Beim nächsten Mal könntest du …" tragen dazu bei, dass Kritik eher angenommen wird. Wichtig ist auch, dass mit der Kritik möglichst **konkrete** Hinweise gegeben werden, wie eine erbrachte Leistung noch verbessert werden könnte.

1 Tragt in Gruppen Auswertungskriterien für Arbeitsprozesse und Ergebnisse zu anderen Themen des Musikunterrichts zusammen.

2 Fertigt eine Blanko-Tabelle (Tabelle, die nicht ausgefüllt ist) an, in die ihr eure Ergebnisse eintragen könnt.

Musikalische Gestaltung in der Gruppe

In der Gruppe Musik gestalten

Bei musikalischen Gestaltungen bietet es sich an, diese in einer Gruppenarbeit durchzuführen. Durch den Austausch untereinander, das Einbringen eigener Ideen und die Auseinandersetzung mit den Ideen der anderen Gruppenmitglieder können vielfältige und eindrucksvolle Ergebnisse erzielt werden. Neben einer guten Arbeitsstruktur und -organisation ist es ebenso wichtig, die inhaltlichen Aufgaben genau zu erfassen und zu untersuchen. Bei musikalischen Gestaltungen sind **musikalische Parameter** wie z. B. Dynamik, Tempo, Ausdruck und Klangfarbe[W] von hoher Bedeutung.

Die Aufgaben

Am „Serien-Rhythmical" und den dazugehörenden Aufgaben (→ S. 7) ist gut zu erkennen, wie eine musikalische Gestaltung durchgeführt werden kann. Die Aufgaben lassen folgende musikalische Gestaltungsmöglichkeiten zu:

1. Unterschiedlicher Einsatz von Einstimmigkeit und Mehrstimmigkeit
2. Einsatz unterschiedlicher Instrumente für den Grundschlag
3. Unterschiedliche Kombination von Strophen- und Bordun[W]-Teil
4. Unterschiedlicher Einsatz der Stimme (laut, leise, crescendo, decrescendo)

Darüber hinaus bieten sich noch folgende weitere Gestaltungsmöglichkeiten an, die gut in einer Gruppenarbeit entwickelt, ausprobiert und festgelegt werden können:

1. Mit unterschiedlichem Tempo sprechen und spielen
2. Einzelne Wörter und komplette Seriennamen mit unterschiedlichem Stimmausdruck sprechen
3. Einzelne Wörter und komplette Seriennamen mit unterschiedlicher Tonhöhe sprechen
4. Seriennamen oder ganze Zeilen mit unterschiedlicher Sprecheranzahl vortragen (einer, alle, eine Gruppe ...)
5. Eine Begleitung mit Körperinstrumenten und / oder Rhythmusinstrumenten erfinden
6. Körperinstrumente und / oder Rhythmusinstrumente unterschiedlich einsetzen (als Begleitung, zur Übernahme einzelner Stimmen oder Teilen davon, als Klanguntermalung)

Kategorisierung der musikalischen Gestaltungsmöglichkeiten

Um während der Gruppenarbeit den Überblick zu behalten und um zügig und gezielt arbeiten zu können, ist es hilfreich, die Gestaltungsmöglichkeiten in Kategorien zu unterteilen. Ausgehend vom „Serien-Rhythmical" und den oben genannten Gestaltungsmöglichkeiten ergeben sich folgende Kategorien:

Dynamik – Tempo – Ausdruck – Klangfarbe – Form – Artikulation – Tonhöhe – Besetzung – Betonung

Strukturierung der Gruppenarbeit

Neben der genauen Erfassung und Untersuchung der Aufgaben ist für die erfolgreiche Gestaltung von Musik auch eine gute Strukturierung der Gruppenarbeit erforderlich. Beispiel:

Aufgaben untersuchen → Material und Medien beschaffen → Rollen verteilen → An der Gestaltung arbeiten → Zwischenergebnisse reflektieren → An der Gestaltung weiterarbeiten → Ergebnisse festlegen → Präsentation → Auswertung

1 Besprecht in Gruppen, welche Merkmale musikalischer Gestaltung für weitere Inhalte oder Themen des Musikunterrichts wichtig wären.

2 Fertigt ein Plakat zur Strukturierung der Gruppenarbeit an und hängt es in eurem Klassenzimmer auf.

Über Musik sprechen

Vom ersten Eindruck zur systematischen Beschreibung

Wenn man miteinander über Musik sprechen möchte, ist es erforderlich, die eigenen Höreindrücke in Worte zu fassen. Bei den meisten Menschen stellen sich beim Hören von Musik ziemlich schnell bestimmte Bilder oder Gedanken, sogenannte **Assoziationen**, ein. Dieser erste Eindruck ist ein wichtiger Ausgangspunkt, da Musik oft unterbewusst und auf einer emotionalen Ebene auf uns wirkt. Genau deshalb ist es auch nicht immer einfach, die passenden Worte zu finden, die Musik treffend beschreiben können.

Um Musik und ihre Wirkung genau zu beschreiben, sollten deshalb verschiedene Aspekte untersucht werden: zum einen musikbezogene Parameter, zum anderen die Gestaltungsideen des Komponisten, aber auch die Emotionen des Hörers.

Musik beschreiben

Schritt 1

Hört euch ein Musikstück aufmerksam und in Ruhe an. Lasst eure Ohren in der Musik „wandern" und versucht, so viel wie möglich von der Musik wahrzunehmen.

Schritt 2

Notiert euch zehn Wörter oder Begriffe, mit denen ihr die Musik oder bestimmte Aspekte der Musik beschreiben könnt.

Schritt 3

Hört die Musik ein zweites Mal und versucht, zehn weitere Wörter zu notieren.

Schritt 4

Tauscht euch über eure Höreindrücke aus und ordnet die notierten Begriffe den verschiedenen Aspekten zu.

Aspekte der Musik-Analyse

Erster Eindruck / Assoziationen

Spielweise
staccato
rubato
pizzicato
dirty intonation
...

Zusammenklang
harmonisch
dissonant[W]
konsonant
kontrastreich
...

Dynamik
laut
pianissimo
verstummend
dröhnend
...

Form
Blues
Strophe
Wiederholung
Kontrast
...

Tempo
hektisch
Presto
Adagio
ritardando
...

Wirkung
lustig
verstörend
verträumt
kalt
...

Tonhöhe
fallend
hoch
kreisend
spiralförmig
...

Klangfarbe[W]
hell
dunkel
dumpf
flimmernd
...

Besetzung
Solo
Trio
Orchester
Big Band
...

1 Wendet die Schritte zur Beschreibung von Musik auf das Stück „Nuages" von Claude Debussy (→ S. 193) an.

2 Wählt einen Partner und vergleicht die notierten Begriffe miteinander.

Lexikon

Hier findest du Erklärungen von schwierigen Wörtern oder Fachbegriffen, die im Schülerbuch mit **W** gekennzeichnet sind.

Achteltriole	Unterteilung einer Achtelnote in drei gleiche Teile
alla breve	4/4-Takt mit einer Halben Note als Zählzeit
asynchron	zeitgleiches, aber nicht übereinstimmendes Musizieren, Singen oder Tanzen
Beat	Rhythmusbezeichnung in der Popmusik
Bordun	ein oder mehrere tiefe Haltetöne, die ein ganzes Musikstück über klingen
Chorsatz	für einen Chor geschriebene Partitur
chromatische Tonleiter	12-Tonleiter in Halbtonfolge ohne Ganztöne
Countertenor	hohe Männerstimmlage
Crossover-Stil	Musik unterschiedler Genres wird miteinander verbunden.
Dissonanz / dissonant	Missklang, nicht harmonisch (klingend)
Dominante	der 5. Ton über dem Grundton
Dubstep	in Süd-England aus dem Reggae entstandende Musikrichtung
Faulenzer ⁒	Symbol für Taktwiederholungen
Fuge	kunstvolle Form der Mehrstimmigkeit
Generalbass	freie Begleitung im Barockzeitalter mittels Bezifferung
harmonische Funktion	Klangbeziehung innerhalb einer Tonart
House	Musik, in der Bass und Rhythmus betont sind, produziert mit Rhythmuscomputern und Plattenspielern (Turntabel)
Intonation	Übereinstimmung der Tonhöhe
Jazz-Standards	bekannte und berümte Jazztitel, Grundlage des Repertoires von Jazzmusikern
Kantate	ein Werk, bestehend aus mehreren Sätzen, für eine oder mehrere Singstimmen und Instrumentalbegleitung
Klang	Gehörempfindung mit eindeutig bestimmbarer Tonhöhe
Klangfarbe	Schwingungs- und Resonanzeigenschaften des Tons eines Musikinstruments
Klavierzyklus	Zusammenstellung einzelner Stücke zu einem Thema
Koloratur-Sopranistin	sehr hohe Stimmlage im Sopran
komplementär	gegensätzlich
Konservatorium	Ausbildungsort von Musikern
Manual	Tastatur einer Orgel
Membran	im gespannten Zustand schwingendes Häutchen
Metapher	Übertragung eines Wortes in einen anderen Bedeutungszusammenhang

Metrum	Taktordnung, bestehend aus betonten und unbetonten Zählzeiten
Musikethnologe	Wissenschaftler für Musikgeschichte
Offbeat	Abweichung vom Grundschlag in Form von kleinen Verschiebungen bis hin zu notierten Synkopen
Phrasierung	musikalische Gliederung einzelner Abschnitte
polyfon	mehrstimmig durch Eigenständigkeit der einzelnen Stimmen
Prolog	Einführung in den Handlungszusammenhang
Remix	Neuabmischung vorhandener Aufnahmen
Requisite	bewegliches Zubehör für eine Inszenierung
Sampling	Digitalisierung von Musik
Schall	Hörempfindung als Geräusch, Klang oder Ton
Schwebung	Überlagerung von Schwingungen ähnlicher Tonhöhe
Septimenakkord	Akkord mit gr. oder kl. Septime
Sequenz	fortschreitende Wiederholung mit Verschiebung des Motivs auf eine andere Tonhöhe
Sitar	indische Langhalslaute mit 3, 4 oder 7 Saiten und 16 bis 20 beweglichen Bünden
Stroboskop	helles Flackerlicht
Subdominante	der 4. Ton über dem Grundton
synchron	zeitgleiches und übereinstimmendes Musizieren, Singen oder Tanzen
Synkope	Verschiebung der Betonung von einer betonten zu einer unbetonten Zählzeit
Tanpura	begleitende indische Langhalslaute mit nur vier Saiten
Ton	Element der Musik, verbunden mit den Grundeigenschaften Tonhöhe, Dauer, Lautstärke und Klangfarbe
Tonika	Funktionsbezeichnung für den Dreiklang auf der ersten Stufe der Tonleiter einer Tonart
Transkription	Bearbeitung und Einrichtung eines Werks für eine andere Besetzung oder Instrumentierung
Tremolo	Der Bogen wird mit einer Art Zitterbewegung auf der Saite schnell hin und her gestrichen.
Turnaround	eine Akkordfolge, die sich ständig wiederholt, ähnlich einem Ostinato
Vibrato	Die auf der Saite aufgesetzte Fingerkuppe wird schnell hin und her gerollt.

Notenschrift und Tabulaturen

Die Notenschrift ermöglicht es dem Musiker, Musik lesen und notieren zu können. Die folgenden Merkmale können dabei abgebildet werden: **Tonhöhe, Tonlänge** (→ S. 227), **Tempo, Lautstärke, Ausdruck und Artikulation** (→ 231).

Tonhöhe

Jeder Ton wird im **Notensystem** durch einen **Notenkopf** dargestellt. Ein Schlüssel am Anfang des Notensystems bestimmt die genaue **Tonhöhe** und die **Oktavlage**. Tief klingende Töne werden im **Bassschlüssel**, hoch klingende Töne im **Violinschlüssel** abgebildet. Um die Lesbarkeit für Musiker mit speziellen Instrumenten zu erleichtern, gibt es darüber hinaus weitere Schlüssel wie Altschlüssel und Tenorschlüssel.

Innerhalb des Notensystems können einzelne Töne durch ein **Versetzungszeichen** mit einem Kreuz # um einen Halbtonschritt erhöht oder mit einem B ♭ um einen Halbtonschritt erniedrigt werden. Mit einem Auflösungszeichen ♮ werden zuvor angegebene Versetzungszeichen wieder rückgängig gemacht. Versetzungs- und Auflösungszeichen gelten nur innerhalb eines Takts. Sollen die Vorzeichen aufgrund einer bestimmten Tonart für die gesamte Länge eines Musikstücks oder eines Abschnitts gelten, werden diese am Anfang des Notensystems festgelegt.

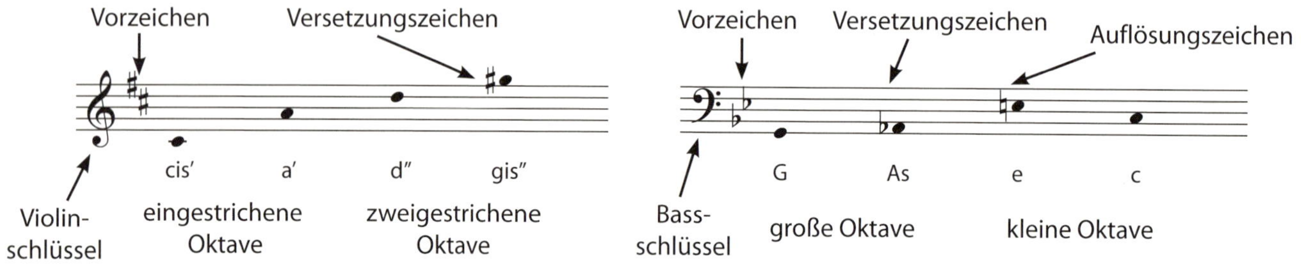

Oktavlagen

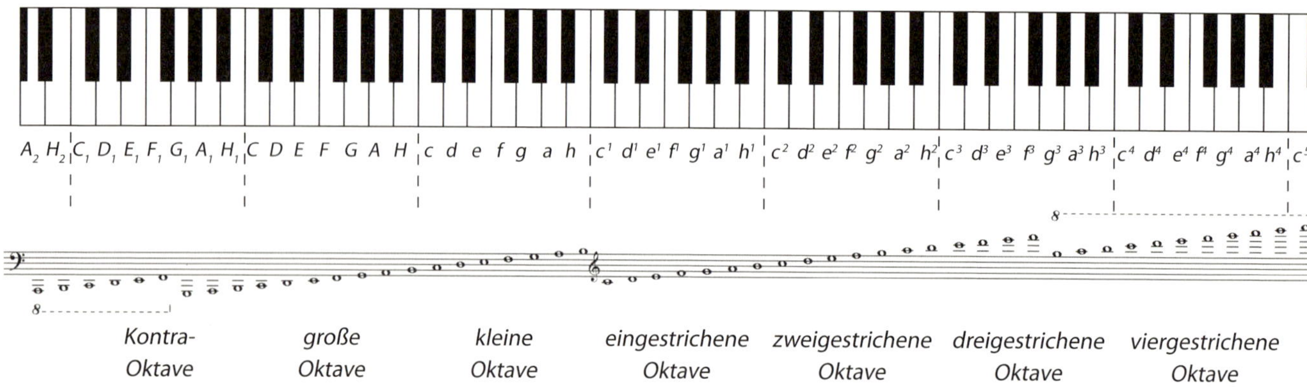

Tabulaturen

Tabulaturen bilden Griffpositionen einzelner Töne auf einem Instrument ab. Schon zu Beginn des 14. Jahrhunderts gab es diese Notationsart für Tasteninstrumente und Saiteninstrumente. Am bekanntesten sind heutzutage Tabulaturen für Gitarre und E-Bass. Besonders im Internet gibt es zu allen aktuellen und bekannten Popsongs Gitarrentabulaturen, die als Gitarren-Tabs bezeichnet werden. Diese Notationsform erleichtert Gitarristen, die keine Noten lesen können, das Umsetzen von Musik auf ihr Instrument. Bestimmte Parameter, wie z. B. Tonlängen, lassen sich dabei nur eingeschränkt abbilden.

Tonlängen

Die Dauer eines Tons erkennt man an der Darstellung des **Notenkopfes** und – wenn es einen gibt – des **Notenhalses**. Bei Notenköpfen im unteren Teil des Notensystems wird der Notenhals in der Regel rechts aufwärts dargestellt. Bei Notenköpfen im oberen Teil des Notensystems wird der Notenhals in der Regel links abwärts dargestellt. Kleinere Notenwerte wie Achtel- und Sechszehntelnoten haben zusätzlich Fähnchen (einzelne Note) oder Balken (mehrere Noten). Die Balken dienen dazu, Notengruppen übersichtlich zusammenzufassen.

Notenwerte | **Pausenwerte**

Ganze Note = 4 Grundschläge

Halbe Note = 2 Grundschläge

Viertelnote = 1 Grundschlag

Achtelnote = 1 / 2 Grundschlag

Sechszehntelnote = 1 / 4 Grundschlag

Zählzeiten eines 4 / 4-Taktes 1 + 2 + 3 + 4 + | 1 + 2 + 3 + 4 +

Punktierung und Bindung

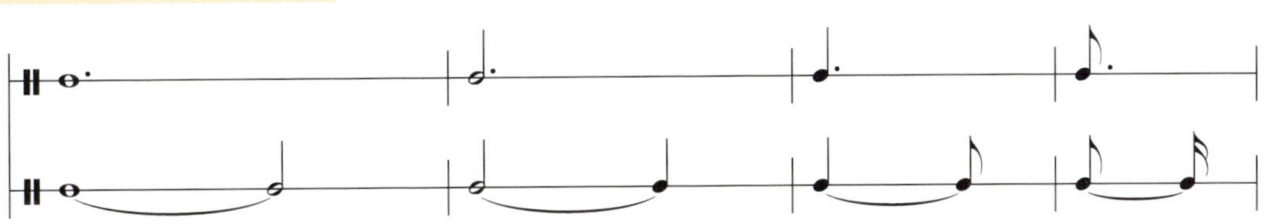

Bei der Punktierung verlängert sich der Notenwert um die Hälfte seines ursprünglichen Wertes. Eine Ganze Note mit Punkt verlängert sich also um eine Halbe Note und hat die Länge von drei Halben Noten oder von einer Ganzen und einer Halben Note. Tonverlängerungen können auch durch Haltebögen zwischen zwei oder mehreren Noten auf der gleichen Tonhöhe erzeugt werden. Vor allem bei Tonverlängerungen von Noten auf der gleichen Tonhöhe, die über einen Takt hinaus erzeugt werden sollen, ist die Verwendung von Haltebögen notwendig.

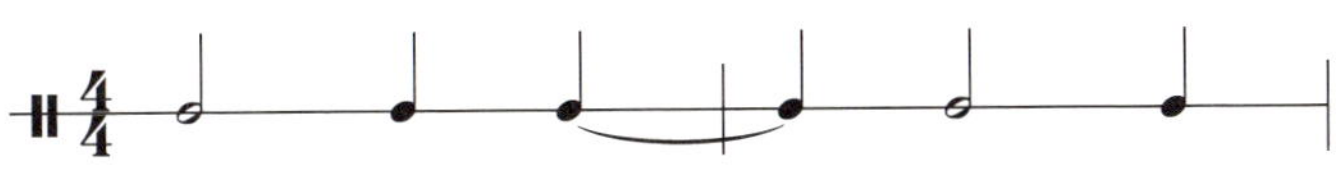

Die Triole

Eine Triole verteilt drei Noten gleichmäßig auf eine Zählzeit. Beispiele: Eine Achteltriole hat die Länge einer Viertelnote, eine Vierteltriole hat die Länge einer Halben Note.

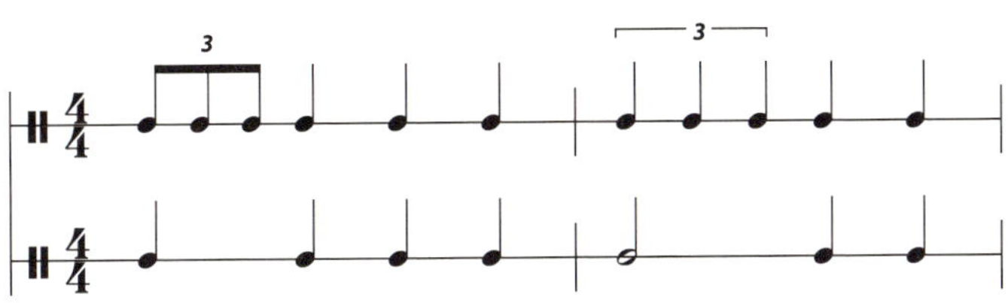

Tonleitern

Die diatonische Tonleiter

Der Begriff Diatonik kommt aus dem Griechischen und heißt wörtlich übersetzt „durch Ganztöne gehend". Das uns bekannte Dur-Moll-Tonsystem besteht aus diatonischen Tonleitern. Diese Tonleitern haben in der Regel sieben Stufen.

So besteht z. B. die C-Dur-Tonleiter aus 5 Ganztonschritten und 2 Halbtonschritten:

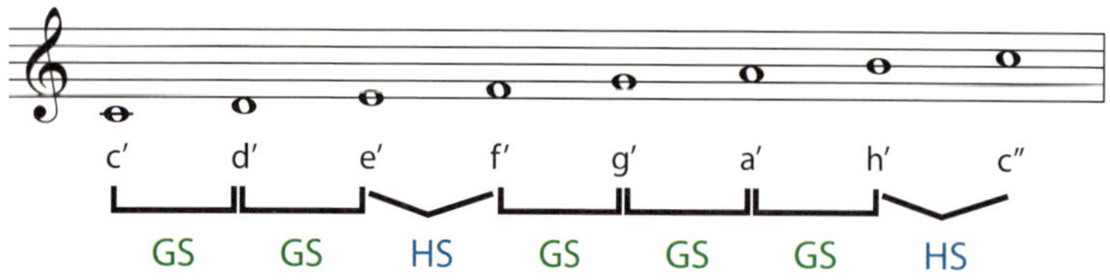

GS = Ganztonschritt
HS = Halbtonschritt

Moll-Tonleitern

Die zwei gebräuchlisten Moll-Tonleitern sind das **natürliche Moll** und das **harmonische Moll**. Die natürliche Moll-Tonleiter leitet sich aus der Moll-Parallele der entsprechenden Dur-Tonleiter ab. Beispiel: Die Moll-Parallele von C-Dur ist a-Moll.

Natürliches Moll

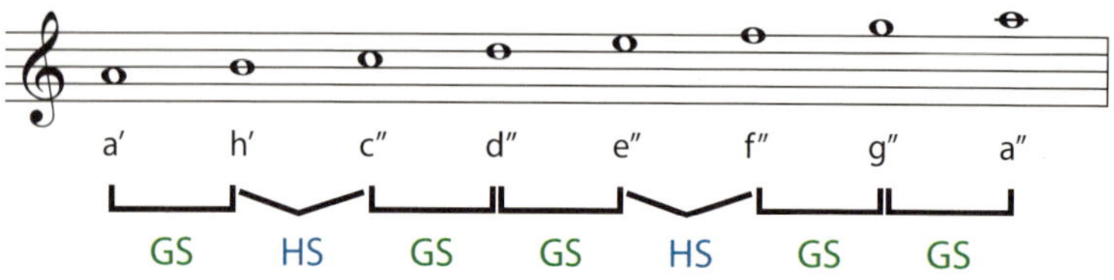

Bei der harmonischen Moll-Tonleiter wird der 7. Ton um einen Halbtonschritt erhöht. Er übernimmt dabei die Funktion eines Leittons[W], wie wir es von der 7. Stufe der C-Dur-Tonleiter (h´) kennen. Dadurch entsteht zwischen dem 6. und 7. Ton dieser Moll-Tonleiter eine übermäßige Sekunde (3 Halbtonschritte).

Harmonisches Moll

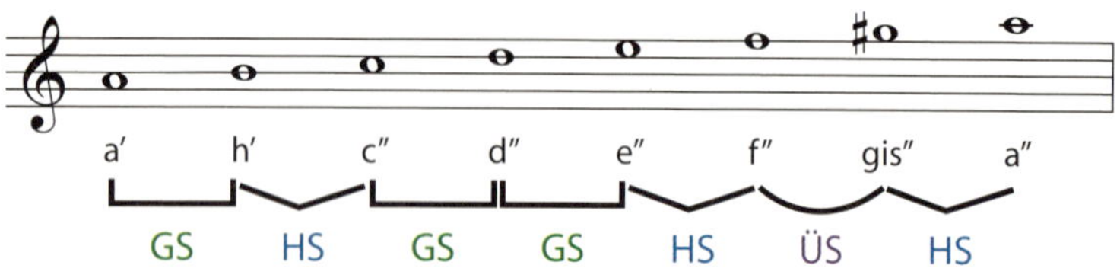

ÜS = übermäßige Sekunde

Die Pentatonik

Eine pentatonische Tonleiter besteht aus fünf Tönen innerhalb einer Oktave. Halbtonschritte gibt es hier nicht. Diese Tonleitern kommen in asiatischen Musikkulturen, wie z. B. der Gamelanmusik (→ S. 48, 49), in der afrikanischen Musik, bei der Blues-Tonleiter mit verminderter Quinte und in der Volksmusik des Balkans vor.

Beispiel einer pentatonischen Tonleiter

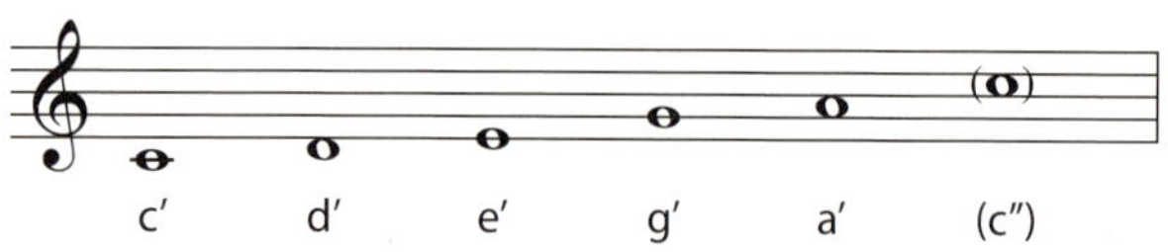

Blues-Tonleiter

Entscheidende Merkmale der Blues-Tonleiter sind die Blue Notes. Diese Blue Notes sind die kleine Terz, die verminderte Quinte und die kleine Septime.

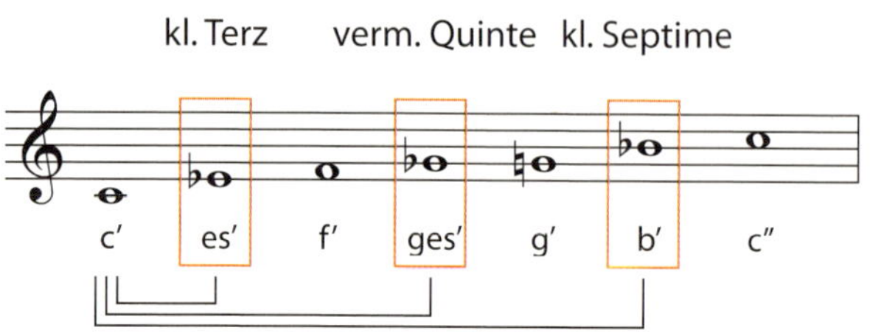

Tonarten und Vorzeichen

Spielt man eine C-Dur-Tonleiter auf dem Klavier, dann spielt man nur auf den weißen Tasten. Diese Tonfolge wird auch **Stammtonreihe** oder Dur-Tonskala genannt. Sie setzt sich aus Ganzton- und Halbtonschritten zusammen (→ S. 228).

Beginnt man aber die Stammtonreihe mit einem anderen Anfangston und möchte daraus wieder eine Dur-Tonleiter bilden, verschieben sich die Ganzton- und Halbtonschritte. Um das zu korrigieren, benötigt man Vorzeichen, die die Töne um einen Halbton erhöhen oder erniedrigen: Wird der Ton um einen Halbtonschritt erhöht, benutzt man als Vorzeichen ein Kreuz #. Ist es notwendig, einen Ton um einen Halbtonschritt tiefer zu spielen, setzt man ein B ♭ vor die Note und der Ton erklingt einen Halbtonschritt tiefer (vgl. S. 226).

Der Quintenzirkel

Um sich einen Überblick über alle gebräuchlichen Tonarten zu verschaffen, gibt es den Quintenzirkel, der hier als Tabelle dargestellt ist. Der Begriff Quintenzirkel kommt von dem Wort Quinte (lat. für: fünfte). Zählt man die C-Dur-Tonleiter von dem Ton C fünf Töne aufwärts – der erste Ton wird dabei immer mitgezählt –, kommt man zu dem Ton G und damit zur G-Dur-Tonleiter, die ein Vorzeichen (fis) benötigt. Mit jeder weiteren Quinte aufwärts gelangt man zu einer neuen Tonart mit einem weiteren Vorzeichen. Um die Anzahl der Vorzeichen auf höchstens sechs zu beschränken, nutzt man die sogenannte **enharmonische Verwechslung**: Die Tonart mit sechs ♭ ist Ges-Dur, die Tonart mit sechs # ist Fis-Dur. Die Töne Ges und Fis heißen zwar verschieden, klingen aber gleich. Der Quintenzirkel teilt sich also in zwei Hälften: die ♭-Tonarten und die #-Tonarten.

Der Quintenzirkel als Tabelle

♭ B-Tonarten				# Kreuz-Tonarten			
Akkorde und Gitarrengriffe	Vorzeichen	Moll-Parallele	Dur-Tonarten		Moll-Parallele	Vorzeichen	Akkorde und Gitarrengriffe
			C-Dur		a-Moll	keine	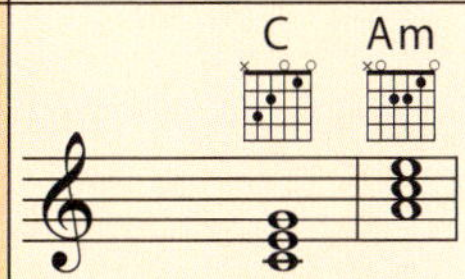 C Am
 F Dm	b	d-Moll	F-Dur	G-Dur	e-Moll	fis	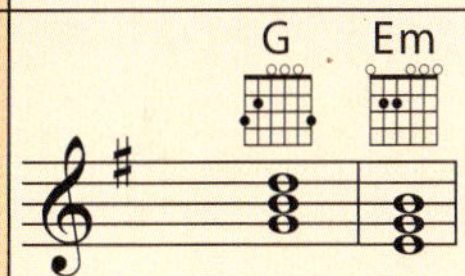 G Em
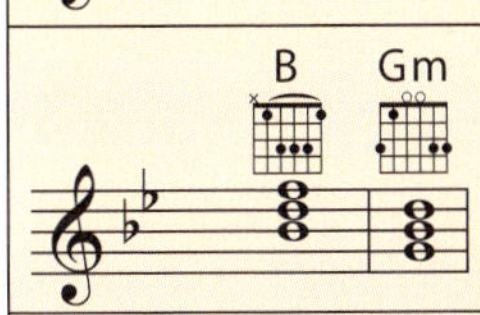 B Gm	b, es	g-Moll	B-Dur	D-Dur	h-Moll	fis, cis	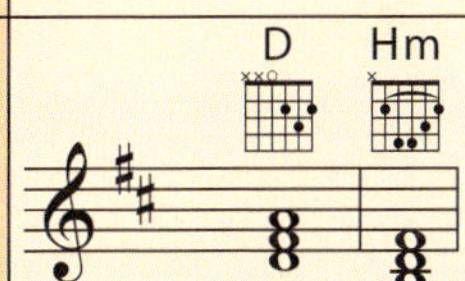 D Hm
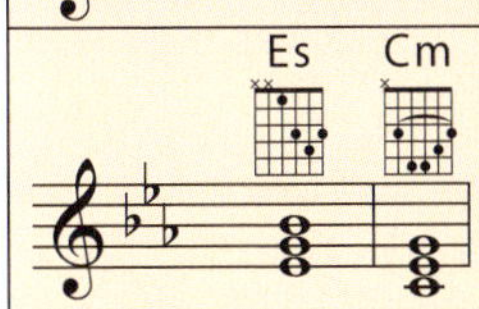 Es Cm	b, es, as	c-Moll	Es-Dur	A-Dur	fis-Moll	fis, cis, gis	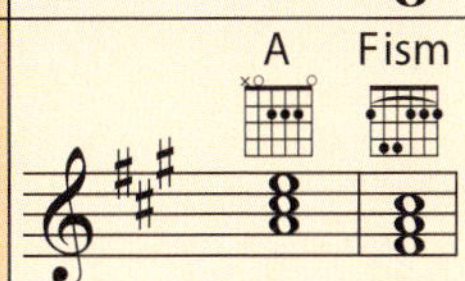 A Fism
 As Fm	b, es, as, des	f-Moll	As-Dur	E-Dur	cis-Moll	fis, cis, gis, dis	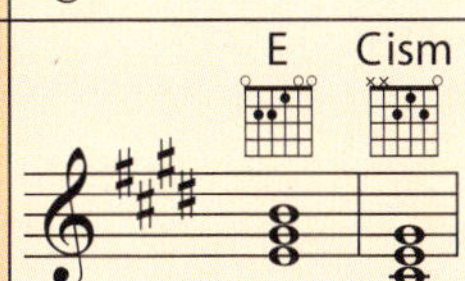 E Cism
 Des Bm	b, es, as, des, ges	b-Moll	Des-Dur	H-Dur	gis-Moll	fis, cis, gis, dis, ais	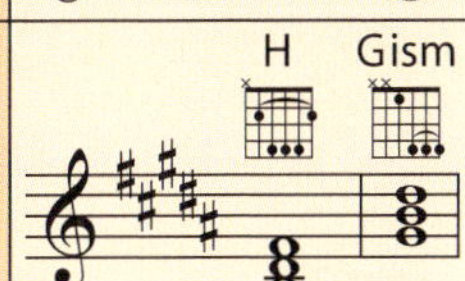 H Gism
 Ges Esm	b, es, as, des, ges, ces	Es-Moll	Ges-Dur / Fis-Dur		dis-Moll	fis, cis, gis, dis, ais, eis	 Fis Dism

Intervalle und Dreiklänge

Intervalle

Intervall	Art	Halbton-schritte	Beispiel
Prime	rein	0	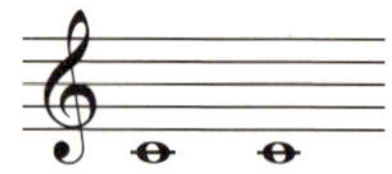
Sekunde	klein	1	
Sekunde	groß	2	
Terz	klein	3	
Terz	groß	4	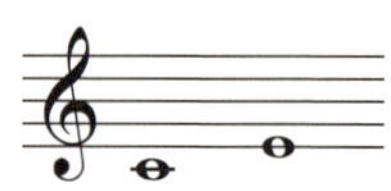
Quarte	rein	5	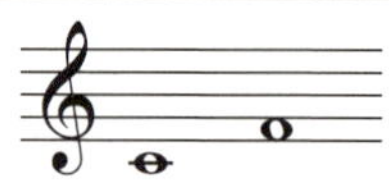

Intervall	Art	Halbton-schritte	Beispiel
Quinte	rein	7	
Sexte	klein	8	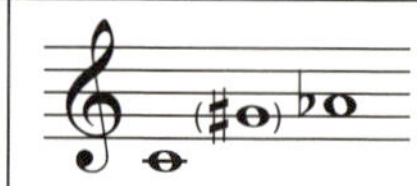
Sexte	groß	9	
Septime	klein	10	
Septime	groß	11	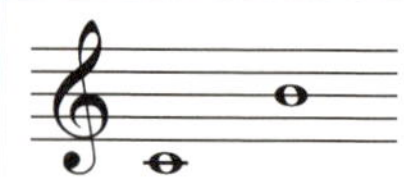
Oktave	rein	12	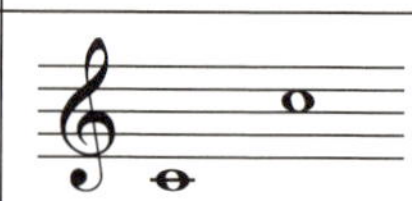

Als Intervall bezeichnet man den Abstand zwischen zwei Tönen. Es gibt fünf Arten von Intervallen: reine Intervalle, kleine Intervalle, große Intervalle, übermäßige Intervalle und verminderte Intervalle. Übermäßige und verminderte Intervalle treten bei Quarte und Quinte auf: Erhöht man die reine Quarte um einen Halbtonschritt, wird sie zur übermäßigen Quarte. Erniedrigt man die reine Quinte um einen Halbtonschritt, wird sie zur verminderten Quinte. Die übermäßige Quarte und die verminderte Quinte klingen gleich, lediglich die Vorzeichen unterscheiden sich (enharmonische Verwechslung, vgl. S. 229). Da es sich hier um einen Tonsprung von drei Ganztonschritten handelt, bezeichnet man dieses Intervall auch als **Tritonus**.

übermäßige Quarte 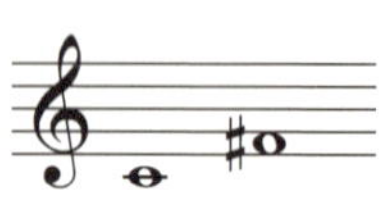

verminderte Quinte 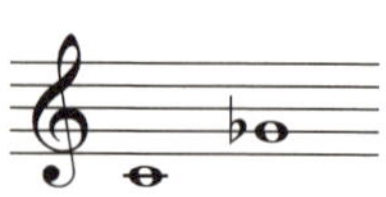

Dreiklänge

Dreiklänge können auf jeder Tonstufe einer Tonleiter gebildet werden. Auf der ersten, vierten und fünften Stufe handelt es sich um Dur-Akkorde. Bildet man Dreiklänge auf der zweiten, dritten und sechsten Stufe, ergeben sich Moll-Akkorde. Eine Ausnahme ist der Dreiklang auf der siebten Stufe: Dies ist ein verminderter Dreiklang.

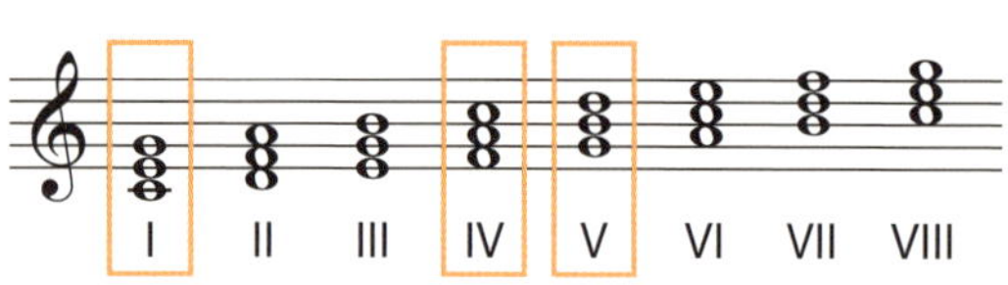

Eine direkte Aufeinanderfolge der Dreiklänge auf den Stufen I, IV, V und I bezeichnet man als **Kadenz**. Mit diesen Dreiklängen lassen sich sehr viele Lieder und Songs begleiten.

Um Kadenzen besser singen und spielen zu können, benutzt man häufig **Umkehrungen** der Dreiklänge: Dabei wird die Reihenfolge der Töne ausgetauscht. Man unterscheidet Grundstellung (GS), 1. Umkehrung (1. U; der Grundton eines Dreiklangs erscheint eine Oktave höher) und 2. Umkehrung (2. U; Grundton und Terzton eines Dreiklangs werden oktaviert).

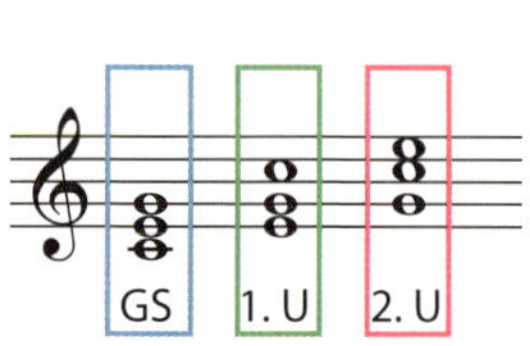

I. Stufe (C-Dur)

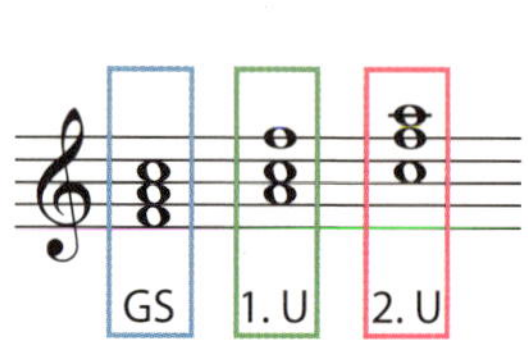

IV. Stufe (F-Dur)

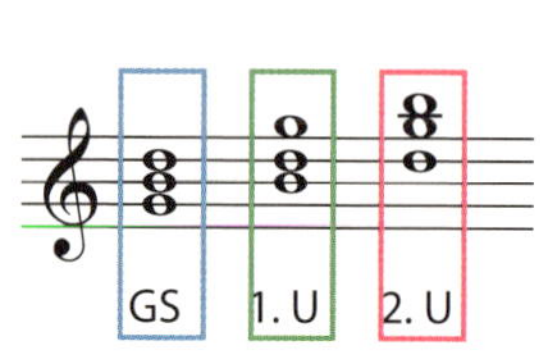

V. Stufe (G-Dur)

Beispiel für eine Kadenz mit Umkehrungsakkorden in C-Dur

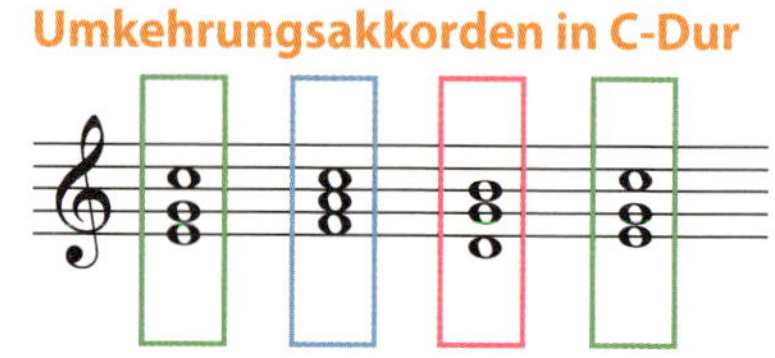

Vortragsbezeichnungen und Artikulation

Tempo

Um das Tempo einer Musik genau festlegen zu können, gibt es sowohl in der klassischen wie auch in der populären Musik Tempoangaben. Diese Angaben beziehen sich auf die Anzahl der Schläge pro Minute (bpm = beats per minute). Damit der Musiker weiß, auf welchen Notenwert sich die Angaben beziehen, sind über dem Musikstück meist die Bezugswerte angegeben. Beispiel: ♩ = 100.

In der klassischen Musik gibt es oft italienische Vortragsbezeichnungen. Soll das Tempo am Ende oder während eines Musikstücks verlangsamt werden, wird dieser Abschnitt mit der Bezeichnung **ritardando** (Abkürzung = rit., dt.: langsamer werdend) versehen. Wird das Tempo am Ende oder während eines Musikstücks erhöht, bezeichnet man diese Spielweise als **accelerando** (Abkürzung = accel., dt.: schneller werdend).

bpm	Tempobezeichnung
40 – 60	Largo (breit)
60 – 66	Larghetto (etwas breit)
66 – 76	Adagio (ruhig)
76 – 108	Andante (schreitend)
108 – 120	Moderato (gemäßigt)
120 – 168	Allegro (rasch)
168 – 200	Presto (schnell)
200 – 208	Prestissimo (sehr schnell)

Dynamik

Dynamikangaben beziehen sich auf die verschiedenen Lautstärken einer Musik. Es gibt Bezeichnungen für bestimmte Stellen im Musikstück (siehe Tabelle rechts) und Angaben für sich verändernde Lautstärken während eines Musikstücks:

crescendo (Abkürzung = cresc., dt.: lauter werdend) <

decrescendo (Abkürzung = decresc., dt.: leiser werdend) >

Dynamikbezeichnung	Bedeutung
ppp	so leise wie möglich
pp	sehr leise
p	leise
mf	halblaut
f	laut
ff	sehr laut
fff	so laut wie möglich

Artikulation

Artikulationsbezeichnungen geben an, in welcher Weise Töne miteinander verbunden oder getrennt gespielt werden sollen. Man kann diese Bezeichnungen mit den Satzzeichen Punkt und Komma vergleichen. Die gebräuchlichsten Bezeichnungen sind:

legato

Töne aneinanderbinden

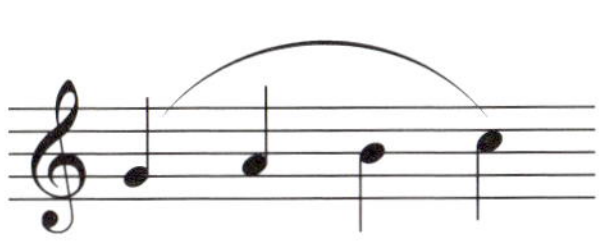

non legato

zwischen den Tönen kurz absetzen

staccato

jeden Ton kurz anspielen

portato

Töne getragen und weich spielen, aber nicht verbinden

tenuto

jeden Ton lang halten und vollständig ausspielen

Akzent

einen einzelnen Ton besonders betonen

sforzato oder sforzando

einen Ton plötzlich betonen

Triller

Als Triller bezeichnet man eine Verzierung, bei der ein schneller, mehrfacher Wechsel zwischen einer Hauptnote und ihrer benachbarten, darüber liegenden Nebennote gespielt wird. Die Nebennote kann von der Hauptnote einen Halb- oder Ganzton entfernt sein. Die Ausführung eines Trillers beginnt in der Regel mit der Nebennote.

Notation

oder

Ausführung

Musikalische Formen

Formen der klassischen Musik

Die Suite

Die Suite ist eine musikalische Form der Barockmusik (→ S. 66 – 71). In ihr werden unterschiedliche barocke Tänze aneinandergereiht. Die Tänze stehen meist in der gleichen Tonart, unterscheiden sich aber in Rhythmus, Taktart und Tempo.

langsame Tänze: Sarabande, Air, Pavane
gemäßigt schnelle Tänze: Menuett, Allemande, Polonaise
schnelle Tänze: Courante, Gigue, Bourrée

Die Grundform der barocken Suite setzt sich aus den folgenden Tänzen zusammen:
Allemande – Courante – Sarabande – Gigue

Die Allemande ist ein Tanz im 4 / 4-Takt und beginnt mit einem kurzen Auftakt.
Die Courante wird in einem schnellen 3 / 4-Takt gespielt.
Die Sarabande ist ein ruhiger Tanz im Dreiertakt mit der Betonung auf der 2. Zählzeit.
Die Gigue ist ein sehr schneller Tanz in unterschiedlichen Taktarten, wie z. B. 6 / 8-Takt oder 12 / 16-Takt.

Beispiel: Suite in d-Moll für Cembalo von Georg Friedrich Händel

Allemande

Courante

Sarabande

Gigue

Die Sonate

Bei der Sonatenform (→ S. 112) werden zwei gegensätzliche Themen nacheinander vorgestellt: Das 1. Thema beginnt auf der Tonika (1. Stufe) der gewählten Tonart, das 2. Thema folgt nach einer Überleitung auf der Dominante (5. Stufe) oder in der entsprechenden Paralleltonart. Diesen ersten Formteil bezeichnet man als **Exposition**.

Hierauf folgt die **Durchführung**, in der die beiden Themen der Exposition verarbeitet werden.

Der dritte Teil, die **Reprise**, greift die Themen der Exposition wieder auf. Hier stehen jedoch beide Themen in der gleichen Tonart.

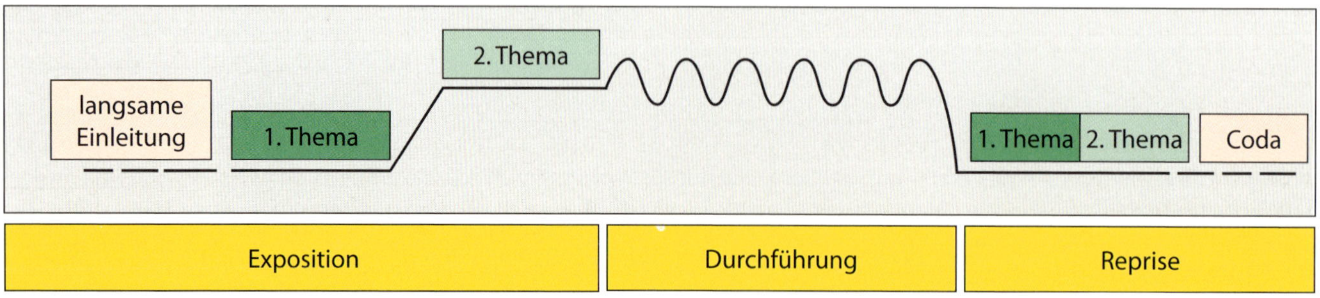

Formen in der populären Musik

Die einfache Strophenform mit einem Hook

In der Popmusik wird zwischen den Strophen häufig ein **Hook** (Haken) eingefügt. Dies ist ein einprägsames Zwischenspiel. Es kann ein Gitarrensolo sein, eine Akkordfolge oder eine gesungene Botschaft. Ein typisches Beispiel für einen Hook ist in dem Song „Jump" von Van Halen zu finden:

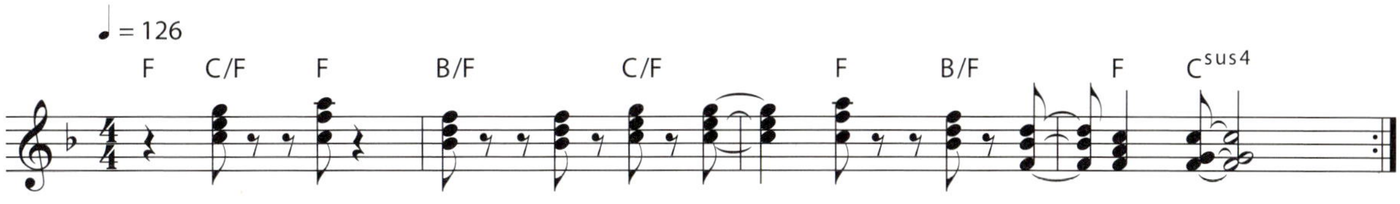

Edward van Halen u. a.

Weitere Songs, die einen sehr bekannten Hook haben, sind:

„Seven Nation Army" von The White Stripes
„Smoke On The Water" von Deep Purple
„I Can't Get No Satisfaction" von The Rolling Stones (→ S. 183)

Der Chorus

In der populären Musik wird der **Refrain** oder Kehrreim häufig auch als Chorus bezeichnet. Meist enthält der Chorus die zentrale Botschaft und den Titel des Songs, der Hook dient hier zur zusätzlichen Verstärkung der musikalischen Aussage.

Pre-Chorus und Bridge

Unter einem Pre-Chorus versteht man eine **kurze Überleitung**, die vom Strophenteil zum Chorus überleitet.

„Billy Jean" von Michael Jackson ist ein gutes Beispiel für die Einfügung eines Pre-Chorus:

1\. Strophe → Pre-Chorus → Chorus → 2. Strophe → Pre-Chorus → Chorus

Eine Bridge verbindet **zwei Chorus-Teile** miteinander und baut zusätzlich Spannung auf.

Die Songs „Things We Said Today" von den Beatles und „Firework" von Katy Perry sind typische Beispiele für die Verwendung von Chorus und Bridge:

1\. Strophe → Chorus → 2. Strophe → Chorus → Bridge → Chorus

Intro und Outro

Als Intro bezeichnet man in der populären Musik den Teil, der **vor dem Einsatz des Gesangs** zu hören ist. Mit dem Outro **endet** ein Song. Die Bezeichnung **Coda** wird dafür ebenfalls oft verwendet.

Viele Musikstücke haben im Outro ein **Fade-out**. Das Fade-out ist aber kein Formteil eines Musikstücks, sondern lediglich ein Soundeffekt. Die Lautstärke wird hierbei langsam vermindert bis zur vollkommenen Stille.

Markierungszeichen in klassicher und populärer Musik

Um bei der Notation eines Musikstücks Platz zu sparen und Wiederholungen oder Auslassungen von bestimmten Teilen des Stücks zu kennzeichnen, verwendet man spezielle Zeichen:

Soll ein Teil eines Musikstücks nicht von Anfang an wiederholt werden, fügt man an der Stelle, an der die Wiederholung beginnen soll, ein **Segno** (dt.: Zeichen) ein. Das Segno kann über – 𝄋 – oder auf – § – den Notenlinien stehen. An der Stelle, von der aus man auf das Segno **zurückspringen** soll, steht „D.S. 𝄋" oder „D.S. §". „**D.S.**" ist die Abkürzung für den italienischen Ausdruck „dal segno" und bedeutet „vom Zeichen an".

Manche Musikstücke haben einen angehängten Schlussteil, die **Coda**. Soll ein Teil einer Wiederholung in einem Musikstück **übersprungen** werden, um direkt zur Coda überzugehen, fügt man an der Stelle, bis zu der gespielt werden soll, das sogenannte **Kopf-** oder **Coda-Zeichen** 𝄌 ein. Am Anfang der Coda steht dann das gleiche Zeichen 𝄌 noch einmal, damit man gut erkennen kann, wohin man springen muss.

Manchmal werden die verschiedenen Markierungszeichen auch kombiniert. Beispiel: Am Ende eines Musikstücks steht „D.S. al Coda". Das bedeutet, dass man von dort aus zunächst zum Segno zurückspringen, dann bis zum Coda-Zeichen spielen und schließlich zur Coda vorspringen und diese als Ende des Stücks spielen soll.

Personenregister

Sachregister

Quellenverzeichnis der Lieder und Musikstücke

Seite	
4	Singing all together, Rechte beim Urheber
6	Stampfkanon, Helbling Verlag, Esslingen
7	Serien-Rhythmical, Christian Crämer
8	Autumn Swing, Fidula-Verlag Holzmeister GmbH, Koblenz
17	Let's go, make some music!, Thomas Busch
21	Meie, dîn liehter schîn, überliefert
23	Audite nova, Bayerischer Schulbuchverlag, München
34	Alta, German Dream Edition / Sony / ATV Music Publishing (Germany) GmbH, Berlin
36	Britische Nationalhymne, Mildenberger Verlag, Offenburg
37	Französische Nationalhymne, Mildenberger Verlag, Offenburg
38	Nationalhymne der USA, Mildenberger Verlag, Offenburg
39	Japanische Nationalhymne, Schott Music GmbH & Co. KG, Mainz
40	Deutsche Nationalhymne, Hoffmann und Campe Verlag GmbH, Hamburg
42 / 43	Pesen za gaidarcheto, Theodosii Spassov
44	Mome Kalino, volkstümlich
46	Funga alafia, traditionell / Michael Christoph
48	Gamelanmusik, traditionell
52	Fairy Dance, aus Irland
54	Haribo macht Kinder froh, Rechte beim Urheber
63	Gone with the wind, by Remick Music Corp. Für D / A / CH / GUS / Osteuropäische Staaten NEUE WELT MUSIKVERLAG GMBH, Hamburg; The Lord of the rings – Thema, New Line Tunes, Universal // MCA Music Publishing GmbH, Berlin; Darth Vader's Theme, Warner-Tamerlane Publishing Co. / NEUE WELT MUSIKVERLAG GMBH, Hamburg
66	Canon triplex, http: // imslp.org / wiki / Canon_in_G_major,_BWV_1076_(Bach,_Johann_Sebastian)
68/69	Weihnachtsoratorium, http: // imslp.org / wiki / Weihnachtsoratorium,_BWV_248_(Bach,_Johann_Sebastian)
70/71	Zadok The Priest, Bärenreiter Verlag, Kassel; Champions League, Imagem Music GmbH, Berlin
74	Die Hochzeit des Figaro, http: // www.operone.de / libretto / mozanode.html
75	Für Elise, http: // imslp.org / wiki / File:TN-Beethoven,_Ludwig_van-Werke_Breitkopf_Kalmus_Band_32_B298_WoO_59_scan.jpg
86/87	West Side Story, Leonard Bernstein Music / Chappell-Co Inc. Universal Music Publ. GmbH, Berlin, Chappell & Co. GmbH & Co. KG, Hamburg
88 – 91	Little Shop of Horrors, by Trunksong Music Ltd / Menken Music / Shoptalk Music, D / A / CH / Ostblock NEUE WELT MUSIKVERLAG GMBH, Hamburg, Universal Music Publishing GmbH, Berlin
92/93	„Rent" Musical, FINSTER AND LUCY MUSIC LTD CO, Universal Music Publ. GmbH / MCA Music GmbH, Berlin
96	Die Gedanken sind frei, Breitkopf & Härtel, Leipzig; Die Gedanken sind frei, Sturm und Klang Musikverlag GmbH, München
97	Wenn ich ein Vöglein wär Version 1, Albert Auer's Musikverlag. Nr. 172, Stuttgart; Wenn ich ein Vöglein wär Version 2, Breitkopf & Härtel, Leipzig
98	Sing, mei Sachse, sing!, Harth Musik Verlag / Pro musica, Bergisch-Gladbach
99	Nada te turbe, Ateliers et Presses de Taizé, 71250 Taizé-Communauté
101	Ein bisschen Spaß muss sein, Chappell & Co. GmbH & Co. KG, Hamburg
102	Drill, Ye Tarriers, Drill, Simon & Schuster, New York
104 / 105	Der Mörder ist immer der Gärtner, Reinhard Mey
106	Für keine Kohle dieser Welt, POLARBAER MUSIKVERLAG HERBERT GROENEMEYER, Berlin
107	Seerosenteich, POLARBAER MUSIKVERLAG HERBERT GROENEMEYER, Berlin
108	Follow me, Helbling Verlag, Esslingen
109	Willst du mit mir gehen, Edition WISE GUYS, Köln
110 / 111	Harry Potter, Warner Barham Music LLC, NEUE WELT MUSIKVERLAG GMBH, Hamburg
112	Sonate Nr. 15, Breitkopf & Härtel, Leipzig
113	Sonate Nr. 11, Breitkopf & Härtel, Leipzig
114	Ode an die Freude, https: // www.sheetmusicdirect.com / de-DE / se / ID_No / 27256 / Product.aspx
116	Something's got a hold on me, EMI Longitude Music / EMI Music Publishing Germany GmbH, Berlin
123	Happy Birthday, Schott Music GmbH & Co. KG, Mainz

Seite	
127	Truly madly deeply, Rough Cut Music Pty. Ltd. NEUE WELT MUSIKVERLAG GMBH, Hamburg
128	El Río, aus Peru
132	Auswanderungslied, volkstümlich
133	Kein schöner Land, volkstümlich
134	Der Schmied, Edition Peters, Frankfurt u.a.
135	Abendstille überall, Musikverlag Möseler GmbH, Mainz
136	Der Dichter spricht, Edition Peters, leipzig
139	Der Zauberlehrling, Schott Music GmbH & Co. KG, Mainz
143	Nocturne in b-Moll, Schott Music GmbH & Co. KG, Mainz; Köln Concert, Cavellight Music, Schott Music GmbH & Co. KG, Mainz
147	Oye como va Rhythmus, 1970 by EMI Full Kell Music / EMI virgin Music Inc., Rechte für Deutschland, Österreich, Schweiz und Osteuropa (außer Baltikum): EMI Music Publishing Germany Gmbh, Hamburg
157	The young Person's Guide to the Orchestra, Boosey & Hawkes. Bote & Bock, Berlin
158	Do bana coba, aus Afrika
159	I'll be so glad when the sun goes down, aus den USA
161	Wade in the water, traditionell
162	Backwater Blues, Bessie Smith
164	School Days, 1957 by Arc Music Corp., BMG Rights Management GmbH, Berlin
165	What'd I say, MIJAC MUSIC / Sony / ATV Music Publishing (Germany) GmbH, Berlin, UNICHAPPELL MUSIC INC / Chappell & Co. GmbH & Co. KG, Hamburg
168	Long John, aus dem 19. Jahrhundert
171	Creole Song, Simon House / NEUE WELT MUSIKVERLAG GMBH, Hamburg
172	In the mood, Shapiro Bernstein & Co., Inc., Roba Music Verlag GmbH, Hamburg
173	Sing, sing, sing, by EMI Robbins Music Corp., D / A / CH / Osteuropäische Länder: EMI Partnership Musikverlag GmbH, Hamburg
174 / 175	The Lady is a tramp, Chappell & Co. Inc., Chappell & Co. GmbH & Co. KG, Hamburg
176	How high the moon, 1940 by Chappell & Co. Inc. N.Y. / Chappell & Co. LTD London, Für D / GUS / osteuropäische Länder: Chappell & Co. GmbH & Co. KG, Hamburg
177	Cement Mixer, EMI Mills Music Inc. / Edition Sidem Music Germany
178	Ornithology, Criterion-Music Corp., Rondor Musikverlag GmbH, Berlin; How high the moon, 1940 by Chappell & Co. Inc. N.Y. / Chappell & Co. LTD London, Für D / GUS / osteuropäische Länder: Chappell & Co. GmbH & Co. KG, Hamburg
180 / 181	At the hop, Arc Music corp, WEST TON VERLAG GMBH, Frankfurt
182	Tomorrow never knows, Sony / ATV-Tunes LLC, Sony / ATV Music Publishing (Germany) GmbH, Berlin
183	Satisfaction I can't get no, Abkco Music Inc. / Abkco Music Publ. Bei Sony / ATV Music Publ. Germany GmbH, Berlin, Westminster Music Inc. / Essex Musikvertrieb GmbH, Hamburg
184 / 185	Knockin' on heaven's door, Ram-s-Horn-Music / Dwarf Music, D / A / CH: Sony / ATV Publishing (Germany GmbH), Berlin
186	Oye como va, 1970 by EMI Full Kell Music / EMI Virgin Music Inc, Rechte für Deutschland, Österreich, Schweiz und Osteuropa (außer Baltikum): EMI Music Publishing Germany GmbH, Hamburg
189	Highway to hell, J. Albert & Son Pty. Ltd., BMG Rights Management GmbH, Berlin
190	Grauer Beton, Kitschkrieg Edition / BMG Rights Management GmbH, Berlin
191	Konsum, Universal Music Publishing GmbH, Berlin, Sony / ATV Music Publishing (Germany) GmbH, Berlin, Bunker ist Boss Edition bei BMG Rights Management GmbH, Berlin
193	Nuages, Eulenburg Verlag, London
194	Tu mano seserele, aus Litauen
195	Le Sacre du Printemps, Koussevitzky-Serge-and-Nathalie 1947 to Boosey & Hawkes Inc, for all countries
197	Bläserquintett, Universal Edition A.G., Wien
198	Sonata V for Prepared Piano, C.F. Peters Musikverlag, Leipzig
199	4'33, C.F. Peters Musikverlag, Leipzig
206 / 207	Der Fliegende Holländer, Richard Wagner
210 / 211	La Bohème, Giacomo Puccini
232	Suite in d-Moll, G. F. Händel
233	Jump, van Halen Prod. Inc., Melodie der Welt J. Michel KG Musikverlag, Frankfurt / M.

Bildnachweis

Umschlag: E-Gitarre © Radomir Tarasov – 123rf; Blackboard © Stillfx – stock.adobe.com; Plektrum © Gudellaphoto – stock.adobe.com; S. 18: Manesse Heinrich von Breslau © wikimedia Commons; Maximilienne © By Rama – wikimedia Commons; Cantiga pipe and tabor © wikimedia Commons; S. 19: Hieronymus Bosch „The Last Judgment" © akg-images / Album / Prisma; S. 20: Maria Laach © Goldi64 – wikimedia Commons; Cologne cathedral aerial © dronepicr – wikimedia Commons; Choralnotation Nativity © Don Silvestro Dei Gherarducci - wikimedia Commons; S. 21: Ständeordnung © Jacob Meydenbach – wikimedia Commons; Herr Dietmar von Aist © Meister des Codex Manesse – wikimedia Commons; S. 22: Der vitruvianische Mensch © Leonardo da Vinci – wikimedia Commons; Orlando di Lasso © Granger Historical Picture Archive / Alamy Stock Photo; S. 24: Abstraktes Bild © lassedesignen; S. 26: Wartezimmer Arztpraxis © IStock – photography; Frau telefoniert © alephnull; Storage © Photomika; Jeansshop © JackF; Restaurant © Comaniciu Dan – 123rf; S. 28: Spotify-Logo © Spotify; Napster-Logo © Napster; Mädchen am Laptop © Africa Studio; S. 29: GEMA Logo © gema.de; Korkwand © Clipdealer; Abmahnung © fovito – stock.adobe.com; S. 30: Heimstudio © Forest Run; S. 32: Filmrolle © Tony Hegewald – pixelio.de; Mark Forster © picture alliance / Kirsten Nijhof / dpa-Zentralbild / ZB; singendes Mädchen © Aigars Reinholds – Clipdealer; S. 34: Eko Fresh © Lipstar & Frederic Lippe – wikimedia Commons; Deutsch-Türkische Flagge © Aleksandar Mijatovic; S. 35: Phat Crispy © Lexani22 – wikimedia Commons; Zurna © cekiztas; S. 36: Flagge Großbritannien © moonrun – Adobe Stock; Portrait Georg II. © imagesBROKER / Heinz-Dieter Falkenstein; S. 37: Flagge Frankreich © mozZz – Adobe Stock; Marseillaise © Fulcanelli – Adobe Stock; S. 38: Flagge USA © ac2000 – A dobe Stock; Jimi Hendrix © Media Punch Inc / Alamy Stock Foto; S. 39: Flagge Japan © mozZz – Adobe Stock; S. 40 Flagge Deutschland © mozZz – Adobe Stock; Reichstag Berlin © Mesut Dogan – 123rf; S. 41: Freiburger Fußballfans © Florian K. – wikimedia Commons; Fußballfans © Florian K. – wikimedia Commons; S. 47: Sub-Saharan-Africa © wikimedia Commons; Traditionelle Feier © David South / Alamy Stock Foto; Djembe © paulmz – Fotolia.com; Kenken © Lebrecht Music and Arts Photo Library / Alamy Stock Foto; Dundun © Lebrecht Music and Arts Photo Library / Alamy Stock Foto; S. 48: Hindu-Hochzeit in Bali © Kerrick; Gamelan-Orchester © wikimedia Commons; S. 50: Capoeira-Schule in Sao Paulo © William Rodrigues Dos Santos; Berimbau © geribody – clipdealer.com; S. 51: Bewegungsfolge der Ginga © Leonard Küßner, Berlin; S. 52: Irländische Ortsschilder © Mr.Sergey Olegovich; S. 53: Tin Whistle © Scott Griessel – Fotolia.com; Harfe © Moustyk – clipdealer.de; Irländische Euromünzen © Boarding1Now; Riverdance © Svetlanasf – clipdealer.de; S. 56-59: Audacity-Screenshots © audacity.de; S. 57: Mikrofon, Buchsen, Kopfhörer © Matthias Schurwanz, Berlin; Junge am Computer © Sarah Ishionan, Berlin; S. 60: Max und Eugen Skladanowsky © wikimedia Commons; Kinematograph © Holger.Ellgaard – wikimedia Commons; Kino 1925 © Granger Historical Picture Archive; S. 61: Waldweg © Panther Media GmbH; Flüsschen © Leene – shutterstock.de; Reissender Fluss © Simon – pixabay.de; Brücke betreten © Frizi – istock.com; S. 63: Herr der Ringe © United Archives; Darth Vader © Ronald Grant Archive; Vom Winde verweht © United Archives; S. 64: Florian Tessloff © picture-alliance / ZB (Ausschnitt: Mildenberger Vlg); S. 66: Johann Sebastian Bach © wikimedia Commons; Bach-Siegel © Bach-Archiv Leipzig – wikimedia Commons; S. 67: Johann Christian Bach © Heritage Images / Fine Art Images / akg-images; Widmung Johann Sebastian Bach © akg-images; S. 70: Georg Friedrich Händel © wikimedia Commons; Georg II. © wikimedia Commons; Fussballstadion Berlin © wikimedia Commons; S. 71: Westminster Abbey © wikimedia Commons; S. 72: Mengs – Parnasus © wikimedia Commons; Liszt am Flügel © wikimedia Commons; S. 73: Joseph Haydn © wikimedia Commons; Haydnsaal © wikimedia Commons; S. 74: Der junge Mozart © wikimedia Commons; Wolfgang Amadeus Mozart © wikimedia Commons; S. 75: Der junge Beethoven © wikimedia Commons; S. 76: Thodor-von-Hornbostel (1849) © Franz Eybl – wikimedia Commons; Curt Sachs © picture alliance / ullstein bild; S. 78: Schellenband – clipdealer.de; Schlitztrommel © Bill Oxford; Flexatone © wikimedia Commons; Triangel © Evelyn Rudolf, Offenburg; Kastagnetten © Clipdealer; Klangfrosch © VICHAILAO; Quijada © wikimedia Commons; Drum Sticks © amstockphoto; Spieldose © Nipawadee Patana; S. 79: Klanghölzer © wikimedia Commons; Vibrafon © naha-riyani; Vibrafonist © Karasev Victor; Vibrafon innen © Lebrecht Music and Arts Photo Library / Alamy Stock Foto; S. 80: Phonograph © jgroup; Grammophon © mauritius images / pepperprint; S. 81: Tonbandgerät © mauritius images / imagesBROKER / NielsDK; Tonkassette © mauritius images / imagesBROKER / Markus Brunner; Radiorecorder © valio84sl; Tape-Deck © Viktor Gmyria; Walkman © mauritius images / Alamy; S. 82: Tonkassette mit Bleistift © Digitalpress; Bandsalat © mauritius images / imageBROKER / Creativ Studio Heinemann; Scanning electron mikrograph © DENNIS KUNKEL MICROSCOPY; Abtastvorgang © Petrovich9; S. 83: Discman © Özgür Güvenc; MP3-Player © Skrow; Musik hören mit Smartphone © Ian Allenden – 123rf; S. 84: Les Misérables © Paul Brown / Alamy Stock Foto; Tom van Hasselt © Hendrik Weber | WDA; S. 85: Hammerfrauen © WENN Ltd / Alamy Stock Foto; Spamalot © Mehr-BB Entertainment / Herbert Schulze; S. 86: Tanz in der Sporthalle © MARKA / Alamy Stock Foto; S. 87: Maria und Tony © ZUMA Press, Inc. / Alamy Stock Foto; S. 89: Seymour und Audrey © Photo 12 / Alamy Stock Foto; Seymour und Audrey II © Moviestore collection Ltd / Alamy Stock Foto; S. 91: Audrey II verschlingt Audrey © Geraint Lewis / Alamy Stock Foto; S. 92: Filmplakat Rent © United Archives GmbH / Alamy Stock Foto; La Vie Bohème © RGR Collection / Alamy Stock Foto; S. 93: Seasons of Love © United Archives GmbH / Alamy Stock Foto; Künstler feiern Silvester © Photo 12 / Alamy Stock Foto; S. 94: Kerzenszene © United Archives GmbH / Alamy Stock Foto; Roger und Mimi © RGR Collection / Alamy Stock Foto; S. 95: Die Künstler © United Archives GmbH / Alamy Stock Foto; S. 96: Konstantin Wecker © wikimedia Commons; S. 97: Caspar David Friedrich – Frau am Fenster © wikimedia Commons; S. 98: Jürgen Hart © ZB – Fotoreport; S. 99: Kirche von Taizé © By Maik Meid – wikimedia Commons; S. 100: Jürgen Drews © Sven Mandel / CC-BY-SA-4.0; Andrea Berg © Andemaya – wikimedia Commons; Roland Kaiser © Sandro Halank – wikimedia Commons; Helene Fischer © mauritius images / imageBROKER / Michael Weber; Roberto Blanco, Ausschnitt © 9EkieraM1 – wikimedia Commons; Howard Carpendale © Ordercrazy – wikimedia Commons; Maite Kelly © Udo Grimberg – wikimedia Commons; S. 101: Finger und Kadel © Zeno Bresson; S. 103: Eisenbahn 1869 – Golden Spike © wikimedia Commons; S. 104: Hess Bänkelsänger © Hieronymus Hess – wikimedia Commons; S. 105: Reinhard Mey © Sven Pförtner / dpa; S. 106: Philipp Poisel © Achim Scheidemann – dpa; Projekt Seerosenteich © grönland-records.com; S. 108: A.de Coster „Drei Singende" © wikimedia Commons; S. 109: Wise Guys Tanzbrunnen 2011 © wikimedia Commons; S. 110: Harry Potter und der Stein der Weisen © akg-images / Album / 1492 Pictures / Warner Bros; S. 111: Glenfinnan Railway © samott; Alnwick Castle © bnoragitt; S. 114: Beethoven © Zlatko Guzmic; S. 115: Delta Q, Ode an die Freude © Schall & Schnabel; Europaflagge © mozZz; S. 116: Etta James © wikimedia Commons; Avicii – Inox Park Paris © wikimedia Commons; S. 117: Flo Rida © wikimedia Commons; Audacity – Screenshots © www.audacity.de; S. 118 / 119 Drumbot – Screenshots © www.drumbot.com; S. 119: Schlagzeug © Leonard Küßner, Berlin; Bongos © JLYA AKINSHIN; klatschende Hände © ersinkisacik; Shaker © Evelyn Rudolf, Offenburg; S. 128: Cantuta © Charles Wollertz; S. 129: Cajòn © Manuel Bendig – Pixelio; S. 132: Der Denker-Club Karlsbader Beschlüsse © Der Denker-Club; S. 133: J.v.Görres – Teutsche Volksbücher © akg-images; S. 135: Caspar David Friedrich – Frau vor untergehender Sonne © wikimedia Commons; S. 137: Infantin Margarita Teresa © Diego Velázquez – wikimedia Commons; Sächsische Prinzessin mit Puppe © akg-images; S. 139: Zauberlehrling © wikimedia Commons; S. 140: Farinelli ©

Bildnachweis / Illustratorenverzeichnis

Corrado Giaquinto – wikimedia Commons; S. 141: Derek Lee Ragin © Marion Kalter; Farinelli 1994 © Collection Christophel © Stéphan Films / Jean Marie Leroy / Mauritius Images; Ewa Malas Godlewska © picture alliance / PAP (Ausschnitt: Mildenberger Vlg.); S. 142: Chopin spielt im Salon des Fürsten Radziwill © mauritius images / SuperStock / Fine Art Images / Private Collection; Keith Jarrett in Montreux 2002 © ap / dpa / picture alliance / SZ Photo (Ausschnitt: Mildenberger Vlg.); S. 144: David Garrett © Rodolfo Sassano / mauritius images; Filmausschnitt Teufelsgeiger © Pictorial Press Ltd / Alamy Stock Foto; Paganini © Georg Friedrich Kersting – wikimedia commons; S. 145: Narciso Yepes © picture-alliance / dpa (Ausschnitt: Mildenberger Vlg.); S. 146: Ektara, stehend © Swapan Photography; Ektara, liegend © Swapan Photography; S. 147: Bongos © JLYA AKINSHIN; Aufgestellte Pauken © furtseff; Pauke gedämpft © furtseff; S. 148: Mundbogen © Tropenmuseum, part of the National Museum of World Culture Wikimedia Commons; Koto © JPL Designs; Berimbau © cassiohabib; Violine © voyagerix; S. 149: Saung gauk © by Gogglehupf; Mädchen spielt auf der Kantele © Clipdealer; Harfe © Berchtesgaden – Fotolia. com; Cembalo © FierceAbin; Cembalo Innenansicht © Antoine2K; S. 150: Peitsche © – wikimedia commons; Sheng © DucMityagov; S. 151: Quena © Vincente Garces Custode; Horn © Karlheinz Arian Kolster, Titisee-Neustadt; S. 154: Blasorchester © majuritius images / Westend 61 / Hans Lippert; Streichorchester © wikimedia Commons; Big Band © Aija Lehtonen / shutterstock.com; Ein-Mann-Orchester © Larry Lilac / Alamy Stock Photo; S. 156: Benjamin Britten © United Archives / mauritius images; S. 158: The Door Of No Return © Jossif Schmidt, Berlin; Barack Obama an der „Door …" © picture alliance / AP Photo; S. 159: Gordon © wikimedia Commons; Gefängnisinsassen © Public Domain – wikimedia Commons; S. 160: Marc Chagall: Der Zug durch das rote Meer © akg-images; S. 162: Wolf-River-swamp-Mississippi © wikimedia Commons / Gary Bridgeman; Bessie Smith © wikimedia Commons; S. 168: Baum Vektorgrafik © Pixabay; S. 169: Esperanza Spalding © wikimedia Commons; Miles Davis © Pictorial Press Ltd / Alamy Stock Photo; Joao Gilberto (1963) © Keystone Pictures USA / Alamay Stock Photo; Jelly Roll Morton (1935) © Pictorial Press Ltd / Alamy Stock Photo; Ornette Coleman (1960) © Granger Historical Picture Archive / Alamy Stock Photo; Dizzy Gillespie © wikimedia Commons / Libery of Congress; S. 170: Bundesstaat Louisiana USA © WEBMASTER – wikimedia Commons; Ory´s Creole Jazz Band © Pictorial Press Ltd / Alamy Stock Photo; Palmetto Bug Stompers © Martin Thomas Photography / Alamy Stock Photo; S. 172: BENNY GOODMAN US bandleader and his orchestra with Gene Krupa on drums © Pictorial Press Ltd / Alamy Stock Photo; S. 173 Eurovision Song Contest – Unser Song 2017 © picture alliance / SVEN SIMON; S. 176: Ella Fitzgerald © wikimedia Commons / William P. Gottlieb; S. 178: Charlie Parker, Tommy Potter, Miles Davis, Duke Jordan, Max Roach © wikimedia Commons / William P. Gottlieb; S. 179: Saxophon © Karlheinz Arian Kolster, Titisee-Neustadt; S. 182: Paul McCartney during the recording of A Day In The Life at Abbey Road Studios on 10th February 1967 © Tracksimages.com / Alamy Stock Photo; S. 183: Mick Jagger and the Rolling Stones, 1969. © picture alliance / PictureLux; S. 184: Bob Dylan © wikimedia Commons – U.S. Information Agency / Rowland Scherman; S. 185: Guns N' Roses in 2016. From left to right, Richard Fortus, Dizzy Reed, Duff McKagan, Axl Rose, Slash, Melissa Reese & Frank Ferrer © By Ed Vill from Mexico City [CC BY 2.0 via Wikimedia Commons]; Verzerrer © Putput, CC-BY-SA-3.0 (http: // creativecommons.org / licenses / by-sa / 3.0 /)], from Wikimedia Commons; Wah-Wah Pedal © Andrew Glushchenko – shutterstock; S. 186: Tito Puente © Walter Oleksy / Alamy Stock Photo; Carlos Santana © Chris_Hakkens, commons.wikimedia.org CC-BY-SA; S. 187: Timbales © muzyczny.pl – commons.wikimedia.org; S. 188: AC / DC © CBW / Alamy Stock Photo; S. 190: Trettman © commons.wikimedia.org; S. 191: Disarster © Nicolas Gundel; S. 192: Claude Debussy © commons.wikimedia.org; Claude Monet – Sonnenaufgang bei Etretat © commons. wikimedia.org; S. 193: English Horn © commons.wikimedia.org; Klarinette © Karlheinz Arian Kolster, Titisee-Neustadt; Horn © Karlheinz Arian Kolster, Titisee-Neustadt; Violinen © Karlheinz Arian Kolster, Titisee-Neustadt; S. 194: Igor Strawinsky © commons.wikimedia.org; Strawinsky-Brunnen, Paris © commons.wikimedia.org; S. 195: Kostüme von „Sacre du Printemps" © akg-images; Choreographie „Sacre du Printemps" © Von KCBalletMedia – Spring16_14, CC BY 2., commons.wikimedia.org; S. 196: Arnold Schönberg © Pictorial Press Ltd / Alamy Stock Photo; Denken © By Arnold Schönberg via Wikimedia Commons; S. 198: John Cage © akg-images / Marion Kalter; S. 199: präperiertes Klavier © Pierre BRYE / Alamy Stock Photo; John-Cage-Orgel, Halberstadt © Clemensfranz, commons.wikimedia.org; S. 200: Deutsches Opernhaus Berlin 1912 © Archiv Deutsche Oper Berlin; S. 201: Deutsche Oper Berlin © Uli Herrmann: S. 202: Orchestermusiker © A_Lesik; Verwaltungsangestellte © Pressebüro der Deutschen Oper Berlin; Kostümbildner © dpa; S. 203: GMD Donald Runnicle © Bettina Stoess – Deutsche Oper Berlin; Bühnen-Orchesterprobe © Marcus Lieberenz / Bildbuehne.de; S. 204: Cosi Fan Tutte, Sängerquartett © www.bernd-uhlig-fotografie.com; S. 205: Chor der DOB in La Gioconda © Bettina Stoess – Deutsche Oper Berlin; Kinderchor in Cavalleria Rusticana © Bettina Stoess – Deutsche Oper Berlin; Orchester beim Schlussapplaus Götterdämmerung © Bettina Stoess – Deutsche Oper Berlin; S. 207: Szenenbild am Anfang der Ballade von Senta © kranichphoto; Szenenbild am Ende der Ballade von Senta © kranichphoto; S. 211: Schlussszene von La Bohème © Bettina Stoess – Deutsche Oper Berlin; S. 212: Luis Fonsi © WENN Ltd; Daddy Yankee © ZUMA Press, Ing.; Tanzschritte Salsa © Leonard Küßner, Berlin; S. 213: Tanzschritte Salsa und Armbewegungen © Leonard Küßner, Berlin; S. 214: Tanzschritte und Armbewegungen © Leonard Küßner, Berlin; S. 216: Schulkonzert © recep-bg; S. 217: Mischpult © Clipdealer; Scheinwerfer © paul ridsdale pictures; Videomitschnitt © believeinme33; S. 218: Klinkenstecker © Bizroug; XLR Stecker © XLR-cable-connectors – wikimedia Commons; Speakon-Stecker © Staycollandbegood; S. 219: Case auf Rollen © Clipdealer; Klarinettenkoffer © Serezniy – 123rf.com; Gitarren © Martin Baschke, Berlin

Illustratorenverzeichnis

Benjamin König, 85617 Lorenzenberg: Kapitel 2, 5, 7, 9, 11, 19, 23, 26
Achim Schulte, 44263 Dortmund: Kapitel 1, 6, 8, 14, 20, 25
Jutta Wetzel, 53721 Siegburg: Kapitel 4, 10, 15, 18, 24